U0524614

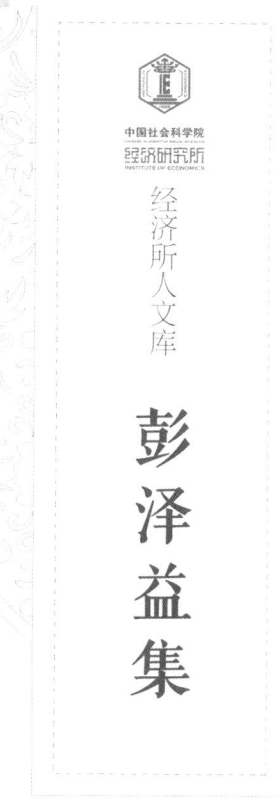

中国社会科学院
经济研究所
经济所人文库

彭泽益集

中国社会科学院经济研究所学术委员会 组编

中国社会科学出版社

图书在版编目（CIP）数据

彭泽益集/中国社会科学院经济研究所学术委员会组编.
--北京：中国社会科学出版社，2024.8
（经济所人文库）
ISBN 978-7-5227-3666-2

Ⅰ.①彭…　Ⅱ.①中…　Ⅲ.①中国经济史—文集
Ⅳ.①F129-53

中国国家版本馆 CIP 数据核字（2024）第 110730 号

出 版 人	赵剑英
责任编辑	王　曦
责任校对	殷文静
责任印制	戴　宽

出　　版	中国社会科学出版社
社　　址	北京鼓楼西大街甲 158 号
邮　　编	100720
网　　址	http://www.csspw.cn
发 行 部	010-84083685
门 市 部	010-84029450
经　　销	新华书店及其他书店
印刷装订	北京君升印刷有限公司
版　　次	2024 年 8 月第 1 版
印　　次	2024 年 8 月第 1 次印刷
开　　本	710×1000　1/16
印　　张	24
字　　数	356 千字
定　　价	149.00 元

凡购买中国社会科学出版社图书，如有质量问题请与本社营销中心联系调换
电话：010-84083683
版权所有　侵权必究

中国社会科学院经济研究所
学术委员会

主　任　高培勇

委　员　（按姓氏笔画排序）

　　　　龙登高　朱　玲　刘树成　刘霞辉
　　　　杨春学　张　平　张晓晶　陈彦斌
　　　　赵学军　胡乐明　胡家勇　徐建生
　　　　高培勇　常　欣　裴长洪　魏　众

总　序

作为中国近代以来最早成立的国家级经济研究机构，中国社会科学院经济研究所的历史，至少可上溯至1929年于北平组建的社会调查所。1934年，社会调查所与中央研究院社会科学研究所合并，称社会科学研究所，所址分居南京、北平两地。1937年，随着抗战全面爆发，社会科学研究所辗转于广西桂林、四川李庄等地，抗战胜利后返回南京。1950年，社会科学研究所由中国科学院接收，更名为中国科学院社会研究所。1952年，所址迁往北京。1953年，更名为中国科学院经济研究所，简称"经济所"。1977年，作为中国社会科学院成立之初的14家研究单位之一，更名为中国社会科学院经济研究所，仍沿用"经济所"简称。

从1929年算起，迄今经济所已经走过了90年的风雨历程，先后跨越了中央研究院、中国科学院、中国社会科学院三个发展时期。经过90年的探索和实践，今天的经济所，已经发展成为以重大经济理论和现实问题为主攻方向、以"两学—两史"（理论经济学、应用经济学和经济史、经济思想史）为主要研究领域的综合性经济学研究机构。

90年来，我们一直最为看重并引为自豪的一点是，几代经济所人孜孜以求、薪火相传，在为国家经济建设和经济理论发展作出了杰出贡献的同时，也涌现出一大批富有重要影响力的著名学者。他们始终坚持为人民做学问的坚定立场，始终坚持求真务实、脚踏实地的优良学风，始终坚持慎独自励、言必有据的学术品格。他们是经济所人的突出代表，他们的学术成就和治学经验是经济所最宝贵的财富。

抚今怀昔，述往思来，在经济所迎来建所90周年之际，我们编选出版《经济所人文库》（以下简称《文库》），既是对历代经济所人的纪念和致敬，也是对当代经济所人的鞭策和勉励。

《文库》的编选，由中国社会科学院经济研究所学术委员会负总责，在多方征求意见、反复讨论的基础上，最终确定入选作者和编选方案。

《文库》第一辑凡40种，所选作者包括历史上的中央研究院院士，中华人民共和国成立后的中国科学院学部委员、中国社会科学院学部委员、中国社会科学院荣誉学部委员、历任经济所所长以及其他学界公认的学术泰斗和资深学者。

《文库》第二辑共25种，在延续第一辑入选条件的基础上，第二辑所选作者包括经济所学术泰斗和资深学者，中国社会科学院二级研究员，经济所学术委员会认定的学术带头人。

在坚持学术标准的前提下，同时考虑的是入选作者与经济所的关联。他们中的绝大部分，都在经济所度过了其学术生涯最重要的阶段。

《文库》所选文章，皆为入选作者最具代表性的论著。选文以论文为主，适当兼顾个人专著中的重要篇章。选文尽量侧重作者在经济所工作期间发表的学术成果，对于少数在中华人民共和国成立之前已成名的学者，以及调离经济所后又有大量论著发表的学者，选择范围适度放宽。为好中选优，每部文集控制在30万字以内。此外，考虑到编选体例的统一和阅读的便利，所选文章皆为中文著述，未收入以外文发表的作品。

《文库》每部文集的编选者，大部分为经济所各学科领域的中青年学者，其中很多都是作者的学生或再传弟子，也有部分系作者本人。这样的安排，有助于确保所选文章更准确地体现作者的理论贡献和学术观点。对编选者而言，这既是一次重温经济所所史、领略前辈学人风范的宝贵机会，也是激励自己踵武先贤、在学术研究道路上砥砺前行的强大动力。

《文库》选文涉及多个历史时期，时间跨度较大，因而立意、观点、视野等难免具有时代烙印和历史局限性。以现在的眼光来看，某些文章的理论观点或许已经过时，研究范式和研究方法或许已经陈旧，但为尊重作者、尊重历史起见，选入《文库》时仍保持原貌而未加改动。

《文库》的编选工作还将继续。随着时间的推移，我们还会将更多经济所人的优秀成果呈现给读者。

尽管我们为《文库》的编选付出了巨大努力，但由于时间紧迫，工作量浩繁，加之编选者个人的学术旨趣、偏好各不相同，《文库》在选文取舍上难免存在不妥之处，敬祈读者见谅。

入选《文库》的作者，有不少都曾出版过个人文集、选集甚至全集，这为我们此次编选提供了重要的选文来源和参考资料。《文库》能够顺利出版，离不开中国社会科学出版社领导和编辑人员的鼎力襄助。在此一并致谢！

一部经济所史，就是一部经济所人以自己的研究成果报效祖国和人民的历史，也是一部中国经济学人和中国经济学成长与发展历史的缩影。《文库》标示着经济所90年来曾经达到的学术高度。站在巨人的肩膀上，才能看得更远，走得更稳。借此机会，希望每一位经济所人在感受经济所90年荣光的同时，将《文库》作为继续前行的新起点和铺路石，为新时代的中国经济建设和中国经济学发展作出新的更大的贡献！

是为序。

于 2019 年 5 月

编者说明

《经济所人文库》所选文章时间跨度较大，其间，由于我国的语言文字发展变化较大，致使不同历史时期作者发表的文章，在语言文字规范方面存在较大差异。为了尽可能地保持作者个人的语言习惯、尊重历史，因此有必要声明以下几点编辑原则：

一、除对明显的错别字加以改正外，异形字、通假字等尽量保持原貌。

二、引文与原文不完全相符者，保持作者引文原貌。

三、原文引用的参考文献版本、年份等不详者，除能够明确考证的版本、年份予以补全外，其他文献保持原貌。

四、对外文译名与今译名不同者，保持原文用法。

五、对原文中数据可能有误的，除明显的错误且能够考证或重新计算者予以改正外，一律保持原貌。

六、对个别文字因原书刊印刷原因，无法辨认者，以方围号□表示。

作者小传

彭泽益，男，原籍湖南省常德，1916年12月30日出生于安乡县。1947年1月进入中央研究院社会研究所（中国社会科学院经济研究所前身）工作。

彭泽益1942年毕业于中山大学文学院历史系，次年考入武汉大学文科研究所，专攻中国近代史，1945年毕业，获文学硕士学位，留校任历史系助教。1947年1月进入中央研究院社会研究所，从事中国近代经济史研究，任助理研究员。社会研究所在1950年4月为中国科学院接收，并于1953年改名为经济研究所，1977年后隶属于中国社会科学院，彭泽益始终在此工作。1948年年底前后和1950年，经陶孟和所长提名，彭泽益先后两次参与代理所务。1951年9月，彭泽益由中国科学院作为专攻政治经济学研究生选送到中国人民大学学习，1953年6月毕业，仍回经济研究所工作，1955年年底参与筹办《经济研究》。历任经济所助理研究员、副研究员、研究员，中国社会科学院研究生院教授、博士研究生导师。1981年任《中国大百科全书》"中国历史卷"清史分册副主编。1988年应美国美中学术交流委员会邀请，赴美进行学术交流。1991年起享受政府特殊津贴。1994年5月7日，彭泽益在北京去世。

彭泽益在学生时代即开始研究中国近代史，在《知识》《现代史学》《青年月刊》《三民主义半月刊》《财政学报》《中山文化季刊》《东方杂志》《文史杂志》《读书通讯》等刊物上发表过《中国第一次对外战争中的群众力量》《〈瀛环志略〉中关于中国与南洋关系之记载》《国父家世源流的新认知》《梁启超与中国新闻事业》《张謇的思想及其事业》《中英江宁议和新史料》以及《太平天国战后土地之丧乱及其整理》《太平天国对于东西革命思想的影响》《太平天国战争期间湖南之财政：骆秉章与咸丰朝湖南之财政》等学术论文。1946年在商务印书馆出版《太平天国革命思潮》，彭泽益已经开始尝试运用历史唯物主义的方法，说明太平天国革命思潮产生的原因，分析太平天国革命思潮的性质，深受国内外学术界的关注和好评。20世纪50年代美国哈佛大学学者在介绍该书时，还把彭泽益列为当时六位太平天国史学者之一。

彭泽益从学生时代就开始关注中外经济关系。1947年进入社会研究所后，彭泽益着重研究粤海关制度，兼及清代对外通商与海关税收问题，对这一问题的关注一直持续到彭泽益晚年，发表一系列论文，去世前一年还有相关论文发表。其中《清代广东洋行制度的起源》一文以确凿的论据和缜密的分析考证了广州洋货十三行的创设时间为清代康熙二十五年四月，同时探明了洋货十三行初建时期的情况（刊于《历史研究》1957年第1期）。彭泽益有关十三行的遗稿经中山大学章文钦教授整理为《广州洋货十三行》一书，2020年由广东人民出版社出版。

1950年代，彭泽益承担了"中国近代经济史研究参考资料"中手工业史资料的搜集编纂工作，1957年由生活·读书·新知三联书店出版了200万字的《中国近代手工业史资料》四卷，包含了自1645—1949年300多年的手工业史资料。此后，彭泽益又增补了1644—1880年的厂矿统计资料，1962年由中华书局重出新版。彭泽益在编辑这套资料时，以马克思列宁主义为指导，在"对大量历史资料进行认真的比较和分析"基础上，采取了科学的方法，"按照历史年代的顺序编排资料"，"使历史描绘出实际的生活过程"，同时"明确一般和典型相结合的方法"，"以结合历史发展过程，说明中心问题为原则，并使问题与问题之间大致保持一定的历史的和逻辑的联系"①。彭泽益并对某些资料的准确性进行了考订，改正了某些

---

① 彭泽益：《关于中国近代经济史资料整理方法问题》，《教学与研究》1963年第5期。

原始资料的谬误，指出某些资料的存疑之处。在此基础上，彭泽益对明清至近代的手工业和资本主义萌芽问题做了多方面研究，研究领域包括丝织、矿冶、铸钱、茶业、盐业等。彭泽益认为，中国资本主义萌芽发生于18世纪20—30年代部分手工业行业之中，"萌芽"不可能太多太早。对于"资本主义萌芽与行会并存"论，彭泽益从理论和认识上分析了这一观点致误的根源。1980年秋，在北京举行的中美学者"自宋至一九〇〇年中国社会及经济史的学术讨论会"上，彭泽益提交的《清代前期手工业的发展》是其手工业方面的代表作之一（后发表于《中国史研究》1981年第1期）。这篇论文受到了美方学者的高度评价。施坚雅（William Skinner）教授认为，此文运用大量经过系统整理的资料进行定量和定性相结合的分析，是工业史研究的典范。美国《清史问题》发表文章认为此文对清前期手工业历史"提供了全面和大胆的分析"，"并对这一项研究赋予现实的意义"（1982年6月号）。同时彭泽益搜集整理了大量中外文工商业行会资料，发表了相关论文。

19世纪后半期的中国财政经济问题是彭泽益另一主要研究领域，发表了一系列文章，部分论文汇编成《十九世纪后半期的中国财政与经济》一书，由人民出版社于1983年出版。此书出版后，美国约翰·霍普金斯大学罗威廉（Willian T. Rowe）教授在《亚洲研究》（1985年5月号）发表书评指出，"详细占有史料和精湛经济理论相结合，使本书实际上如同一个金融学家的分析"，"把鸦片战争作为中国历史一个转折点的论著中，彭泽益提供了最令人信服的论据"。日本学者臼井佐知子教授在《近代中国》第17卷（1985年7月）也对此书发表书评，说"它对于所有研究中国近代社会经济史的人们来说，是必读的论文"。

在长期的中国经济史研究中，彭泽益十分注意中国经济史计量问题的研究。根据多年积累的研究经验，彭泽益发表了《中国经济史研究中的计量问题》（刊于《历史研究》1985年第3期），提出要根据中国历史数量资料的具体情况，注意其可靠程度和可供使用的程度，不能不加分析任意估算，故弄玄虚，制造数字游戏。该文也是有关经济史方法论研究的重要成果。文章发表后，受到各方面的重视。《中国社会科学》杂志将全文译成英文，刊于1986年第3期英文版《中国社会科学》，向国外学术界推荐。

在中国经济史研究中，彭泽益强调在加强理论修养的同时，不能忽视对有关资料的整理和研究，因为详细占有资料，乃是研究的基础和必要的前提条件。在长期的研究中，彭泽益形成了实事求是、微观入手、宏观相济的研究风格。彭泽益治学严谨踏实，作风朴实无华，平易近人，不求名利。弥留之际，彭泽益还嘱家属将其藏书捐赠经济所图书馆，以便利更多研究者，为科学研究事业尽最后一点力。彭泽益对青年同志循循善诱，尽其所能为经济史学科培养接班人。1990年彭泽益主编出版了《中国社会经济变迁》一书，汇集了他指导的部分研究生的研究成果，从中可以感受到他培养经济史学科接班人的良苦用心。

彭泽益一生发表论文数十篇，主要著作有《太平天国革命思潮》（商务印书馆1946年版，上海书店1992年影印版）、《中国近代手工业史资料》（生活·读书·新知三联书店1957年版，中华书局1962年修订版，2016年3月科学出版社再版）、1984年《十九世纪后半期的中国财政与经济》（人民出版社1983年版，中国人民大学出版社2010年版）、《清代工商行业碑文集粹》（中州古籍出版社1997年版）、《广州洋货十三行》（广东人民出版社2020年版），主编《中国社会经济变迁》（中国财政经济出版社1990年版）、《中国工商行会史料集》（中华书局1995年版），合编《中国大百科全书·中国历史卷》（中国大百科全书出版社1992年版）等。

目 录

鸦片战后十年间银贵钱贱波动下的中国经济与
　　阶级关系……………………………………………（1）
一八五三——一八六八年的中国通货膨胀……………（42）
十九世纪五十至七十年代清朝财政危机和财政
　　搜刮的加剧…………………………………………（73）

清代前期手工业的发展 …………………………………（107）
清代前期江南织造的研究 ………………………………（136）
清代宝泉宝源局与铸钱工业 ……………………………（172）
自贡盐业的发展及井灶经营的特点 ……………………（197）
鸦片战争前广州新兴的轻纺工业 ………………………（211）
近代中国工业资本主义经济中的工场手工业 …………（223）
中国行会史研究的几个问题 ……………………………（237）

清初四榷关地点和贸易量的考察 ………………………（261）
清代广东洋行制度的起源 ………………………………（272）
清代一口对外贸易时期中外商人之间的竞争 …………（304）

中国经济史研究中的计量问题 …………………………（324）

关于洪大全的历史问题 …………………………………（355）

编选者手记 ………………………………………………（363）

鸦片战后十年间银贵钱贱波动下的中国经济与阶级关系

19世纪40年代中国货币流通中的银贵钱贱，乃是继30年代后期开始的银贵钱贱的进一步发展，情势更加恶化。所谓银贵钱贱，简单地说，它表示货币流通中的制钱（铜钱）贬值，白银购买力提高。深入考察一下1840年后至1850年间银贵钱贱问题的由来和它的社会后果，就会看到它是怎样成为中国封建社会在开始遭受外国资本主义侵入后所面临的一个极其严重的经济问题。

一 银贵钱贱问题的形成及对国民经济的影响

鸦片战争后，中国货币流通中发生的银贵钱贱问题，是由白银大量外溢直接所引起；而白银外溢则主要是由于以下两种情况造成的。

一 英国侵略者的直接掠夺和战争赔款。在鸦片战争期间，即自1840年7月至1842年7月间，英国侵略者在定海、广州、厦门、舟山、镇海、宁波、镇江等七个城市直接掠夺中国商民和官库的纹银及现金，据不完全的计算，约有7302894银圆；在鸦片战争后即1842—1845年又勒索战争赔款2100万银圆，总数至少在2830万银圆以上[①]。英国资产阶级对中国的军事掠夺和勒索战争赔款，在当时国际的货币——白银转移中起着重大的作用，因而造成了中国白银

[①] 据 J. Elliot Bingham, *Narrative of the Expedition to from the Commencement of the War to Its Fermination in 1842* (2 Vols., London, 1843), Vol. II; John Ouctherlong, *The Chinese War* (London, 1844) 等书计算，明细表，从略。

财富的大量外流。

二 战后对外贸易逆差。中国被迫开放五口通商,英国输入大宗洋货和毒害中国人民的鸦片,特别是在开初十年间,因大量鸦片的偷运进口,使中国对外贸易不能维持平衡的状态,引起白银大量外流。"盖通商五口,出入各货略相抵,独鸦片价皆以现银出洋,计每年漏银二三千万两,故银骤贵"①。直到50年代之初起,由于中国丝茶商品输出量值的增长,英国输往中国"各货及鸦片不足抵,则运银偿之",于是,作为对外贸易通货的白银又从外国回流过来,便成为"中外通市一大转关"②。

但在鸦片战争后五口通商最初年间,据各种不同的估计,1843—1844年中国对英印贸易的逆差,白银输出有16442248—22165617银圆(3703209—4492256镑),1845年中国白银外流约值16428000银圆(370万镑),1846年英美及其他国家对华贸易中的中国逆差有6469784—9000000银圆③。总计1843—1846年四年间,中国因贸易逆差输出的白银有3900万—4700多万银圆④。在1847—1848年间,据估计中国每年须以白银支付的贸易逆差约为1000万银圆。

这就表明,由直接掠夺赔款和贸易逆差流出的白银,为数都十分可观,这还不包括当时中国对西北边疆及陆路贸易的白银输出数⑤。当时有人曾估计中国银货的流通概数约为5亿银圆,现为清偿战争赔款和

---

① 冯桂芬:《用钱不废银议》,《显志堂稿》卷11,第30页。
② 这个问题在中文史料中也得到印证,如冯桂芬在《用钱不废银议》文中即指出:"迨咸丰五六年,泰西诸国大水,桑尽仆,中华丝市骤盛,一年中买生丝至六七千万两,各货及鸦片不足抵,则运银偿之。银遂骤贱,以迄于今,是为中外通市一大转关。"
③ 据1847英国Select Committee的报告及1846年G. Moffatt在英国下院辩论的估计,参据严中平同志关于"英国蓝皮书"史料笔记。
④ 据另一估计,1843—1846年中国因贸易所产生的白银出超数(鸦片战争赔款除外)为3520万银圆。这是以1845年一年的数字(200万镑,折合880万银圆)作为1843—1846年的平均出超数,然后乘以三而得(余捷琼编:《1700—1937年中国银货输出入的一个估计》,商务印书馆1940年版,第24页)。故与实际数字相差太远。
⑤ 姚莹在鸦片战争后论"银贵钱贱"之由来,曾经指出纹银西北出边,东南出洋。他说:"说者皆以纹银西北出边,东南出洋为病,是则然矣。"又说:"用而无继,何能不匮?即无出边出洋之患,犹不能使其不贵,况其出外者滔滔无已耶?"(《康輶纪行》卷11,第18、19页),可见当时纹银流出西北边疆的数量一定不少。

鸦片贸易而大量流出现银,就必然严重地消耗国内所蓄积的白银①。

中国在清代不算是一个产银很盛的国家,在鸦片战争前将近二百年间,国内先后报开的银矿共89厂。每年在采厂数,从1727年起达20厂以上,尤以1746年至1752年间每年达到30厂以上的高峰。银的年产量,据不完全统计,1754年最高达556996两。1800年左右,年产银不过439063两②。到鸦片战争后的1843年间,每年在采厂数虽仍有28—30厂,但由于"银之行用日广,煎炼日多,地宝之泄日甚,则矿砂有时或竭"③,银的产量业已处在日渐衰减之中。

所以,紧接着鸦片战争结束之后不久,清朝政府鉴于国内存银日少,银源日竭,乃在1844年一年内曾经几次"密谕"云南、贵州、广西、四川等省督抚,要他们设法大力鼓励当地商民投资开采银矿,并特别强调"官为经理,不如任民自为开采",可使"民生国计,两有裨益"④。据当年各省奏复表明,向来产银省份,如广西银矿尚在继续开采的蕉木、南丹、挂红三厂,每年所抽正课银400—500两,"为数寥寥"⑤。估计银年产量不过2000—2500两。云南的银矿,除原有维持在采的27厂外,也只有楚雄府属的龙潭地方开有礁硐十数处,"是否可以设厂试采,按成收课",尚待筹办⑥。1848年清朝政府再一次谕令各省督抚,"如有苗旺之区,酌量开采,断不准畏难苟安,托词观望。倘游移不办,朕不难派员前往履勘"。"至于官办、民办、商办","惟在该督抚等各就地方情形,熟商妥议","朕亦不为遥制"⑦。不难看出,这就是为了有效地挖掘银源。到1848年为止,只有云南先后新开9个银厂,后至1850年尚"未大臻成效"⑧,其他各

---

① R. M. Martin, *China* (2 Vols., London, 1847), Vol. Ⅰ, p.176.
② 这里所述的矿厂和产量资料,据笔者所辑清代矿厂统计资料。以下引述均同此。
③ 成毅:《专重制钱论》,见盛康辑《皇朝经世文续编》卷58,《户政》,《钱币》上,第23—24页。
④ 《大清宣宗成皇帝实录》卷404,第9—10页。
⑤ 《大清宣宗成皇帝实录》卷406,第17—18页。
⑥ 《大清宣宗成皇帝实录》卷407,第32页。
⑦ 《大清宣宗成皇帝实录》卷461,第12—13页。
⑧ 《大清文宗显皇帝实录》卷18,第10—11页。

省始终均未见有报开银矿的。当年全国在采的银矿共有36厂，虽达到战后时期新的高峰，但"银之为物，既非若铜铅锡铁，随时矿采"①，更"非可点石成也"②。因此，银荒问题，就不是一时所能轻易解决的。清朝封建统治者一再"密谕"各省设法开采银矿所显露的"焦灼万状"，正是反映了鸦片战争后因白银大量外溢，而"使天朝的白银几近涸竭"③的困境。

正因为战后中国的白银外流使国内存银和银货流通日益减少，在当时商品货币经济发展错综复杂的情况下，便造成银货恐慌因而引起各地市场上的银钱比价发生急剧的波动。

本来，银钱的法定比价是银一两换制钱1000文左右。到鸦片战争前夕发生的银贵钱贱，使某些地区的银价最高达到银一两约换制钱1600文。1842年鸦片战争结束的当年，陕西西安的银价每两换制钱1480文，较之战前的1831年，"银价愈昂，钱价愈贱"④；山东的银价是银一两换制钱1400—1500文不等⑤；湖北是制钱1000文只能易银0.61—0.62两，即银一两可换制钱1626文，在战前的1835年，每银0.70两多一点还可换钱1000文⑥，现在和战前比较银价上涨了14%。尤其到了1845年，这年银价涨风开始甚炽，"其势日就增加，尚无底止"。当年北京银钱市场的比价是银一两换制钱将近2000文，外省各地银一两的比价则涨到2200—2300文⑦。1846年，"南方银一两皆以二千为准，北方闻更增于此"⑧。在当年山西的银钱市场因

---

① 语本道光二十三年户部咨钞，引见道光二十四年吴文镕《设法贵钱贱银折》，《吴文节公遗集》卷11，第1页。

② 《显志堂稿》卷11，第32页。

③ 《马克思恩格斯论中国》，人民出版社1957年版，第23页。

④ 中国社会科学院经济研究所藏清代钞档（以下简称清代钞档）：道光二十二年三月二十六日陕西巡抚富呢扬阿奏。

⑤ 清代钞档：道光二十二年十一月十八日山东道监察御史雷以諴奏。

⑥ 清代钞档：道光二十二年三月初七日湖广总督裕泰、湖北巡抚赵炳言奏。

⑦ 刘良驹：《请饬定银钱划一章程疏》，道光二十五年，见王延熙等辑《皇朝道咸同光奏议》卷38，第1页。

⑧ 包世臣：《致前大司马许太常书》，道光二十六年六月十八日，《安吴四种》卷26，第37页。

受商人操纵，"旋增旋减"，平均银一两换制钱 1700—1800 文或二千数十文不等①。在山东的市价是每银一两换制钱 2100—2200 文②，甘肃则将及 2000 文③。江苏在战前纹银一两换钱 1000 文或 1200—1300 文，1846 年可换 1800—1900 文，银价较战前升高 90% 左右；洋银在战前江苏市场上是一元换钱 700—800 文或 1000 余文，当年每元则可换钱 1300—1400 文，洋银价上升也将近一倍④。1847 年，广西的市价是银一两换制钱 1900—2100 余文不等，这也是由于"数年以来，钱价渐贱，银价愈昂"⑤ 的结果。到 1850 年前后，福建、湖南、江西和江苏等省的市价平均是银一两换制钱 2000 文左右⑥。

各省的银钱比价，不论和鸦片战争前或战争结束时比较，都有很大变动，即银价升高，钱价下跌。关于当时全国和重要城市的银钱比价，还缺乏长期系统的统计资料，可用来作比较的研究。现在据直隶宁津县大柳镇一家商店账册的纪录可以看出，如以鸦片战争前（1821—1836 年）银钱比价指数为 100，到鸦片战争后历年变动的趋势，有如表 1 所示⑦：

表 1　　　　　　　1843—1850 年银钱比价波动的情势

年份	银一两兑换制钱文数	指数	年份	银一两兑换制钱文数	指数
1843	1656.23	123.93	1847	2167.44	162.16
1844	1724.12	128.96	1848	2299.34	172.02
1845	2024.74	151.51	1849	2354.98	176.19
1846	2208.36	165.22	1850	2230.32	166.86

---

① 清代钞档：道光二十六年九月十五日山西巡抚吴其濬奏。
② 清代钞档：道光二十六年十月初七日山东巡抚觉罗崇恩奏。
③ 清代钞档：道光二十六年十二月十七日陕甘总督布彦泰奏。
④ 清代钞档：道光二十六年闰五月十四日两江总督璧昌、江苏巡抚李星沅奏，又见《李文恭公奏议》卷 10，第 52 页。
⑤ 清代钞档：道光二十七年七月二十三日广西巡抚郑祖琛奏。
⑥ 据清代各省督抚奏报档案资料记载，直到 1853—1856 年间，如云南、江苏等省的银钱比价一般维持在银一两换制钱 2000 文左右，其他如陕西、河南、湖南、浙江、北京等地则超过此数（与 1845 年外省各地及 1848—1850 年宁津县的比价相近），最高有达到银一两换钱 2700—3000 文的（如 1854 年在河南，1856 年在北京）。
⑦ 据宁津县大柳镇统泰升记各项账册整理出来的资料计算，以下有关各表来源，均同此。

这个华北集镇市场上的银两对制钱的比价,战后较战争前夕银贵钱贱时的比价又升高24%到76%,显然是受当时弥漫全国的银价涨风影响的反映。总之,战后银价高涨,如以每两平均易钱2000文和战前历朝银钱比价的情况对比来看,则已"较昔钱价平时盖倍之,较贵时几及三倍"①。这样,就不能不对当时社会的经济生活造成深刻的影响。

银贵钱贱造成农工业产品价格下降

首先,银贵钱贱的结果必然引起农产品和手工业品以银价表示的价格不断降低,从而使得作为国民经济最基本的两个生产部门——农业和手工业生产受到严重的损害。现在仍以直隶宁津县大柳镇市场为例,看一看在银价上涨时,以制钱表示工农业产品价格的零售物价指数以及白银对工农业产品的购买力指数的情况吧。

表2　　　　主要工农产品零售价格与白银购买力的比较

(1843、1844、1845、1850年)　指数基期 1821—1836年 = 100

年份	银钱比价指数	米零售物价指数	花生零售物价指数	十种手工业品*零售物价指数	白银购买指数 对米	对花生	对手工业品
1843	123.93	92.43	100.68	101.91	134.08	123.09	121.61
1844	128.96	95.86	100.88	101.01	134.53	127.84	127.67
1845	151.51	94.61	120.82	104.93	160.14	125.40	144.39
1850	166.86	100.91	120.82	121.55	165.35	138.11	137.28

注:*十种手工业品是:蒲席、酒、木炭、桐油、赤砂糖、白毛边纸、铡钉、南铁、甬铁、改锅。

由表2可见,以鸦片战后和战前比较,这里的农产品如米和花生的零售价格几乎没有什么上涨或涨价很少,在和粮食行情相关的年份内银价上涨24%到67%。再把银价指数和米、花生物价指数对比一下,就可以看出白银对农产品的购买力也是增长的,即对米为34%到65%,对花生为23%到38%。至于十种手工业品的零售价格也很少变动,把银钱比价指数和十种手工业品零售物价指数对比来

---

① 王庆云:《石渠余记》卷5,《纪银钱价值》,第10页。

看，白银对手工业品的购买力提高22%到44%。如在1850年这一年间手工业品零售价格涨21%左右，而白银对手工业品的购买力则增长37%。可见在战后时期，用制钱表示的工农业产品物价是比较平稳的，不但跟不上银价上涨的程度，而且相应于银价不断升高，则显示工农业产品的价格急剧下降。在这种情况下，使商品生产的价值规律得以通过价格与价值的背离而发生它应有的作用。尤其在那种小生产商品率较高，因而依赖于市场程度较大的小商品经济中，价值规律对其生产所起的调节作用也就较大。

在商品经济较发达的江南地区，这里从事工农业的小生产者，就因鸦片战争后的"银币耗，农夫织妇，毕岁勤动，低估以售之，所得之钱，不可输赋"①。甚至"蚕棉得丰岁，而皆不偿本"②。"盖自谷帛贱于银，而农之利夺矣"。由于"耕织之人少，而谷帛之所出亦少矣"③。在湖南和四川两省农村的生产，因此所受的影响也十分显著。如在1845年间，湖南有些地区，就因当时"银价日昂，银复艰得，农者以庸钱粪直为苦"④。到道光末年前后，四川有些地区甚至"连年丰稔，谷贱伤农，每岁所得，不敷工本"⑤。

这样的结果，使"农夫织妇"就难以维持简单再生产的继续，必然促使农业和手工业生产的日趋萎缩。本来，这些小生产者的"农夫织妇"的经济基础是十分单薄的，因而经济地位极不稳定，当其"饥年偶遇，则逃亡失业之患生"⑥。这样，就益发加速了农民和手工业者的贫困和农村破产。

银贵钱贱促进着商业和信用的危机

在战后商品经济进一步发展的条件下，商人和商业高利贷资本

---

① 马敬之：《银币论》，见求自疆斋主人编《皇朝经世文编》卷51，第36页。
② 包世臣：《致前大司马许太常书》，道光二十六年六月十八日，《安吴四种》卷26，第37页。
③ 徐鼐：《务本论·罄辨篇第三》，《未灰斋文集》卷3，第4页。
④ 左宗棠：《上贺庶农先生》，《左文襄公书牍》卷1，第35页。
⑤ 清代钞档：咸丰三年十一月十日许乃普、何彤云奏。
⑥ 戴絅孙：《请防查荒扰累疏》，道光二十七年，见王延熙等辑《皇朝道咸同光奏议》卷29，第19页。

在商品货币关系中的活动和作用是大大增强了。1841年间,据一个官府报告说,全国商铺的分布,"计铺户之多,京城及江南之苏州府、湖北之汉阳府为最,其数不下百余万,合之天下,可加数倍"①。如果根据清朝政府征收税额银数估算,当时全国至少有120万到160万户商铺。这些较大商铺的资本额和营业额,据1843年另一官府报告估计,"即如当铺一行,其资本自数千两至数万两不等"。"他如银号、钱局、粮栈、布庄、绸缎百货之商,亦复类是。窃计各省之城市镇口,其生意之大者不下数千百万,次则数十万;最小之地方,亦必有数万金。"② 这就是鸦片战争后国内商业和商人资本的一些基本情况。

同时,随着商业发展的需要,如钱庄(钱铺、钱店、钱局)、银号、票号等等通融银钱借贷的信用机构,也已在全国各省相当普遍地建立起来,并使钱庄钱铺日益成为那时中国商业金融的枢纽。例如,北京自康熙年间至道光十年(1830年)以前,开设的钱铺有389家,道光十年以后又开设122家,通计这些挂幌钱铺共511家。此外如金店、参店及烟布等各铺附带经营兑换银钱而没有挂幌者,还不在内③。福州在道光二十七八年间有钱庄100家以上,大部分都拥有巨额资本④。在浙江杭州,因"省城居民稠密,钱铺较多";至于宁波府属的鄞县,"逼近海关,商贾辐辏,钱铺稍大"⑤。这些钱铺钱庄的资本主要是属于货币借贷的生息资本,多半是商业高利贷资本的一种转化,因此它与商业资本和高利贷资本的发展密切相结合。

这些信用机构以经营银钱兑换及存放款业务为主,如在江苏苏、松、常、镇、太五府州的"兑钱店铺","概属现钱交易,其余江北

---

① 金应麟:《预计度支折》,道光二十一年八月,《鹰华堂文钞》卷12,第14页。
② 清代钞档:道光二十三年六月十三日禧恩奏。
③ 清代钞档:咸丰九年九月十六日工部尚书兼管顺天府府尹事务张祥河等奏。
④ B. P. P., *Returns of the Trade of the Various Ports of China, for the years 1847 and 1849*, pp. 5 – 6.
⑤ 清代钞档:道光十八年九月十一日浙江巡抚乌尔恭额奏。

各属,情形约略相同。间有兑换银两,向店中开写钱票,以图携带轻便。然需用钱文,即将店票向本铺随时支发,与存贮现钱无异"①;而在宁波的钱庄,则用过账制度经营存放款:"凡有钱者皆愿存钱于庄上,随〔钱〕庄主略偿息钱;各业商贾要向庄上借钱,亦略纳息钱,进出只登账簿,不必银钱过手也。民间日用,亦只到钱店多写零星钱票,以应零用,倒比用钱方便,免较钱色也"②。有的还经营国内汇兑,如"山西钱贾,一家辄分十数铺,散布各省,会票出入,处处可通"③。这里所谓的"山西钱贾",即是我们现在所通称的山西票号商人。

不仅如此,这些钱铺钱庄并发行钱票(钱帖、庄票)作为纸币流通,在当时南北各省地区都曾广泛流行,尤以"西北诸省为盛"。如直隶的京津、奉天、河南、甘肃、山西、山东、广东、广西、福建福州、浙江、江苏、安徽、江西、湖南、四川、云南等地,便因使用"钱票日广,富商大贾,民所深信"。钱票不仅能"兑付银货不取现钱",而且还有"或辄写外兑,或换外票等字样",即可作为会票或票据交换,享有很高的信用。如山西"行用钱票,有凭帖、兑帖、上帖名目。凭帖系本铺所出之票;兑帖系此铺兑与彼铺;上帖有当铺上给钱铺者,有钱铺上给当铺者。此三项均系票到付钱,与现钱无异"④。特别是上海"钱庄生意或买卖豆、麦、花、布,皆凭银票往来,或到期转换,或收划银钱"⑤。足见当时钱票为用甚广,并表现为钱庄信用和商业信用密切结合的特点。

正因为国内商业和信用日趋发达,早在鸦片战争前夕的1838年间,各省商人和钱铺钱庄就利用当时开始发生的"银价日昂",并以

---

① 清代钞档:道光十八年九月十八日江苏巡抚陈銮奏。
② 段光清:《镜湖自撰年谱》,中华书局1960年版,第122页。
③ 冯桂芬:《用钱不废银议》,《显志堂稿》卷11,第34页。
④ 清代钞档:道光十八年七月初一日山西巡抚申启贤奏。
⑤ 道光二十一年闰三月二十一日上海县告示碑,见江苏省博物馆编《江苏省明清以来碑刻资料选集》,生活·读书·新知三联书店1959年版,第485页。据上海钱业公所"内园"碑记所载的钱庄名数,在1776—1796年间达106家(中国人民银行上海市分行编:《上海钱庄史料》,上海人民出版社1960年版,第11—12页)。

钱票来进行投机活动，当年清朝政府曾为此事通饬各省督抚查禁。到了鸦片战争以后，由于银贵钱贱问题愈益恶化，并不断引起市场的剧烈波动，这就促使商人从事商品货币买卖的投机活动日益加剧。如在战后银价开始猛涨的1845年，不过"半年之间，银价自一千五百文骤长至二千文有零"，就是由于"市侩串抬"的结果①。当时商人和钱铺钱庄因进行投机活动失利的结局，通常是不能维持信用，便"关门逃匿"。例如，北京为"万方辐辏，商贾云集，行使钱票，尤属浩繁"。原来京城内外，钱铺不下千余家，鸦片战争后，因投机亏空而"关闭十有二三"，存票"大半无从追讨"②。所以，在1846年时有人谈到民间"惟恐钱票化为废纸，必争就钱庄取钱，旬日之间，远近麇至，钱庄大者犹可捱注，其小者猝不能应"③。显然可见，商人在当时的投机，都是很容易造成信用不足，并导致商业和信用的危机的。

即使是从事正常的商业经营，战后的银贵钱贱也对它起着不利的影响。如当时国内商业以号称盐典茶木四业中最著的盐业为例来看，1850年间官府报告河东盐业疲困的情况，就是一个具有代表性的说明。报告中说："池价略昂，兼之银价昂贵，昔年每银一两，换钱八九百文，今日贵至二千余文。商人卖盐得钱，另银完课，每换银一两，足抵昔年二两有余，因而商力难支。承办半签引地者，每年需赔四五千两；承办一签引地者，其赔累则又倍之。是以商人视为畏途，纷纷思退"④。这也就是战后"各省盐务滞销，因由银价昂贵"所造成的影响，"以致商力疲困"⑤几乎成为一种普遍的现象。

---

① 吴嘉宾：《钱法议》，《求自得之室文钞》卷4，第11页。
② 清代钞档：道光十八年八月二十八日陕甘总督瑚松额奏；道光二十年三月二十九日祥璋奏。
③ 许楣：《钞币论》，《钞利条论五》。
④ 兆那苏图：《酌议变通河东盐务章程疏》，道光三十年，见王延熙等辑《皇朝道咸同光奏议》卷35上，第15页。
⑤ 王庆云：《王文勤公奏稿》卷4，《户部存稿》，第24页。

再就一般商业的买卖而言，因为银与钱是商品交换中的一般等价物，按照当时的商业习惯，"民间各种贸易，往往顿置论银，而零卖论钱。银贵以来，论银者不加而暗加，论钱者明加而实减。以是商贾利薄，裹足不前"①。如从社会购买力方面来看，正是由于当时的"银贵钱贱，民之生计既艰，商之货物不售"②，也是影响商业萧条的原因。所以，在1846年时就有人这样指出："商贾不行，生计路绌。推原其故，皆由银贵。"③

直至道光末年时，由于战后以来银贵钱贱和市场投机影响商业和信用的结果，竟使当时的"富商大贾，倒罢一空。凡百贸易，十减五六"④。可见战后十年间，国内商业在不同地区和不同程度上都不免要受到银贵钱贱波及的影响。

银贵使中国的对外贸易处于不利的地位

作为当时对外贸易进行支付结算的通货，是以白银为标准。战后时期的银贵，一方面表现在银圆和银两的比价，银两比银圆的兑价为低，即银圆能交换到高于其实际价值的银两⑤。另一方面也是最主要的，表现在银圆和英镑的比价上。1844年到1851年银圆每元可兑换的英镑，从2先令6.5便士上升到2先令10.5便士，即上涨13%。反之，英镑每镑可兑换的银圆，从4.550元下降到4.0488元，即降低11%。很显然，银圆和英镑比价这样的变动便加强了资本主义国家的商品在中国市场上的竞争能力，有利于外国商人经营的对华输出贸易。在这种情况下，外国商品在中国市场上的出售价格，如果没有变动，则外国商人所获得的英镑利润，显然是增加了。即使按银圆计算的价格下降，如果幅度不超过11%，则按英镑计算

---

① 冯桂芬：《用钱不废银议》，《显志堂稿》卷11，第33—34页。
② 窦垿：《请特设议政大臣折》，道光三十年五月十七日，见《滇文丛录》卷49，《陈议类四》，第21页。
③ 包世臣：《致前大司马许太常书》，道光二十六年六月十八日，《安吴四种》卷26，第37页。
④ 冯桂芬：《用钱不废银议》，《显志堂稿》卷11，第32页。
⑤ *Commercial Reports from Her Majesty's Consuls in China*, 1849, p. 13.

的利润，仍然不至于减少。这就是说，资本主义国家的商人可以利用当时银价昂贵的机会，在中国市场上进行削价竞争，从而也就便利了外国商品的侵略。

事实也正是这样，据1847年英国官方的一个报告证明，为了使中国市场更多地消纳英国的制造品，英国商人不惜以低于成本30%到40%的价格出售。拿1840—1850年平均占英国输华货物总值66%左右的棉纺织品来说，英国商人也是"在不同时期中曾以低于成本20%至30%的价格把布匹强销于中国"[1]。削价竞销的结果，使得中国用手工劳动制造的棉纺织品就不能不受到英国机制棉纺织品的冲击了。外国棉纺织品正因为"其质既美，其价复廉"，"舶至贱售"，"价才当梭布三之一"，随即引起各通商口岸如厦门、上海、广州、宁波四港附近地区城乡棉纺织手工业生产的衰落。资料表明：在厦门港因为"民间之买洋布洋棉者"多，不仅一向行销闽省的"江浙之棉布，不复畅销，商人多不贩运；而闽产之土布土棉，遂亦因之壅滞不能出口"。宁波开港后"本地的生产已经受到了显著的影响"，"使许多织布机停了下来"。上海港附近的苏州、松江、太仓地区更因"洋布盛行"，"是以布市销减"，"使织布业已迅速下降了"。在广州港附近也因洋布影响了"土机衰"，"女工几停其半"[2]。这些事实，证实了马克思所指出的，这就是鸦片战争后因"金银外溢，外国竞争对本地手工制造业的破坏性的影响"[3]。

银贵钱贱加剧清朝政府的税收财政的危机

危机的具体表现，就是"税金不能入库，国家濒于破产"[4]。从1840年到1845年以后，清朝政府的财政因鸦片战争军费和战后赔

---

[1] *Correspondence Relative to the Earl of Elgin's Special Missions to China and Japan, 1857—1859* (London, 1859), p. 245.

[2] 参看彭泽益编《中国近代手工业史资料（1840—1949）》第一卷，中华书局1962年版，第494—496页。

[3] 《马克思恩格斯论中国》，人民出版社1957年版，第24页。

[4] 《马克思恩格斯全集》第7卷，人民出版社1959年版，第264页。

款、国库亏短、河工漫决、秦豫和东南六省迭次发生灾荒赈济等等开支和耗损,本来就已经困难万分①。如果说,1838 年和 1839 年财政收支两抵,岁余银分别还有 506 万和 551 万余两,那么,由表 3 可见,因为战后财政收支日益不稳定,每年财政结余已比鸦片战争前显著减少,而且收支两抵余剩银两都经解交户部并解充兵饷。实际各省和中央的财政十分空虚。

表 3　1840—1849 年各直省实征地丁盐课关税杂税等项岁入岁出

单位：银两

年份	岁入	岁出	收支两抵
1840	39035229.796	35805162.109	3230067.687
1841	38597458.730	37341583.492	1255875.238
1842	38715060.818	37149811.287	1565249.531
1843	42264528.629	41904903.693	359624.936
1844	40163854.832	38651694.514	1512160.318
1845	40612280.774	38815891.185	1796389.589
1846	39222630.042	36287159.329	2935470.713
1847	39387316.116	35584467.837	3802848.279
1848	37940093.827	35889872.079	2050221.748
1849	37000019.041	36443909.923	556109.118

资料来源：据《道光岁入岁出简明总册》(钞本)并参考王庆云《石渠余纪》"直省出入岁余表"整理计算。

战后因银贵而影响各项税收的情况,如以盐课来说,每年实征银数只占到定额的 66% 左右。地丁是国库收入的一项重大财源,不但每年征不足额,而且"旧欠既已延宕,新欠又复踵增"。据户部报告,1843 年以前统计全国各省积欠地丁等项共银 5934800 两,从 1843 年到 1847 年上半年止,各省又续欠地丁银 2064800 两,到 1847

---

① 据曾国藩在《议汰兵疏》中说:"至于财用之不足,内外臣工,人人忧虑。自庚子(1840 年)以至甲辰(1844 年)五年之间,一耗于夷务,再耗于库案,三耗于河决,固已不胜其浩繁矣。乙巳(1845 年)以后,秦豫两年之旱,东南六省之水,计每岁歉收,恒在千万以外,又发帑数百万以赈救之。天下财产,安得不绌?"(《曾文正公全集·奏稿》卷 1,第 25 页)

年年底各省又续欠地丁银1065300两,总共银9084900两。截至1848年年底,各省陆续完报并豁免的地丁等银共280万两,还欠770万两之多①。这笔地丁欠款约接近战后国库每年贮存的银数。

正因为财源收入的短绌,作为平日补救政府财政困难重要手段之一的国库存银,也日益锐减。经过鸦片战争,即自1840年到1841年,国库存银就已减少44%。以1842年战争结束的当年户部银库的存银数为100,此后各年是:1843年为73%,1845年和1846年各为83%,1848年为81%,1849年为80%,1850年为66%。这是因为国库进出的银数不能维持平衡,出现严重的超支现象。据户部银库大进大出黄册档案资料表明,各年超支银数,1843年为1279946两,1848年为37210两,1849年为559017两,1850年为2375925两②。这是清朝政府的财政在国库的税收来源不继和存银日益减少下出现的必然结果。

由上所述,不难了解,鸦片战争后的银贵钱贱问题,乃是外国资本主义势力侵入后所直接造成的一个经济恶果。在当时银贵钱贱的波动下,中国的农业和手工业生产、国内商业和信用、对外贸易及税收财政,都受到严重的影响。这样,银贵钱贱就不仅促使处在战后转化期的中国封建经济的破裂加剧,并且还成为清朝封建主义和外国资本主义用来加强对中国人民进行财富掠夺的一个重要手段。

二 银贵钱贱波动下的中国社会各阶级

在战后银钱比价波动促使国民经济恶化的情况下,中国社会各阶级在分配上所占的份额将受到怎样的影响?由于社会各阶级在政治上和经济上所处的地位不同,因而他们在国民收入再分配中所受

---

① 清代钞档:据道光二十七年八月二十八日、二十九年三月十五日管理户部事务潘世恩等奏计算。

② 清代钞档:据历年户部银库大进大出黄册计算。

的影响也各不一样,并表现有各种矛盾的趋向。这就需要进行具体的分析。

清王朝统治阶级

如前所述,银价上涨严重地影响了清廷的财政收入,但作为封建贵族地主阶级专政工具的清朝政府,为了维持其政权,力图巩固其统治的经济基础,它的财政愈困难,对人民的搜括也就愈加残酷,总是要想尽各种办法,从银价高涨中获得利益来挽救财政的危机。

最主要的办法之一就是加强利用税收政策,向人民强征白银赋税,这就更加刺激了清王朝统治阶级贪婪地加重对人民的封建贡赋的榨取。如以各省征收地丁杂税存留各项钱粮来说,按照清代1657年的定例,向以银七钱三的比例交纳。鸦片战争后,各省官吏向纳税者征收钱粮,便要全部勒征白银。据说,"其所以敢违成例者,一则借口制钱笨重,难于起解;一则因制钱一千文准银一两,按之市价,不免赔累"①。以道光末年福州官府征解钱粮的情况为例:"今银价腾跃,向时福州银一两约值一贯二三陌(按即一千二三百文),今乃渐增二贯(按即二千文)矣。向时福州民间纳租赋银一两者,约完钱一贯七八陌,官吏派收五六陌以为毛耗,今须陪(赔)垫二陌,仅敷一两之数,而解费尚无所出。一处如此,他处略同"②。地方官府的这个处境,只不过表明当时各"州县经征钱漕,凡小户折收之钱,皆系官为易银批解,已形赔累,加以火工解费,更觉不支"而已。正因为如此,事实上当时各省州县封建官吏的做法,是在银钱折价之间,"辄相率倍取于民"③。

十分清楚,这就是清朝封建统治者利用当时银贵钱贱而强征白银贡赋,有意动员和鼓励它的大小官吏向人民这样敲诈勒索,以遂行"不居加赋之名,阴收加赋之利"④的两面政策。清朝政府纵使

---

① 清代钞档:道光二十二年十一月十八日山东道监察御史雷以諴奏。
② 谢章铤:《赌棋山庄集》,《稗阪杂录》卷3,第7页。
③ 清代钞档:道光二十六年二月初十日军机大臣管理工部事务穆彰阿等奏。
④ 汤成烈:《治赋篇四》,见葛士濬辑《皇朝经世文续编》卷34,第9页。

"贪官污吏捶楚而朘削之"的结果，不用说，就是"百姓之贫匮亦甚矣"①。

其次，清王朝统治阶级还用出卖官爵典封的捐纳（捐输）办法，向富有的商人、知识分子和官吏吸取他们手中的白银来弥补国库的空虚。掌握有货币——制钱铸造权的清朝封建统治者，在当时还没有采取像在这以后19世纪50年代间用滥事鼓铸（铜铁大钱）和滥发纸币（官票——银票，宝钞——钱钞）作为通货的手段来挽救它的财政困难。因为当时钱价日益低落，显然是不能从铸造制钱中得到利益的。捐纳虽是清朝政府一向用以补救财政困难的办法之一，但在战后银贵钱贱的情况下，就显示了它的特殊意义和重大作用。

根据某些资料估算，1843—1850年间，由于清朝封建政府大力推广捐纳，报捐人数和捐纳银数都很可观。如以鸦片战争后八年间捐纳人数和银数，与战前（1821—1842年）比较，则战后各省报捐人数共计62068人，占战前人数24.5%；所收捐纳银共计6734874两，占战前银数24.8%②。如以当时仅由户部收入的捐纳银数和户部银库每年收入银数比较，捐银所占的比重：1843年为48.2%，1845年为16.5%，1846年为19.2%，1849年为12.2%③。捐银比率的不断下降，反映报捐人数的逐年减少，这正如当时人指出的，"此何故也？中国之银，止有此数，不过相流转于上下之间。开捐……无非挹彼注兹之法。今则无可挹，何有注？"④

在这种情势下，就愈益促使清朝封建统治阶级不惜采取广开捐纳，用滥卖官爵的办法，搜括白银来达到开辟财源的目的。据官府报告透露，当时开捐"凡殷实之民情愿报效者，不及什之三；而外官子弟亲戚及其幕友之报捐者，已不下什之七，其间以现任官员侵挪帑项使其子弟亲戚银捐者，不可胜计。吏部皆有籍册可查"。这

---

① 王东槐：《请端治本疏》，道光三十年三月，《王文直公遗集》卷1，第22页。
② 据汤象龙《道光朝捐监之统计》计算，《社会科学杂志》第2卷第4期，1931年12月。
③ 清代钞档：据历年户部银库大进黄册及捐监银册计算。
④ 冯桂芬：《用钱不废银议》，《显志堂稿》卷11，第32页。

样,在当时各省地方官吏中,由"捐班"而为道府州县的,就"已居天下十分之半"。因为这些"捐输各员"既"以官阶为利薮","其居心贪墨,其居官必不能爱养百姓"。据说,"当其候补之日,夤缘百出,及其补官之日,又复朘削多方"。甚至"有身坐堂上,向民间索取银钱,自认为捐班而以为贪婪之数,皆其分所应得者"。所以,这个官府报告不得不坦率承认,"其弊有不可胜言者"。"而国帑仍有绌无赢,可见捐例所入,无裨国计"①。直到道光末年时,据一个官府记载说:"宣宗成皇帝(按即道光皇帝)每与臣下言及开捐一事,未尝不咨嗟太息,憾宦途之滥杂,悔取财之非计也"②。这都是招认为搜括白银而滥卖官爵所产生的严重后果,导致所谓"吏治腐败",即"官以贿得,刑以钱免"③,由是愈加造成了当时清王朝"国家行政的腐化状况"④。

十分明显,这些都是由于战后银贵钱贱的影响,而加深了清王朝封建专制官僚政治的反动性和腐朽性的表现。

地主阶级

战后银贵钱贱的波动,也不能不使当时的封建地主阶级受到一定的影响。因为缴给封建政府的田赋,既然是以白银支付,银价上涨,必然加重作为土地占有者的地主的赋税负担⑤。如前述直隶宁津县大柳镇农产品零售物价资料表明,在1821—1836年间值一石米的银两,到1843年同样银两就值一石三斗四升多米,到1850年就值一石六斗五升多米了。很显然,由于要出售农产品换回银两交纳赋税,纵然名义赋税率没有增加,在1843—1850年间对应于白银购买力的提高,纳税者的实际负担已经增加了34%到65%。这就是造成

---

① 据吕贤基《奉旨求言敬陈管见折》《请停议开捐例折》,道光三十年,见《吕文节公奏议》卷1,第39、42页。
② 曾国藩:《议汰兵疏》,《曾文正公全集·奏稿》卷1,第25页。
③ 《奉天讨胡檄布四方谕》,罗邕等辑:《太平天国诗文钞》上册,第33页。
④ 《马克思恩格斯论中国》,第24页。
⑤ 在这里虽是以封建地主阶级为考察的主要对象,但在田赋负担问题上,自耕农和小土地出租者的负担,也是须加考虑在内的。

战后赋税更加繁重而难以负担的原因所在。

在江南的苏州、松江两府地方,就有如下生动的典型事例。

1843年,在苏松一带的地方官府向封建地主和自耕农征收钱粮,"甚至每米一石,收米至三石内外,折钱至十千上下。每银一两,收钱至四五千文。小民手胼足胝,终岁勤动,所得能有几何?而被朘削若此"①!这表明封建官府对纳税者的额外勒索榨取情况的严重。这是在鸦片战争刚刚结束不久时候的情况。

1845年,官府报告又说:"松属向称膏腴,近来物力多艰,地方元气未复,又叠次捐输,如海塘工程及防堵保卫,……民力不无拮据。且纹银洋钱价日昂,制钱粮石价日贱,农民终岁勤动,以米易钱,所得几何,完漕倍形竭蹶"②。到了1848年,苏松各属地方官府据说"每届开仓之际,预先高抬粮价申报,为勒折地步",以至"良懦之户,每石折至洋银七八元或五六元不等"③。这都表明,在鸦片战争后因为银贵不断加强浮收勒折的一些新的情况。尤其是在纹银洋钱兑价日益增长和制钱粮食价格日益低落的情势下,人民的负担已不断增加,地主和自耕农民已经开始表现出无力完纳赋税,而感到"倍形竭蹶"的处境。

这样的情况,在苏松地区此后数年间的发展,愈来愈严重。据1851年一个官府报告的分析,原来这里的农业劳动生产率和分配形式是:"每田一亩产米自一石五六斗至二石不等,除去佃户平分之数,与抗欠之数,计业主所收,牵算不过八斗"。"计每亩所收之八斗,正供已输其六,业主只获其二耳"。这就是说,地主即业主从农民那里榨取50%以上的劳动生产物作为地租收入。业主为交纳赋税要从全部地租收入中拿出四分之三,而自己只能从以地租名义取得的收入中占到四分之一的份额。又因封建官府规定,漕粮多收折色,

---

① 道光二十三年正月十八日耆英密奏,《史料旬刊》第35期,第291页。
② 李星沅:《附奏松江重运实情片子》,道光二十五年十二月二十日,《李文恭公奏议》卷9,第16页。
③ 清代钞档:道光二十八年八月十九日漕运总督杨殿邦奏。

而帮费必须折银,地丁必须纳银,业主不得不"持米以售钱",然后又"持钱以易银"。在当时,因为银贵钱贱而使"米价苦贱",白银对米的购买力约提高一倍,即"昔日两银换钱一千,则石米得银三两。今日两银换钱二千,则石米仅得银一两五钱"。相应于这种情况的变动,业主"昔日卖米三斗,输一亩之课而有余;今日卖米六斗,输一亩之课而不足"①。现在赋税定额虽仍未变,而业主必须"以昔日两年之赋,足今日一年之额"②。这便是纳税者在战后时期所受"暗加一倍之赋"负担的秘密。

同样的情况,也可以在广西、湖南、山东等省看到。

在广西,据1847年官府报告说:"民间完纳钱粮,必须易银投柜。银贵钱贱,较从前输纳之数,几加一倍。粤西民贫土瘠,生计维艰。"③

在湖南,据官府报告道光末年情况说:"从前银价,乾隆、嘉庆年间,每银一两,易钱一千文;道光初年,每银一两,尚止易钱一千三四百文。自后渐次增长至二千文。……农民以钱易银,完纳钱漕,暗增一倍有余之费。"④

在山东,据1850年官府报告说:各州县征纳钱粮,相沿以钱折交,"道光初年,交制钱一千七八百文,即作完银一两。自十八年至今,已交至二千八九百文矣。十余年间,多增至一倍,或曰银价过昂之所致耳"⑤。

这就证明,战后银价上涨,交纳地丁钱漕,由于用钱折银浮收,封建地主乃至小土地出租者和自耕农的赋税负担,较战前都增加了一倍以上。这是鸦片战争后在全国范围内一个极其普遍的严重现象。

同时必须强调指出,在当时地主阶级虽因银价上涨而使赋税负担有所增加,但是他们仍有各种办法:如间接用赋税转嫁,或直接用增

---

① 据曾国藩《备陈民间疾苦疏》,咸丰元年十二月十三日,《曾文正公全集·奏稿》卷1,第40—41页。
② 缪梓:《拟改银币折钱疏稿一》,《缪武烈公遗集》卷1,第11页。
③ 清代钞档:道光二十七年七月二十三日广西巡抚郑祖琛奏。
④ 骆秉章:《沥陈湖南筹饷情形折》,《骆文忠公议》卷12,第19页。
⑤ 清代钞档:道光三十年四月初二日御史李维翰奏。

加进庄预缴押租、提高折价收租和征收货币——白银地租等等方式，来加重对农民的剥削榨取（事例详后），以补偿自己钱袋收益的不足。

现在就以地主阶级在名义上承担缴给清朝官府的赋税来说，实际上，他们往往利用封建政治权势和其他阴谋伎俩，巧妙地取偿于农民和其他小户。据1846年官府报告表明：江苏完纳钱漕，"绅富谓之大户，庶民谓之小户，以大户之短交，取偿于小户。因而刁劣绅衿，挟制官吏，索取白规，大户包揽小户，小户附托大户"[1]。在苏州松江两府地方，地主阶级因政治地位的不同，缴纳赋税就"以贵贱强弱为多寡"。负担的轻重多寡，不仅"绅民不一律，即绅与绅亦不一律，民与民亦不一律"[2]。总之是"大户愈占便宜，小户愈多苛刻"[3]。在这种情况下，不论大户或小户的封建地主必然在不同程度上转而加强对农民佃户的剥削。同一时期，就有人明确指出，"以苏松之田，多属饶户"。"近既银贵米贱，则饶户之脂膏亦竭，必诛求于佃户"[4]。总之，在当时因银价上涨，地主阶级把自己的赋税负担"取偿于弱户"[5]，是极其普遍的情况。

按照当时人的估计，"各省地丁钱粮出于富户者不过十之二三，惟中下等户力不能谋转运之利，始株守田园，甚有守田数十亩，赋税之外，不足以赡身家者"[6]。所以，在当时官府的"奏牍中，往往有剜小户之肉，补大户之疮之语"[7]，就是这个事实生动的反映。这样的结果，使豪绅大地主富者愈富，许许多多的自耕农民和小土地出租者固然加速破产[8]，甚至一般中小地主也不得不因此日趋破落，

---

[1] 《大清宣宗成皇帝实录》卷435，第9—10页。
[2] 冯桂芬：《均赋议》，《显志堂稿》卷10，第1页。
[3] 李概等纂：《李文恭公（星沅）行述》，道光二十六年记事，第38页。
[4] 道光二十六年九月包世臣：《复桂苏州第二书》，《安吴四种》卷77，第5—6页。
[5] 李概等纂：《李文恭公行述》，第39页。
[6] 清代钞档：工科掌印给事中汪方元奏。
[7] 冯桂芬：《均赋议》，《显志堂稿》卷9，第23页。
[8] 在当时，如徐鼒指出："农人贱卖其粟帛，而易银入官。有数石之粟，数捆之布，不足完数两之银者。银愈贵，而农困矣。"（《未灰斋文集》卷1，《拟上开矿封事》，第2页）吴嘉宾也说："近日（1845年）银价日昂，小民完粮愈不能支"（《钱法议》，《求自得之室文钞》卷4，第11页）。

以致在封建地主阶级内部产生了深刻的影响和分裂。

商人和高利贷者

中国商人和商业高利贷资本，在鸦片战争后仍然是同官僚地主经济紧密地结合着，依附于封建主义生产方式，对小生产者进行盘剥榨取。与此同时，在各通商口岸则已开始出现了一批依附于外国资本主义势力的买办和买办商人。这是战后中国商人阵营内一个新的社会分化的起点。在当时银贵钱贱的影响下，各地富商大贾和高利贷者曾经用种种办法，努力使自己避免遭受损失。

首先，富商大贾除用加重对直接小生产者剥削的办法外，还用提高商品价格的办法来剥削消费者。现以人民日常生活不可缺乏的食盐价格为例：在1845年左右，"民间买盐用钱，商人赴场领盐纳课俱用银，银价加往日一倍。……盐价照银，亦加往日一倍"①。这就是盐商随着银价的高涨而提高食盐的售价。例如，长芦盐价，在鸦片战争前官定价格每斤不过制钱16—17文至23—24文。到1846年民间购买长芦食盐，因为商人暗中抬价，距产地近者每斤的价格为23—24文至33—34文；距产地远者每斤售60—70文②。和战前价格相比，前者增加112%，后者增加337%。

盐商虽用提高食盐商品售价把自己的负担取偿于广大的消费者，但是由于当时银贵钱贱影响城乡居民的购买力，又加以"缉私不力"使廉价的私盐充斥，这就不能不使引盐"滞销"而造成盐商的赔累。例如，福建盐商的"疲乏"就是"由于本重利轻。而商本之加重"，即"由银价昂贵。不旋踵间，相继倒罢"③，到1849年间，据统计"倒商至有十余家"④。在湖南桂阳州，一向"以盐致富"的盐商，到了战后时期也是"商人折阅渐尽矣"⑤。盐商是中国封建性的重要

---

① 吴嘉宾：《钱法议》，《求自得之室文钞》卷4，第12页。
② 朱昌颐：《请变通盐法先就近地试行疏》，道光二十六年，见王延熙等辑《皇朝道咸同光奏议》卷35上，第4页。
③ 王庆云：《王文勤公奏稿》卷4，《户部存稿》，第31、34页。
④ 《中国盐政沿革史》，福建，第35页。
⑤ 王闿运等纂：同治《桂阳直隶州志》卷20，第12页。

商业资本集团之一,当时因银贵钱贱而引起盐商的纷纷疲乏倒罢,正是鸦片战争后封建性的商业资本势力开始衰落的反映。

其次,高利贷者用提高放款利息并要求以重量足、成色好的银两来进行支付。例如,湖南长沙的当铺,在典当业务的经营上,"出银不过九四、九五,每两必轻三分、二分;进银则要十分足色,每两必重秤三分、二分。是名虽加三,实则加四、加五,牟利剥民"①。四川各地的钱铺,在1846年间因银价上涨,就"借此居奇,压色压平,在所不免"②。同时,更重要的还从货币商品——银货的买卖中攫取高额利润。因为白银"色有高下,价有赢缩。奸商豪贾,窥时操纵"③,乘"时其贱收之,时其贵出之"④。当时高利贷者就因利用这种种办法而使自己起家致富,如湖南桂阳州的雷光华就是"以贷息起其家","遂致十余万金"⑤。四川合川县的潘世幹也是"以数千金起家","拥资数十万,买田百余顷"⑥。

当时的买办和买办商人是伴随着战后的五口通商而出现在各通商口岸的。广州在1843年最先被迫开放,战前原有的官设洋行(行商)制度取消,当地的行商和富商大多直接转化为买办经纪和买办商人。在专营进出口贸易方面,旧日经营洋行业务的行商,仍多有照旧继续营业的。当年英美进口广州的洋船货主和代理商,"各投素所相信之行店十余家"⑦,相互进行贸易;同时并有"新商"经营的"新行栈约有一百余家",同"夷商交易"。这就不像在洋行(行商)

---

① 张延珂等纂:同治《长沙县志》卷19,第35页。
② 清代钞档:道光二十六年九月二十一日四川总督宝兴奏。
③ 孙鼎臣:《畚塘刍论》卷1,《论治五》,第16页。
④ 胡文炳:《上王方伯》,《楚南鸿爪》,第2—3页。按当时各省每年需用白银最多的季节,是征收钱粮需易银解纳的时候。但在春间因上忙钱粮不多,"其时银价稍贱",富商大贾和高利贷者乃乘贱买囤积。到了定解之期,各州县"境内所存之银,止有此数,则市侩故昂其值以乘其急,往往有今日批解钱粮,而明日银价骤下者"(丁履恒:《钱币议》,见盛康辑《皇朝经世文续编》卷58,第17页;胡文炳:《楚南鸿爪》,第2—3页)。
⑤ 王闿运等纂:同治《桂阳直隶州志》卷20,第25页。
⑥ 张森楷等纂:《合川县志》卷48,第9—11页。
⑦ 道光二十三年耆英等奏,道光《筹办夷务始末》卷68,第29页。

包揽贸易的时代,"与以前之专归伊等数家承办者,情形迥不相同"①,使资本主义国家的商人能在通商口岸自由地选择自己的商业代理人。为了推销外国进口的洋货呢羽等商品,当时广州就有不少商人"惟利是图",一时"开设洋货店者,纷纷不绝",仅在同文街等处即达二百余家之多②。广州的匹头行在战前通过洋行购销外国的呢羽,因"洋商裁后,所至呢羽,皆归铺店"买卖,"于是殷户多作呢羽生理"③。厦门在1844年开埠后不到一年中,即有何厝乡、卓崎等地商人,争附洋人,开设行店,专同外国商人买卖,并勾串走私④。上海在1843年开放通商后,因"非如粤埠华洋人民积有芥蒂,遇事有不能融洽之虞",因此直到1850年间,"华洋商人友好无间"⑤。

大致说来,19世纪40年代最初出现在各通商口岸的一批买办和买办商人,其中有很大一部分"多系旧日洋商行店散出之人,本与该夷素相熟悉"⑥。如在战后广州经营进出口贸易的"洋商虽有新旧之分,而新商经理贸易,总不及旧商之可靠,故夷商之有资本者,多不肯舍旧而趋新"⑦。在外国资本主义国家商人的眼中,广州原有的"行商对于市场将仍然有着巨大的影响",利用"广州的行商在这新制度下从事贸易,比较一些小商人有利得多,他们的地位、影响和品格,将促使他们在很大程度上能够控制主要商品的市场"⑧。正因为这样,买办和买办商人出现在当时的作用,就是替外国资本主义势力首先在各通商口岸附近建立起买办性的商业网,以便它们进行经济侵略。因为在那时外国商人直接所不能到达的地方,只有

---

① 清代钞档:道光二十四年正月二十七日祁寯等奏,道光二十五年五月十五日耆英等奏。
② 道光二十三年《广东探报》,中国史学会编:《鸦片战争》第4册,第296页。
③ 梁廷枏:《夷氛闻记》,中华书局1959年版,第164—165页。
④ 清代钞档:道光二十九年三月初八日闽浙总督刘韵珂奏。
⑤ 班思德编:《最近百年中国对外贸易史》(T. R. Bainster, A Hisotry of the External Trade of China,1854—1851),1931年中英合璧本,第41页。
⑥ 道光二十八年十月初九日两广总督徐广缙等奏,道光《筹办夷务始末》卷79,第28页。
⑦ 清代钞档:道光二十五年五月初五日耆英等奏。
⑧ J. R. Morrison, A Chinese Commercial Guide (Canton, 1848), pp. 197–198.

利用和依靠买办和买办商人,作为自己在华商业上的代理人,才能深入到口岸以外的内地城乡市场,探听行情,推销洋货,偷贩鸦片,搜购土产原料,并从事商业高利贷的活动。

这些买办和买办商人因依附于洋人势力,加以他们对市场情况的熟悉和商情的灵通,因而得以利用战后中国市场银钱比价和物价的不稳定,大力施展其欺诈掠夺的伎俩,"何处便宜,即向何处售买","以遂其把持垄断之私"[1]。这样,就使他们在为外国资本主义对中国商品侵略服务的同时,还从外国侵略者那里分得了"一杯残羹",为自己赚得了大量高额的商业利润。例如丝茶是当时中国出口贸易中两宗主要的商品,像在福州南台经营茶业的,"其买办多广东人,自道〔光〕咸〔丰〕以来操其术者,皆起家巨万"[2]。在浙江丝产区的乌程南浔镇一带,因"道光以后,湖丝出洋"增长,"经商上海者乃日众。与洋人交易,通语言者,谓之通事;在洋行服务者,谓之买办。〔南浔〕镇之人业此,因而起家者亦正不少"[3]。这些买办和买办商人"其始不过谋利营生,继则因专利之故,暗通外夷"[4],得以仰仗外国商人资本的势力,利用战后时期的银价上涨和物价波动,控制各通商口岸的中国商人,盘剥榨取小生产者,从买办性的商业活动中开始攫取了巨额的商业利润而起家,进行了买办资本的积累。

由此看来,战后的银贵钱贱在很大程度上给予商人和商业资本的发展以不利的影响,却给高利贷资本以广泛活动的场所,使高利贷者得以利用银货投机和重利盘剥起家。在这样的情势下,在商业资本遭受不利影响而趋于衰落的同时,就诱使着商业资本的一部分迅速转化为高利贷资本,促进当时典当高利贷更加猖獗活跃,扩大了对城乡居民的封建榨取;商业资本还以一部分投放农村吸收土地,

---

[1] 道光《筹办夷务始末》卷79,第28页。
[2] 光绪六年十二月十一日《申报》。
[3] 周庆云等纂:《南浔志》卷33,第3—4页;彭泽益编:《中国近代手工业史资料(1840—1949)》第一卷,中华书局1962年版,第472—473页。
[4] 道光《筹办夷务始末》卷79,第28页。

就更加剧了战后土地的集中过程,更加重了对农民的封建统治和剥削。同时还可看到,封建性的商人和商业资本如果不同外国资本相结托,他们在经济上的地位和处境则又不及买办和买办商人显得有利。这样,就更加助长了买办性的商业和买办资本的势力,使得他们日益抬头,以致逐步"从中国的通商都市直至穷乡僻壤,造成了一个买办的和商业高利贷的剥削网"①。

小商小贩和手工业者

战后的银贵钱贱,对广大城镇的小商小贩和手工业者个体经济的打击,是十分显著而又沉重的。

小商小贩散布于城镇广大居民区。他们在当时从事商业经营的基本特点,不过是"业微业,利微利,以役手足,供口腹而已"②。"所集之货,多盐米布帛,取便日用,无甚居奇罔利者"③。这些小商小贩一般多是经营规模小,资金少,不过为提供当地居民的日常生活品服务。因此,他们不同于富商大贾,进项主要依靠商品的批发价格和零售价格之间些微的差额,以及商品的销售数量。但在战后时期"市肆贸迁,百物随银腾贵,尤为闾阎剥肤之病"④的情势下,这种价格差额的可能性便愈少,还由于一般购买力萎缩,销售的数量也愈减少。这样,小商小贩就因本小利薄,而不能不使其生计陷于贫困。这个影响一直继续到 19 世纪 50 年代之初,由于"生计萧条",以致"向之商贾,今变而为穷民;向之小贩,今变而为乞丐"⑤。不消说,这就是因战后银贵钱贱的影响所造成的一种结局。

个体经营的小手工业者和手工业铺坊,在战后时期手工业生产中仍然占着主要的地位。这些手工业者分布在广大城镇从事手工业

---

① 《毛泽东选集》第 2 卷,人民出版社 1952 年版,第 623 页。
② 陈观西等纂:道光《赣州府志》卷 20,第 5 页。
③ 邓显鹤等纂:道光《宝庆府志》末卷中,第 6 页。
④ 刘良驹:《请饬定银钱划一章程疏》,见王延熙等辑《皇朝道咸同光奏议》卷 38,第 2 页。
⑤ 骆秉章:《采买淮盐济食分岸纳课济饷折》,《骆文忠公奏议》卷 5,第 11 页。

的产销活动。他们要以自己全部的产品作为商品出卖,同时要购进自己所需要的全部生产资料和消费品。这就使得手工业者的个体经济同市场、同商业有着紧密的联系。战后的银贵钱贱使手工业者处境困难的,就是他们购进较大宗的生产原料等等要用银两来支付,而他们经常出售产品所获得的则是贬值了的制钱。并且由于当时市场不断发生变化,他们出售产品所依据的价格上涨程度总是赶不上银贵钱贱比价变动的程度的。如前引述宁津县大柳镇市场十种手工业品零售物价指数的情况,就可以证明这一点。所以,当时有人就说:"银积于上,钱滞于下,凡布帛菽粟佣工技艺以钱市易者,无不受其亏损。"① 这样,手工劳动者的生计也就不能不受到严重的影响。

银价上涨,佣工手艺劳动者的工钱也在下降着:"小民粟帛余羡及佣工手艺尚可易钱,至银则又须再易矣。近日(1845年)银价日昂,……银每两值钱二千。佣一年工只易五两银,佣值不过十千。"②其结果,就必然加深手艺工人和作坊老板之间的矛盾。1845年杭州绸纱绒缎料房的"工伙"和"散伙"向"机东""勒加工价",二十家料房业户乃勾结官府刻石禁止③。同年苏州书坊刷印书籍的印手也向老板"勒加印价",结果只争得"每节每人外给酒钱三十文"的所谓节礼钱。④ 1847年苏州烛业伙友"创议岁终加增忙金及月加零费",并进行"煽众歇业挟制"的斗争,因官府从中干预压制,"概不准行"⑤。1849年浙江嘉兴制香手工业铺坊的作司(帮工)为了改善自身的生活待遇,也曾发生一次要求增加工钱而采取同行停工的斗争。当时七家制香手工业铺坊老板勾结地方官府出面压制,

---

① 吴嘉宾:《钱法议》,《求自得之室文抄》卷4,第15页。
② 吴嘉宾:《钱法议》,《求自得之室文抄》卷4,第11页。
③ 道光二十五年十二月二十二日杭州绸纱绒缎料房业户条规刻石,南京大学历史系中国古代史教研室编:《中国资本主义萌芽问题讨论集·续编》,生活·读书·新知三联书店1960年版,第359、417页。
④ 《江苏省明清以来碑刻资料选辑》,第73页。
⑤ 《江苏省明清以来碑刻资料选辑》,第219页。

并以法令规定各铺坊作司"每日划一辛工钱七十五文","永久不加,毋许勒索"①,划一规定一个工钱标准,原是清代封建行会手工业防止同行老板彼此以高薪剜请另一作坊有技艺的帮工的办法,借以避免竞争。现在的问题乃是各铺坊老板呈准封建官府,强制地把制香手工业作司的工钱固定在这个水平上。在当时银贵钱贱不断恶化的情况下,这就不能不使这些手工劳动者的生活更加陷于贫困的境况。

从紧接着在19世纪50年代初爆发的太平天国运动中可以看到,当时就有许许多多的手工业者和手工劳动者纷纷参加了这次农民起义。在最初参加起义的队伍中,有广西的烧炭工、木匠、铁匠、磨豆腐者、舂米工、银矿工和湖南的煤矿工等等。这些"无恒产力作以谋衣食者,郴(州)桂(阳州)挖煤开矿人,沿江纤夫船户,码头挑脚轿夫,铁木匠作",都是由于在鸦片战争后遭受重重的剥削和榨取,使得他们的"艰苦手艺,皆终岁勤劳,未尝温饱"②,过着失业破产的痛苦生活。到最后无法生活下去的时候,也就不得不起来参加反抗清朝封建统治者的革命斗争。

农民

战后中国的银贵钱贱对广大农民群众的影响和打击,最为深重。农民在当时占全国人口的最大多数。农民的个体经济是那时封建经济的基础和重要支柱。"农民以佃耕为业"③,即是这种个体经济并不是建立在农民自己占有主要生产资料——土地的基础上面,他们要向封建地主那里租佃土地来从事个体经营。

在清代,由于封建的租佃关系普遍化,地租形态除了官田、学田和庙田等等公产的地租多半用货币(银、钱)交纳或以货币和实物按一定比例折收外,基本上是以实物地租占主要的地位。据清代刑部档案中有关民间业佃纠纷的案件材料来看,清代各省的民田已

---

① 彭泽益编:《中国近代手工业史资料(1840—1949)》第一卷,中华书局1962年版,第511—512页。
② 张德坚等纂:《贼情汇纂》卷11,《贼数》,《新贼条》。
③ 张云璈等纂:嘉庆《湘潭县志》卷39,第3页。

有货币地租的存在。18世纪90年代末到19世纪20年代前，有关十九省269件地租档案中，记载货币地租的有84件，占30%。其中钱租占74件，遍行十八省；银租占10件，分布在江苏、浙江、四川、福建和广东五省①。这一部分货币地租的出现，仍然是封建性的实物地租的转化形态。这一事实，却表示封建地主和农民的经济在有限的程度上已经开始卷入市场流通。在当时，封建地主阶级为了购买服用的奢侈品（本国的和外洋的）和城市手工艺品，以及购买吸食的鸦片，都需要货币。因此，向农民征收地租，由实物地租改为货币地租或二者兼收，显然是对地主阶级更为有利。农民要以货币向封建地主交纳地租，就不能不向市场出卖自己的劳动产品，这就必然引起农产品价格的降低，并加强农民小生产者对市场的依赖。

这种货币经济关系的发展，到了鸦片战后，特别是由于银贵钱贱的影响，使农民的处境愈益陷于贫困。繁重的赋税榨取和地租剥削，都超过了他们有限的负担能力，竟至使他们难于忍受。

现在就来考察一下战后时期，因银贵影响农民向封建地主交纳货币地租的负担加重的程度。例如，江西义宁州一带租种公田寺产的农民，向以银两交纳地租。"当乾隆年间，银价平减，……佃户交纳折租银两，尚属如数。迨后银价渐增，而佃户交纳亦渐多蒂欠。至道光二十八九年以后，银价极昂，每两易钱二千余文。……佃户终岁耕作，收获本属不丰，且须以谷卖钱，以钱易银，赴官交纳，银价较乾隆间增至一倍有余，以致佃户力不能办"②。这就是因银贵的结果，白银对农产品购买力的提高，使当时义宁州六七百家佃农向封建地主交纳银租要比以前加重一倍以上的负担。这个事例，大体上可以代表当时各省农民因交纳银租，而导致负担成倍加增的一个总的趋势。

战后因银贵影响货币地租的增长，使农民所受的剥削加重，并不仅止如此。当时地主阶级因银贵钱贱关系，还采取以下三种方式

---

① 据清代刑部档案钞件整理计算而得。
② 刘坤一：《刘忠诚公遗集·奏疏》卷8，第7—10页。

来达到提高银租额的目的,加强对农民的封建榨取。

一　增高进庄押租。在湖南,农民向地主佃种土地,当"议佃之初",一般都须"先纳银若干,谓之进庄",又叫"押租钱,其数视岁租多寡为率"①。1849年前后,湖南宝庆府属各地的地主就用另招新佃的办法,以达到增高进庄押租银,乃恣意强制辞退原有的佃农,甚至"有甫耕即退者"②。

二　提高折价收租。在江苏苏州府的昭文县,"佃户应还业户麦租,向由业户议定价值,划一折收,由来已久"。到鸦片战后的1846年,"现在麦价甚贱,各业户收取租价,不肯减让",即不"按照时价公平收取"折租③。这就是在当时银价上涨和麦价下跌的情况下,地主用提高农产物折价的办法,勒征银租,来加重对农民的盘剥。

三　增租夺佃。在北方京畿附近五百里内广大地区的农民,自清初圈地以后,一向大多认种旗地。他们之中,"有自祖父以来耕种至今者;有原佃薄田,历年粪多力勤,以至成熟者"。到了1848年,满族封建地主因银贵关系,就借"编放庄头之故,转令纷纷另议增租"。他们"明知百姓不能退地",便"借退地之说,胁令增租"。本来,"旗产与民地不同,故旗租较民粮特重"。现在要由原来每亩租银一钱二分增为一钱八九分,即将每亩租银额提高50%到58%,因此不能不遭到佃农的坚决反对。最后地主庄头乃采取"增租夺佃"的残暴手段,致使原来耕种四千余顷土地的佃农,"舍此即无田可耕"。结果这几千家佃户因被"夺种"后,直到1851年,还不能"作何安置"④。

---

① 张云璈等纂:嘉庆《湘潭县志》卷39,第3页;李元度等纂:同治《平江县志》卷9,第3页。
② 邓显鹤等纂:道光《宝庆府志》末卷中,第13页。
③ 李星沅:《审拟棍徒顽佃折子》,道光二十六年九月初六日,《李文恭公奏稿》卷12,第55、57页。
④ 咸丰元年五月二十四日奏,王庆云:《王文勤公奏稿》卷3,《顺天府奏议》,第2—3、5页。

这些事实很清楚地说明，战后封建地主阶级因银贵的影响，为攫取银租不惜千方百计地提高地租额，使得当时南北各省的农民遭受种种无情的掠夺。当然，在这里还不把地主阶级对农民的其他封建盘剥包括在内。同时必须指出，在当时情况下，即使用实物交纳地租，地主阶级也没有放松对农民的进攻。他们用来加重对农民剥削的主要办法是：地主招佃分租过刻，农忙借谷取利过重。1845 年前后，甚至在西南内地的省份如贵州黎平府属各地，就因"佃户分租无多，而田主盘剥日甚，以致富者益富，贫者益贫"①。这都表明战后的银贵钱贱，已使广大的农民群众喘息在重重封建榨取下濒于破产的情景。这也就是当时农民反抗封建剥削的斗争日益高涨的根本原因。

总起来说，在鸦片战后十年间，因银贵钱贱加深封建经济危机的条件下，中国社会各阶级的经济地位所受的剧烈震动，以及他们之间经济利益的对抗日益尖锐化的状况，大体就是这样。

三 银贵钱贱促进战后中国社会矛盾的加剧

鸦片战争后的中国，由于外国资本主义势力的侵入，开始由封建社会向半殖民地半封建社会的转变和过渡，"牢固的中华帝国遭受了社会危机"②，社会矛盾空前严重和复杂化。而银贵钱贱问题的产生和它的影响，不仅造成中国封建经济空前深刻的危机，促使中国社会各阶级的经济利益的对抗日趋尖锐，并且还使旧的封建剥削关系日益在新的方式下不断加剧地进行着，这就不能不愈益加深当时社会矛盾的发展，特别是以农民土地问题为中心的国内社会矛盾，成为最突出的主要矛盾。

战后的银贵钱贱促进国内社会矛盾的加剧，主要表现在以下几个方面：

---

① 贺长龄：《批弭治盗源禀》，《耐庵公牍存稿》卷 4，第 6 页。
② 《马克思恩格斯全集》第 7 卷，人民出版社 1959 年版，第 264 页。

社会分化和土地集中的急剧发展

在战后银贵钱贱影响封建榨取加重的条件下,"旧税更加繁重而难以担负,旧税之外又增加了新税"①。这样,因生计遭受影响而破产以至最后丧失土地,首当其冲的自然是受封建剥削最残酷的广大农民群众,而不少小土地所有者乃至一般中小地主,也不可幸免地陷入穷困和破落。

在湖南,如长沙、善化、湘阴等县,1845年因"银价日昂","斗谷约钱五十文,银价两银换钱二串内外","农者以庸钱粪直为苦,田主以办饷折漕为苦"。于是,"售田之户,百租得银五六百两,无受主,中下户苦之"②。在耒阳县有"至鬻田宅完粮不足"者③。

四川地区,在道光末年前后,由于类似的情况,"有田之家,坐困于此者久矣",并造成一时"田价日贱,鲜有人买"④的现象。

在江苏的苏松地区,1843年就有因忍受不了沉重的封建"腋削"而"弃田不顾者"⑤。到1846年,在苏州府的常熟昭文两县,因陷于穷困而丧失土地的人户愈来愈多;拥有大量土地的"富豪强梗"的大地主,也同时不断增加。据当时人的记述,可以很清楚地看出这一分化的迹象。昭文县在1840年后,因"小户之脂膏已竭,苟有些恒产,悉售于大户"⑥。1845年时,"彼境小户之田,或契卖、或寄粮,犹水之就下,急不可遏者"。"总之白颈愈多,而小户愈少,漕规愈大,而小户愈穷"⑦。到了1846年,"以常熟一县而论,现在(道光二十六年正月)大户已将十分之九,小户不过十分之一"⑧,正是大量土地迅速集中在大户手中的具体证明。

---

① 《马克思恩格斯论中国》,第24页。
② 据张先抡等纂:光绪《善化县志》卷33,第9—10页;左宗棠:《上贺庶农先生》,《左文襄公书牍》卷1,第35页。
③ 《徐台英传》,《清史列传》卷26,第29页。
④ 清代钞档:咸丰三年十一月初十日许乃普、何彤云奏。
⑤ 道光二十三年正月二十八日耆英密奏,《史料旬刊》第35期。
⑥ 柯悟迟、陆筠:《漏网喁鱼集》,中华书局1959年版,第4页。
⑦ 柯悟迟、陆筠:《漏网喁鱼集》,中华书局1959年版,第6页。
⑧ 李概等纂:《李文恭公行述》,第38—39页。

在山东省也有这样的情况，如章丘县有号称矜恕堂的孟家地主，在鸦片战争前120年间（1718—1838年）前后七次买进的土地不过46.86市亩，到鸦片战争后，在1842—1850年的七年中先后十五次共买进当地破产农民和没落地主的土地达196.677市亩（其中园宅等非耕地占3.34%）①。和战前相比即增加三倍多。又如淄川县号称荆树堂的地主毕远蓉（1814—1896年），在其祖父毕丰涟（1754—1840年）的时代，最初不过是一个中等自耕农，有地30余市亩，以后起家，至乾隆年间即拥有土地达100余市亩。至毕远蓉的父亲毕宁玠（1773—1840年）当家时即在嘉庆年间占有土地300余市亩。1840年毕远蓉的祖父和父亲同年去世，即由自己当家时起，终道光之时毕家拥有的土地达900余市亩②，如同嘉庆年间比较，土地积累即增加两倍。

从湖南、四川、江苏、山东四省地区的事例中，可以看出战后社会分化和土地集中的趋势。所以，到道光末年，当时人曾作了这样的描述："贫民田少，久已并入富家。今日田连阡陌者，皆非胝足胼手之农夫也。"③ 又说："富连阡陌，居子为母，膏腴并兼于豪强。"④ 加速土地之大量"并入富家"，就是由于大批农民和小土地所有者纷纷破产，中小地主趋于破落的结果。在这种情势下，他们既然被迫"以田易命，安问贵贱？而有力殷户，往往以此大富"⑤。在当时出现"田价日贱"的条件下，尽管一时"无受主"或"鲜有人买"，但毕竟是替商业高利贷者和富豪有力之家提供了兼并膏腴土地的有利条件。这样，就使鸦片战争后社会阶级分化和土地集中过程，较之战前显得相当激化而又剧烈。从紧接着爆发的农民起义运动中可以看出，19世纪50年代初太平天国在《天朝田亩制度》中对土

---

① 景苏、罗仑：《清代山东经营地主底社会性质》，山东人民出版社1959年版，第82、85页，据所引《矜恕堂地亩账》计算。
② 景苏、罗仑：《清代山东经营地主底社会性质》，山东人民出版社1959年版，第69页。
③ 谢章铤：《赌棋山庄集》，《稗阪杂说》卷3，第7页。
④ 孙鼎臣撰：《畚塘刍论》卷1，《论治五》，第16页。
⑤ 周天爵：《与刘次白书》，《周文忠公尺牍》卷上，第22页。

地分配的设想,就其主要的进步意义方面来说,正是深刻地反映了在当时封建压迫下的农民大众对土地的渴望和对土地革命的要求。

城乡失业流亡人口的增长

随着战后时期大量土地迅速集中在少数人手里的同时,于是就出现有农民和小土地所有者"流亡之众,逋负之多"[①]的社会现象。这是因为在战后银贵钱贱和水旱灾荒的交相袭击下,他们由于不堪负担繁重的封建榨取已经处于破产、失业、饥饿和逃亡的境地[②]。例如,江西赣州府属的山区农民,平时的生活本来就劳苦不堪。到1847年前后,由于他们"失南亩之利,故失业者多。失业者谓之浮口。今之浮口患更甚于昔"[③]。在湖南,1849年因"四五月间,合省奇荒,流民络绎不绝,有四五千人为一队者"[④]。当时农民失业逃荒的情况,当然不止限于江西和湖南地区。在战后时期,据估计全国十八省一千五百多个州县,平均每年约有三分之一以上的地区,都在不断发生自然灾害,其中尤以1849年长江流域各省的水灾之重,为百年来所未有,农业生产力遭受了极其严重的破坏。在当时因银贵钱贱影响封建榨取加重的情况下,加上灾荒频繁造成的农业饥馑,这样交互影响的结果,就大大促进了城乡失业流亡人口的增长。

1850年据安徽巡抚、直隶清苑县人王直说:"然今日所患,则莫甚于游食者多。臣壮年时,闻父老所传,谓往时一乡一集,其游惰无业者,率不过数人,众皆非笑,无所容身。今则数百家之聚数十人不等,习以为常。乡里如此,城邑可知。此语已逾二十年,今当更甚"[⑤]。如果按照王直的观察估计,战后中国城乡的失业人口已

[①] 吴嘉宾:《钱法议》,《求自得之室文钞》卷4,第11页。

[②] 道光三十年三月王东槐在《请端治本疏》中指出:"盖百姓之贫匮亦甚矣。自银价昂贵,民间暗加一倍之赋,既苦于拯救之无术,又水旱伤之,……贪官污吏更捶楚而朘削之。疲氓所余,当复更堪求取?"(《王文直公遗集》卷1,第22页)

[③] 陈观西等纂:道光《赣州府志》卷20,第5页。

[④] 江普光等纂:同治《醴陵县志》卷11,第6页。

[⑤] 王直:《条陈时务疏》,道光三十年六月初十日,《抚皖奏议》第61—62页。按王直为直隶清苑县人,生于乾隆五十七年,卒于咸丰二年(1792—1852),终年61岁。

较二十年前即19世纪30年代前,增加了十倍以上。这个估计虽不算十分精确,不过或多或少已把鸦片战后十年间中国社会失业人口的严重事实揭露出来。

当时广大的破产农民,虽然仍有留在自己的甚至出卖了的土地上做工,而变成了新地主的佃农,但大量的破产农民却不能不因此忍受长期失业流亡的痛苦。这一部分人之中的最后出路,就因"民穷失业,去为盗贼"①。据1850年官府报告说:"今日盗贼之多,自直隶、山东、河南及浙江、两湖等省,劫案迭出,几于无处不然。而最多且甚者,莫如两粤"②。而"广西盗匪猖獗,日甚一日。……凡原日农民,亦哄然舍耒耜相从,各求分给"③。这就是道光末年在南北各省出现纯粹经济性的"盗群"盛极一时的由来,其结果也就不能不形成紧张的革命形势。

影响萌生的资本主义进一步成长

战后中国社会失业人口现象的严重,同时也反映了这样一个问题,即当时农民土地之被剥夺和手工业者遭受破产的过程,显然要比工场手工业发展快得多,因为在那时唯一能够或多或少容纳这大批破产失业人口的,只有在摆脱行会势力控制的影响,而具有资本主义生产萌芽的大作坊和手工工场;至于集中在广大城镇的手工作坊,因在封建行会制度的统治下,则不但无能为力,甚至对他们寻求就业还要在经济上和技术上施行种种限制,竭力加以排斥。

在战后十年间,中国手工业在当时社会生产中,虽是以个体经营和农民家庭副业形式经营的小商品生产占着主导地位,但工场手工业在战前的基础上,仍有一定程度的发展。例如:铁、铜、铅、锡、金、银、汞、煤等矿冶业,在1841—1850年间先后报开的矿厂有24厂,停闭的有28厂,每年在采矿厂平均在270厂左右,其中大部分

---

① 冯桂芬:《用钱不废银议》,《显志堂稿》卷11,第31页。
② 丁仁长等纂:宣统《番禺县续志》卷19,第17页,引道光三十年梁同新奏。
③ 罗惇衍:《奏为粤西土匪几成流寇请旨简派大员专司督剿以救黎民折》,道光三十年,《罗文恪公遗集》卷上,第8页。

矿厂均为战前报开而继续在采者。四川井盐工场手工业，据1850年调查，盐井共计8832眼，"锅灶纷繁"①。制糖业如福建台湾、四川沱江流域和广东各地的制糖手工工场，战后的生产日益发展。据1849年的估计，仅广东蔗糖的年产量即达40万—45万担②。制茶业如广州的河南、福建的武夷和瓯宁以及湖南安化等地的制茶工场，为适应出口贸易的需要，生产尤有长足的进展③。陕西南山的纸厂、木厂、铁厂和煤厂的生产，在1843年间因仍在不断发展中，而"人夫聚集"，"有一厂人工数十人至百余人者"，"多者至数百人"④，较之战前的规模不相上下。这就表明：自18世纪以来中国工矿企业在生产经营上所具有的连续性的特点。由此看来，把在清代鸦片战争前和鸦片战争后的中国资本主义萌芽性质的经济成分，看作是"中断"的现象，并认为彼此前后"脱节"、没有内在联系的论点，显然是没有根据的。

这些具有资本主义萌芽性质的工场手工业，虽然大多是沿着旧有的生产规模和生产技术水平而继续着生产，但是，由于战后时期外国资本主义的侵入，加深了中国社会经济的新的危机，使它进一步的正常发展受到深刻的影响。特别是因银贵钱贱而造成国内经济条件的恶化状况，不仅打击了原有城市工商业的发展，同时还导致农村生产力的萎缩，并促使田价一时趋于低落奇廉。而商人在当时社会里几乎是唯一的积累资金并利用它来扩大自己收入的阶层。问题十分清楚，在这样的条件下，自然是难以也不可能吸引和刺激商人及其他富有者对工矿事业投资的兴趣的。即以矿冶业而论，曾经有人就当时云南的情况指出，"云南素产五金，乾隆嘉庆间，天下殷富有独出百万资本开山者。逮道光时，已不多得"，"只知求田问舍，

---

① 丁宝桢等纂：《四川盐法志》卷32，第6页；《清盐法志》卷244，第11页。
② *Commercial Reports from Her Majesty's Consuls in China*, 1849, p. 4.
③ 参看彭泽益编《中国近代手工业史资料（1840—1949）》第一卷，中华书局1962年版，第480—488页。
④ 《复府宪徐南山办理保甲情形禀》及《编查保甲简明章程示》，均见《重刊南山保甲书》，第20、25页。

并无出费数万,独请开山者"①。广东在战前也曾是矿冶业较发展的地区,到了战后虽有官府倡导鼓励,但"由于人情之不可强",富商大贾则已多不肯投资开矿采冶。据1849年广东官府报告中分析其原因说:"至于富商大贾,坐拥资财,向有恒业,每遇市价低昂,尚且锱铢必较,动防亏折,岂肯舍可凭之厚利,姑试于未定之〔开矿〕新章?"②事实正是这样,当时的富商大贾宁愿使它的商业资本转化为高利贷资本用来重利取息,并购买土地坐而收租,或从事其他有"可凭之厚利"的经营,这都远比投资新建或扩建工矿企业及改进技术装备的基础,来得有利而又有保障。不言而喻,这对18世纪二三十年代间中国封建社会内开始出现的资本主义生产萌芽进一步的成长,实际就产生了不利的影响。其结果,也就不能不对中国资本主义的发生发展的进程起了阻碍和延缓的作用。

这样,在鸦片战争后,中国的工场手工业在原有的基础上尽管仍有一定的发展,但毕竟由于生产规模的狭小和经济技术基础的落后,就远不足以适应吸收那时破产失业的人群去当雇佣工人。因此,不论在城市或在乡村便因"民穷失业",而浮现了大量潜在的人口过剩。马克思在当时曾因密切注视中国问题,早就观察到这一点,在1850年年初,他即加以深刻地指出:"在这个国家,缓慢地但不断地增加的过剩人口,早已使它的社会条件成为这个民族的大多数人的沉重枷锁。"③

抗租抗粮斗争的高涨

在银贵钱贱导致封建租赋榨取加重的直接影响下,由于造成"民穷失业"的结果,国内的阶级斗争也就不能不随着社会矛盾的增剧而日益尖锐起来。它的集中表现,就是那时"各省抗粮抗租拒捕伤官之案,层见迭出"④。

抗租是佃农为反抗封建地主残酷剥削而发起的一种阶级斗争,

---

① 熊文镜编:《湖北宝兴矿书》,第5—6页。
② 清代钞档,道光二十九年五月三十日两广总督徐广缙、广东巡抚叶名琛奏。
③ 《马克思恩格斯全集》第7卷,人民出版社1959年版,第264页。
④ 袁甲兰:《条陈救时急务六端折》,《项城袁氏家集》,《端敏公集·奏议》卷1,第36页。

它是农民和封建地主阶级矛盾最基本的表现形式。战后农民的抗租斗争,在南北各省地区都曾获得蓬勃的开展。

在江苏地区,苏州府一带的"业户收租",因不"按照时价公平收取"折租,就激起佃农接连不断地进行抗租斗争。1842年昭文县即有"徐二蛮等聚众抗租,焚烧运丁船只,并打毁业户多家"。同年太仓州还有"滨海乡民打毁文生钱鼎铭家一案"①。到1846年又因地主抬价收租,昭文东乡一带的佃农"心怀不甘",于是"张贴揭帖,挟制〔各业户〕减租未遂,打毁业户至三十六家之多"②。

在浙江地区,如秀水县地主沈雪樵因平日盘剥佃户苛刻,1840年冬即以"收租"故,其家"前面楼房为佃户聚众拆毁"③。到1841年,秀水又发生"镇西乡民虞阿南倡议抗租,胁众千余人",并"号召邻圩戽水于田,钉栅于滨,拦截催租进路"。这次虞阿南领导的农民抗租斗争规模相当大,严重地打击了地主阶级,致使当地官府也不能不招认"漕政几误"④。这年冬天,在绍兴府属山阴等县还有"刁佃抗租抢夺之事",杭州、湖州等府有借灾"聚众抗租"之案⑤。在余姚县,1845年有佃户胡阿八等发起"抗租不还","业户催租,佃户反持器械",并"将业户租船截住"⑥。1848年发生"乡人结群毁富门"的抗租风潮,遭受打击的"有收租时结恨如王都谏藩等家益甚"⑦。

在直隶和湖南地区,1848—1849年间,农民为反抗满汉封建地主"增租夺佃"的残酷压榨,都曾进行了坚决不屈的斗争。

在少数民族聚居的湘西地区,如凤凰、永绥、乾州、泸县、麻阳、保靖、古丈七厅州县地方的苗族佃农,在当时也曾举行了大规模的抗租斗争。本来湘西苗族的"屯田佃租较民业佃租为轻,视钱

---

① 李星沅:《附奏土棍亟宜严惩片子》,《李文恭公奏议》卷12,第59页。
② 李星沅:《审拟棍徒顽佃折子》,道光二十六年九月初六日,《李文恭公奏议》卷12,第51、55页。并参柯悟迟、陆筠《漏网喁鱼集》,中华书局1959年版,第8页。
③ 朱翙清:《埋忧集》,朱士楷纂:《新塍镇志》卷25,第2—3页。
④ 《新塍镇志》卷14,第5—6页。
⑤ 《大清宣宗成皇帝实录》卷364,第19页。
⑥ 《大清宣宗成皇帝实录》卷417,第24页。
⑦ 范城:《质言》,《近代史资料》1955年第3期。

粮正赋则倍重"。战后由于封建官僚地主阶级对苗族佃农的地租剥削日益加重，商人高利贷者的盘剥也愈益残酷，对苗民"遇有不时之需"，"辄假以钱米，逾时即加倍索还。日侵月削，致令苗民家无立锥"。加以旱螟灾害的袭击，农业不断歉收。这就使得"实鲜盖藏"的苗民生活困苦恶化不堪，以致无力完纳地租①，拖欠租谷的数量一年比一年增多。

如以鸦片战争前（1835—1840年）苗民所欠租谷指数为100（4688石），战后的情况是：1841—1846年为267%（12526石），1847年为221%（10383石），1848年为407%（19092石），1849年为277%（12983石）②。战后，苗族佃农所欠屯租谷数较战前已增加一倍半到三倍之多，这显然是战后时期湘西苗族佃农遭受封建榨取惨重的后果表现。

因此，1844年，乾州大河苗族石观保等为了反抗封建官僚地主阶级的残酷剥削和进行求生存的斗争，乃"私创伙款名色，以伙众挟制抗租"，并鼓动和组织"贫佃"参加。在当年因"附从无多，事犹未著"。到1846年冬天，"款党渐盛"，但因"邻佃亦多观望"，发起抗租未果。1847年冬十月间（农历），石观保等便决定在乾州杨孟寨发动广大苗族佃农"起事抗租"，并得到永绥千溪寨苗民孙文明、凤凰龙朋科甲苗民龙老将等"纠众以应"。起事抗租的苗族农民群众，"先后焚掠补毫、鸭保、排料、岩落各屯仓，攻劫上备龙大用、石老才、吴永清等家"。这次湘西苗族佃农发起大规模的抗租斗争，虽被清朝封建统治者用军事力量血腥地镇压下去，但这次斗争不仅迫使封建官僚地主阶级减去屯租百分之十③，而且对各少数民族地区尤其有着深远的政治影响。

这些都是鸦片战争后各省农民抗租斗争的显著事例。

---

① 但湘良纂：《湖南苗防屯政考》卷首，第56页；卷9，第45页；贺长龄：《耐庵公牍存稿》卷2，第60页。
② 据但湘良纂《湖南苗防屯政考》卷首，第55、58页；卷9，第36页整理计算。
③ 据《湖南苗防屯政考》卷首，纪事，第56页。并参《大清宣宗成皇帝实录》卷450，第34、41页；卷451，第6页。

抗粮斗争也是战后阶级矛盾和阶级斗争的另一表现形式。它基本上反映着两方面的矛盾：一方面是广大农民群众对封建地主阶级转嫁赋税的反抗；另一方面是小土地所有者和中小地主对官府勒征重赋的反抗。不过，这两个方面的斗争矛头，都是集中指向清朝统治者的封建官府。因为银贵钱贱而使赋税的加重，这样就会促使广大的负担赋税者和统治者之间的矛盾日益发展。十分明显，战后清朝封建统治者苛重的赋税榨取，不仅是残酷地掠夺了农民和小土地所有者，而且也严重地"损害"了中小地主的利益，使他们从封建地租剥削中所占的份额大大减少。不仅如此，他们常因负担不了沉重的赋税榨取，还受到清朝官府暴戾的政治压迫。像在"江西湖广，课额稍轻。然自银价昂贵以来，民之完纳愈苦，官之追呼亦愈酷，或本家不能完，则锁拿同族之殷实者，而责之代纳，甚者或锁其亲戚，押其邻里。百姓怨愤，则抗拒而激成巨案"[1]。这就是在当时全国各地普遍形成规模巨大的抗粮风潮的直接起因。

当时各省的抗粮，基本上是由中小地主阶级所发起并加以领导，而获得广大农民和小土地所有者的积极支持和参加。随着战后赋税榨取的加重，抗粮斗争就在各省彼伏此起地不断爆发着。

早在1842年鸦片战争结束当年的冬天，山东潍县就爆发"乡民因纳粮与县吏争哄"的事件[2]。1842—1843年，在浙江归安县又有嵇祖堂等人领导的"粮户恃众抗粮滋事"的斗争[3]。1843年，湖南耒阳县有"刁生倚众抗粮"[4]。1844年，在江西安仁县"开仓收漕时"，也曾发生"聚众抗漕，拒捕掷石殴伤官员"的事件[5]。到1845年，官府报告中即坦率承认各省抗粮情势发展的严重。报告

---

[1] 曾国藩：《备陈民间疾苦疏》，咸丰元年十二月十八日，《曾文正公全集·奏稿》卷1，第41—42页。
[2] 刘祖幹等纂：《潍县志稿》卷3、第14页，引据《无名氏日记》。
[3] 《大清宣宗成皇帝实录》卷388，第24页。
[4] 《大清宣宗成皇帝实录》卷396，第12页。
[5] 《大清宣宗成皇帝实录》卷403，第6页。

中说:"臣来自田间,深知百姓买银纳官之苦。南中州县间有收折民间钱文,由官换银运解,初亦官民两便。今则银价日昂,向之折收钱数,不能再增,州县赔垫无出,因欲加取于民,以致激成抗拒。如前次湖南北之耒阳、崇阳,及近日福建之台湾,浙江之奉化,百姓滋事,皆因州县征收加重所致"①。这里所指的四起重大抗粮案件,即是湖北崇阳的钟人杰(1842年1月22日)、湖南耒阳的杨大鹏(1844年7月20日)、福建台湾府嘉义县的郭崇高(1844年5月)和浙江奉化的张名渊(1845年10月22日)等为首所领导的抗粮斗争。

自此以后,各省的抗粮斗争不但没有休止,而是更加继续发展。1846年年初,在江苏昭文县东乡"突有梅李一带乡农纠集多众,直入昭〔文〕署,将法堂内室尽毁,官眷越墙。继到漕书薛三家,亦复一空"②。七月初(农历)镇洋县因有"乡农报荒不准,即将县署呼扫,漕书家尽毁。又到告病假归里前任江西巡抚钱宝琛家,损伤甚大"。后官府派兵勇前往镇压,将到梅李镇地方,"彼处已集数千人,皆执农器,迎出梅塘,势甚狂悖,弁勇返棹,官亦回城……锋不可撄"③。同年,在河南新乡县又有贾学彦等"希图减少纳粮钱文,粘贴匿名揭帖,聚众哄堂,致伤官长。"④

1847年,在湖南石门县,"有倪锡淋因秋收歉薄,起意借端约会抗粮。……四处散贴传单,不许村民赴县完纳"⑤。同年,在江西"漕之讧也,起于银贵","临川民聚城下謼呶"。

1848年江西乐川等县,"相继以漕事哗,贵溪尤甚"⑥。

1849年,河南涉县有"花户纠众抗欠〔漕粮〕,拒捕伤官"⑦;

---

① 刘良驹:《请饬定银钱划一章程疏》,见王延熙等辑《皇朝道咸同光奏议》卷38,第2页。
② 柯悟迟、陆筠:《漏网喁鱼集》,中华书局1959年版,第7页。并参《大清宣宗成皇帝实录》卷434,第7页;卷435,第10页。
③ 柯悟迟、陆筠:《漏网喁鱼集》,中华书局1959年版,第8—9页。
④ 《大清宣宗成皇帝实录》卷428,第16页。
⑤ 吴文镕:《审拟石门县闹漕匪徒折》,《吴文节公遗集》卷26,第4页。
⑥ 王柏心:《蒋启敫墓志铭》,见闵尔昌辑《碑传集补》卷16,第12页。
⑦ 《大清宣宗成皇帝实录》卷474,第19页。

安徽青阳县"乡民借口被水","抗不完粮,恃众滋闹"①;江苏句容县也有"刁民于该县开仓征粮之际,纠众阻扰,抗拒伤官"②。

1850年,在江西庐陵县有杨习堂聚众抗粮,"折毁乡征粮局"③。在福建武平县也因"是年官征钱粮,民多怀疑不肯纳,盗贼乘之,煽动作乱"④。在此时前后,还有山东因"堂邑令苛敛虐民,万余人围其城",而发生"闹漕"⑤;陕西有"渭南民冯元佐,以加赋聚数千人,环城而哗"的事件⑥。

由此看来,鸦片战争后到太平天国革命前夕,在全国各地爆发的抗租抗粮运动,显然是清朝封建统治阶级在战后时期遂行残暴的掠夺和剥削所直接引起的社会政治后果。而抗租抗粮斗争的出现和发展,又反映了清朝封建统治的社会基础已经呈现出分裂和动摇不稳定的状态,在它内部孕育着的革命火种也已达到成熟和即将开始爆破的前夕。

综上所述,就是1840—1850年间在外国资本主义势力开始侵入以后所产生的银贵钱贱问题,及其在中国社会内部引起的封建经济危机及阶级关系激化的基本情况和主要特点。对这一问题进行探索,不仅为我们深刻地揭示19世纪四五十年代间中国社会经济的开始变化寻求一些线索,并且还将为我们正确地认识太平天国起义时的社会经济背景和它的革命性质提供基本论据。

[原载《历史研究》1961年第6期,选自《十九世纪后半期的中国财政与经济》(著者自存校正本),人民出版社1983年版]

---

① 《大清宣宗成皇帝实录》卷474,第23页。
② 《大清宣宗成皇帝实录》卷475,第23页。
③ 《大清文宗显皇帝实录》卷6,第7页。
④ 陈澧:《陈应奎传》,闵尔昌辑《碑传集补》卷32,第8页。
⑤ 《潘焕龙传》,见《清史列传》卷73,第22页。
⑥ 曹允源:《陕西佛坪厅同知候补知府柳君(坤厚)遗事述》,《淮南杂箸》卷2,第42页。

一八五三——一八六八年的中国通货膨胀

清代咸丰、同治年间的通货膨胀，是近代国民经济中开始出现的一次通货膨胀，从1853年起延续十多年之久，它主要是由镇压农民起义的反革命战争时期滥发票钞和滥铸铜铁大钱引起的。这是清朝政府当时加紧财政经济搜刮造成的后果之一。

一　滥发通货强制通行

发行票钞，铸造大钱，实行通货膨胀政策，是清朝政府在镇压太平天国革命期间应付反革命财政开支的一种重要手段。

用通货膨胀对人民财富进行疯狂的搜刮和掠夺，主要是通过以下两种形式实现的。

首先，滥铸劣质铜铁大钱，滥发银票、宝钞（以下简称票钞）不兑现纸币，由封建国家强制通用。

19世纪50年代初，在"急筹国用"声中，由于铸造制钱的铜铅原料不足，而作为贵金属的白银通货亦甚奇缺，掌握着货币铸造权的清朝封建统治者，便把实行通货膨胀视为"生财经常之至计"。从1853年起，开始滥发大量额面巨大的各种新币，企图以此"操不涸之财源"。这些通货的面值种类，详见表1。

表1　　　　　　　1853年以来发行各种新币简表

名称	奏准试办谕令发行年月	额面种类	面值单位	停铸停发年月
银票（即"户部官票"）	咸丰三年二月二十七日（1853年4月5日）	一两、三两、五两、十两、五十两	银两	咸丰十年二月二十九日（1860年3月21日）停造。各省延至同治七年三月十九日（1868年4月11日）停止收兑，宣布作废

续表

名称	奏准试办谕令发行年月	额面种类	面值单位	停铸停发年月
宝钞（即"大清宝钞"，又称钱票或宝钞）	咸丰三年十一月二十四日（1853年12月24日）	五百文、一千文、一千五百文、二千文、五千文、十千文、五十千文、一百千文	钱文	咸丰十年二月二十九日以后，仍有少数发行。至咸丰十一年四月二十八日（1861年6月6日）始裁撤宝钞总局分局
铜大钱	咸丰三年三月十八日（1853年4月25日）	当五、当十、当五十、当百、当二百、当三百、当四百、当五百、当千	钱文	咸丰四年（1854年）七月前后，当千、当五百及当二百、当三百者相继停铸。咸丰五年（1855年）当百、当五十者，奏准停铸。其后只铸当十文者，行使京城，光绪十六年（1890年）始停铸
铁钱	咸丰四年二月初二日（1854年2月28日）	当一、当五、当十	钱文	咸丰九年七月二十八日（1859年8月26日）奏准停铸

资料来源：根据清代钱法档案编制。此外，当时还试铸铅钱，随即停止，故未列入。

一般说来，铸造铜铁大钱的面值愈大，铸造利益也就愈多。以铜大钱的铸造工本和额面法定价值比较来看：如当千铜大钱额面规定每枚等于制钱一千文，作为金属货币，其金属比价实际只等于制钱三十八文，强制增值九百六十二文，每一枚可以使户部增加铸钱收入八百八十六文，即净利为工本的七点八倍①。所以当时官府报告中也不得不招认，说是鼓铸铜大钱利厚，如当百文者可以"一本二

---

① 据计算，铸造铜大钱强制增值的幅度，有如下表所示：

大钱种类	每枚重量（两）	工本（文）			按工本计算的净利	
		工银	料银	合计	文	倍数
当千	2.00	76	38	114	886	7.8
当五百	1.60	60	30	90	410	4.6
当百	1.40	30	20	50	50	1.0
当五十	1.20	16	16	32	18	0.56
当十	0.44	7	7	14	-4	-0.29

资料来源：彭泽益编：《中国近代手工业史资料（1840—1949）》第一卷，中华书局1962年版，第570页。

利",当五十文者可以"一本一利"。①

铸造铁大钱,因为它的金属比价低,铸钱收入更多②。据当时官府计算,铸造铁钱扣除铁炭料物人工费用,每炉每日可获"盈余"合制钱二十千文到三十千文③。

至于印造各种面值的银票和宝钞,工本花费尤少。如宝钞一张,工本仅需制钱一文六毫④。这样就使票钞"造百万即有百万之利,造千万即有千万之利"了⑤。

十分清楚,这些通货不论是作为铸币的大钱,还是作为纸币的票钞,它们其所以保持巨额的面值,纯粹是封建国家任意强制增值的结果。

当这些通货投放到流通界中,它又按照战前通用的银两和制钱以一定折合率,由封建国家强制通行。

根据当时法令规定:铜大钱、铁钱仍按制钱计算,每二千文折银一两;银票一两抵钱二千文,宝钞二千文抵银一两,与大钱、制钱"相辅而行"。同时还规定:凡民间完纳地丁、钱粮、关税、盐课及一切交官款项,按规定成数的银票或宝钞交纳,零星小数以当百、当五十大钱凑交;文武官俸及各项工程也按一定成数的

---

① 清代钞档:咸丰四年十一月初七日朱批庆锡片。据原片中又说:只有铸造当十文者,"得不偿失"。由第43页注释①表计算看来,事实不能不是这样。后来之所以主要用当一文制钱,毁铸当十文者,大概就是由于毁铸有利可图。

② 铁钱有三种,供铸造用的铁斤,当时由铁钱局采买山西平定铁,每斤合制钱四十文(京钱八十文);另外收购京城内残破锅铁,每斤合十五文(京钱三十文)。如以每斤铁铸成铁钱后可当制钱文数,然后减去铁价估算,其增值幅度如下:

大钱种类	每枚重量(两)	每斤铁可铸各种铁钱		按山西平定铁计算的铸利		按残破锅铁计算的铸利	
		可铸铁钱枚数	可当制钱文数	文	倍数	文	倍数
当十	0.30	53	530	490	12.2	515	34.3
当五	0.24	66	330	290	7.2	315	21.0
当一	0.12	133	133	93	2.3	118	7.9

③ 清代钞档:咸丰四年三月二十日惠亲王绵愉等奏。

④ 清代钞档:咸丰三年十一月十七日管理户部事务祁寯藻等奏,附宝钞章程十八条。并参见刘岳云撰《农曹案汇·官票局》,第5页。

⑤ 清代钞档:咸丰四年三月二十七日闽浙总督王懿德奏。

银票或宝钞发给。至于铜铁大钱与制钱的收放，也有规定的搭配成数①。

事实上，封建官府在日常收付中始终采取多放少收，甚至拒收的手法。收纳课税最初规定实银和票钞各半，后来改为银七票三的比例搭收，实际尽可能多收现银，少收或拒收票钞。像在京城，凡有收项的各衙门，对商民交纳票钞，"均不肯按照奏定成数收受"，或"则百计刁难而不收"，"意在多收实银一成，即有一成实银之用"②。在京外如直隶、河南等省各州县征收钱漕税课，"百姓欲搭官票而官弗之许"，"或收现银照现在银价核收现钱"③。在大钱方面也是一样，最初规定实钱一千文只交制钱二百文，其余以八成大钱配搭，后来改为每千文以大钱九百、制钱一百搭配。像在江苏各地，征收地丁、钱粮、盐课、关税，官府"止收银与制钱"。"民有以大钱输纳者，概屏而不用"④。不难看出，这种"但放不收"的掠夺性是十分露骨的。

其次，官商勾结，设立官银钱号（局），仿效民铺，发行"京钱票"兑换券，暗中采取无限制的发行方针。

为了推广票钞强制行使，户部在1853年四月⑤奏准设立第一批官银钱号即乾豫、乾恒、乾丰、乾益，俗称"四乾官号"，目的是用户部宝泉局和工部宝源局所铸钱文作为"票本"，发行"京钱票"，用以发放八旗兵饷⑥。1854年十月第二批"五宇官号"即宇升、宇恒、宇谦、宇泰、宇丰的设立，是为了发行"京钱票"以便收兑宝钞，"庶宝钞可以畅行"⑦。户部其所以采用官银钱号的经营形式，

---

① 清代钞档：咸丰三年十二月十七日管理户部事务祁寯藻等奏；同年十一月十四日上谕。
② 清代钞档：咸丰四年二月初五日庆惠奏。
③ 清代钞档：咸丰四年九月二十二日管理户部事务祁寯藻等奏；咸丰五年九月初五日河东河道总督李钧奏；咸丰六年十二月初七日掌云南道监察御史李鹤年奏。
④ 清代钞档：咸丰六年二月初四日通政使司参议曾望颜奏。
⑤ 凡本文中以下所用公历纪年的月份，均指农历而言，不再一一注明。
⑥ 清代钞档：咸丰三年二月二十七日管理户部事务祁寯藻等奏；咸丰十年十月初三日户部尚书肃顺折。
⑦ 清代钞档：咸丰四年十月二十七日恭亲王奕䜣奏。

这在当时的现实经济生活中不是没有成例可沿的。像在京城和各省城市中，有许多民营银号钱庄除发行"会票""期票"外，并经常发行"银票""钱票"。内务府从1845年起，就设有天元、天亨、天利、天贞、西天元五座官号，仿效民铺行使银钱各票，运用发行余额"所得利息，作为内务府进款"①，以增加皇室收入。因此，当筹议第一批官号时，清朝封建统治者就认为"京钱票"兑换券的发行，乃是一个"不必抑勒驱迫，而财源已裕于不觉"的办法②，它与大钱宝钞等的强制通用，可以"相辅而行"。并且考虑到，发行之初，商民必定纷纷取用现钱，因而必须先"示商民以不匮之钱"，然后"一俟稍为流转，即行提还"。这表明一开始就准备作空头发行。及至第二批官号设立后，才进一步使大钱、铁钱、宝钞与官银钱号的京钱票联系在一起，并导致宝钞和京钱票两种纸币一齐扩大发行。

与此同时，京外各省如福建、陕西、江苏、云南、四川、山西、热河、直隶、湖北、江西、浙江、山东、河南、安徽、吉林、甘肃等省城或重要府县，从1853年到1855年年底，先后也都设有这类官银钱局，招商承办官钱票，发行"局票"，推广大钱票钞。

现在以户部同京城官银钱号的关系为例，来说明这种官商勾结方式和搜刮性质。

直接受户部监督的官号，有"招商承办者"，有"签商经营者"，依其承办业务可分为两类，即"承办饷票"和"承办钞务"。

承办饷票的方式，是由户部按月将户、工两局所铸铜大钱及一部分现银发交乾天九号（即户部"四乾"和内务府"五天"官号的俗称）承领，作为"票本"。乾天九号照数开出京钱票送交户部，以备发放八旗兵饷。户部利用这种方式，显然从中"大有可通融者"：第一，户部发给的现银现钱，须按市价折合京钱票计算，这样

---

① 刘岳云撰：《农曹案汇·官银钱号》，第18、19页。
② 清代钞档：咸丰三年二月十七日都察院左副都御史和淳等奏。

京钱票越跌价，户部所得越多。如 1859 年六月至 1860 年五月间，官号领银 97000 两，折合京钱票竟达 1298239 吊之多①。第二，实际上，官号经常替户部垫款，如四乾官号自 1853 年开办至 1855 年间，即已垫过钱票 92 万余吊。其后"历年既久，长开愈多，驾空之弊，日甚一日"②。截至 1859 年五月，乾天九号共垫过京钱票 15679097 吊③。官号商人就是这样因势得便，竟"以户部官号为名，畅开私票"④，每张票面甚有开至一二千吊、三五千吊以至万吊者⑤。1860 年九月，据户部报告，乾天九号开出的钱票流布京城已不下三四千万吊⑥。

官商双方都采取无限制空头发行方针的结果，到 1861 年六月间，乾天九号终因发行"空票太多，一时难资周转"引起挤兑："九官号取钱拥挤，百十成群"，"人情汹汹，几有不可终日之势"。于是户部随即设法清理，据统计，乾天九号历年交库京钱票折合制钱 49447910 串。按照户部所定收回京钱票的办法，据当时估计约须十年方能收清⑦。五个月后，就以裁撤官号了事。

五宇官号"承办钞务"的方式尤其恶劣。宝钞本为不兑现强制通用纸币，户部发行"并无分厘钞本"，不过"以纸代钱，原冀其架空行用"⑧。宝钞最初只能在俸饷经费中强制搭放，却不能在市上流通。1854 年十月间，户部为了促使宝钞流通和维持宝钞市价，乃准许由几个"生意折本"、所筹资本不过十万串的商人⑨，开设五宇官号，代为收兑宝钞，从此许持钞人赴官号"支取钱票现

---

① 清代钞档：咸丰十年十月初三日户部尚书肃顺奏。
② 清代钞档：咸丰十年十月二十八日管理户部事务周祖培等奏。
③ 清代钞档：咸丰十年十月初三日户部尚书肃顺奏。
④ 清代钞档：咸丰十一年六月二十一日管理户部事务周祖培等奏。
⑤ 清代钞档：咸丰十年六月十四日御史寻銮炜奏。
⑥ 清代钞档：咸丰十年九月二十三日户部尚书肃顺奏。
⑦ 清代钞档：咸丰十一年六月二十一日管理户部事务周祖培等奏。
⑧ 清代钞档：咸丰八年七月十八日户部尚书柏葰等奏附片；咸丰十年二月初九日惠亲王绵愉等奏。
⑨ 清代钞档：咸丰四年十二月十七日御史伍辅祥奏。这几个商人是白亮、刘宏振等，据说，前者是"一当铺之伙计"，后者是"一饭馆之商人"。

钱"。这时，实际也没有设置任何现金准备，不过将铁钱局所铸铁钱用作"钞本"，不足部分由五宇官号发行京钱票。事实上，铁钱为数有限，主要依靠五宇发行京钱票，等于以票兑钞，"实则仍用钱票"①。

自有五宇官号"承办钞务"，户部又进一步采取扩大宝钞发行和限制宝钞收兑的各种措施。先前户部宝钞仅有五百文、一千文、一千五百文及二千文四种，从此一方面扩大发行，陆续添制五千文、十千文、五十千文、一百千文票面大钞，并发往外省藩库盖印后解回户部，用以搭放俸饷，并发卖给官绅商民，令其持赴外省兑换②。另一方面又限制收兑，采取所谓"掣字"（即抽签）办法③。初为隔一天掣字一次，掣中者兑换，每次以十万串为率。以后渐延至二十日一次，隔月一次，本月收钞，下月发钱等花样百出。至于五宇官号京钱票的发行，更是"任意浮开，毫无限制"④。到 1857 年八月间，信用渐渐难以维持，户部才开始清查五宇官号，除历年已收回者不计外，尚有京钱票发行余额达 15707814 吊，随即勒令将所发京钱票收回，陆续斥退商人，改为官钞局⑤。

为了疏通宝钞"壅滞"，这时清朝封建统治者不能不另想办法，乃改变方式，索性胁迫民营钱铺，替它代兑宝钞。

1857 年十月至十一月间，户部会同顺天府两次传集京城资本富厚的民营钱铺共有五十家，胁令各领"钞本"二千吊，先代收宝钞十万吊，并规定"钞本"放完再领。民铺收兑宝钞的办法，是由户部代刻各该民铺店戳，加盖在宝钞上面，使持钞人可以"知取钱之处"。开始不久，据官府报告透露，就出现"该铺之领钱有数，部中

---

① 清代钞档：咸丰十年二月初九日惠亲王绵愉等奏。
② 刘岳云撰：《农曹案汇·官票局》，第 11 页。按当时京外各省亦发行"省钞"，据说，各省钞无统一规定，各省得自选样式，不必与部定者一律。结果是，"此省之钞不能用之于彼省"（清代钞档：咸丰四年三月二十七日闽浙总督王懿德折）。
③ 清代钞档：咸丰四年十二月二十日御史杨重雅奏；咸丰八年十一月二十八日管理户部翁心存等片；咸丰十年二月初九日惠亲王绵愉等奏。
④ 清代钞档：咸丰八年七月十八日户部尚书柏葰等片。
⑤ 清代钞档：咸丰八年十一月二十八日管理户部翁心存等片。

之盖戳无穷"的情况，造成了民铺"人逃店闭"的后果①。派定民铺收钞和开设五宇官商勾结方式不同，这一次主要是依靠"勒逼"和"威吓"，因为当时"资本富厚之钱铺，其店主类有顶戴"，如不"愿从"，清朝封建统治者就可以"怵之以法"②。

勒令民铺收钞，不仅是为了宝钞可以在市面流通，还因民铺既领"钞本"就不得不使用当十铜钱和铁制钱，同时还因收钞既在该铺，宝钞就必须与该铺所出钱票的市价相同。结果，户部的这个企图仍然落空，"两年以来，未见通行，各铺钞本亦未缴回"。到1860年二月间，只好宣布将"民号宝钞永远停止，以免纠葛"③。而历年滥发的宝钞数，据计算共达27113000串。

至于银票即户部官票，乃是另一种不兑现强制通用纸币。照户部最初规定，京城各衙门俸饷经费按奏定成数领到的银票，到银钱号兑换应"照票上所开平色，照数付银"，或按当日"市价换给钱文、钱票，毋许克扣"；同时民间应交纳官项之人，到银钱号购买银票上交，不但"可省倾销之费"，也"无平色增减"④。因此，1853年银票发行之初，在这种欺骗性的宣传影响下，一时使得"商民争购"。结果，因官银钱号对银票持有者"倡言户部无本，不肯收换"，实际银票"无从取银"。"于是市廛观望，收者渐稀"⑤。这年五月起，户部一度以每月应放俸饷经费按扣存银票成数之银，发给官银钱号折成钱数，用以收换银票。当时户部只许官银钱号以银票兑换现钱和钱票，"不准取银"，但对民营钱铺仍然强制它"银钱并兑"⑥。事实上，民铺固然拒绝收买兑换，而官银钱号也多"坚不承领"，不过照数兑换，"付尽而止"，并且，在兑换时常常采取"非刁难不收，即抑勒市价"⑦。

---

① 清代钞档：咸丰七年十一月二十六日户部尚书柏葰等奏；咸丰八年十一月二十八日管理户部翁心存等片。
② 清代钞档：咸丰十一年六月初七日御史朱潮奏。
③ 清代钞档：咸丰十年二月初九日惠亲王绵愉等奏。
④ 清代钞档：咸丰三年二月十七日左都御史花沙纳及户部会奏。
⑤ 清代钞档：咸丰三年九月初二日给事中英绶奏。
⑥ 刘岳云撰：《农曹案汇·官票局》，第2页。
⑦ 清代钞档：咸丰三年八月二十二日御史章嗣衡奏。

这样，至迟在1854年十月设立五宇官号奏请不准以银票兑换宝钞后，银票大概就不能兑换现钱或钱票了。这时银票除了作为"捐项交纳"之外，"市上买卖从无使用"①。1857年二月以后，户部依照宝钞"挈字"办法，恢复票钞互换，规定银票"挈字"中者，可以兑换宝钞行用②。不久，随着票钞日益贬值，行使银票越来越显得"百弊丛生"，至此才被迫"一概停发"。1867年始限令各省将以前发交行使的银票收回。据统计，银票历年发行量共达银9781200两。截至1868年4月11日（农历三月十九日），银票只收回34%，未收回者占66%（计银650万两）。最后清朝政府借口收回"逾限"，就宣布这大量流散在民间的银票"一概作为废纸"了③。

依上所述，清朝政府滥发各种通货，它既毋视货币本身具有内在的价值，又没有必要的现金准备。把它投放到流通界强制通用，既然不由封建国家而要由官银号和民铺承担兑换的责任，这对发行通货的数量毫无约束，自然兑换也就没有任何保证。何况清王朝在当时又是采取无限制的发行方针，使通货数量不能不超过流通中所需要的货币量。这样即使由封建国家强制官民银钱铺号兑换，官民银钱铺号也无力承担，必然产生种种恶果。这就说明，清朝政府战时发行各种通货，不是为了发展国民经济，只能通过通货贬值掠夺人民的财富，进一步促使国民经济的严重恶化。

二 新发通货从流通"壅滞"到崩溃的过程

新发通货据不完全计算，铸币（铜铁钱）约占15%，纸币（银票、宝钞）约占85%。这些劣质铜铁大钱和不兑现的银票、宝钞，

---

① 刘岳云撰：《农曹案汇·官票局》，第11—12页。
② 清代钞档：咸丰七年正月二十五日侍郎爱仁片；同年二月二十一日上谕；咸丰十年二月初九日惠亲王绵愉等奏。
③ 刘岳云撰：《农曹案汇·官票局》，第15—16页。

由封建国家强制通用，规定它们同原先使用的银两和制钱"相辅而行"，即平行流通。实际上银两、制钱和票钞、大钱不是按照法定比价，而是按照市场的行市使用。各地区银钱比价不一致而且往往波动，造成商品的多种价格——银两、制钱、大钱、钱票——因而把混乱带进商品流通，并且引起投机的增长。

事实不能不是这样。这些新钞新币本来毫无发行准备，根本不能兑现，加以面值和发行量都过于巨大，而官府的方针又是一味多放少收，甚至只放不收，所以在实际流通中是："大钱出而旧钱稀，铁钱出而铜钱隐"①。在这所谓劣币驱逐良币的同时，前者的充斥市场，却又不可避免地使它到处碰壁，引起金融和币制的混乱，以致加速票钞、大钱的贬值和崩溃。

这一演变过程，大致经历了以下三个阶段：

第一阶段是市肆"抗不收用或任意折算"。

1853 年票钞、大钱开始发行后，由于银票"无从取银"，钱钞"不能取钱"，而大钱则"有整无散"，因之"民间怀疑而不用"，市肆乃采取各种办法进行抵制。据说，"凡以钞买物者，或坚执不收，或倍昂其值，或竟以货尽为词"。以大钱买物，各铺商也是"不惟不肯找给余钱，并假口字画不清，声音不响，不肯使用"，"故有终日持钱竟至不能买得一物者"。在北京和附近州县城乡交易中，这种情况几乎"各行如是"，而以"粮行盐行为尤甚"②。在京外如马兰峪、浦口等处，民间拒用大钱，商人甚至罢市③。接着，在官府进一步采取强制推行大钱、票钞的措施下，市肆只好用"任意折算"的办法来对抗。据说，京城银钱兑换，"以制钱买银者，每两可少数百文；以大钱买银者，须多数百文"④。这使"同一买银，同一用钱，而于

---

① 清代钞档：咸丰五年十一月十八日掌山西道监察御史宗稷辰奏。
② 清代钞档：咸丰四年七月二十六日正红旗蒙古副都统阿彦达奏；咸丰四年八月十一日掌广西道监察御史伦惠奏；鲍康：《大钱图录》。
③ 清代钞档：咸丰四年十一月初四日马兰镇总兵庆锡奏；咸丰五年八月初十日江北大营托明阿等奏。
④ 清代钞档：咸丰四年七月二十三日掌广西道监察御史伍辅祥奏。

大钱则增价，于制钱则减价"①。在商业方面也是一样："大钱买物之价增昂，制钱买物之价减少"②。由于市肆采取"小贵大贱"，"将制钱、大钱划分价值"，"任意低昂"的对策，当千、当五百大钱在1854年七月间首先被排挤出流通界，第二年当五十以上各种大钱随即也被迫停止铸造。这就表明，大钱、票钞一开始进入市肆就到处碰壁，法定比价无法维持，信用很坏，流通就已"渐形壅滞"。

第二阶段是市肆"始则重票轻钱，继则重铜轻铁"。

过度发行的大钱、票钞，因为"市肆折算日贱"，而不断贬值，旧有的铜制钱，人们公认它的实际价值较高，必然被收藏或熔化而退出流通，在市上就越来越少。在京城居民实际生活中，不论买物、购粮、兑换、典当，处处都要使用大钱和钱钞。为了避免通货贬值的损失，当时商民只信用私营钱铺开出的钱票，而轻视市价日贱的大钱和钱钞。1856年秋冬之间，市肆开始出现"重票轻钱"的骚乱。据说，当时"民间换银一两，若取钱铺私票，仅得京钱六千五百有奇；若换当十大钱反得七千五百有奇，是私票转贵于现钱，而各行商人皆轻钱而重票"③。这就使当十大钱"以不用而日积，以积多而见轻"了④。同时，对钱钞一千的市价"任意折扣"，压低60%至70%；"用民票则格外加增"至20%至30%，以致市肆愈加"轻官票重私票"了⑤。这样的结果，使"钱铺遂得以数寸之纸，易百千万两之银，显以专行票之利，隐以占宝钞之数"。由是引起投机的增长，而京城钱铺也就一时"添设日多"了⑥。

在"重票轻钱"的影响下，就当十大钱的贬值来说，铁大钱又在铜大钱之下，于是市肆由"轻钱"发展到"重铜轻铁"了。从1857年春初起，京城"各行买卖忽一体不使当十铁钱"，当时市面

---

① 清代钞档：咸丰四年闰七月初九日鸿胪寺少卿倪杰奏。
② 清代钞档：咸丰五年三月二十一日惠亲王绵愉等奏。
③ 清代钞档：咸丰六年十一月初十日御史李培祜奏。
④ 清代钞档：咸丰七年七月二十三日户部尚书柏葰等奏。
⑤ 清代钞档：咸丰七年四月初四日御史孟传金奏。
⑥ 清代钞档：咸丰七年七月二十三日户部尚书柏葰等奏。

不但铜制钱日见稀少,并且当十、当五铜钱"亦属罕见"。据说,"凡持铁钱赴铺购买食物者,比铜钱几加一倍。铜钱又较〔京〕钱票、宝钞加增"①。二月间,市上以"五宇之官票以及钞票、当十铁钱交易,则物价昂于铜制钱五倍矣"②。到四月间,当十铁大钱就被排出流通而没有行市了③。随着铁大钱的贬值崩溃,又进一步动摇了宝钞的流通。因为铁钱原是作为"钞本"供五宇官号开放本票(京钱票),用来收兑宝钞的。此刻"自铁当十钱骤然不行,钞法已岌岌欲坏"。户部乃以宝钞和五宇钱票"弥缝其间,周转腾挪"。结果由于钞票发行"毫无限制",到了八月间,五宇官号终于因挤兑而关闭,宝钞"亦因之壅滞"。当时户部发出惊呼:恐"因宇票而废钞法,又因宇票而疑及乾、天等号,掣动大局,更无法支持"④。其后的事态,终究不能不朝着像封建统治阶级那样忧心忡忡的方向发展。

第三阶段是市肆从"重钱轻票"到"银钱并重,独不以钱票为信"。

经过 1856 年至 1857 年间市场骚乱后,市上旧有的铜制钱绝迹,"京师遂不用制钱",官府规定官私钱号一律行使所谓铜铁二八成大制钱,即按宝钞每千文兑放当十铜大钱八百文,当一铁制钱二百文。这两种钱文的市价,开始时还能"抵平使用",到 1859 年四月间,铁制钱日见贬值,一千只抵当十铜大钱数百文使用,"已渐有不行之势"⑤。自七月以来,"钱价忽昂",当十铜钱一千文竟可换钱票一千一二百文至一千二三百文不等。于是市面各处出现有"开设钱摊收买当十铜钱"的,甚至有"结党成群",用"大车小载,盈千累万,凑集钱票",向官私钱铺挤兑,"专要当十铜钱",拒收铁制钱搭配,从此使铁制钱"竟成无用之物"⑥。

---

① 清代钞档:咸丰七年正月二十日户部尚书柏葰等奏。
② 清代钞档:咸丰七年二月初五日御史普安奏。
③ 清代钞档:咸丰七年四月二十八日御史邹焌杰奏。
④ 清代钞档:咸丰八年七月十八日户部尚书柏葰等片。
⑤ 清代钞档:咸丰九年五月初一日御史恩霱奏。
⑥ 清代钞档:咸丰九年七月二十六日御史征麟奏。

这次市场投机骚乱，由于抢购当十铜钱和挤兑钱票的结果，不但迫使铁制钱最终退出流通，也是对官私钱号的沉重打击。从挤兑风潮来势甚猛可以看到，它"势必至官民钱号所出钱票尽数取竭，方才罢局"。当时私营钱铺即有十三四家"因此关闭"①。接着，京城内外私营钱铺纷纷以倒账而"动辄关闭"②，以致"民间所持钱票"顿成废纸。这是前一阶段因"重票轻钱"而引起银钱业投机操纵必然产生的恶果。以后那些继续营业的钱铺就紧缩信用，一概不再开出本票了。由于市面私票绝迹，加以当十铜钱一度被抢购后仍旧贬低用它，这时"市肆专用官号钱票"③，因而市上泛滥的全是宝钞和它的兑换券——官号的京钱票。

1860年五月后，市肆开始采取"重钱轻票"的抵制，一时"钱贵票贱"，使钞票的市价不断猛跌，到1861年六月间，它已经从票面的35%跌到票面的20%左右。随即市面流通又回复到从前的"银钱并重"，就"独不以钱票为信"了④。

这时"各行生意视钱票几同废纸"，纷纷持票向乾天九号挤兑，"取钱之人，有增无减"。谁都争先恐后地力图把钞票设法脱手，各行铺户和居民中"藏票多者"，"概不敢存留钱票，争相买银"；"藏票少者，群起而换钱"⑤。这就使得当时市肆因"银贵票贱，票多钱少"⑥，而造成的经济混乱达到了极点。直到当年七月间，乾天九号被挤垮和"官票不行"之后，通货膨胀的恶劣影响仍持续了一个相当长的时期才缓和下来。

由上述可见，19世纪50年代起，清朝政府滥发的大钱、票钞开始进入市肆后，在流通中就是这样一步一步地走向全面崩溃。其所

---

① 清代钞档：咸丰九年七月二十六日御史征麟奏。
② 清代钞档：咸丰九年七月二十四日上谕；咸丰十年五月初一日山西道监察御史朱潮奏；掌贵州道监察御史贺寿慈奏。
③ 清代钞档：咸丰十年九月二十三日户部尚书肃顺奏。
④ 清代钞档：咸丰十一年六月二十一日管理户部事务周祖培等奏。
⑤ 清代钞档：咸丰十一年六月初七日御史朱潮奏。
⑥ 清代钞档：咸丰十一年六月十九日署巡视中城御史承继等奏。

以遭到如此悲惨的结局,首先是由于大钱、票钞过度发行,大大超过了商品流通的需要;其次是这些通货虽由封建国家强制通用,但因清王朝政权在风起云涌的农民革命打击下,当时处于动摇的状态,统治力量空前地被削弱,人民对发行这些通货的政府的不信任也日益加剧,这样就必然导致拒用大钱、票钞和引起大钱、票钞的贬值,终于演成了恶性的通货膨胀。

三 银票、宝钞和铜铁大钱贬值的趋势

清朝统治者"以纸代钱""以票代银""以铁代铜"来滥发通货,认为这样可以"获利甚厚"而又"无须帑本"。这些通货不论是作为铸币的大钱也好,还是作为纸币的票钞也好,封建国家虽然可以任意规定它的表面价值,但却不能决定它的实际价值,不能任意提高货币的购买力,只能通过票钞、大钱贬值掠夺人民的财富。

现在就来分别考察一下这些新发通货贬值的趋势。

银票,即户部官票。1853年二月间发行之后,因"无从取银",市肆"收者渐稀"[1]。到了1856年年底,据说,"官票一两,京师市商交易仅值制钱八九百文"[2]。按当时市上银价每两可兑换制钱二千七百五十文至三千文计,银票市价等于贬值到票面价格的30%。1859年末,据说,"京城现在市价,银票每两仅值京钱五六百文,而实银则每两值京钱十二千有奇。是二十两银票,仅抵实银一两"[3]。这表明银票市价当其票面的5%。随后由于银票不断"壅滞",1861年秋后,"民间所存官票,互相惊疑不用,几同废纸"[4]。

宝钞(钱票),即大清宝钞。1853年十一月间开始发行,不到半个月就"诸多窒碍","百货腾贵"[5]。1854年七月"以钞一千只

---

[1] 清代钞档:咸丰三年九月初二日给事中英绶奏。
[2] 清代钞档:咸丰六年十二月初七日云南道监察御史李鹤年奏。
[3] 清代钞档:咸丰九年十一月二十七日陕西道监察御史高延祜奏。
[4] 清代钞档:咸丰十一年八月二十八日京畿道监察御史许其光奏。
[5] 清代钞档:咸丰四年二月初五日庆惠奏。

能易〔制〕钱四百及五百文"①，市价即已贬低到票面的 40% 至 50%。1857 年年初，在京城商民交易之间，"每票一千易制钱五六百文"②，市价当票面的 50% 至 60%。到了 1861 年六月，又一次猛跌。半个月间，市肆以票换钱，"逐日递减"。据说，"其始每千给钱七百余文，不逾时而止给六百余文，不逾时而止给五百余文，又不逾时而止给四百余文"③。这表明宝钞每千从京钱七百余文跌至四百余文，按京城的惯例以京钱二文等于制钱一文计④，就是从票面的 35% 跌到票面的 20% 左右。这些"废纸"，其后继续不断下跌，到 1861 年八月间，又跌到每千"仅值当十钱一百余文"⑤，即仅当票面的 5% 了。

铜大钱。1853 年三月间开始铸当十钱，八月增铸当五十一种，十一月间添铸当百、当五百、当千三种，接着又增铸当五钱，并拟铸当二百、当三百、当四百三种。各种铜大钱发行不久，城乡交易，"或任意折算，或径行不用"⑥。如当千大钱只作七八百文或五六百文售用，当五百者作三四百文售用⑦。正因为"市肆折算日贱，渐形壅滞"。当千、当五百者于 1854 年七月收回，当二百、当三百、当四百者也同时停铸，当一百、当五十者于 1855 年停铸。其后市上流通，只有当十、当五两种大钱。

就铜大钱的贬值趋势来看，1854 年七月间，以大钱买物，"每京钱千文之货，增钱二三百文"，"不用大钱，则价仍如旧"⑧。即

---

① 清代钞档：咸丰四年四月二十二日京畿道监察御史王荣第奏。
② 清代钞档：咸丰七年正月十六日浙江道监察御史保恒等奏。
③ 清代钞档：咸丰十一年六月十七日山西道监察御史朱潮奏，并参见咸丰十一年六月十七日礼科给事中赵树吉奏；同年六月十八日翰林院侍读学士绵宜奏；同年六月十九日署巡视中城御史承继等奏。
④ 按：京钱是清代京城地方特有的钱制，京钱二文合制钱一文。清代钞档：咸丰十一年十一月十六日京堂联捷奏折中有云，"伏查京中行使钱文，向来以一当二，谓之京钱。推之千万皆然，二百年来，如常习故，一律流通。即外省绅商来京者，亦行之甚便"。又福格《听雨丛谈》卷 7《京钱》条云："今都中……率以制钱五十文谓之京钱一百，以四十九文谓之九八钱一百。……相沿通行，殊不为异"（中华书局 1959 年版，第 135 页）。
⑤ 清代钞档：咸丰十一年八月二十四日江南道监察御史刘毓楠奏。
⑥ 清代钞档：咸丰四年闰七月十五日通政使李道生奏。
⑦ 清代钞档：咸丰四年六月十五日御史呼延振片；同年六月二十一日御史林廷选奏。
⑧ 清代钞档：咸丰四年七月二十一日工科给事中宋玉珂奏。

大钱一百文等于制钱八十三文至七十七文。在银钱兑换上，情况也与此相仿：同年闰七月间，开始是"以制钱换银，每两需钱二千六七百文，以大钱兑银需出三千一二百文"①，接着是"银一两换制钱二千七百五十文，换大钱则为四千文"②。这就是说，前一场合大钱一百文约等于制钱八十四文，后一场合约等于六十九文。1855年十一月间，商人"换银运去者，求得一色制钱，每千折加三四"③。这意味着大钱每百文最多不过当制钱七十七文至七十一文罢了。1857年年初，市肆"每票一千，易制钱五六百文，铜大钱一千一二百文"，表明大钱一百文约抵制钱五十文或更低。到了1857年七月间，商民对当十铜钱"百端挑剔"，"愈出愈奇"，"持钱入市，每大钱一串，可用者不过二三百文"④。这种对"当十铜钱几至折二折三"的情况，持续到1858年⑤。1859年四月间，一度"竟至以十当一"⑥。1861年七月后，"大钱骤贵"，十月间，每枚当十铜大钱仍"不过敌制钱三文"⑦。自此以后，直到19世纪八九十年代间，京城虽仍行使当十铜大钱，但每枚仅抵制钱二文而已⑧。

铁钱。1854年二月间发行，不到六年即行停铸，流通时间较短。当时市肆对于铁大钱"多不愿使用"，从1857年春间起，在"轻铁重铜"的冲击下，使它迅速贬值崩溃。据说，当年京城"每票一千，易制钱五六百文，铜大钱一千一二百文，铁大钱一千五六百文"⑨，表明铁大钱又在铜大钱之下，其市价已跌到每百文抵制

---

① 清代钞档：咸丰四年闰七月初九日鸿胪寺少卿倪杰奏。
② 清代钞档：咸丰四年闰七月十五日通政使李道生奏。
③ 清代钞档：咸丰五年十一月十八日掌山西道监察御史宗稷辰奏。
④ 清代钞档：咸丰七年正月十六日浙江道监察御史保恒等奏。
⑤ 清代钞档：咸丰八年正月二十七日御史陈庆松片。
⑥ 清代钞档：咸丰九年四月十九日署刑部侍郎袁希祖奏。
⑦ 清代钞档：咸丰十一年（缺月日）掌四川道监察御史钟佩贤奏；同年十月十八日议政王军机大臣奉旨。
⑧ 清代钞档：光绪二年十月初六日通政使于凌辰奏；光绪十四年正月三十日顺天府尹潘祖荫等奏；光绪二十四年十二月十九日编修彭述片。
⑨ 清代钞档：咸丰七年正月十六日浙江道监察御史保恒等奏。

钱三十五文左右。接着市上铁大钱"遽然不行","各店买卖已视当十铁钱为废物"①。从此以后,只有当一文铁钱仍然勉强地保持了短暂的流通,市价也是"日见减落"②。直到1859年七月间,因市肆拒用也就没有行市了。

在京外各省,票钞、大钱贬值,显得更加急剧。

在河南省城,1855年夏间,官票银一两"仅易制钱四五百文";宝钞一千"始犹易制钱八九百文",秋间"只易制钱四五百文,商民尚不肯收买"③。

在直隶各属,由于大力推行官票、宝钞的结果,票钞"散归于市肆者正复不少",到1857年时,这些虚票的"价值率多折减"④。

在河东河道所在的山东济宁州一带,宝钞开始行使,"每千尚可易钱六七百文"。1857年后,宝钞一千"仅易钱二百余文"。到1858年春,随着"价值日低,势将成为废纸"⑤。

在江南河道所在的江苏淮阴县清江浦一带,最初行使宝钞,"市肆亦尚流通",不过很快就贬值了,"每千售钱二三百文"。到了1857年年底,宝钞"骤然壅滞,竟无收受之人"⑥。

在福建省城,行使的官局钱票和铁制钱,也因市面"折算行用","日贱一日"。1857年和1858年间,钱票一千只抵铜钱一百二十文至一百三十文,铁钱一百文只当铜钱十文⑦。

在云南,当十铜大钱初行时,"每文犹可当三四文用,继不过当一二文用"。到1858年间,市肆"视大钱为无用之物",更"不值一文用矣"⑧。

---

① 清代钞档:咸丰七年四月二十八日御史邹焌奏。
② 清代钞档:咸丰八年四月十六日御史征麟附片。
③ 清代钞档:咸丰五年九月初五日河东河道总督李钧奏。
④ 清代钞档:咸丰七年闰五月十四日署直隶总督谭廷襄奏。
⑤ 清代钞档:咸丰八年三月十二日河东河道总督李钧奏。
⑥ 清代钞档:咸丰七年十二月十三日江南河道总督庚长奏。
⑦ 清代钞档:咸丰八年三月十五日钦差大臣黄宗汉片;咸丰七年八月御史陈浚片;《谏垣存稿》,第8页。
⑧ 清代钞档:咸丰八年十月初六日云贵总督吴振棫、云南巡抚张亮基奏。

四　银价物价上涨的幅度

随着票钞、大钱不断贬值，银价也就亦步亦趋地"递增"①。1853年以后，到1856年间，南北各省的银价普遍呈现上涨的趋势。每银一两换制钱数，少者二千文，多者达二千八百文以上。1856年以后，各省银价大都开始下落，每银一两只换制钱一千一百文至一千七百文上下。同前一阶段（1850年前）银价贵时相比，下跌幅度江苏为40%至45%，浙江为40%至51%，河南为41%，山西为33%。19世纪50年代以来，经受恶性通货膨胀和银贵钱荒影响严重的地区，不妨以北京和福州为例，在这里，银价始终保持坚定的上涨。60年代以后，直至70年代中期，其他各省"愈有钱贵银贱之虞"，而京城仍然继续保持着"钱贱银贵之势"②。

就京城银价上涨幅度来看：1853年二月前，如以银一两换制钱的比价指数为100，当年二月至十一月间银价增长10%至11.5%，1854年增长11.5%至12.8%，1856年高达14%。此后市上制钱基本绝迹，银价的腾涨就表现为对大钱、宝钞和京钱的腾涨，显得更加严重了。以1853年银一两换大钱的比价指数为100，1854年银价上涨14.5%至19%，1857年上涨34%至39%。银两和京钱的比价，1853年前，每两换京钱不过四千文。1855年至1857年间，每银一两换京钱七千文至七千七百文，比前增高75%至92.5%。1858年八月至1859年年初，每两换京钱一万一千文至一万二千文，比前增加一点八倍至两倍。1859年春夏间，每两换京钱达一万五千文至一万七千文，比前增长二点九倍至三点三倍。这年八月银价一度平稳，每两换京钱一万三千文，仍比以前的比价增长二点

---

① 关于这一节所述银价和银钱比价消长指数，是根据清代钞档各有关年份奏折整理计算而得，出处细目不一一列举。

② 清代钞档：光绪二年十月初六日通政使于凌辰奏。

三倍。特别是 1861 年五月以后，京城银价昂贵"日甚一日"①，每银一两换京钱竟达三万文，比前增长六点五倍；以银一两换京钱票，则由二十余千文增至三十三四千文。至 1862 年间，大钱、票钞因贬值崩溃根本没有行市了，当时京城每银一两换制钱竟达二十串至三十串之多②，这比 1853 年间的银价已经增长了九倍至十四倍。

通货贬值引起银价上涨，在京外各省地方也不例外。像福建是最早大力推行票钞、大钱的省份，银价在福州的行市，一向每两不过制钱一千五六百文。自 1853 年九月推行局票、铁钱后，银价猛涨：开始每两换制钱增至四千余文，1858 年二月间贵至九千余文，到 1860 年二月间逐渐昂至二十八千文③。福州银价这种大幅度增长，比原有市价几乎上涨了十六倍半。

银价扶摇直上飞涨的同时，那些贬值了的大钱、票钞作为通货，已经日益不断丧失其支付手段的职能，经济混乱达于极点：城市与乡村、城市与城市之间，正常的商品流通已日趋阻塞，物价迅速增长。这种情况，在各省地方都有不同程度的反映，而在北京城市经济生活中的表现尤为典型。

当时北京是一个庞大的消费城市，"自粮食至杂货，悉取给于京外"④："百货仰给外省，即杂粮、蔬菜、牲畜，亦来自各乡"⑤。19世纪 50 年代以来，大钱"止行于京城内外，出京数十里或百余里，民间即不行使"⑥。正是由于城内大钱充斥，乡间"各庄户持麦入城，换归大钱，不便使用，因即裹足不前"。这使北京与近郊乡镇的联系，自然要受限制。结果，京城以外的乡镇，每斤麦面售价不过

---

① 清代钞档：咸丰十一年六月十九日署巡视中城御史承继等奏。
② 清代钞档：同治元年七月十八日官文奏。
③ 清代钞档：咸丰八年二月十三日御史陈濬奏，并见《谏垣存稿》，第 30—31 页；咸丰十年二月十六日闽浙总督庆瑞奏。
④ 清代钞档：咸丰七年七月二十二日侍郎沈兆霖奏。
⑤ 清代钞档：咸丰四年闰七月十八日江南道监察御史沈葆祯奏。
⑥ 清代钞档：咸丰八年正月二十五日浙江道监察御史陈鹤年奏。

制钱十六七文，而城内则每斤售至制钱三十七八文不等，"一城之隔，价值倍增"①。与此同时，北京同其他城市的联系也受到限制。大钱只能"置货于近地，不能汇银于远方"②，而"商贾运货到京，所售大钱以之易票，再以票易银，每两约钱七八千文。京外银价只易三千数百文，亏折大半，是以商贾裹足不前"③。结果，不能使"货物源源而来"，以致京城"百物价昂，较外省多至数倍"④。这样，物价的地区差距就扩大了。

在北京城内，1854年到1861年间，物价粮价几乎是"逐日任意增长"。就粮食和其他食物看：1854年，麦面价格城内比乡间约贵一倍⑤；食盐用克扣斤两办法变相提价，每斤（十六两）只给八九两，等于涨价一倍⑥。到1855年年底，"凡日用必需之物，价值无不陡加数倍"⑦。经过1856年秋冬至1857年春初的市场骚乱后，物价波动尤其剧烈。1857年春夏间，食米每石一时卖到京钱十余吊，1858年四月又涨到二十余吊；同时，猪肉每斤售价也由二三百文涨到六七百文不止；至于杂粮、杂货、零星食物，以及一切日用品，"无一不腾贵异常"，在同一时期也"增长几至一倍"⑧。从京城一个铺户的账簿上还可以看到：1858年起，物价上涨更速，到1860年，比发行大钱、票钞以前，香油上涨了三倍多，硬煤四倍，茶叶五倍，猪肉六倍，洋烛七倍半⑨。1861年六月间，"物价愈形腾涌"，这就益发加剧了人民的"生计维艰"，特别是广大的"贫民多不聊生"了⑩。到了七八月间，物价继续上涨，仅仅在一个月里，米、油、盐、煤、布等项

---

① 清代钞档：咸丰四年七月二十二日江南道监察御史唐壬森奏。
② 清代钞档：同治三年六月初九日御批刘长佑奏。
③ 清代钞档：咸丰七年正月二十六日掌江南道监察御史萧浚兰奏。
④ 清代钞档：咸丰七年七月十六日巡视中城浙江道监察御史保恒等奏。
⑤ 清代钞档：咸丰四年七月二十二日江南道监察御史唐壬森奏。
⑥ 清代钞档：咸丰四年八月十一日掌广西道监察御史伦惠奏。
⑦ 清代钞档：咸丰五年十二月初四日曹登庸片。
⑧ 清代钞档：咸丰八年四月十六日御史征麟奏，并参咸丰八年正月二十五日浙江道监察御史陈鹤年奏。
⑨ 据中国社会科学院经济研究所藏北京某铺银钱出入账计算。
⑩ 清代钞档：咸丰十一年六月十九日署巡视中城御史承继等奏。

日用必需品,"价值几增一倍"①。

这种因通货膨胀而使"百物腾昂"的情况,在福建省城也是表现得十分突出的。这里的米价一向每石售价不过制钱三千余文,到1858年,竟贵至三十余千文;其他日用百物也"无不增昂十倍"②。结果,使得"民难谋生"③,"贫民困苦已极"④。

在北京和福州以外,其他南北各省城市因推行大钱、票钞,物价都有不同程度的波动⑤。这就造成了商品价格在各地区间的总水平呈现持续的全面的上升趋势。可以看出,这些消费物价增长率,在一定程度上可以视为通货膨胀率的反映。这说明当时通货膨胀已经达到十分严重的地步。

物价是通货膨胀的一面镜子。当时物价上涨,在某种意义上可说表现为以大钱为标准而相对增高,不过,它基本上仍是以白银和制钱市价的涨落为转移。大钱、票钞虽是由封建国家强制增值通用,但在价值规律的作用下,结果只能是:"官能定钱之值,而不能限物之值"⑥。事实上,各种大钱虚票一经投入流通,法定比价根本难以维持,它实际没有任何购买力,物价必然要以市上白银和制钱的比价为依据而不断波动着。尽管那时白银和制钱在市上越来越少,"银荒"和"钱荒"相当严重,可是流通依然自发地把它作为计算物价的尺度⑦。自然,随着通货膨胀的恶性发展,作为商品的白银价格提高了。但因当时对于白银的需求开始比较对其他商品的需求以

---

① 清代钞档:咸丰十一年八月初二日河南道监察御史胡寿椿奏。
② 清代钞档:咸丰八年二月十三日御史陈潘奏,又见《谏垣存稿》,第30—31页,并参看咸丰八年九月十八日在籍前尚书廖鸿荃片。
③ 清代钞档:咸丰八年八月十九日署闽浙总督庆瑞奏。
④ 清代钞档:咸丰八年三月十五日钦差大臣黄宗汉片。
⑤ 例如,华北地区的山西平定州行使铁钱,"易换银粮,以致各物昂至数倍,小民万分困苦"(咸丰九年正月二十四日山西巡抚英桂奏)。西南地区的云南省城在行使当十铜大钱后,"物价陡贵"(咸丰八年十月初六日云贵总督吴振棫、云南巡抚张亮基奏)。
⑥ 清代钞档:咸丰三年十一月二十一日户部侍郎王茂荫奏,又见《王侍郎奏议》卷6,第4页。
⑦ 当然不用说,在当时影响物价水平的有各种因素,如商品价值的变动、战争和投机,等等。

更快的速度增加,结果银价上涨就超过了商品价格的上涨。这个现象,从北京和福州的银价和物价上涨幅度对比中,可以明显地反映出来。

五 通货膨胀是统治阶级掠夺劳动人民群众的手段

持续十五年之久的通货膨胀,不仅给国民经济带来了严重的恶化,更给劳动人民群众带来了深重的灾难。

清朝政府通过大量发行票钞、大钱,造成货币贬值和物价上涨,使同样数量的货币收入所能买到的东西比原来减少了,封建国家就从中窃取了一部分国民收入。通货膨胀本身并不能创造新的国民收入,只是对现有国民收入进行再分配。统治阶级正是通过这种再分配,对劳动人民群众实行搜刮和掠夺,劳动人民群众失掉的,就是统治阶级所得到的。

劳动人民群众的生活状况急剧恶化

通货膨胀是以比赋税更为隐蔽的方式,对劳动人民群众进行普遍的掠夺。列宁曾经说过:"滥发纸币是一种最坏的强迫性公债,它使工人和贫民的生活状况急剧恶化。"[①] 当时票钞、大钱贬值,币制金融紊乱,商品流通阻塞,物价粮价不断上涨,商业萧条,铺户倒闭歇业,这一切严重影响了下层社会居民生计,给小生产者、手工工人、小商小贩等带来一般生计条件的恶化。

首先受通货膨胀祸害最深的是佣工劳动者。当时他们只有靠出卖劳动力才能取得维持最低生活的工钱收入。在湖南长沙,当一开始发行当十、当五、当百大钱的时候,由于市面"不能流通","即省城雇工之人,支得一半大钱回家,亦不能用"[②]。这就使雇工生活遭受沉重打击。不仅这样,当通货膨胀时,如果名义工资不变,实际工钱就会因物价上涨而降低。在北京,如1857年间,因"粮价增

[①] 《列宁选集》第3卷,人民出版社1972年版,第158页。
[②] 骆秉章:《骆公年谱》,咸丰四年记事,上册,第33页。

昂"，"小民佣趁所得钱文"，"竟不能供一日之饱"，"苦累情形不堪设想"①。到1859年间，随着银价上涨，"一切物料因之日益腾贵"，即使"各项工价之昂比上年又不啻过倍"，"而工作人等食用愈艰"②。这说明在通货膨胀时即使工钱有所提高，但总是赶不上物价上涨，因此实际工钱仍然是下降的。直至1864年间，京城物价粮价成倍上涨，据说，"小民借工作以赡身家，从前日得百文而有余，今则数倍而不足。工价名为酌增，实则暗减"③。这意味着实际工钱的不断下降和劳动者贫穷化的加深。

通货膨胀对固定薪给收入者的影响也很严重。例如在福州，由于物价上涨，当地靠教书谋生的"贫儒穷户，终岁劳苦所得，不过票钱十千文，实不足以资糊口，以致阖室槁饿者，十有八九"④。

小生产者（农民和手工业者）也遭受通货膨胀的巨大损失。小商品生产由于离不开市场和货币，需要保持正常的购买和销售活动，而富商大贾则利用市场上大钱贬值，乘机加紧盘剥刁难。例如市上用当百、当千大钱买物，商人有的"以货阙为词"，有的"故昂其价"，有的挑剔大钱，"假口字画不清，声音不响，不肯使用"，有的"不肯找给零钱"，"一与争论，即贵价亦不肯卖给"，常常使买物者处于"极力央求"，"忍气售买，不敢与较"的地位，由商人任意折算。买物者"愿买，则听其付给；如不愿买，及至他处，亦复如是"。"故有终日持钱，竟至不能买得一物者"⑤。小生产者在购买生产原料和生活用品的时候，不得不忍受这些刁难盘剥。当小生产者或小商小贩作为出售者走进市场或行庄的时候，其处境也是非常不利。他们不能用提高自己产品的价格的办法来对付通货膨胀。市上大钱充斥，"不受，则货滞无以为生；受之，则钱入而不

---

① 清代钞档：咸丰七年正月二十日户部尚书柏葰奏。
② 清代钞档：咸丰九年八月二十九日彭蕴章等奏。
③ 清代钞档：同治三年六月初九日御批刘长佑奏。
④ 咸丰七年八月附片。《谏垣存稿》，第8页。
⑤ 清代钞档：咸丰四年八月十一日广西道监察御史伦惠奏；咸丰四年七月二十一日工科给事中宋玉珂奏；咸丰四年闰七月初七日鸿胪寺少卿倪杰奏。

能复出"①。货物一出手,"所得大钱居其八"②。这种情况使他们无论处于买方或处于卖方,都很难改变自己的劣势和不利地位,使他们的实际收入不断减少。同时,大钱贬值的结果,他们的大部分货币储蓄一并被剥夺,更加趋于破产。

在通货膨胀过程中,广大劳动人民的生活显著恶化了。当时生活费用的上涨比一般物价上涨还要高。官府报告中也不得不对此表示惊叹:"物价如此无定,在士大夫有力之家,已难于周转,若小民饔飧不给者,诚何以谋生?"③特别是食品的涨价,经营廉价小吃的卖食铺户纷纷倒闭,对穷苦人民的打击沉重。在北京,由于扶摇直上的通货膨胀,1857年正月间,"卖食铺户多有关闭",佣趁度日者"无处觅食","贫民借端滋闹,竟有情急自尽者"④。到第二年,社会危机日益加深,它使破产的贫民沦为乞丐,挣扎在死亡线上。据说,京城"自行使大钱,而贫民之流为乞丐者不少,乞丐之至于倒毙者益多。……至贫民负苦终日,所得数百文不能一饱,遑问妻子?……其强者抢夺食物,所在皆有,虽经地方官查禁,仍然不止,亦因其饥饿逼身,无可如何。倘使物价稍减,亦复何至于此"!⑤

不言而喻,通货膨胀造成的各种损失,最后都要落到下层社会居民特别是直接生产者头上。到了1864年,局势的发展迫使清朝统治阶级中的大官僚们无可奈何地招认,十多年来滥铸大钱、滥发票钞造成社会经济生活严重恶化,而归根结底,"究之,害皆萃于小民","穷黎实受其累"⑥。这就进一步加剧了阶级矛盾和阶级斗争。

统治阶级和有关集团发财致富的源泉

通货膨胀对广大人民群众是严重灾难,而对统治阶级和有关集团却是致富的源泉。

---

① 清代钞档:咸丰四年闰七月十八日江南道监察御史沈葆桢奏。
② 清代钞档:咸丰七年七月二十二日侍郎沈兆霖奏。
③ 清代钞档:咸丰八年四月十六日御史征麟奏。
④ 清代钞档:咸丰七年正月十六日浙江道监察御史保恒等奏。
⑤ 清代钞档:咸丰八年正月二十七日御史陈庆松片。
⑥ 清代钞档:同治三年六月初九日御批刘长佑奏。

作为代表剥削阶级利益的封建国家，首先从滥发通货中直接增加收益。本来发行票钞铸造大钱是户部的一项重要收入，借以弥补国库赤字的一个重要手段。据现有资料计算，发行至少合银6129万多两，各种发行所占的比重有如表2所列。

表2　1851—1861年大钱、铁钱、银票、宝钞及京钱票发行数

项目	发行数量	折合银两	比重（%）
户部、工部两局历年铸钱交库数（1851—1861年）	11090500 串	5545250	9.05
铁钱局历年铸钱共合京钱数（1854—1859年）	15026000 吊	3756500	6.13
户部银票历年发行总数（1853—1860年）	9781200 两	9781200	15.96
户部宝钞历年发行总数（1853—1861年）	27113038 串	13556519	22.12
乾天九号历年交库京钱票折合制钱数（1853—1861年）	49447910 串	24723955	46.74
宇字五号清查时京钱票发行余额（截至1857年8月）	15707814 吊	3926954	
总　　　　　　　　计	银9781200两 钱87651448串 京钱30733814吊	61290378	100.00

资料来源：银票总数据《农漕案汇》记载，其余根据清代钞档：户部银库大进黄册和四柱册及有关钱法档案，计算而得。

这仅是清朝中央政府发行的部分，如果包括当时各省所铸的大钱和地方藩库或官局印造的钱票（省钞或司钞），自然为数更多。在上述发行总数中如扣除大钱票钞发行前，1851年至1852年间所铸制钱数，则1853年至1861年间，大钱和票钞的发行量共合银60249000两以上，而同一时期，国库收入总计86673000两左右，可见发行大钱票钞收入约相当于国库总收入的69.5%。清朝统治阶级其所以利用这种办法来弥补国家的开支，就是因为可以借此在无形中攫取人民大众的一部分收入。当国家发行通货并用这种通货支付官俸、军饷和其他开支时，似乎并没有占有任何人的收入。但是因为通货的发行并没有创造丝毫增多的国民收入，恰恰相反，国家从发行通货获得的收入，正是依靠广大居民特别是劳动人民群众的收入之缩小。

不仅如此，清朝各级政府机构和它的官吏还广泛利用税收，"罔

利营私",用"拒收买抵"手法,放肆地聚敛民财。

照1854年以来的规定,各省地方官府和有关税收机构征收税课,应按一定成数搭收票钞大钱,税款上缴省库(藩库)或国库(部库)时也应按一定成数搭解票钞。大钱(除中央鼓铸外)多为各省按式自行铸造;票钞主要为户部发往各省,它是作为国库应抵放给地方的经费,然后由各省藩库发往各州县,让商民用现银和制钱兑换票钞,按成交纳税课。实际上,当时各省地方官府有把票钞"从藩司发往州县,即皆秘不示人"①;有的州县把税课准许按成搭交票钞大钱的规定,"并不张贴告示,俾民咸知";有的州县对"小民将钞票大钱赴官交纳,粮房书吏百般抑勒,钞票则苛索其由来,大钱则吓其私铸,多方刁难,必不使其搭交而后已"②。各省地方其所以利用这种搭收和搭解的关系"拒收买抵",为的是"从中取利":官吏征收地丁、钱粮、盐课、关税,"以私购之官票,抵换百姓之实银"。等到"解交藩库"或"解交部库时,转向市间收买钞票,按成搭交,以饱其私橐"。结果是"百姓欲搭官票而官弗之许,有司欲征实银而民弗之从"③。随着通货不断贬值,银价上涨,各省征收赋税,浮收勒折空前严重,对广大纳税人造成了"无形重敛","完纳不前","百姓苦累已极"。这是当时南北各省人民聚众围城抗官抗粮的直接起因。

大商人也从通货膨胀而获利。通货继续累进贬值,给经营银钱典当等行业的商人乃至外国洋商造成了获得巨大投机利润的地盘。据官府报告中透露,"自钞票大钱之兴,京城商贾其获利不啻加倍也,而钱店为甚"④。这突出表明了他们广泛地利用商品、白银等搞投机,作为致富的手段。

---

① 清代钞档:咸丰四年十月二十七日稽查东城户科给事中蒋达附片。
② 清代钞档:咸丰四年十一月二十九日御史隆庆奏;咸丰六年十月二十五日江南道监察御史英喜奏。
③ 清代钞档:咸丰四年九月二十二日管户部事务祁寯藻等奏;咸丰四年十一月二十九日御史隆庆奏。
④ 清代钞档:咸丰八年正月二十七日御史陈庆松片。

从京城到各省为推广大钱票钞，强制行使，由官商勾结，普遍设立有官银钱局（号），招商承办官钱票，暗中扩大发行。他们"仗官号之势"，"架空行用"，买空卖空。

京城官钱号的业务，一种是"承办饷票"（如乾天九号），即由户部给领大钱和部分现银，作为"票本"，开出"京钱票"送交户部，以备发放八旗兵饷。除了代替户部"开放俸饷等款，由官办理外"，至于"自行贸易有余，则为该商应得，不足则令该商赔补，官不与闻"。再一种是"承办钞务"（如五宇官号），由其"收钞发钱"，即以所铸铁钱作"钞本"，代户部收兑"宝钞"，并准其开放本票（京钱票），"以济现钱之不足"。这就使得官局银钱商人遂以"假公济私视为利薮"，从中"抑扬操纵，百弊丛生"。他们往往以"官号为名，畅开私票"①，从事无限制的空头发行。投机操纵通常使用的手法：或"囤积制钱"；或"以制钱私相贸易，贱价易银"；或用"钱票收买私铸"②。甚至有借官本私开钱铺，囤积粮食③。

京城以外，如陕西省城的官钱铺，也是"巧借交易之名，暗取侵挪之利"。该铺管事人等甚至"私开钱铺，竟无须先筹本银，需用银钱，随时可向官钱铺取用，又无须认息"。同时还伙同私营钱铺减价（低于10%至55%）收买大钱渔利，"所得赢余，俱归私囊"④。

福建省城永丰官局的"局伙倚恃委员护庇"，"惟知肥己，不顾病民"，其投机盘剥手法也相当恶劣："银价则高下任心，票根则有无莫辨，虚出虚入，买空卖空，以及亏短侵挪，种种弊端，不可究诘"⑤。

官钱局商人就是这样从事经营并利用通货危机，非法牟利，大

---

① 清代钞档：咸丰十一年六月二十一日管理户部事务周祖培等奏。
② 清代钞档：咸丰七年正月十六日巡视中城浙江道监察御史保恒等奏。
③ 清代钞档：咸丰七年七月初七日御史张云望奏。
④ 清代钞档：咸丰七年十月初五日陕西巡抚曾望颜奏。
⑤ 清代钞档：咸丰八年二月十三日御史陈濬奏，又见《谏垣存稿》，第30—31页，作咸丰八年三月，题为《查办闽省钱局疏》。

发横财①。

私营钱铺商人也是利用通货贬值，币制金融混乱，从事投机操纵，为自己攫取暴利。

1854年间，自当百以下大钱充斥市场，而小钱（制钱）几多不见的时候，京城钱商"因大钱无所取利"，先用本铺制钱票到钱市买银，然后又用银到钱市买钱，这样辗转套购，"倒换银钱行市"的结果，不仅使"小钱转贵于大钱"，"且欲人皆贵重钱票，不欲钞票大钱流通"，"方可从中渔利"②。

1856年以后，随着"重票轻钱"局面的形成和发展，京市银钱业出现畸形繁荣。截至1859年九月，京城内外先后开设的挂幌钱铺共有五百一十一家，此外像金店、参店及烟、布等各铺带换银钱未挂幌者，不在此数③。这些钱商用"架空腾挪"从事发行，如本钱只有一二万，开出的本铺钱票"动至三五万或七八万不止"。正因为钱铺这种"私票愈开愈多"，它"势必抬己票"而加剧其投机操纵的活动④。京城在行使所谓二八成大制钱的规定下，即宝钞和京钱票每千放铜大钱八百文、铁制钱二百文，当时私营钱铺"并不见有制钱"，它所开出的钱票每千兑换"故意加至二三百文，以别于宝钞"。这是钱商用提高20%至30%申水的办法来抬高"己票"的信用，以压抑钱钞。钱商对宝钞和京钱票的行使，往往折减30%至40%，每千仅抵钱六七百文。私营钱铺就是这样从中"百端图利"："用官钞则任意折扣"，"用民票则格外加增"⑤。1857年冬，户部勒

---

① 据当时人就福建情况揭露说："寻常市井小民，一为官钱局管事，无不广置田产，立成巨富。其次者，亦鲜衣美食，挥霍自豪，以致物议沸腾，怨声载道"（前引陈潘奏）。看看前述广大贫困人民因通货膨胀"阖室槁饿者，十有八九"的苦难情景，恰成鲜明对比。它生动说明了当时社会两极分化的现象是极为严重的。

② 清代钞档：咸丰四年闰七月十五日通政使李道生奏；咸丰四年十月十五日给事中仙保奏。

③ 清代钞档：咸丰九年九月十六日工部尚书兼管顺天府府尹事务张祥河等奏。

④ 清代钞档：咸丰七年二月十七日翰林院编修刘其年奏。

⑤ 清代钞档：咸丰七年十一月二十六日户部尚书柏葰等奏；咸丰七年十二月十七日通政司参议倪杰奏。

令京城私营钱铺代兑宝钞,"毋许官私异价",就是企图制止钱商从中"加钱抬票"或"抑钞抬价"的"种种把持阻挠"①。

更恶毒的是钱商使用拖骗手法,倒账关闭。有些钱铺在"开设之初,已心存诡骗",等到"出票既多,骤然歇业","钱成废票"。1857 年前,私营钱铺倒闭,对钱票持有人"往往以四五百文抵还票存一千"。随着银钱业投机的增长,1859 年七月以来,京城钱铺以倒账方式"纷纷关闭"达到了高潮。钱商将所有现银"席卷而去",即使"事发到官",不过"封禁其四壁徒存之房舍,追比其一事不知之厮佣,而应行偿给之资,终归无著"。这样不仅"富者被其侵吞",更主要的是"自食其力之穷民,持辗转付给之钱票,取用无处,自赡乏资",因此而被钱商"倾陷何止数十百家",使得他们"生路顿绝"②。

钱铺倒闭风潮过后,直到 1861 年六月间,京城街市设立的钱摊比春间"愈见其多",钱铺也"概不出票,其买卖银两尽用官号票",他们"全以官票从中渔利":在官号钱票和银钱兑换方面"任意高下",官票一千仅取钱一二百文,纹银一两竟换至三四十吊之多。同时还"日播谣言,几于罢市"③。这就表明,当时银钱市场由官私钱号以及钱摊"互相把持,狼狈为奸",他们为各自攫取暴利,既相互勾结而又相互矛盾的斗争,愈演愈烈。

典当业商人一向以实物抵押借贷通融,从事高利盘剥。通货膨胀时期,益发刺激典当业商人以获得投机收益为目的而经营典当。广大人民群众由于通货膨胀给生活带来困穷苦难,迫切需要乞援典当度日。典当业商人为转嫁通货贬值损失,不惜对典赎巧立各种名色,多方加重高利榨取。当时有的典当商人"倚仗官势",甚至对

---

① 清代钞档:咸丰七年十一月二十六日户部尚书柏葰等奏。
② 清代钞档:咸丰七年十一月二十六日户部尚书柏葰等奏;咸丰九年七月二十四日御史孟传金奏;咸丰十年五月初一日掌贵州道监察御史贺寿慈奏;同日山西道监察御史朱潮奏。
③ 清代钞档:咸丰十年六月二十四日署户部右侍郎内阁学士袁希祖奏;咸丰十年十二月十三日翰林院侍读学士绵宜奏;咸丰十一年六月十七日礼科给事中赵树吉奏;咸丰十一年八月二十八日御史何桂芬片;咸丰十一年六月十八日翰林院侍读学士绵宜奏。

"当物者以大钱赎当时不收大钱"，官府"反将用大钱之人责打，锁押数月不放"①。实际上，在京城的当铺经常用很简单的方式强迫城乡居民接受大钱、票钞。尽管居民"所当之物，仅值数百文，其所用处不止一二项"，当铺却只"与以当百、当五十大钱数枚"。如果要求付给制钱或搭配零钱，当铺不是"以仅有大钱并无零钱为辞"，就是拒绝收当，"将原物掷还"。常常是"贫民需钱甚急，无可如何，只得领大钱而去"②。当官号钱票贬值市肆不用的时候，当铺对"民间典物只得以官票应之"，当物人往往是"持票者无处取钱，虽典当仍难度日"③。1861年间，京城内外不下数百家当铺，为逃避日益恶化的通货膨胀影响，纷纷借口"止当歇业"，一时关闭不少，广大居民无疑又会蒙受许多损失，甚至官府奏报中也不得不承认，这更使"小民日困矣"④。

外国资本主义国家的商人在当时也利用通货膨胀，从中投机掠夺，大肆搜刮中国人民的财富。他们在通商口岸看准因"铜贵钱荒"而使旧有制钱日少，便多方大力搜购制钱。据1857年官府报告透露，"采访舆论，有谓外夷贸易本售银者，现俱售钱；且以巨款之银，收买制钱"⑤，甚至暗中偷运出口⑥。本来江浙一带当时银价每两换制钱二千文左右，自英国商人在上海抢购制钱，1856年秋间，

---

① 清代钞档：咸丰六年十月二十五日江南道监察御史英喜奏。按此事发生在直隶玉田县。
② 清代钞档：咸丰四年闰七月初九日鸿胪寺少卿倪杰奏；咸丰四年闰七月十五日通政使李道生奏。
③ 清代钞档：咸丰十一年八月二十四日江南道监察御史刘毓楠奏。
④ 清代钞档：咸丰十一年十月十八日掌浙江道监察御史刘有铭奏。这次当铺歇业以后，高利贷变换形式活动，愈加猖獗。那些"无铗之家用度维艰，不能不指物押借。而黠悍者遂借以射利居奇，所押物件得钱无几，而数旬即满，合之利息竟至十数倍之多"。由于这种重利盘剥，到1863年年初，据说"民间拮据情形，较前倍甚"（清代钞档：同治元年十一月十四日御史孟传金奏）。
⑤ 清代钞档：咸丰七年七月初三日江南河道总督庚长奏。
⑥ 外国商人在通商口岸抢购制钱偷运出口，仅从海关一次查获的数量就相当可观。据1858年2月6日《北华捷报》（*North-China Herald*）透露：数日前，上海港内一艘船上在报关的五十五个装煤的木桶里，藏有制钱约值银三千两。在同一艘船上还发现五十只箱子，每箱约装制钱两担，是作为贵重物品装运的，但没有海关的许可证。

"钱即涌贵,以银易钱之数渐减至半",每两仅换钱一千一百余文,"且无换处",使"南省又苦钱荒","而洋人竟据为利薮"[1]。在市面纹银短少和银价上涨的时候,外国商人又乘机抬高洋银(银圆)价格,致使1859年间在"东南沿海之区,洋银较纹银尤贵"[2]。到了19世纪60年代初,当官票"滞不流通","每千钱所值不及什一"的时候,"欧美商人乃贱价购之,以五成纳海关税,悉照原票价目计算","官吏无以难也"[3]。这样到头来,使清朝统治者自食恶果。

上述事实表明,通货膨胀引起国民收入分配很大的变化,使代表剥削阶级利益的国家、官吏以及商人和有关集团,得以迫使广大劳动群众的生活水平下降而凭空攫取巨额收入,进一步加剧社会两极分化。因此,整个通货膨胀过程,大大加强了剥削阶级对广大劳动群众的残酷掠夺。这就使得民众和封建统治者的矛盾益发加剧,阶级斗争空前激化,革命起义风起云涌,一浪高过一浪,猛烈地冲击着清朝日益腐朽的反动统治。

[原载《中国社会科学院经济研究所集刊》第一集,中国社会科学出版社1979年版,选自《十九世纪后半期的中国财政与经济》(著者自存校正本),人民出版社1983年版]

---

[1] 清代钞档:咸丰七年四月十六日户部侍郎王茂荫片,同年九月初二日奉上谕,并参见《大清文宗显皇帝实录》卷235,第5页。
[2] 清代钞档:咸丰九年十一月二十七日陕西道监察御史高延祜奏。
[3] 光绪十一年五月二十四日《字林沪报》;罗振玉:《四朝钞币图录》附考释。按此约为咸丰十一年至同治元年十一月以前事。

十九世纪五十至七十年代清朝财政危机和财政搜刮的加剧

1851年至19世纪70年代初,是以太平天国为首的农民革命运动席卷全中国、震撼清朝封建统治的时期,也是中外反动势力相互勾结对各族人民起义进行血腥镇压、妄图扑灭农民革命烈火的时期。在持续二十多年的国内战争中,清朝政府的庞大军费支出,使其面临空前的财政危机,而为了摆脱财政经济的困境,不惜在城乡进一步加强对人民财富的勒索和掠夺,以致整个中国社会经济更加恶化,阶级矛盾更形尖锐。

一 国库空虚与财政危机的状况

太平军起义前夕,清朝政府财政窘迫的情势,"即已日甚一日"。这表现在"入款有减无增,出款有增无减"[①]。1850年至1851年间,当太平军起事之初,清朝封建统治者从各省调兵防堵"围剿",力图进行镇压,因而先后筹拨广西、湖南、广东三省军需,以及湖北、江西、贵州三省办理防堵,共计用银1800多万两[②]。由于进行反革命内战的这种"例外拨用",使得财政开支顿形增大。军兴三年以后,据统计,由户部国库拨给和各省截留筹解的军饷,即已耗银2963万两[③]。所以,从1853年起,清朝政府便因军费激增而又"罗

---

① 清代钞档:道光三十年四月十一日管理户部卓秉恬奏。
② 刘锦藻纂:《清朝续文献通考》卷67,《国用考·用额》,第8232页。
③ 清代钞档:咸丰三年六月十六日管理户部事务祁寯藻等奏;《大清文宗显皇帝实录》卷97,第32—33页。(以下简称《清文宗实录》)

掘俱穷",开始面临着空前的财政危机。

这时户部库存现银几乎枯竭①,国库空虚已达极点。国库存银本以各省税收为来源,因为各省税收通过解款协拨制度而构成中央和地方财政收支的基础。当时由于太平军先后占领长江中、下游地区,军威所及,各省地丁、盐课、关税、杂赋,都无法照旧征收,以致"地丁多不足额,税课仅存虚名"。与此同时,各路军营粮台则又"请饷纷纷,日不暇给"。清朝封建统治者面临这种困局,只得哀叹:"是外省之款既拨之无可拨,部库之项亦筹之无可筹"②。1853年以后,随着战区不断扩大,清朝统治地区日益缩小,原有各项税课每年收数,较之旧额平均不到十之四五③,而政府各种财政开支,尤其是镇压以太平天国为首的各族人民起义的军事支出,几乎是成倍地增加。据户部1857年报告,仅部拨之银已达6500余万两④;此外还要偿付英、法侵略者勒索的第二次鸦片战争的巨额赔款。这样,因"财源日竭"而引起的财政危机就越来越尖锐,使得清朝封建国家财政濒临破产。

这种情况,首先反映在战时国库的收入下降和亏损。本来户部"银库为天下财赋总汇,出纳均有常经"。银库的大进、大出与国家岁入、岁出不同,它不包括各省存留支用款项,也不包括各省相互拨解的兵饷,它只包括各省税收"起运至京"部分。银库的大进、大出一向比较稳定,从1748年至1834年八十多年间,其收支规模除个别年度有时畸高畸低外,一般年度几乎没有显著的变化。只是到了19世纪50年代后,因银库收入下降而造成的财政亏损愈加严重,才在收支规模上表现出经常波动,极不稳定。

---

① 据户部报告,截至咸丰三年七月十一日,库存除祖宝样银和饭食等款不能动用外,实存正项待支银仅有293798两。此数连发放八旗兵饷和官俸都不够,以致当时"现尚无项可支"(清代钞档:咸丰三年七月十六日管理户部事务祁寯藻奏)。
② 清代钞档:咸丰三年六月十六日管理户部事务祁寯藻等奏;咸丰三年七月二十一日祁寯藻等奏。
③ 清代钞档:同治六年十二月初十日户部尚书宝鋆等奏。
④ 咸丰七年六月《户部遵议各省普律抽厘疏》,但湘良纂:《湖南厘务汇纂》卷1,第9页。

十九世纪五十至七十年代清朝财政危机和财政搜刮的加剧　75

表1　户部银库收支状况
（1852—1863年）

年度	大进 银（两）	大进 钱（串）	大进 合计（两）	大出 银（两）	大出 钱（串）	大出 合计（两）	盈亏 银（两）	盈亏 钱（串）	盈亏 合计（两）
1852	8361836	835109	9196945	10268560	835109	11103669	-1906724	?	-1906724
1853	4443174	1195206	5638380	8471745	1368406	9840151	-4028571	-173200	-4201771
1854	4996127	10891895	10442075	5031018	10875092	10468564	-34891	16803	-26489
1855	3067774	13778185	9956867	3233178	13692022	10079189	-165404	86163	-122322
1856	2669662	13100788	9220056	2704989	12873841	9141910	-35327	226947	78146
1858	?	?	?	3061904	13500902	9812355	?	?	?
1859	4463477	22234354	15580654	3808417	19083760	13350297	655060	3150594	2230357
1860	5429090	7936702	9397441	7279488	11032083	12795530	-1850398	-3095381	-3398089
1861	6678613	859938	7108582	6331925	499440	6581645	346688	360498	526937
1863	?	?	?	7263494	155582	7341285	?	?	?

资料来源：根据清代朱抄档：户部银库大进黄册，大出黄册及进出银钱四柱册编制。其中1854年，1856年，1859年，1861年据四柱册原额；其余据大出黄册集计；1855年，1860年大出据上年"实在"额，本年"新收"额与下年"旧管"额与下年"旧管"额推算。合计额系将钱额按官定比价折成银两计算而得（1852—1853年为制钱一串折银一两，1854年起为大钱二串折银一两）。

在战时财政危机声中，各省忙于就地筹饷和相互协拨，"而解部之款，日少一日"。尽管户部竭力扣减王公官员俸银和旗、绿各营兵饷①，以节缩开支，而国库收支规模却不能不愈趋缩小。如表1所示，1852年至1863年国库平均收入仅当道光前期常年70.4%，支出也相应缩小，约为常年81.4%。其间以1853年为最低，收入仅抵常年41.5%，支出约当常年79.6%。

户部国库的收入，向以银两为主。其间银两收入，1856年减至仅当常年21.5%；钱文收入，1857年竟增至常年的十八倍以上，从而钱文所占的比重大大增加，1856年至1859年间，钱文大约占70%。国库收入方面银钱结构的这种变动，主要是当时大钱票钞贬值，银荒更加严重的结果。

必须指出，国库收支项下的银两部分，实际不过是一个记账数字，是现银与非现银、"票银"与"实银"等一切按银两单位计算的收付项目的总计。战时国库"实银"出入数，据1865年户部报告，仅如表2所示：

表2　　　　　　　　户部银库出入"实银"总数
（1853—1864年）

年度	收入（两）	支出（两）
1853	480340	399406
1854	214601	206904
1855	141578	153746
1856	151597	173883
1857	195576	182297
1858	177632	232431
1859	184956	160523
1860	145226	150708
1861	150782	151991
1862	178504	193846
1863	121172	117915
1864	184469	174157
总计	2326433	2297807

资料来源：清代钞档：同治四年三月十三日户部左侍郎皂保奏折清单。

---

① 咸丰三年起，户部议准将王公官员及兵丁等俸饷减成放给。后至光绪十二年起恢复，仍以旧制全数放给。

本来国库财政稳定与否,它取决于实收银两的多少。1853年"实银"收入仅有48万两,以后不断减少,每年只十几万两。十二年间总计不过232万余两,平均每年不过19万两而已。支出方面也相应受到限制,总计229万两,平均每年也只19万余两。就其"实银"进出总数的规模而言,可以说,大约只抵得上两个中等县份的田赋收入,这简直微小到令人难以置信的程度了。

户部银库岁计,向来常有盈余。由于历年财政搜括的结果,结存银数愈积愈多,遂形成一项雄厚的库贮。18世纪后期,库存银数经常在7000万两,而1777年竟达81824000两的高峰。其后库贮大为减低,1821年至1834年平均只有27163000两,1850年只剩800万两。到太平军起义后,银库入不敷出的现象,愈加突出。1852年亏银190多万两,1853年亏银400多万两,于是库贮银数减少到仅如表3所列:

表3 户部银库年终结存银数
（1853—1861年）

年度	银两	年度	银两
1853	1696897	1858	2370434
1854	1662006	1859	3025494
1855	1496602	1860	1175097
1856	1461275	1861	1521784

资料来源:户部银库大进、大出黄册及四柱册。

这就是说,1853年至1861年平均仅存银1801199两,约当1821年至1834年间的十五分之一,约当1777年的四十五分之一。而且,这时库贮银数不过是一个记账数字,其中"实银"很少,它已经不再像从前那样常常"盘点不易"了。据1865年户部报告,战时银库每年结存的"实银",1853年至1857年间平均十一万多两,1858年至1864年平均只六万多两[①]。户部的雄厚库贮,至此已完全冰消瓦

---

① 清代钞档:同治四年三月十三日户部左侍郎皂保奏折清单。

解了。可见清王朝为了进行反革命的内战，不惜把它那点原有的老本也输光了。

应该指出，战时国库收入总额能够维持在平均每年 957 万两左右，一方面是从 1853 年起，主要靠发行银票、钱票，铸造大钱、铁钱；另一方面是从 1856 年起，把京饷由各省预拨改为临时定额摊派解款的结果①。实际上，这都只能做到勉强维持封建朝廷的苟延残喘而已。战时清朝中央国库支绌情况如此，各省地方财政"更属竭蹶不遑"②。

早在 1853 年间，各省库款即因屡次筹拨军饷，据说，由于"移缓救急，悉索无遗，封储之款一空，征解之难数倍"，结果"不特部库时时支绌，而且外库处处拮据"③。1853 年以后，随着清王朝发动的反革命内战日益扩大，各省财政愈形奇绌。战区以内的省份，由于本省军队作战布防，所属州县募勇防堵，以及外省援军云集，需要就地供应等等，军需支出异常浩繁。战区以外的省份，由于军队出省作战，供应客军过境，以及镇压本省人民暴动等等，也有巨额的军需支出。在这种情况下，往往因"供支浩繁，急于星火"，而所有"用兵省份钱粮，悉供本省军需，犹且不足，必待他省协济，司库自无余银"④，甚至"百计罗掘，十不一应"。有的只得"动用正杂各款，仓谷折价并借用生息等项"。有的对"客军所驻之地，无论地丁、仓粮、生息本银、厘捐各项，均听动用，以应急需"。有的则

---

① 所谓京饷主要是供八旗兵饷、在京官吏俸给及其他皇室经费之用。历年京饷，向系预拨各省地丁、盐课、关税、杂赋，以备次年支放之用。1853 年以后，由于各项税收征不足额，"各省解款既短"，加上各督抚往往以本省"防剿"急需为名将应行解拨户部的京饷奏请截留，或将关税"提借"，据说是"一味诿卸，竟置京饷于不顾"。清朝政府企图确保京饷来源的稳定，从 1856 年起把原来的预拨制，改为摊派解款，但各省每年数额并不固定，1859 年以前，京饷每年额定总数为 400 万两。1860 年改为 500 万两，1861 年后增为 700 万两。1867 年 6 月起增添 100 万两，共为 800 万两，以后直至清末即岁以为常。据说当时只有山西一省能够"年清年款"，其他各省多不能依限报解，且有逾期不解者。据不完全统计，1856 年至 1858 年间各省欠解京饷银为 366 万两，1859 年为 282 万两，1864 年为 252.5 万两。
② 《清朝续文献通考》卷 69，《国用考·会计》，第 8260 页。
③ 清代钞档：咸丰三年七月初三日户部奏。
④ 清代钞档：咸丰七年二月十七日户部尚书柏葰奏。

因"各属钱粮无征,他省协饷不至,司库荡然"①。到19世纪70年代战争结束时,各省库贮都已"久形空匮",从而使得清朝封建国家的财政基础大大削弱。

二 战时财政措施和搜刮方式

19世纪50年代初,山穷水尽的清王朝在哀叹"耗财有闻而生财无策"②之际,封建统治阶级内部各个集团的代表人物,纷纷上疏,出谋献策,企图缓和当时日益加剧的财政危机。他们提出什么停养廉呀,开银矿呀,提当本呀③,收铺租呀,铸钱发钞呀……这些所谓"节流开源"的形形色色建议,总共"不下数十款"。户部审议后,认为有的"或只宜一试",有的实行起来"或收效尚迟",断不能满足"无厌"的需求。最后,清朝封建统治者决心要在"艰难险阻之中,力求通变权宜之法"④,于是从1853年起,先后大力推行各种财政搜刮措施。它主要包括:推广捐例,举借内外债,滥发通货,增加赋税。清朝政府之所以采取这一系列筹措军费的方法,其政策的基本出发点,就是为了便于广泛地加紧对广大人民的横征暴敛,因而从财政措施体现的搜刮方式和掠夺手段,也是极端恶劣的。下面,仅对推广捐例、举借内外债、增加赋税依次地分别加以考察。

推广捐例

捐纳和捐输原是清代一种补助财政收入的搜刮方式。太平军起义之初,清朝封建统治者仍沿袭过去的老办法,首先采取大力推广捐例,以此向各阶层居民征集反革命的军饷。

所谓捐纳是由封建朝廷向报捐人出卖官爵封典。当时各省绅士、

---

① 清代钞档:同治元年十二月二十日江西巡抚沈葆桢折;同治五年二月二十日湖南巡抚李瀚章折;同治十三年十二月十五日陕西巡抚邵亨豫折。
② 清代钞档:咸丰三年七月初三日户部片。
③ 所谓提当本,是指提用"直省当杂各商生息成本银"。
④ 清代钞档:咸丰三年六月十六日管理户部事务祁寯藻等奏。

商民、游幕，及文武官员随任子弟，现任候补、试用各官，只要按照捐例所载银数，即可指捐某项官职，或加捐分缺、先用本班尽先及分发等项；如只愿得某项官阶职衔，或捐文武监生、贡生，或请封典、级记，也可指项报捐。这一时期捐纳的特点是，不惜一再减成，并巧立花样名目，贱价卖官，"以广招徕"。从而导致了清王朝的"吏治"愈加腐败不堪。

早在1851年，清朝政府颁发所谓《筹饷事例条款》，规定捐纳京官、外官、武官各种职衔，按照1826年条例所载银数核减一成①，即九折收捐。截至1852年年底，在京和外省报捐官生达2561名，捐银收入约有300万两②。1853年太平军进占江南，清朝政府为了解决"需饷孔亟"的困难，乃特别制定《推广捐例章程》六条，规定照定例银数核减二成，即以八折收捐，并由户部预颁空白文武职衔及贡监执照，大量发交各省军营粮台，以便随时填发捐生③。结果，这年户部所收的捐纳银不过67万两。接着在1854年，户部又开办捐铜局，企图大肆搜刮铜斤器物，折银抵收常捐、大捐④，以便用来加卯鼓铸制钱。在该局办理一切捐项时，还规定减收二成，实际减二成半即以七五折收捐，并准搭收票钞大钱，至1857年又规定可以按半银半票收捐⑤。这样一再减成的结果，拿1854年捐例和1826年捐例比较可以看出，捐纳各种职衔的银数减低了46%，不到原额的六成。后来由于票钞不断贬值，按一半现银一半票钞计算，更是贱到所值无几了。见表4。

---

① 《筹饷事例条款》，咸丰元年刊本，第1页。

② 咸丰三年四月初二日户部会同吏部兵部奏，《筹饷事例接展三卯推广条款》，《捐输例》卷16，第38—39页。

③ 《咸丰三年冬季部例推广捐例章程》《咸丰三年冬季部例领发空白执照章程》。

④ 当时捐铜局规定，凡捐交十成净铜四十斤，作抵实银十两。其余红铜器皿亦照净铜合算。1857年后，福建等省因铜钱缺乏，亦仿照办理，倡捐铜斤，以资鼓铸（参看《福建省例》第4册，第587—594页）。

⑤ 《筹饷事例》，咸丰八年刊本，第1页。

表4　历次捐例所载捐纳京官、外官、武官各种职衔银数比较

职衔		1826年酌增例（收捐银两）	1851年筹饷例（九折收捐银两）	1852年筹饷例（八折收捐银两）	1854年筹饷例（七五折收捐银两）
京官：	郎中	7680	6912	5529.6	4147.2
	都察院都事、主事，经历，大理寺寺丞，京府通判	3700	3330	2664	1998
	通正司经历知事，太常寺典簿	1730	1557	1245.6	934.2
	詹事府主簿，光禄寺典簿	1310	1179	943.2	707.4
	国子监典簿、典籍	1510	1359	1087.2	815.4
	翰林院待诏、孔目	940	846	676.8	507.6
	刑部司狱，兵马司吏目	290	261	208.8	156.6
外官：	道员	13120	11808	9446.4	7084.8
	知府	10640	9576	7660.8	5745.6
	知县	3700	3330	2664	1998
	州判，布政司都事、盐运司经历	1120	1008	806.4	604.8
	县丞、外府经历，按察司知事	780	702	561.6	421.2
	州吏目	290	261	208.8	156.6
	从九、未入流	140	126	100.8	75.6
武官：	都司	3600	3240	2592	1944
	营守备	2160	1944	1555.2	1166.4
	卫守备	2590	2331	1864.8	1398.6
	卫千总	670	603	482.4	361.8
	门千总	620	558	446.4	334.8
	营千总	560	504	403.2	302.4
	把总	340	306	244.8	183.6

随后因各省军需增加，"户部无款可拨，遂准各省开捐，以敷用度"①。各省开捐本应援照户部筹饷例办理，结果各省竞相搜刮，不但对捐纳银数"减之又减"，而且还对减成后应收现银部分大打折扣。拿各省减成章程合以筹饷例来看，像"豫省以饷票折收，加一成现

---

① 《申报》光绪三年十月十八日。

银,约居十成之二;湖广、川、浙约居十成之三;江西、两广约不及十成之三;云、贵约居十成之二;安徽全收饷票,约居十成之一;其余各省均无过三成者"①。正因为捐银既少,而又"尽可买票纳输,无论虚衔实衔,分发荣封,皆可顷刻而待"②。对报捐人来说,他们的所费和所得既取偿于人民,捐官便变为一本万利的交易了。

这样推行捐纳的结果,就造成因官吏膨胀而使"流品日杂",不但"市侩无赖滥厕其间",甚而当时"半皆起自勇丁"的所谓"军功人员","往往有捐一佐杂虚衔,即归入文职,保举递升至州县〔官〕以上者"③。不仅如此,他们"一经得官","即怀苟利之心,取息稍丰,又可为捐升之本"④。这种愈演愈烈的恶性循环,就益发加剧了清王朝官僚政治的反动性和腐朽性。

捐纳之外,又有所谓捐输。它是按商民报效银数,由清朝政府给予某种奖叙。从1853年起,封建朝廷为了鼓励"劝捐助饷",一方面,对个人捐输曾规定:如有捐银自一万、数万以至十万两者,分别等差,或赏给盐运使衔,或赏给副将衔;或加衔之外另赏花翎;或赏给举人,一体会试。另一方面,对一省地方捐输又有所谓捐输广额章程⑤,规定一省或府、厅、州、县捐银达一定额数,准许在各级科举考试中增加该属地方学额的人次,这即是所谓加广乡试中额和生员学额。正因为用这两手从事搜刮,所以官府办理"劝捐"出示时,就以"重邀奖叙"为招徕,说什么"尔绅商富庶等"可以"一举两得"⑥。这就是说,对那些报捐的地主和商人给予官爵虚衔,使他们既能取得官绅地位,又增加学额,为他们的子弟开辟

---

① 阎敬铭:《道府州县四项无庸减成疏》,同治三年,王延熙等辑:《皇朝道咸同光奏议》卷23,第6—7页。

② 柯悟迟、陆筠:《漏网喁鱼集》,中华书局1959年版,第23页。

③ 《大清穆宗毅皇帝实录》卷36,第16页,同治元年八月初三日(以下简称《清穆宗实录》)。

④ 《左文襄公全集·奏稿》卷12,第6页。

⑤ 捐输广额章程从1853年颁发后,在1868年和1870年曾有两次奏改,较旧章银数加倍,并限制学额人次。

⑥ 柯悟迟、陆筠:《漏网喁鱼集》,中华书局1959年版,第24页。

了进身之阶。

捐输采取的方式各种各样,常常是交替并用:(一)由各省地方官府勾结绅士,查明本地殷实上户若干,或者"家仅小康"的,派定捐数,指名勒捐①。(二)有些用兵省份又以"需饷孔殷"为名,不时各向旅居外省的本籍绅商勒捐助饷②。(三)更有些省份直接派员到邻省地区设局"劝捐",或者由某省代其他用兵省份在本省设局,"劝捐济饷"③。

当时推行的捐输,最初美其名曰"劝捐",实际上往往是用各种欺压手段进行无休止的勒索。这就不可避免地造成了各地"怨声载道,叫苦连天",甚至有因逼捐而导致"田产变弃,铺户关闭"④的后果。

举借内外债

举借内债和外债,是清朝政府为应付战时财政困难、筹措军饷而采取的另一措施。

举借内债,创议于1853年。最初只在山西、陕西、广东等省议行"劝借",目的是向殷实之家,"暂时挪借,以助国用"。在山西采取的办法,是由当地官府先向各"饶富之家"示以筹款成数,然

---

① 例如,1853年山西省办理捐免充商,由官府把全省富户"均经金商",当时解交户部的捐免充商银达1570千两(参见《清文宗实录》卷135,第4—5页;刘锦藻纂《清朝续文献通考》卷69,《国用考·会计》,第8260页)。这类方式,各省皆有。

② 例如,在四川的客商,有江西帮、两湖帮和山陕帮。江西帮绅商1857—1859年共捐银510900余两,先后解往江西拨充军饷。两湖帮在1859年捐银41万两,陆续解楚饷(参见王庆云《王文勤公奏稿》卷7,《四川存稿》,第19、34、43页)。1862年间,两湖、江西商帮捐银有50万—60万两之多,而山陕富商"多漏未书捐,亦有资本甚丰书捐太少之户"。当时正值陕西军务吃紧,陕西地方官府认为"山陕富商甲于他省,何至反形短绌",乃指令勒捐在川的陕帮商人。
此外,江西在福建的绅商,1856—1886年捐助本省军饷银1359772两(参见《刘坤一遗集·奏疏》卷6,第227—228页)。浙江在江苏的绅商,1867年以前共捐银1504536两(参见马新贻《马端敏公奏议》卷5,第36—37页)。

③ 前者如咸丰年间,有湖北、江西、广西等省均在湖南办理收捐之事(参见《骆文忠公奏稿》卷8,第12页);后者如江西在1868—1873年间,代办陕西、甘肃、云南、贵州四省捐输,收银846090两,分解各省济饷(参见《刘坤一遗集·奏疏》卷8,第302页)。

④ 王茂荫:《论徽州续捐局扰害折》,咸丰四年六月十三日,《王侍郎奏议》卷7,第7页;清代钞档:同治三年五月十五日山东道监察御史孙翼谋奏。

后按照借数，出给印票，分年照期归还。并且还规定，如有借至十万两以上者，除按年归还本银外，若借债人本身已得功名，准其赏给祖父封典。在陕西则采取"捐借兼行"的办法，规定如能自一万捐至数万、十数万两者，随时由官府按照银数，立即奏请奖励。如有不愿请奖者，除由官府按数给予借贷印票，分年归还外，仍按照银数多寡，分别"建坊给匾，以示优奖"①。可以看出，这种"劝借"是从"劝捐"中派生出来的，以至发展成为"捐借"并行，在搜刮军饷方面又是相互补充的。

随后由于陕西省"捐借兼行"的办法，对临时筹饷"颇著成效"，清朝政府便认为这不独江苏省可以照办，即浙江省筹济各处饷需支绌，如能仿照办理，除本省供支外，还可协济江南军饷。因此，从1857年起，这种借饷办法随即推行于江苏等省②，如当年上海绅商即曾筹借饷银20万两，并由当地官府发给"印帖为凭"③。此外，江西省筹措军饷，"亦有借自绅富，立有欠票"④。贵州省军需，其中一部分就有由官府"发给印票，实收筹借之款"⑤。山东省曾因镇压捻军需饷，从1864年下半年到1871年年底止，陆续向旅居山东的浙江、广东两省绅商共借银424540两⑥。在清军镇压西北各族人民起义期间，陕西省"辄借富室之银以充饷，而给之票"，每票以百两、五十两为率⑦。甘肃省曾于1864年向旅居四川的陕甘商人，指定要把他们在各地所建陕西会馆积存的会底银一半，"借供兵饷"。当由甘肃委员会同四川官府传知各府、州、县的陕西会馆值年照数提借，发给印借字据，约定军务结束由甘肃军需局筹还。同时，对在新疆各城，如伊犁、喀什噶尔、古城、巴里坤等处的山西、陕西

---

① 《清文宗实录》卷96，第25—26页，咸丰三年六月初五日；卷118，第15—16页，咸丰四年正月十三日；卷140，第13—44页，咸丰四年闰七月二十四日。
② 《清文宗实录》卷220，第14—16页，咸丰七年三月二十一日。
③ 《申报》同治十二年二月二十三日。
④ 清代钞档：同治元年十二月二十日江西巡抚沈葆桢折。
⑤ 黎培敬：《黎文肃公遗书·奏议》卷5，第9页。
⑥ 《申报》同治十二年二月十九日。
⑦ 刘蓉：《刘中丞奏议》卷10，第20—21页。

商人，则采行"通挪借兑"的办法，即把他们在新疆各城"现存商货兑充军饷"，然后由各商原籍官府"照数发还"①。

这些事例表明，清朝政府战时举借内债，在各省推行是相当普遍，而且是十分频繁的。当时名为"劝借"，实际是强索勒借。这些内债向各省绅商挪借之初，虽都规定按期照数偿还，这只不过是一个幌子，实际并未实现。在军事结束之后，各省借口"库款支绌"，大都援筹饷例处理，由官府奏请给奖；有些绅商因"不敢仰邀议叙"，则请照章加广本省学额。实质上，这就是由清朝政府以官爵进行偿付。结果，这些内债便只好由原来的借债人以全数捐助军饷为名，都变成了所谓"绅富捐"。这是当时举借内债的封建掠夺性和反动性的表现。

清朝政府极尽一切搜刮之能事，还不足以渡过难关，终于乞求外国资本主义国家的"财政援助"。这个时期清朝政府开始举借外债②，虽然为数有限，但它在当时显示出来的特殊意义和作用是不可忽视的。

就现在所知，第一笔外债是1853年至1854年间由苏松太道吴健彰经手，向上海洋商举借的。这笔外债的数额不详，仅就1855年和1856年两次在江海关洋税中扣还的银数来说，已达127788两。借款的目的是雇募外国船炮去攻打占领上海县城的小刀会起义军。

1858年至1859年间，当英法联军侵占广州的时候，广东人民纷纷抗战，并配合太平军就地起义。广东地方官府不但不参加和支持人民的抗战，反而把镇压起义的抗战人民作为媚外的手段。当时两广总督黄宗汉因军需匮乏，便以粤海关印票作抵，经由广州怡和行行商伍崇曜向美商旗昌洋行借银32万两，月息六厘。这笔外债，清

---

① 《清穆宗实录》卷113，第53页，同治三年八月三十日；卷120，第10—11、29—30页，同治三年十一月初三日、十一月初十日。

② 参见徐义生编《中国近代外债史统计资料（1853—1927）》，中华书局1962年版，第1—2页。

朝政府曾企图强迫广州行商报效，自行归偿，行商则依靠外国侵略者的势力，由美国领事出面讨债。后来在美国公使蒲安臣直接施加压力下，清朝政府于 1866 年至 1870 年间用粤海关税收如数还本，利息则由怡和行行商伍崇曜负担。

自 1860 年《北京条约》以后，清朝封建统治者更进一步屈从外国，举借外债不但次数频繁，而且每次借款额也逐渐增加。这就表明，清朝政府从财政到政治上同外国侵略者的勾结日益加深。

在 1861 年到 1865 年间，据不完全统计，江苏、福建、广东等省，先后至少向英、美各国洋商举借过十二笔外债①，借款总额达 1878620 两，利息率低者年息八厘，高者达一分五厘。像李鸿章淮军雇募轮船由安庆开赴上海的费用，曾国藩、曾国荃、鲍超等人所统率的湘军的军饷，上海会防局雇用外国兵痞所组织的洋枪队一部分饷银，蓄谋从江上袭击太平军而由李国泰、奥士本等在英国购买船舰的费用，天京陷落后堵击太平军汪海洋部进占嘉应的军需，等等，都是用这些借款支付的。

为了镇压捻军和回民起义，1867 年和 1868 年间，左宗棠曾连续两次举借所谓"西征借款"，由上海英商共借银 220 万两，月息一厘五，折合年息一分八厘。此后又曾多次大借外债。这样，使左宗棠的反革命部队的枪炮和军需，得以仰给洋商借款的支应。

可以看出，清朝封建统治者之所以依赖外国的"财政援助"，为的是勾结外国侵略势力来共同镇压人民起义，进行反革命的内战。这说明近代中国的外债一开始就具有鲜明的反动本质。

这些外债的偿还，除了 1865 年"广东借款"一笔由厘金收入项下拨还以外，其余都是以海关税收作为偿还的担保。这使外国侵略者通过借款的方法，进一步实现它进行政治上和经济上对中国的控制。而外债利息率之高，则又表明了外国资本通过清朝政府对中国人民的重利盘剥。

---

① 这十二笔外债，包括江苏借款四笔，苏松太道借款四笔，福建借款三笔，广东借款一笔。

增加赋税

战时增税主要包括两个方面，即对工商业税的增收和对农业土地税的加征。清朝封建统治者用这种税收的方法从事搜刮，是解决"就地筹饷"的重要措施。

战时对工商业增税，主要是采取厘金的形式。在实行厘金以前，清朝政府就已计划实施一种商税①，目的是"稍分商贾之有余，共佐度支之不足"。先拟在北京试行，然后推行各省，仍从省城开始逐渐推广于外府州县。1853年3月20日，当议征商税令下达时，京城"铺户相顾张皇"，"亟思逃避"抵制。于是钱铺粮店各业，纷纷关闭，"市井日用突然不便"，结果引起"街市扰攘，人人惊危"。不到五天的时间，清朝封建统治者随即被迫不得不收回"征收铺银，计户收钱"的商税和户税的命令②。这样，后来对工商业的增税，就采用厘金办法开始实行起来。

厘金在最初不过是一个地方筹饷的方法，即所谓捐厘。1853年，雷以諴以刑部侍郎在扬州帮办军务，负责替江北大营筹措军饷。这年夏天，他开始在里下河设局劝捐，并向附近扬州城的仙女庙、邵伯、宜陵、张网沟各镇米行，捐厘助饷，规定每米一石，捐钱五十文。他奏报列举九月起半年之间，收入的捐钱就有二万串，认为此法可收"细水长流，源远不竭"的效果，对于"军需实有裨益"。从1854年三月起，捐厘又进一步推行到里下河各州县米行，并对其他各业大行铺户一律照捐。先后在扬州仙女庙和泰州两处设局，大致按每百分抽一起捐。这样，不但捐厘行业增多，遍及日用百货，而且抽捐地区也渐次扩展到扬州和通州两府所属的大江南北。这时雷以諴以试行捐厘助饷的搜刮办法收到"成效"，始行奏报，并建议在江苏其他各州县城市镇集，"推广照

---

① 按照当时拟定的办法，上等铺户每月征银二钱，中等铺户每月征银一钱，小本下户及工匠等，不论有无牌匾，一概免税。

② 参看刘岳云撰《农曹案汇·商税》，第1—3页；清代钞档：咸丰三年二月十六日左副都御史文瑞奏，礼部尚书奕湘奏，巡视东城给事中吴廷溥奏，及同日上谕；黄辅辰：《戴经堂日钞》，咸丰三年二月十六日至十七日记事。

办，以裕军饷"①。当年下半年，江南大营在镇江三江营、东坝、南渡、丹阳等处，接着设卡抽厘②。1855年起，湖南、江西、湖北、四川四省也先后仿行试办，以后陆续推行各省。这样，捐厘便逐渐发展成为一个全国性的筹饷方法，从而成为军饷的重要来源。

捐厘最初在江苏北部得以实行，主要是由于联系长江南北水陆交冲的镇江为太平军所占领，当时"道路梗阻，商船绕道而行"，泰州、仙女庙等处遂成米商"积聚之区，办理较易"③。其后随着战事不断地变化发展，各地区之间的水陆交通，往往出现"道途通塞靡常"的现象。有时"或因邻封道途偶梗，通行之路反类遐荒"，造成了对旧有商品流通渠道的阻塞；有时"或因客商绕避"兵事，"幽僻之区反成达道"，使战争后方的一些城镇导致了商业畸形的兴盛。在这种情势下，清朝封建统治者既要保持战时这类通过内地的埠际贸易和土产贸易的课税，借以弥补原有各地常关因停征或缺额的税收，又要贯彻"抽厘助饷"的搜刮措施，使新增加的商税必须"完自华商，无虑纠缠夷税"④，竭力避免搜刮到外国商人头上。因此，厘金制度的出现，不仅使它代替了当时已处于瘫痪状态的国内常关的职能，而且随着战区的变化，厘金局卡有"因地制宜"设置的灵活性，使它更加超过了常关所起的作用，日益严重地阻碍着土货在市场上的流通，而有利于外国洋货的倾销，进一步加强了洋货对土货的竞争能力。

厘金初分活厘和板厘，又名行厘和坐厘。前者为通过税，征于转运中的货物，抽之于行商；后者为交易税，在产地或销地征收，抽之于坐贾。如按商品货物分类，厘金以百货厘为主要组成部分，它的征课范围很广，名目繁杂。一般是在货物起运地征收一次厘金

---

① 雷以諴：《请推广厘捐助饷疏》，咸丰四年三月，王延熙等辑：《皇朝道咸同光奏议》卷37，第1页，并参王先谦：咸丰朝《东华续录》卷33，咸丰四年三月二十四日上谕。
② 李鸿章：《李文忠公全书·奏稿》卷9，第25页。
③ 但湘良纂：《湖南厘务汇纂》卷1，第1—2页。
④ 吕佺孙：《闽省征收支销茶税疏》，咸丰五年，求自疆斋主人编：《皇朝经世文编》卷54，第3—4页。

后，在转运途中又重复征课，有所谓过卡纳税及一起一验或两起两验的办法①。有的省区，只在货物起运及到达地，各征一次。次于通过地厘金的为销售地厘金，有"坐厘"、埠厘、门市月厘、铺捐、落地厘等名称，它是对商店征收的交易税。此外，还有所谓先捐后售的出产地厘金，如对丝、布、土布等在出产地所征收的产地捐。百货厘金之外，还有盐厘、洋药厘及土药厘。盐厘为盐课以外的征税；洋药厘是对外国进口鸦片征收关税以外的厘金课税；土药厘是对土产鸦片的课厘。据1869年至1872年厘金收入分类统计来看，其中以百货厘占总收入的93%，茶税为2%，盐厘为1%，洋药厘为3.6%，土药厘只及0.4%。

在厘金推行各省的前后，清朝中央政府并无统一的规制，只是议定所有用兵省份，得由地方督抚自行掌握，酌量抽厘济饷。这样，就出现了各省厘金各自为政的割据局面，任意讹索，从而造成了重叠苛重的税制。

首先是在同一地区，不但捐局系统庞杂，而且厘捐名目繁多。在厘金发祥地的江北一带，1853年至1861年间，这里的抽厘机构就有江北粮台、江南粮台、漕河总督和袁甲三军营四个系统，各行其是。捐务名目计有卡捐、饷捐、房捐、铺捐、船捐、炮船捐、盐捐、米捐、板厘捐、活厘捐、草捐、芦荡捐、落地捐等②，将近二十种，大多彼此雷同，重复抽收。结果，在这"弹丸一隅"之地，"此去彼来，商民几无所适从"。而江南、江北军营各自为了争夺饷源，甚至因越境设卡抽厘，酿成纠纷③。上海自1854年办捐以来，历开捐局名目，就有卡捐、货捐、钱捐、牙厘捐、进口出口捐、落地捐、树木捐、房市捐、船捐等局，"逐项抽取，无非出自商民之脂膏"④。浙江除

---

① 所谓一起一验，是指在起运处交纳的厘金，称起捐；次卡所征的厘金，称验捐。两起两验是在起运处及第三卡所纳的厘金，称起捐；在第二卡和第四卡抽厘，称验捐。

② 卞宝第：《卞制军奏议》卷1，第11、46页；《清文宗实录》卷349，第16—18页，咸丰十一年四月十六日。

③ 乔松年：《乔勤恪公奏议》卷3，第6—7页。

④ 《申报》同治十三年九月十五日。

厘捐、茶捐之外，又有江运局、船捐局、房租局、串捐局等，也因"捐款名目太多"，弄得"商民交困"①。

其次是各省借口"稽查偷漏"，厘卡林立，密于市镇。湖北自1855年以来，全省所设厘金局卡一时曾达480余处。1868年间在裁撤分局分卡54处之后，仍有86处之多②。广西自1858年开办厘金，至1872年间，先后设立的正卡和分卡有86处③。江苏在1863年前后，仅江北里下河一带，南北粮台设立的厘金捐卡，大小有100余处，"有一处而设数卡者，有一卡而分数局者"④。此外，当时各军营私设厘卡，"未经入奏者极多"，如詹启纶一军在镇江设大小卡数十处，"积资至百万"；李世忠在皖北、淮北一带，曾设大小卡达一百多处，兼收盐厘，"拥资至千百万"⑤。

正因为"卡若栉比"，就造成了对商旅的"勒索万状"。甚至"一县之货，除入境出境收厘之外，或由东而西，由南而北，又尚须再行征收者"。至于省际贸易，从前商人贩运货物，自汉口至上海，只有武昌、九江、芜湖、江宁、镇江、上海六处税关，"或此征而彼免，或仅纳船料之税"。厘金兴起后，由汉口到上海，据当时报纸揭露：沿途"厘卡之多，犹不止倍于税关之数，其司事巡丁之可畏，亦不止倍于税关之吏役"⑥。

第三是厘金税率和抽法，不仅各省极不一致，甚而一省之货也是"此轻彼重"。厘金开办之初，各省抽厘标准不一，例如湖北按货值每千文抽收十二文；湖南以每千文抽二三十文上下为率；上海则

---

① 《清文宗实录》卷235，第7—8页，咸丰七年九月初三日。
② 光绪《大清会典事例》卷241，《户部·厘税》，第1页；《清朝续文献通考》卷49，《征榷考·厘金》，第8046页；《清穆宗实录》卷247，第9页，同治七年七月十六日。按《事例》作同治六年。
③ 刘长佑：《厘卡未便尽裁片》，同治十二年九月二十五日，见《刘武慎公遗书》卷13，《奏稿》12，第86页。
④ 《清穆宗实录》卷55，第36—37页，同治二年正月十六日；《清朝续文献通考》卷49，《征榷考·厘金》，第8042—8043页。
⑤ 刘岳云撰：《农曹案汇·厘捐原起》，第6页。
⑥ 《申报》同治十三年八月十八日。

为每千文抽三四十文不等；福建按货值每百两收银六厘；陕西为四厘五毫；山东则抽银二分①。其后各省厘金税率一般加增至5%，甚有超过10%以上者。不仅这样，"甚至一省之货，此轻彼重"。像在浙东，凡货物两起两验，共抽9%；浙西一起一验，仅抽4.5%。至于抽厘方法，不但湖北不同于湖南，安徽不同于江西，甚而在江苏省内连上海也不同于江北②。

厘金税率不断提高和抽厘方法次数增多，举某些商品税厘为例来看，税负高得惊人。例如，茶叶税厘，税率从量计算。福建从1853年起开办茶税，每百斤只征起运税银一钱四分八厘五毫，同年加征运销税银七钱三分九厘二毫，1858年又增收厘金七钱七分银子，1861年和1865年因筹办"防剿"加征军饷银六钱九分零八毫，竟使每百斤茶叶共征税银达二两三钱四分八厘五毫③，同1853年相比，增加十五点八倍④。安徽在1853年因筹办徽防，征收茶税充饷，每引完纳厘捐共银九钱三分。1862年改定新章，每引共完银二两零八分。1863年起，每引又加捐银四钱。1867年起裁去引、捐、厘三票，改用落地税照，税银仍完二两四钱八分⑤，前后相比，也增加二点七倍⑥。油、豆、饼税厘也是从量计算。上海自1854年十一月（农历）开办油、豆、饼三项落地厘卡各捐。经1857年至1862年厘捐税额不断增高。前后相比，据计算，油增加十一倍，饼增加十六倍，豆则增加三十三倍。这仅是在上海的落地捐，如果由上海贩运浙江，沿途的卡捐，"更两倍于此"⑦。

厘捐繁重严重地阻碍商业和商品流通。以上海对沿海和内地的

---

① 参见《农曹案汇·厘捐原起》，第6—7页；《湖南厘务汇纂》卷1，第24页；《骆文忠公奏稿》卷8，第9—10页；《李文忠公全书·奏稿》卷9，第3页。
② 郭嵩焘：《郭侍郎奏疏》卷5，第21页；又见《湖南厘务汇纂》卷1，第421页。
③ 《福建省财政说明书》上，第325页。
④ 编者注：此处原文如此，应是1865年为1853年的15.8倍。
⑤ 汪韵珊等纂：同治《祁门县志》卷15，第6页；彭泽益编：《中国近代手工业史资料（1840—1949）》第一卷，中华书局1962年版，第585—586页。
⑥ 编者注：此处原文如此，应是1867年为1853年的2.7倍。
⑦ 《申报》光绪元年十月初七日，《告白》。

埠际贸易为例，表现得最为明显。在厘金兴起以前，各地商人贩货来到上海，"可售则售，不售则移至别码头，或仍由别码头而至上海，转运甚便"。有了厘金以后，商货从海运来者有进口捐，从内地来者有卡捐，既抵上海则有落地捐。再由上海贩往各处，从海运又有出口捐，经内地则仍有卡捐。尤其上海征收一种为别处所无而特有的落地捐，使得"今货来不复能去，既去不复能来"。即如苏州和上海间的商货贩运往来，共计报捐三次，照票三次。据当时上海各业商人计算，所纳厘捐"适当货本"的二成或三成不等①。在镇江各口抽厘，国货"一路纳税完厘"，共占"货值十分之四五"②。正因为"商贾惟利是趋"，而上海厘捐特重，加重"货本"，"咸视上海为畏途，灰心裹足"，以致造成当地市场上的商货"来源日窒，去路亦微"③。另一方面，由于厘捐加重商人的负担，而商人则用提高商品价格的办法，即"加价于货"转嫁于广大消费者，"暗令买户完此捐款，而于彼仍无所损而已"。有的商人甚至采用"冒捐漏捐，而加捐款于货价者"④。

厘金对生产事业的扼杀，不言而喻也是严重的。例如，广东新会县一向以种葵和制造葵扇业著名，1854年以来由于开办厘金，"抽取过重"，既使人"不敢种葵"，而"所有一切手工，皆苦无从养活"。佛山是手工业发达的城市，"工艺之目，咸萃于此"，结果也是"自厘金一设，而百行亏折矣"⑤。

十分清楚，"各省厘捐章程不一"是封建统治者蓄意造成的恶果，它既便于对商民的百般勒索和恣意榨取，使"厘之正耗较常税加重"⑥；而又便于经手厘金的委员和胥役上下其手，"从中私饱"。

---

① 《申报》同治十三年九月十五日，《上海各业公禀货捐局底稿》。
② 《申报》同治十二年七月初五日，《论镇江贸易忽盛忽衰事》。
③ 《申报》同治十三年九月十五日。
④ 《申报》光绪五年十一月十二日。
⑤ 彭泽益编：《中国近代手工业史资料（1840—1949）》第一卷，中华书局1962年版，第590页。
⑥ 清代钞档：同治三年五月十五日山东道监察御史孙翼谋奏。

地方督抚和各路统兵大臣要抓厘金，目的是使就地筹饷"能自我为政"，便于"转输不匮"①。由于战时厘金每年的收数约"百倍于关税"，而各省对户部照例又"不造报销"②，这使厘金逐步成为当时"督抚权重"的财政经济基础。

战时农业土地税的加征，主要是对田赋采取附征和漕粮勒折浮收。清朝政府在统治地区日益缩小、地丁征收缺额的情况下，这是"避加赋之名，暗行加赋之实"的两面手法的表现。

战时的田赋附征，在各省区采用了不同的形式，它主要有以下几种：

按粮津贴和捐输。四川的按粮津贴是由借征钱粮而产生的。1853年，清朝政府为了筹措军饷，曾令四川省办理征借明年钱粮一年，以后按年递推。随由四川总督裕瑞奏准，请免借征而办津贴③。因此，从1854年起，四川官府规定照正项钱粮一两，随粮带征津贴银一两，令民间按粮加倍交纳。当时除了四川省较边瘠的州县免征津贴外，"所有腹地州县"，几乎"无县无之"④。随后官府借口津贴之不足，复勒索民间随粮捐助饷需，名曰捐输。有的州县按钱粮一两加征捐输银二两至三两，有的州县甚至加征到四两⑤。这样，使得四川田赋每条粮银一两，包括加征各款，竟增至七八两，多者达十六七两⑥。所以当时报纸揭露说："如此重赋，不徒见所未见，亦属闻所未闻"⑦。

厘谷或义谷。云、贵两省按亩抽收厘谷，主要是供应本省军粮或军需之用。云南自1856年以后，由于钱粮不能照额征收，加以农业生产"通省收获不过十分之二"，即以田赋全数改收粮米，也不足

---

① 李鸿章：《李文忠公全书·奏稿》卷9，第54—55页。
② 《申报》光绪五年十一月十二日，《论厘捐不在停止而在清查》。在战后为整顿财政税收，清朝政府规定各省从同治七年起将"抽厘实数，勒限奏报"。
③ 《清文宗实录》卷100，第24—26页，咸丰三年十月二十七日；卷118，第31页，咸丰四年正月十八日。
④ 王庆云：《王文勤公奏稿》卷7，《四川存稿》，第1页；陈锦堂等纂：同治《璧山县志》卷2，第22页；闵昌术等纂：民国《新都县志》第2编，第8页。
⑤ 参看罗元黼等纂：民国《崇庆县志·民政》四，第2页；易象乾等纂：民国《崇宁县志》卷3，第3页。
⑥ 《申报》光绪元年四月二十日和五月初一日，《申报》光绪二年十月初二日。
⑦ 《申报》光绪元年五月初一日。

供本省军粮。为了"添资军食",清朝封建统治者改变搜刮方式,乃征收所谓厘谷。1868年以前,主要按成熟田亩十取一二,但因当时抽取厘谷"漫无定章",官府也不得不招认,它造成了对纳税者的"偏累"。1868年起,云南对厘谷的征收,除仍照原定税率,并规定按州县大小和收成丰歉,"酌量征派,通省一律举行"[①]。

贵州从1861年起也征收厘谷,"按粮按亩,十取其一"。它的名义税率虽为十分之一,实际征收往往"私加至十之四五"[②]。到1863年时,由于厘谷榨取的酷虐,使"民不堪命",引起"民间咨怨",曾一度被迫停止,不久,清朝封建统治者又"变通办法,酌减举行"。按照粮亩征收十分之一,或二十分之一,并改名曰义谷,实际是换汤不换药。此外,贵州还举办过军粮谷、田捐等。这表明当时封建统治者的搜刮花样,"尤为层出不穷"[③]。

亩捐。江苏、安徽等省举办的亩捐,大都照地丁银数加征。亩捐最初由雷以諴于1853年在江北里下河开办,以济饷需。1854年推行到扬州、通州两府各州县。当时江北亩捐是根据"地亩肥瘠,业田多寡"的标准,照地丁银数分别抽捐,大致每亩起捐自八十文至二十文不等[④]。其后江南各州县亦有举办,或称田捐,有的用来作为本地的团练经费。安徽举办亩捐,是因"各州县支应兵差,款项无出"。有每亩捐钱四百文者[⑤],也有每亩捐谷二斗者[⑥]。此外,在湖南平江等县又有按粮捐军费者[⑦],亦类似亩捐。

沙田捐。广东沿海向有因涨沙而成之田,名曰沙田。广州府属

---

① 岑毓英:《岑襄勤公奏稿》卷2,第7页;卷8,第15页。
② 《清穆宗实录》卷37,第55页,同治元年八月二十日。
③ 凌惕安:《咸同贵州军事史》第1编,第46—47页;黎培敬:《黎文肃公遗书·奏议》卷5,第9页。
④ 乔松年:《遵旨查办亩捐片》,咸丰十年正月二十六日,《乔勤恪公奏》卷1,第14页。
⑤ 曾国藩:《报销皖省抵征折》,同治三年九月二十七日,《曾文正公全集·奏稿》卷21,第48页。
⑥ 何国祐等纂:光绪《霍山县志》卷14,第21页。
⑦ 李元度等纂:同治《平江县志》卷36,第9页。

的东莞、香山等县，1862年至1863年间，因办理防务，开办沙田捐，科敛经费。沙田捐是在正赋之外，每亩加征银二钱，由地主和佃农按"主八佃二"分担捐缴①。此外，战时广东各州县办理捐输，有派捐、包捐等名目，"大率按亩派捐，事同加赋"②。

由此看来，不论是四川的按粮津贴和捐输，或是云南、贵州的按亩抽征厘谷或义谷，乃至江苏、安徽的亩捐或广东的沙田捐，这都是巧立名目，用以变相勒增田赋的方式③。

战时对农业土地税加征采取的另一种搜刮方式，是加重漕粮的勒折浮收。本来勒折浮收的现象，一向是广泛存在的。但在战争期间却使它比往常带有更为严重的性质。

当时长江中下游各省为太平军所占领，各地钱粮不仅征不足额，就是要照旧维持南方漕粮北运也有困难。清朝政府为了挽救它的财政危机，力图保持日益缺额的田赋收入有着，从1853年以后，对安徽、江西、湖北、湖南、河南有漕各省实行漕粮折色，又称改折。规定有漕各省州县以原交漕粮一石，按固定比价，用银两代替实物折纳④。这是清代田赋征收制度上的一个改变，对社会经济生活不能不产生深刻的影响。漕粮折色就一方面说，它有利于促进粮食谷物商品化的发展，而在另一方面，它又有利于促进剥削关系的加剧。特别是在当时，因兵差繁重而使军需供应孔急，因滥发通货而使银贵钱贱波动愈烈。在这种情势下，不但有漕各省甚而其他各省州县征收钱粮，也是"未有不按照银价征收钱文者"⑤，或者"大率用钱折银"⑥，"并有运米

---

① 周朝槐等纂：民国《顺德县续志》卷5，第6页。
② 郭嵩焘：《郭侍郎奏疏》卷4，第57—58页；卷5，第61页。
③ 这些变相勒加的田赋，其中如所谓"违制"征收的亩捐和厘谷，1864年至1873年间，由清朝政府令各地官府次第豁除。只有四川的按粮津贴，原为筹饷的临时措施，以后虽经军务结束，并经川人一再反对奏请停止，仍照旧征收。直至终清之时，著以为例。
④ 1853年以后，江西、湖北、湖南、安徽四省实行漕粮改折，规定折色每米一石以银一两三钱解交户部。1862年河南各州县每米一石折解银三两三钱，其中以二两解部，一两充军费，其余三钱为通省公费（参看陈康祺《度支考》；《清朝续文献通考》卷66，《国用考·赋额》，第8226页）。
⑤ 清代钞档：咸丰五年十月十三日管理户部事务贾桢等奏。
⑥ 《清文宗实录》卷341，第11页，咸丰十一年正月二十一日。

不收，勒折交银"①者。在征解钱粮时，由于市场银钱比价变动的频繁，往往使粮食、钱文和银两之间折价的差距愈来愈大。这样封建官府便从中利用浮收勒折，直接对纳税人造成了"无形重敛"。所以，这一时期浮收勒折的特点，它是在当时通货膨胀条件下勒折交银，在兵差繁重的基础上恣意浮收。

从江浙地区来看，江苏漕粮如征本色，以七折又八折计算，纳米一石算为五斗四升至六斗，有时两次七折八折后，一石变为三、四、五斗，再加以水脚费、验米费等，"总须二石五六斗当一石"②。折色纳银，如米价售二千文时，折价仍要高至八千、十千以至十八千文不等③。浙江杭、嘉、湖三府，漕粮征收折色，初收每石已在六千余文，以后逐渐加增，本色折收一石，照时价合二石有奇④。浙西各属钱粮，以绍兴征数为最多，"而浮收之弊亦最甚"⑤。

华中各省，如湖北漕粮征本色除水脚外，每石浮收米或五六斗，或七八斗，"或加倍收，竟有多至三石零者"。折色每石连耗米水脚，收银四五两或钱九千、十千文不等。有些州县"浮勒至于十倍"，每米一石，折价有达十二三千至十五六千文者⑥。湖南征收地丁银一两，"民间有费至数两者"；漕米一石，"民间有费至数石者"⑦。江西地丁银一两，或收银一两五六钱至一两七八钱，或收钱二千四五百文至三千一二百文不等；漕粮征本色，每米一石，或收米一石四五斗至一石七八斗不等；漕粮征折色，每米一石或收银二三两至四五两不等，或收钱三四千文至六七千文不等。像在广信府，甚至每石有折银达八九两者⑧。安徽浮收"有数倍于正额者，且有私收折价至十数倍者"⑨。

---

① 《清文宗实录》卷105，第10页，咸丰三年九月初二日。
② 冯桂芬：《致许抚部书》，《显志堂稿》卷5，第36页。
③ 吴云：《致潘季玉观察书》，《两罍轩尺牍》卷5，第13页。
④ 《左文襄公奏稿初编》卷12，第4页。
⑤ 《清穆宗实录》卷100，第1页，同治三年四月十一日。
⑥ 《胡文忠公遗集》卷85，第1页；卷23，第21页。
⑦ 《骆文忠公奏稿》卷8，第13页。
⑧ 赵之谦等纂：光绪重修《江西通志》卷85，第21页。
⑨ 缪荃孙辑：《续碑传集》卷27，第6页。

华北各省，在直隶如京东之通州、三河、平谷、密云、顺义等县，当银价昂贵，每两值制钱二千七八百文时，民间完纳钱粮，"小民鬻卖粮米，买银交官，多形赔累"。等到官府收银，"浮增折价，每银一两竟有加至制钱四千七八百文者"①。山西钱粮额征银一两，一般"必完至四五两"②。山东有漕州县，往往于官斗之外"倍蓰加收"。如征折色，"州县任意浮收，随时加增"。像在武定州一带，有每石折钱至二十余千文，折银至七八两③。河南漕粮每石折钱五六千文，合银"将及四两"，"而漕粮之费且至数倍"④。

在华南和西南地区，如广东征收色米，按正耗每石不过银二两上下，实际上，往往各"州县折价太多"。像广州府属各县征银多者达八两以上，少亦七两，只有新安一县，征银五两八钱，虽"略为轻减"，然"亦浮收甚重"⑤。在贵州，"甚至正银一两，收至十两以外者"⑥。

在勒折浮收之外，还实行田赋预征。早在1853年间，清朝政府曾令四川、山西、陕西三省预征一年钱粮，"以济军需"⑦。结果因遭到地主阶级的反对⑧，企图没有实现，除四川由借征改为津贴外，只得将"所有借征誊黄"，"准其暂缓张贴"而不光彩地收场⑨。其后，田赋预征又变换形式出现，即各省"每借口军饷紧急"，不照例限，"先期催征"⑩。这对纳税人是一种变相的掠夺。首先，这种预

---

① 清代钞档：咸丰四年十一月二十九日御史隆庆奏。
② 《申报》光绪六年二月初九日。
③ 崔穆之：《请严禁浮收漕粮疏》，见饶玉成编《皇朝经世文编初续》卷32，《户政·赋役》，第5页；《清穆宗实录》卷205，第4—5页，同治六年六月初四日；丁宝桢：《查复济阳县征收钱粮疏》，同治六年；见王延熙等辑《皇朝道咸同光奏议》卷27下，第24页。
④ 清代钞档：咸丰四年九月二十二日管理户部事务祁寯藻等奏；同治二年二月初六日掌陕西道监察御史吕序程奏，《清穆宗实录》卷50，第21页，同治元年十一月二十四日。
⑤ 《清穆宗实录》卷190，第20—21页，同治五年十一月二十六日。
⑥ 《申报》光绪六年二月初九日。
⑦ 《清文宗实录》卷110，第24—26页，咸丰三年十月二十七日。
⑧ 宋晋：《停议山西豫征片》，见《水流云在馆奏议》卷下，第16页；《清文宗实录》卷111，第36—37页，咸丰三年十一月初十日；卷113，第12—13页，咸丰三年十一月二十四日。
⑨ 《清文宗实录》卷122，第38页，咸丰四年二月三十日。
⑩ 《清穆宗实录》卷283，第3页，同治九年五月十七日。

征"是以未耕之田,而责其完赋,田尚无出,赋将何从?"①其次,既经先期预征,事后"遇有水旱之灾,民力愈形拮据"。从1870年清廷假惺惺地给各省督抚"务令仍按上下两忙征收,不得违例预征,以纾民困"的上谕看来②,它反映了战时各省田赋"预征累民"情况的严重。

这些事实表明,清朝封建统治者采取各种变相勒增赋税的方法,在南北各省恣意进行掠夺,使得纳税者的负担几乎是成倍地增加了。这样的结果,就不能不直接导致战时全国各地抗租抗粮和反对厘金税卡斗争的发展。

三 各种搜刮收入对筹措反革命军费的作用

清王朝采取以上各种财政措施,横征暴敛,搜刮民财,弄得民不聊生。各项搜刮收入对于筹措反革命军费,既是相互为用,又是相互补充的,但是在维持军事财政收支中却又各自具有不同的地位和作用。

开捐筹饷,就捐输和捐纳的收入相比,前者较后者为多。在当时大力推广捐例的情况下,各省绅富之家,"无如功名已经重叠,虽稚子孩童皆已奖励","功名"的这种膨胀不能不导致一时"报捐者绝迹"③。从户部捐纳房历年所收捐纳银数来看,1853年以后,由于"捐生寥寥"使捐纳收入不断减少,每年收银最多不过四万两,少则只有三千多两④。如果说,1851年至1853年间,捐纳收入平均还占户部银库收入总数的22%,那么在1856年至1867年间仅及0.4%,它已经锐减到微不足道的程度。

捐输则不然。当时各省官府为办捐出示,总是"必云军需浩繁,惟有再为捐输,以济军火",并且经常采取"严提逼捐"的手段⑤,

---

① 《水流云在馆奏议》卷下,第16页。
② 《清穆宗实录》卷285,第3页。
③ 柯悟迟、陆筠:《漏网喁鱼集》,中华书局1959年版,第30页。
④ 清代钞档:户部银库大进黄册。
⑤ 柯悟迟、陆筠:《漏网喁鱼集》,中华书局1959年版,第24、21页。

不到油干灯草尽,仍可勒逼一捐再捐。在推广捐输之初,1852年二月至1853年一月(农历)一年间,户部所收各省捐输银共5538469两,其中文武官员捐银1290553两,绅商士民捐银4247916两①,为数不为不多。其后各省捐输收入,以现有远不完备的统计为例:江西1852年至1864年六月(农历),全省共收捐银达880万两②。四川仅1866年至1873年间,全省共收捐输银9737968两③。云南1855年至1873年间,全省共收捐输银800多万两④。陕西截至1865年,全省所收捐输银约有430万两⑤。甘肃省官商绅民战时捐输银粮供军需者达5000万两⑥。由此看来,若就全国范围内的捐输收入而言,为数当不下成亿的银两。在应付反革命的军费支出方面,正是由于清朝封建统治者视"捐输可以救一时之急",当时有些用兵省份往往就因"饷糈支绌,全恃捐输","得以稍救兵饥"⑦。

在举债方面,据不完全计算,1853年至1872年间,清朝政府至少举借了十七笔外债,计银4556348两⑧,其中就有十六笔计银4526348两,占外债总额99.3%,都是用于镇压各族人民起义的军需。内债没有全面系统的数字,仅举左宗棠镇压捻、回军饷的事例可以看出,其中向外国洋商借款即占军饷收入总额14.9%,向上海、湖北、陕西等省商民挪借银数则占10.8%。

可见开捐举债,虽是临时的部分的筹措军费的方法,但也并不是无足轻重的。

厘金是各路统兵大臣和督抚用来作为"就地筹饷"的一项主要措施,像湘军和淮军的军饷自始至终就是以厘金搜刮为基础。当时

---

① 清代钞档:咸丰三年正月二十六日户部大臣祁寯藻奏。
② 《刘坤一遗集·奏疏》卷8,第311页,同治十二年十月二十八日奏。
③ 《申报》同治十二年三月初八日,四川总督吴棠奏。
④ 岑毓英:《岑襄勤公奏稿》卷11,第12页。
⑤ 刘蓉:《刘中丞奏议》卷9,第4页。
⑥ 《清史稿·食货志》上册,联合书店1942年缩印本,第499页。
⑦ 唐训方:《唐中丞遗集·奏稿》卷1,第14页。
⑧ 参见徐义生编《中国近代外债史统计资料(1853—1927)》,中华书局1962年版,第4—7、19页。

厘金收入充盈，使它成了一项新的重要税源。

湘、鄂、赣是仿办厘金较早的一批省份。湖南省在1855年以后，每年厘金收入80万—90万至110万—120万两不等，直至1862年前，每年收入总在100万两内外①。湖北省在1853年到1863年前，每年抽收厘金有130万—140万两，最高时岁达400余万两②。江西省1855年至1865年间，每年厘金收入180万—190万两或150万—160万两；1866年以后，每年收银130万两左右③。

江、浙、闽、粤地区，以江苏省的收数最多。江苏在1864年以前，每年抽收厘金有300万—400万两，其中以上海厘金收入占了主要的大宗，1862年至1864年间收数最旺，共收银6439000两④，平均每年约有320万两。随后便开始呈现逐年减少的趋势。浙江省1864年至1872年间，共收入厘金1780多万两，平均每年收入198万多两⑤。福建省1857年至1861年间，每年厘金收入由24万两增至87万两；1862年以后，每年平均在100万—200万两⑥。广东省1858年至1860年间，每年厘金收入有70万—90多万两⑦。广西省1858年以后，至1868年间，每年厘金收入亦曾达50万—70多万两⑧。

华北地区，河南省的收数较多。河南省1858年至1861年间，每年厘金收入在50万—90多万两，个别年份收入120多万两。1862年以后，平均每年在50多万两。山东省1860年至1863年间，每年

---

① 《骆公年谱》上册，第42页；毛鸿宾：《陈明湖南办理厘金照旧章疏》，饶玉成编：《皇朝经世文编初续》卷26，第3页。

② 《清穆宗实录》卷57，第40页，同治二年二月初五日；《清朝续文献通考》卷49，《征榷考·厘金》，第8043页；《刘中丞奏议》卷10，第22页。

③ 《刘坤一遗集·奏疏》卷5，第182页。据统计江西1855年至1867年间厘金收入共银19677511两（参同书卷5，第185页，卷6，第219页）。

④ 《李文忠公全书·奏稿》卷9，第4页；《清朝续文献通考》卷49，《征榷考·厘金》，第8037、8044页。

⑤ 编者按：此处上海和浙江年平均数算法不一，上海1862年至1864年作2年计算，浙江1864年至1872年作9年计算。下文四川省1856年至1873年年平均数，也按18年计算。如以浙江、四川的算法，上海应按3年计算。本书暂保存原貌。

⑥ 罗玉东：《中国厘金史》下册，商务印书馆1936年版，第463页。

⑦ 光绪《大清会典事例》卷241，《户部·厘税》，第4页。

⑧ 刘长佑：《刘武慎公遗书》卷13，《奏稿》12，第86页。

厘金收入只有3万至6万多两，1864年以后增至15万两上下。山西省1860年至1868年间，每年厘金收入均在12万至18万多两。

西北和西南地区，如陕西省从1859年以来，每年厘金收入有20多万两；四川省1856年至1873年间，共收入盐厘、货厘银2100多万两，平均每年收入在117万多两。

东北地区的奉天，1865年至1868年间，每年厘金收入在40万—50万两[①]。

如按上述十四省厘金岁入最低估计，1864年前后每年收入当在1360万两上下，最高可达1983万两左右[②]。从整个趋势看，19世纪60年代初是厘金收入极旺的时期，它几乎全部用作镇压农民起义的军事费用。1866年以后，各省厘金收入开始日渐减少，1869年至1872年间，每年收入总数在1300万—1400多万两，在各省厘金开支中用于军费部分仍占较大的比重（参见表5）。

表5　　　　1869—1872年各省厘金收入用途比较　　　　单位：%

省份	军费	协款	中央用款	本省用款
江苏	67.23	16.62	4.15	9.87
浙江	60.68	17.68	7.92	13.72
湖南	89.98		6.02	4.00
湖北	95.58		3.08[③]	1.18
江西	84.68	7.98	4.08	3.24[④]
安徽	98.17			1.83
广东	38.00	55.00	7.00	

---

① 《中国厘金史》下册，第463、620页；上册，第163页。

② 当然，在这里还要考虑有大量被贪污中饱的厘金收入，据当时人揭露，厘金"其实资军饷者十之二三，饱私囊者十之七八"（清代钞档：同治三年五月十五日山东道监察御史孙翼谋奏）。

③ 编者注：湖北一栏，中央用款原为3.36%。1983年《十九世纪后半期的中国财政与经济》出版后著者在"自存校正本"中将中央用款手写改为3.08%。

④ 编者注：江西一栏，原书为军费94.81%，中央用款4.24%，本省用款3.46%。在《十九世纪后半期的中国财政与经济》"自存校正本"中，著者手写改为军费84.68%，协款7.98%，中央用款4.08%，本省用款3.24%。

续表

省份	军费	协款	中央用款	本省用款
福建	38.41	31.51	28.38	1.61
陕西	59.92			40.08
山西	100.00			
山东	29.37			70.63

注：1. 军费包括水师军费、本省军费及一部分海防经费。
2. 协款是协济各省各军协饷。本省用款包括解藩库者。
3. 中央用款包括国家行政经费、皇室用费、本省行政经费及解户部款。
4. 浙江是1864—1872年数。各数相加不等于100者，是还有其他用途和尾数省略之故。

至于田赋附征和勒折浮收，它在当时"地粮已多缺额"的情况下，是一项重要的补充收入。即以各种形式变相勒加的田赋收入而论，像江苏北部亩捐开办之初，1853年至1854年间，一年即收捐钱30余万串①。贵州省厘谷从1861年起一年收银达40余万两②，而在战前的1850年，贵州全省地丁等项耗额征银不过147000多两，实完银只及72000多两。可见厘谷一年的收银为额征地丁银的二点八倍多，相当实完银的五点七倍。云南省1856年至1873年间，共收厘谷折米2726474石，按官价折银合2726474两③，平均每年收米151470石，银数相同。战前云南全省在1849年按额完纳的民屯地丁等项银共211177两，本色米项共122649石，如以厘谷一年收数相比，它约当前者71%，为后者的一点三倍。四川省的按粮津贴每年收数有50余万两④，而通省地丁条粮屯租折色等项额征银每年不过66万多两，随粮带征的津贴占额赋的75%。根据显然缩小了的统计，1854年至1864年，四川津贴收入共银500余万两⑤。这还不包括随粮捐输在内，合计为数就更多了。据四川官府在个别年份

---

① 乔松年：《乔勤恪公奏议》卷1，第14页。
② 《清穆宗实录》卷37，第55页，同治元年八月二十日。
③ 岑毓英：《岑襄勤公奏稿》卷11，第12页。
④ 王延熙等辑：《皇朝道咸同光奏议》卷50上，第20页。
⑤ 闵昌术等纂：民国《新都县志》第2编，第8页。

的奏报来看，截至 1857 年九月（农历）底续收 1854 年至 1857 年捐输津贴银 2858289 两，1857 年九月至 1858 年九月底，续收 1854 年至 1858 年捐输津贴银 1531868 两①。仅此两笔就有 4390157 两，这就意味着它足以按正额抵交六年半多的田赋了。

战时田赋征收情况，因各省从 1851 年至 1868 年间大多没有造报，在有关田赋奏销档案中是一片空白。不过，据 1865 年至 1867 年户部等官府报告中透露，自 19 世纪 50 年代至 60 年代初，各省征收地丁钱漕，每年"十不得其四五"②。这就是说，按额征不到半数。实际是"每年例入之数，十不及三四矣"③。本来田赋在战前清朝政府各项税收中是主要的大宗，每年额征银 3200 余万两。到 1850 年间，田赋每年实征银只有 2800 万—2900 万两④。如以此估算，战时各省田赋收入，每年通常不过 800 万—900 万两或 1100 万—1200 万两，最多不超过 1400 万两。从 1869 年起，因户部奏准整饬田赋奏报制度后，各省始按年具报征收钱粮数。截至 1872 年，据档案资料所见，造报的省份仅有直隶、山西、河南、浙江、广东、福建、湖南、湖北、四川、贵州、江西十一省，征收地丁正耗等银每年仍不过 1300 万—1400 多万两，平均只及蠲缓外应征数的 73% 至 80%（见表 6）。

表 6　　1869—1872 年直隶、山西等十一省地丁正耗等银征收情况

单位：两，%

省份	1869 年		1870 年		1871 年		1872 年	
	实完银两	占应征	实完银两	占应征	实完银两	占应征	实完银两	占应征
合计	13746204	73.73*	14302233	75.45*	14106199	76.36*	14756978	79.76*
直隶	1825887	92.57	1937760	91.20	1737213	91.10	1790108	94.66

---

① 王庆云：《王文勤公奏稿》卷 7，《四川存稿》，第 10—11、32—33、40 页。
② 清代钞档：同治六年十二月初十日户部尚书宝鋆等奏。
③ 《李文忠公全书·奏稿》卷 9，第 4 页。
④ 王庆云：《王文勤公奏稿》卷 2，《京堂存稿》，第 5 页。

续表

省份	1869年 实完银两	占应征	1870年 实完银两	占应征	1871年 实完银两	占应征	1872年 实完银两	占应征
山西	2820723	94.19	2829424	94.79	3029731	101.17	3242928	108.29
河南	2797198	81.70	2814774	81.23	2789986	81.84	2901769	85.15
浙江	1717190	51.69	2014819	59.59	1757872	52.91	1981051	59.63
广东	780322	61.43	821408	63.17	859388	67.70	864767	68.08
福建	569599	48.37	583435	49.59	591310	50.22	587357	49.88
湖南	1028760	82.32	1030661	82.47	1037126	83.00	1018114	81.47
湖北	513306	46.84	513400	46.81	630942	57.58	630585	57.54
四川	716248	93.15	739180	92.90	719964	93.63	711295	92.51
贵州	21487	29.62	31014	41.86	31465	43.15	30478	41.95
江西	955484		986358		921202		998526	

注：＊江西省未计算在内。
资料来源：据清代田赋档案整理计算而得。

这就表明，战时田赋额征数的下降显然是清军镇压人民起义对农业生产破坏造成的严重后果。所以这种下降并不意味着人民负担的减轻，恰恰相反，在勒折浮收之下，人民的负担已经达到无法忍受的程度了。

以上是就各种搜刮民财的措施分别地考察了它们在战时财政收入中的地位和作用。但是，这些搜刮措施在各省用来筹措军费，往往因各地财政经济状况的不同，又各有其侧重之点。这从战时各省军饷的主要来源中可以反映出来。

江苏的军饷主要出自地丁和厘捐，地丁无收则一度靠沪关关税来维持①。湖南的军饷除出自地丁钱粮而外，"所恃以挹注者"，全赖厘金和捐输两宗②。湖北的军饷赖于丁赋课税者不过十之三四，借助厘金盐牙者居十之六七③。江西、安徽的军饷，"出于地丁者半，

---

① 《李文忠公全书·奏稿》卷9，第2—3页。
② 《骆文忠公奏稿》卷10，第68页。
③ 《湖南厘务汇纂》卷1，第35页。

出于厘税者半"。广东、福建的军饷，主要出于地丁、盐课、茶税。四川、浙江则出于地丁和厘税，而直隶、山东、河南、山西主要出自地丁。陕西、甘肃的军饷，则出于地丁、协饷和捐输①。贵州、云南因"饷无所出"，主要靠协饷、捐输和厘金三大宗，"以支持危局"②。

作为各省搜刮的饷源是构成全部军费支出的基础。清朝政府为镇压全国各族人民大起义到底花费了多少军费？消耗了多少社会财富？这笔账是值得算一算的。

清朝政府对战时的军费支出，有一定的奏报制度。据不完全的奏报统计③，清朝封建统治者镇压农民大起义期间，各部分军需如镇压太平军部分用银170604104两（占总数40.4%）；镇压捻军部分用银31730767两（占7.5%）；镇压西北各族人民部分用银118887653两（占28.2%）；镇压西南各族人民部分用银78736500两（占18.6%），镇压两广闽台各族人民部分用银22336935两（占5.3%）。这笔集计总数为422295959两的军费，实际上不过是现在有案可稽的奏报数字，尽管它包括了一些基本的重要项目的军需奏报。这笔巨额的军费开支，无疑地成了延续垂死的清朝封建统治的救命汤。从这里可以清楚地看到，清王朝穷凶极恶地为镇压农民革命而对人民财富的搜刮规模和消耗规模，当然，这还不包括层层经手的贪污中饱，后者为数更难以估量。

总起来说，清王朝所有加紧压榨人民的财政措施，不但给广大人民群众带来了沉重的负担，造成尖锐的阶级分化和阶级矛盾，而且对当时社会政治经济各方面，引起了种种的严重后果，如推行捐输出卖官爵封典，加广学额，造成了封建官僚政治的恶性膨胀；地方督抚和各路统兵大臣用捐厘来就地筹饷，"自我为政"，为逐步形成"督抚权重"的封建割据，提供了经济上的条件；为乞求外国财

---

① 清代钞档：同治三年五月十五日山东道监察御史孙翼谋奏。
② 黎培敬：《黎文肃公遗书·奏议》卷5，第9页。
③ 参看《清代咸同年间军需奏销统计》，载《中国社会科学院经济研究所集刊》第3辑，1981年。

政援助，开始用海关税收作为偿还外债的担保，进一步便于外国侵略者进行政治上和经济上的控制；实行重叠苛重的厘金税制，日益严重地阻碍土货在市场上的流通，有利于外国洋货的竞销；滥发通货导致通货膨胀，以及对工商业和农业土地税的横征暴敛，使整个社会生产和流通深受其害。随着时间的推移，这种种后果的交互作用，从上层建筑到经济基础，越发显示它给中国封建社会向半封建半殖民地转化这一过程以极深刻的影响。

［原载《历史学》（季刊）1979年第2期，选自《十九世纪后半期的中国财政与经济》（著者自存校正本），人民出版社1983年版］

清代前期手工业的发展

手工业是清代封建社会国民经济的重要组成部分，它同农业构成国民经济的两大基本生产部门。当时手工业在整个社会生产中仅次于农业，占有十分重要的地位。考察清代前期手工业的发展，就不难从中看到清朝前期的统治是提高了生产力和促进了社会经济发展，而不是与此相反。这对于深入研讨清代前期经济史特别是资本主义萌芽的历史有重要意义。

清代封建国家对手工业者和手工业的一些基本政策

从17世纪最初十多年到17世纪80年代，中国封建社会的阶级矛盾和民族矛盾，造成持续六十多年的大规模内战，给社会生产力带来了严重的破坏，使人口锐减，大量耕地抛荒。全国各地社会经济呈现一片残破景象。清朝定鼎北京后，采取了各种措施，力图在战争废墟上恢复和发展社会生产，重新稳定封建社会的经济基础，以巩固其封建统治。清朝统治下的封建关系，剥削虽仍然很重，但由于采取了一些有利于生产的政策措施，毕竟还使直接生产者（农民和手工业者）有一定的机会来发展他们自己的经济。

清代前期手工业的恢复和发展，就是因清朝政府改换了剥削方式，放宽了对手工业者和手工业生产的种种限制而实现的。

首先，清朝政府废除了明代的匠籍制度，解放了手工业者的匠籍身份，免除了对手工业者的徭役。

长期以来，中国手工业者一直身受着各种形式的封建劳役的强制①。明初，法律把手工业者编入匠籍，称匠户。"凡作工匠人皆隶于官，世守其业"。各给户帖，"备开籍贯、丁口、产业于上"②。匠籍按例不准分户，匠户除了自己作活的时间外，还要替封建政府提供一定期限的徭役性无偿劳动。劳役形式分为住坐、轮班和存留三种。凡籍隶京师就近当班的工匠为住坐，籍隶各行省赴京应役的工匠为轮班，还有留存本省地方官局服役的则为存留匠。匠户应役是以户为单位，每户人丁有多的余丁也不能免除徭役，例应一体进局服役③。

明代手工业者在这种世袭匠籍的束缚之下，不断逃亡。成化二十一年，明朝政府改变征发工匠轮班服役制为出银代班制，嘉靖四十一年，规定轮班工匠每名每年征银四钱五分，叫匠班银。这种由劳役改为以银代役的办法，对手工业者是有一定的好处的，有其积极意义的一面。但是，手工业者的匠班银仍然是建立在封建身份关系上的负担。并且这种剥削形式的改变，仅只限于轮班工匠，至于住坐工匠乃至存留工匠，则仍没有任何改变。所以明代手工业者一直是处在以封建劳役为特征的地位上的。

顺治二年五月十九日上谕明确宣布废除匠籍制度："令各省俱除匠籍为民"，"免征京班匠价"。手工业者匠籍身份的解放，从此获得了法令的保障。官营手工业和公共工程中使用的匠役即改为一种计工给值的雇募制。当年北京"以营建太和殿需用工匠"，虽由顺天府属州县各派匠役100名赴工应役，但大都"按工给值"。顺治十五年，工部因兴建各项公共工程，"需用不资"，"为贴解在京各匠工价"，匠班银一度又照旧征解。康熙三十六年以后，特别是在雍正四年颁布"定摊丁于地之法"后，为适应田税丁税征收制度的改变，各省陆续把匠班银归并田亩或地丁带征，"在有田之户所增无几，而

---

① 参看李剑农《魏晋南北朝隋唐经济史稿》，生活·读书·新知三联书店1959年版，第56、58、209—210页；《宋元明经济史稿》，生活·读书·新知三联书店1957年版，第63—72页。

② 吴桂：《杂税论》；王鏊等纂：正德《姑苏志》，《户口》；申时行等纂：万历《大明会典》卷20，《户部七·户口二》，第65页。

③ 《明实录》《宣宗宣德实录》卷85，宣德六年十二月庚申，第11—12页。

手艺贫民受益良多"①。这是一个具有重大历史意义的事件。

手工业者从世袭匠籍制度的束缚下解放出来，获得了自由的身份地位，大大地提高了他们对劳动生产的主动性和积极性，有利于促使社会生产力和生产关系的发展。

第二，清朝政府征收地丁赋税，一般不再采取纺织品的实物形态，因而扩大了市场交换，有利于手工纺织业的发展和它的商品率的提高。

清代以前，赋税除以征收粮食为主之外，还征收丝绢棉布等手工业品。明代就有所谓农桑丝折绢、人丁丝绢、夏税丝棉绢；在南北各省棉产区又以秋粮准米解折棉布（称布解或官布）②，各地不仅解数有定额，而农工业产品的折纳也各有一定成数和比例③。这样一种税课制度不但侵蚀了农业生产，也扩及农村手工副业。

入清之初，虽然一度仍沿袭明制征收丝绢棉布，但主要是用折银解纳。不久，即将这种实物制废除，编入地丁钱粮起科。由于赋税采取地丁合一制，起科于田亩，一般征收钱粮，不仅无税丝和绢布之征，就是官府需用的布匹和官局织造需用的丝织原料，也是以市价向布商和丝商购买。因此个体农户从事纺织副业的生产，不受官府的强制征集。但农家"终身不被一缕者，十常八九"④。他们把所生产的纺织品的全部或大部分投入市场交换了。这种情况，对于清代自然经济向简单商品经济的发展，无疑地起了有利的促进作用。

第三，清代缩小了官营手工业的范围和规模，并以使用雇募工匠为基础，改变了经营管理体制，对某些相同行业（如陶瓷、丝织

---

① 参看彭泽益编《中国近代手工业史资料（1840—1949）》第一卷，中华书局1962年版，第391—393、162—183页。

② 参看程任卿辑《丝绢全书》卷1、卷2纪事；周建鼎等纂：康熙《松江府志》卷13，《徭役》。

③ 例如：在南直隶苏州、松江等处，大致每绢一匹准米一石二斗；苎布一匹准米七斗；棉花一斤准米二斗；阔白三梭布一匹准米二石五斗或二石四斗至二石不等；阔白绵布一匹准米一石或九斗八升（参看赵昕《苏郡浮粮议》，《吴郡文编》卷34；顾清等纂：正德《松江府志》卷7，《田赋中》）。

④ 李堂等纂：乾隆《湖州府志》卷41，第21页。

等）手工业者免除供役供物的义务，采取所谓"惠工给值"措施，使剥削有所减轻，有利于生产的发展。

明代官营的工矿业范围十分广泛，规模相当可观。即以明代官营织造（织染）工业为例，它的地区分布之广，经营单位之多，在历史上是罕见的。属于中央官局系统者，有分设在南京和北京的4个织染局；属于地方官局系统者，分设在浙江、南直隶等八省各府者有22处织染局，嘉靖七年后约有四省直19处，其中以江南苏州、杭州等处占据重要地位①。清代官营织造手工业远比明代的范围和规模要小，它只在江宁、苏州、杭州和北京四处设局。顺治八年谕旨确立"买丝招匠"的经营体制，江南三处织造局照额定织造钱粮，购买丝料，从民间招募工匠，在局按式织造。这与明末"机设散处民居"的领织方式不同，并且还不断改革沿袭明代佥派堂长、管事、机户供役的一些旧制，对民间丝染织手工业者则用"承领机帖""轮值"等方式加以控制利用②。

设在江西景德镇的清代御窑厂和明代御器厂比较起来，管理生产人员占有一定比重，不像明代管厂人员尽属胥吏差役性质。明代御器厂以中官（太监）督陶，"而中官借上供之名"，"往往例外苛求，赴役者多不得值，民以为病"。康熙十九年开始革除明代遗留下来的各种"当官科派"办法，"凡工匠物料，俱按工给值"，"悉照市价采买"，"官民称便"③。由于采取这种有利于生产发展的措施，18世纪30年代以来，在景德镇就形成了史称"政善工勤，陶器盛备"④的局面。

第四，在官营工业缩小的同时，还放宽了民间采矿冶金业的经营，一般采取只征税收买而不直接干涉其生产，使民营采冶业扩大

---

① 彭泽益：《从明代官营织造的经营方式看江南丝织业生产的性质》，《历史研究》1963年第2期。

② 彭泽益：《清代前期江南织造的研究》，《历史研究》1963年第4期。

③ 凌汝绵等纂：乾隆重修《浮梁县志》卷5下，第8页；卷11，第15页。蓝浦：《景德镇陶录》卷1，第6页；朱琰：《陶说》原序，第1页；卷1，第13—14页。

④ 蓝浦：《景德镇陶录》卷2，第2页。

了活动范围。

明代对采矿业"遣中官，领银场，任矿使，征矿税，四出骚扰"①。清朝政府从康熙十八年至二十一年间改变了矿业政策，特别是对于供鼓铸制钱的铜铅和作为银货的银矿，准许各省"任民采取"。对铁矿煤矿也采取了比较放任的政策②。从此清朝对采矿和冶金业的基本政策是任民开采，或者由官招商承采，官府只按矿产品抽取一定比例的矿课，或者按规定则例交纳税银。

在放宽采矿冶金业经营的同时，清朝政府还规定所谓有碍田庐坟墓处所不许采取，如有试采无效及不便开采之处，应由各该督抚题明停其采取。这样在各省不同地区不同矿种，就有时开时禁，或者同一地区相同矿种，也有开而复禁和禁后又弛的不断反复的现象。因此矿厂的报、采、闭，变动纷繁。据不完全资料统计，在清代鸦片战争前的一百九十多年里，铜、铅、铁、金、银、锡、水银、煤等十二种矿厂，历年先后报开的共计 1109 个，停闭的有 829 个，在采的有 280 个，达到前所未有的矿业发展的高度水平③。

四川盐井经营也同开矿相类似。在清代以前，四川井盐业作为最重要的基本生产资料的井灶，皆由官置，掌握在官府手里，其生产经营也是由官"募灶丁煮盐办课"，盐的运销由官控制，由官专卖。到了清代，这种情况便发生了根本的改变，废除从前官府直接对井盐业的垄断控制，使它成为民间的一个自由产业，即"任民自由开凿，遂为人民之私产"④。这表明生产资料所有制的根本变化。

实施上述的各项政策，显然是有利于促使生产力和生产关系的发展。当然，这并不意味着可以忽视清代的封建剥削，又有其阻碍

---

① 周钟岳等纂：《新纂云南通志》卷 146，第 9 页。

② 参看彭泽益编《中国近代手工业史资料（1840—1949）》第一卷，中华书局 1962 年版，第 314、316、419、423 页。

③ 彭泽益编：《中国近代手工业史资料（1840—1949）》第一卷，中华书局 1962 年版，第 389 页后插页《各省在采矿厂数统计表》。本文以下所述有关清代矿厂统计资料，均见同书第 385 页后所载各统计表，不再一一列举。

④ 丁宝桢等纂：《四川盐法志》卷 20，第 1—3、8 页；吴炜等编纂：《四川盐政史》卷 1，第 5 页。

这种发展的一面。

清代前期手工矿业的恢复和发展

清初手工业生产的恢复和发展与整个国民经济的恢复和发展是基本相适应的，经历了从战时破坏到基本恢复阶段，前后经过六十多年；随后保持相对稳定的繁荣阶段，约有七十年。此后至鸦片战争前五十年间则呈现停滞状态。下面，依次分别地加以考察。

一、顺治元年至康熙二十二年（1644—1683年）这39年是战争破坏和恢复生产的时期。

这个阶段，在和农业及其他生产事业受战争残破的同时，手工业也遭受了很大的破坏。

1. 丝织业：四川蜀锦产于成都，以供"御用"。据载"自明季兵燹后，锦坊尽毁，花样无存"。入清后，织品花样只存"天孙锦一种，犹相传为遗制云"[1]。

江南苏杭的丝织业，一向著称于世。明末天启七年十一月"止苏杭织作"后[2]，各地织造即完全停废，并影响民机业的衰落。入清之初，江浙地方"是养蚕之人与食俱竭，而丝与杼皆废矣"[3]。据说在杭州"机房颓坏无存"；苏州也"机工星散，机户凋零"[4]。

山西潞绸产自长治、高平、潞州卫三处，"上供官府之用，下资小民之生"。明季盛时共有织绸机13000余张，"其登机杼者，奚啻数千家"。至明末，因"兵火凶荒"，"机户饿死，机已去其半"，生产停止，"并无织造"。入清以后，顺治四五年间，长治和高平两县

---

[1] 彭泽益编：《中国近代手工业史资料（1840—1949）》第一卷，中华书局1962年版，第218页。

[2] 《明实录》《熹宗天启实录》，第8—9页；钱思元纂：《吴门补乘》卷1，《田赋》，第21页。

[3] 琴川居士辑：《皇清奏议》卷6，第26页。

[4] 《明清史料》丙编，第3册，第286页；江苏省博物馆编：《江苏省明清以来碑刻资料选集》，生活·读书·新知三联书店1959年版，第1页。

只存织机1800—2000张,"潞州卫全无"。顺治六年又因战事关系,绸机"烧毁殆尽"。顺治九年至十年间两县只剩下十数家"贫穷"的机户,织机仅存300张①,和明季13000张相比,减少98%。自此以后,潞绸生产一直没有得到恢复发展。

2. 棉纺织业:江南苏松地区棉纺织业发达,有"衣被天下"之称。当清军入关时,松江上海附近一带的棉纺织业便受到战事的影响,据载"甲申(明崇祯十七年,清顺治元年)以后,因南北间阻,布商不行"。顺治二年清军攻略江南时,更加使得"目前商贾不通,城市罢织,民无生业"。顺治三四年以后,江南才"布渐行,花亦渐长"②。

3. 造纸业:江西、浙江、福建三省交界之地盛产竹木,造纸业发达。江西省广信府铅山、玉山、永丰、上饶四县所产纸张,尤为著名。明代在这一带地方由官府设有"上用纸厂",所用匠役"须世传作手,方可胜官槽之任,堪备宫阙之需"。明清之际,战争在闽、浙、赣一带相持较久,"即在造纸之地"进行。如广信府就因"地方屡遭兵燹",各县"造纸处所","其槽房厂局,久已悉成荒榛"。顺治十年江西奉派抄造纸张,以供"上用之需",因"槽毁匠绝,不能起抄"。地方官府即感到"一苦无人,再苦无力",经多方"极力搜捉,仅获槽匠八名"③。直到顺治十五年前后,铅山的造纸业才慢慢恢复起来。

4. 陶瓷业:明清之际,景德镇瓷器的产销也受到战事的影响。"顺治初,江右甫平,兵燹未息,磁器之丑,较甚于昔,而价逾十倍"。康熙初年,景德镇陶瓷业刚开始恢复生产,康熙十三年因吴三桂反清战争关系,使当地再一次受到严重的破坏:"景镇民居被毁,

---

① 彭泽益编:《中国近代手工业史资料(1840—1949)》第一卷,中华书局1962年版,第463、440—441页;清代钞档:顺治九年正月□日,巡抚山西监察御史刘嗣美揭,同年二月初八日到。
② 叶梦珠撰:《阅世编》卷7,第4页;琴川居士辑:《皇清奏议》卷2,第15页。
③ 彭泽益编:《中国近代手工业史资料(1840—1949)》第一卷,中华书局1962年版,第259页;周亮工:《绫纱纸帐事》,《资治新书·二集》卷1,第5页。

而窑基尽圮。大定后，烧造无从。"当时"磁器复贵，较之昔年，价逾五倍，美者又不可得"①。

5. 井盐业：四川盐业在明末清初长期战争中所受残破的情况极为严重。例如，南部县的"盐厂，明末坍塌无存"。资州和万县的盐井都因"兵燹后淤塞"。简州盐厂旧有九井也被"填塞"。富顺县的富义厂（包括自流井、新罗小井、宋王小井）原额盐井492眼。明代天启年间因战事关系，"井眼填塞不少"；随后"继因兵荒洊臻，民逃丁绝"，先后坍塞的盐井共有458眼，较旧有盐井减少93%。入清之初，仅存盐井34眼，煎锅99口。川北的盐井也是"井圮灶废"，"百不存一"。顺治十六年清军略定四川后，地方官府设法"招徕残民，煎盐开荒，以图生业"，但生产的恢复很慢。康熙十二年因吴三桂反清战争，经过"八年而后安集"，使四川井盐业又遭受了一次破坏。

这些事实说明，明清之际各地手工业被摧残的情况，以及在清初三十多年间恢复生产的困难。

这一时期，清朝政府为了满足财政和宫廷的需要，首先恢复官局工业。如铸钱、织造、陶瓷等业，大都在顺治初年开始恢复重建。

铸钱工业，户工两局于顺治元年建立。初时户部宝泉局设炉100座（一说50座），工部宝源局设炉50座。顺治八年，各省镇设局开铸者有14处，铸钱炉多至1002座。其后各省局铸钱或设或停，炉亦不时增减。大致说来，顺治年间京外各地设置铸钱局最多时曾达26处。

江南三织造局，顺治二年至八年间重建，织机额设2108张，其中江宁局538张，苏州局800张，杭州局770张。重建之初，各织局并不是经常维持生产，往往由于"兵饷告匮"，或"奉旨裁省织造"，或"奉旨停止织造"②。

江西景德镇御窑厂，顺治十七年开始"建厂造陶"，直到康熙二

---

① 叶梦珠辑：《阅世编》卷7，第11页；凌汝绵等纂：乾隆重修《浮梁县志》卷5下，第17页。

② 彭泽益：《清代前期江南织造的研究》，《历史研究》1963年第4期。

十二年，在重建过程中其生产主要采取"有命则供，无命则止"的进御办法，并不是维持经常性的烧造①。

总之，当时官局工业由于各种条件（匠役、技术、经费、原料）的限制，无甚进展。唯独铸钱工业因关系军饷财源，受到大力经营。

矿业在这一时期，以银矿开采为最早。顺治年间开采的多是银矿。康熙二年后，铜矿报采仅有一二矿厂。总计本期各年在采的矿厂，仅有5—10个。当时开采银矿铁矿，主要是为了增加国库收入和满足武器的需要，并且是派部员或差官开采的，这种经营形式至康熙二十二年基本结束。

以上就是顺治元年至康熙二十二年间，清初战时经济时期官私手工业的一些基本情况。

二、康熙二十三年至五十一年（1684—1712年）这28年间是清朝统一全国后，封建经济基本恢复的时期。

这一时期，在农业生产方面，随着耕地面积的扩大，纳税田地亩数，康熙五十一年比康熙二十二年增加23%，并已恢复到相当于明末（天启六年）耕地面积的93%。

在财政方面，各项税收日见增长。康熙二十四年同顺治十八年相比，田赋收入增加13.3%，盐课收入增加43.7%。这时仅田赋、盐课、杂赋三项岁入银达2900多万两②。国库存银也日益充盈。试以顺治十七年和康熙四十四年户部银库银钱收支及库存总数相比③，见表1。

表1　　　　　　　　　　　　　　　　　　　　　　　　单位：银两

	新收	开除	实在
顺治十七年	1657943	2043492	163256
康熙四十四年	9101748	7474582	41584914

---

① 参看彭泽益编《中国近代手工业史资料（1840—1949）》第一卷，中华书局1962年版，第104—105页。

② 本文以下所述清代田土面积、户口人丁、各项税收，都是根据清朝政府正式公布的经济统计，分别加以计算而得。散见于《清实录》《清朝文献通考》，各朝《大清会典》及则例和事例，《清史稿》等，为节省篇幅不一一注明。

③ 清代钞档：户部银库进出银钱四柱黄册。

由表1所示，收入增加为5.5倍，存银总数增加为254.7倍。这与明代崇祯末年国库存银4000两的状况，简直不能相比。

官局工业的生产此时大都逐步走上正常发展的途径。江南三织造局，从康熙二十五年起恢复正常生产，各处铸钱局渐增至32处。

景德镇陶瓷业，从康熙二十七年"豫章底定"之后，得到恢复发展，"窑器复美，价亦渐平，几如初年矣"①。

四川井盐业，据康熙二十四年统计，全省有26州县先后开凿纳课的盐井共有1182眼。运销方面随着盐产量的增长，行盐小票康熙二十四年增至7204张。康熙二十五年开始改用户部颁发的盐引，以旧有盐票一张改为水引一引。从康熙二十六年至四十九年增行盐引达15125张。这都标志着四川井盐业生产逐步有所恢复。

台湾制糖业，康熙二十三年以前，全台产糖只有台湾、凤山、诸罗（嘉义）三县，制糖蔗车共75张。此后不到十年间，生产迅速恢复发展，从康熙三十二年起，三县蔗车增至99张。

江南棉纺织业，随着社会生产的逐步恢复，特别是在松江、苏州地区日趋发达。"民间于秋成之后，家家纺织，赖此营生"。当时手工纺织的劳动生产率尽管十分低下，但因一家一户分散经营，从业人户众多，集中起来就能提供大量的棉织品。从康熙三十四年起，苏州织造领取价银办买上海县出产的青兰布匹（每匹价银三钱二分五厘），最初两年每年办解30万匹，以后每年办买50万匹，至康熙四十三年停办②，十年间共办买青兰布匹460万匹（其中欠解110370匹，实解布4489630匹）。可见生产已相当兴盛。

采矿和冶金业，从康熙二十四年起，各省在采矿厂由上年的9个增至29个，康熙四十四年增至47个，康熙四十六年又增至55个，直至康熙五十一年达到66个。这个时期铜矿、铁矿开始兴起，银厂亦渐增多。截至本期之末，铜有20厂，铅有3厂，铁有17厂，

---

① 叶梦珠辑：《阅世编》卷7，第11页。
② 《苏州织造李煦奏折一》，第3、64页；又见故宫博物院明清档案部编《李煦奏折》，中华书局1976年版，第6、179—180页；赵申乔：《赵恭毅公剩稿》卷3，第25页。

银有15厂，金有3厂。这些矿产的开采，反映了适应当时封建经济和社会生产恢复的需要。

三、康熙五十二年至乾隆四十八年（1713—1783年）这70年间是清朝封建经济繁荣和高度发展的时期。

这一时期，在农业生产方面，由于耕地面积的迅速扩大，纳税田地亩数，康熙六十一年比康熙五十二年增加23%。以雍正四年和康熙二十二年相比则增加60%。如同明末耕地面积相比，康熙六十一年即已超过14.4%，雍正四年则超过20.6%。

从本期开始，由于清廷实施了滋生人丁永不加赋的政策，人口增长尤快。乾隆六年起，官方人口统计"通共大小男妇"共有一亿四千多万，已恢复到明代万历中期的水平。乾隆二十七年已超出二亿人口，到本期之末，乾隆四十八年全国人口已达二亿八千多万。

由于生产的发展和经济的繁荣，田赋、盐课、杂赋收入，雍正二年共银30926677两[1]，乾隆十八年共银37675218两，比康熙二十四年分别增加6.6%至29.9%。国库收支和库存银数，有如表2所示[2]：

表2　　　　　　　　　　　　　　　　　　　　　　单位：银两

	新收	开除	实在
雍正元年	7380702	10351722	23676117
乾隆四十二年	18117732	10956359	81824044

经过雍正朝的整顿，这一时期财政状况的特点是，"赋税（额）并未加增"，而"财赋充足"[3]，使国库库贮日益雄厚。乾隆初年，库存银数不过3000万两，乾隆三十七年以后几乎每年都在7000多万两，其间乾隆四十二年达8182万两以上，是清代历朝国库存银最高的一年。

---

[1] 其中盐课银30866034两，系用雍正四年数代替。
[2] 清代钞档：户部银库进出银钱四柱黄册。
[3] 《大清高宗纯皇帝实录》卷1141，第22—23页。

官局工业,这一时期,经过调整,获得进一步的巩固和发展。

铸钱工业,户工宝泉宝源两局厂此时扩充为 6 厂,设炉亦有调整,正炉勤炉共 91 座,匠役有 3000 余人(见表 3)。

表 3

	厂数(家)	雍正四年正炉座数(座)	雍正六年勤炉座数(座)	乾隆六年匠役人数(人)
户部宝泉局	4	50	10	2000
工部宝源局	2	25	6	1000

两局铸钱,康熙六十年有 67 万多串,乾隆十年有 100 万多串,到本期之末有 137 万多串。

江南、苏杭三织造局的生产规模,经过调整后,织机由雍正三年额设 2017 张,到乾隆十年改为 1863 张,三局保持在 600 张左右的水平(苏州局多 63 张),各种工匠人数达 7055 人(其中机匠 5512 人),三局各在两千多人之间①。

景德镇御窑厂,从雍正四年重新恢复生产,共设 23 作,工匠无定数。乾隆五年左右,在厂办事人役有 300 余人②。每年厂器解运数有 8 万—9 万件,正常年产量当可达到 10 多万件。

这一时期,民营工矿业的发展尤为突出。

制盐业据乾隆十八年统计,长芦、山东、两淮、两浙、河东、福建、广东出产海盐、池盐共有 116 场,四川、云南盐井共有 7719 眼,行销盐引达 6384231 引。从四川井盐业看,雍正八年产盐州县共有纳课盐井 5946 眼,乾隆十八年增至 7704 眼,二十三年间增长 30%。盐引岁额,雍正九年为 72195 张,乾隆十八年增到 115185 张,前后约增 60%。井盐产量,雍正九年达 92277840 斤,已超过清代以前历史上的最高年产量。

---

① 彭泽益:《清代前期江南织造的研究》,《历史研究》1963 年第 4 期。
② 彭泽益编:《中国近代手工业史资料(1840—1949)》第一卷,中华书局 1962 年版,第 105—106、111 页。

台湾制糖业，从 18 世纪 20 年代初获得较大的发展。雍正二年彰化县糖业兴起，乾隆九年淡水厅糖业亦相继兴起，此时全台五县厅共有蔗车 356 张。到乾隆二十五年全台蔗车增至 379 张。如同康熙二十三年以前的蔗车数相比，不到八十年间全台糖厂的蔗车设备增加 4 倍多，其中尤以凤山县增长最快，达 10 多倍，诸罗亦增 6 倍。彰化县在五十年间也增加 1.2 倍。

采矿和冶金业的发展，在本期工矿业发展中占有极其重要的地位，它促成大批矿厂企业的建立和兴起。

康熙五十一年后到雍正三年的十多年间，每年在采矿厂稳定在 60 多厂到 70 厂左右。雍正六年由上年 84 厂增至 105 厂，雍正十一年由上年的 135 厂增至 158 厂。乾隆八年由上年的 173 厂增至 204 厂。此后一直上升，而以乾隆四十八年为顶点，达到 313 厂。总的说来，这一时期平均年增长率不过 2% 至 3%。其间 18 世纪二三十年代增长较快（由 61 厂增到 158 厂），除了个别年份（如雍正十年 135 厂）外，各年持续上升，平均年增长率约达 10%。

就矿产结构来说，本期也有其显著的特点。

铁矿：开始兴起发展。由雍正三年起开始直线上升，至乾隆十九年和二十一年间，由 18 厂达到 93 厂的高峰。以后一度下降，至乾隆四十一、四十二年平稳在 93 厂。乾隆四十三年开始下降，幅度不大。

铜矿：由雍正四年起曲折上升，乾隆三十九年至四十年达到高峰（73 厂）。乾隆四十一年以后，开始缓缓下降。

铅矿：由雍正六年起，逐渐上升，到乾隆四十五年由 7 厂增至 43 厂（顶点）。

金银矿：本期开采不断增长。乾隆十五年银矿达到 36 厂，乾隆四十七年金矿达到 14 厂。

煤矿：从乾隆五年后开始发展，到乾隆四十年至四十二年间最盛，达到 29 厂。

各地城镇手工业，到 18 世纪三四十年代生产兴盛，行业和家数亦见增多。

景德镇陶瓷业，雍正乾隆年间，"民窑二三百区"，因"官民竞市"，"日渐著盛"，全镇"业陶数千户"①。

苏州丝染织业，康熙五十九年染坊有 64 家②；乾隆五年，在东城从事丝织业的"比户习织，不啻万家"③。

北京、南京等地铜器业：乾隆九年，北京有铜铺 432 家，其中货卖已成铜器，不设炉铺户 68 家；设炉铺户 364 家，"逐日熔化打造"④。乾隆十年，南京城内外设炉打造铜器铺户有 36 家⑤。乾隆十三年，苏州铜作"不下数千家"⑥。

各地同一行业中从业人户众多，它反映了当时城市手工业具有个体分散性的特点。

随着城市手工业的发展，行会的建立和议定行规的活动日渐活跃。据不完全记载统计⑦，康熙十年至十四年间行会活动不过 4 次，这一时期即从康熙五十四年至乾隆四十八年间，有 16 次之多。这些行会活动是手工业者为了保护同行的利益，调剂手工业的生产和买卖，借以限制外来和同行业者的竞争。行会阻止竞争主要是借助于行规的强制力量，控制产、供、销环节。

四、乾隆四十九年至道光十九年（1784—1839 年）这 55 年间是清朝封建经济开始由盛而衰，进入发展停滞的时期。

这一时期，在农业生产方面，民田耕地面积出现下降趋势，从乾隆四十九年至嘉庆十七年这近三十年间大约减少 1.6%，如以官田

---

① 彭泽益编：《中国近代手工业史资料（1840—1949）》第一卷，中华书局 1962 年版，第 277 页。

② 江苏省博物馆编：《江苏省明清以来碑刻资料选集》，生活·读书·新知三联书店 1959 年版，第 59 页。

③ 顾诒禄等纂：乾隆《长洲县志》卷 36，第 8 页。

④ 清代钞档：乾隆九年十月初九日鄂尔泰等奏；又见《大清高宗纯皇帝实录》卷 226，第 8—9 页。

⑤ 《大清高宗纯皇帝实录》卷 243，第 23 页。

⑥ 习寯等纂：乾隆《苏州府志》卷 12，第 17 页。

⑦ 这是根据湖南、湖北、江西、安徽、江苏、浙江、四川、广东八省所属长沙、汉口、苏州、重庆、佛山等 15 个城镇，69 个手工业行会（包括 52 种行业）兴建会馆、公所、议订行规活动次数的不完全记载的统计。

民田耕地面积合计则增加3.7%。同一时期，人口增加16.6%。这个阶段，农业生产发展跟不上人口增长速度的矛盾，开始显得突出。面临这一现实情况，不得不引起清廷的严重关注。乾隆五十七年各省奏报民数已超过三亿多，乾隆皇帝在上谕中认为，这"较之康熙年间，计增十五倍有奇"。并且忧心忡忡地说道："以一人耕种而供十数人之食，盖藏已不能如前充裕，且民户既日益繁多，则庐舍所占田土，不啻倍蓰"。这大概是导致当时民田耕地面积减少的主要原因。接着又指出其后果："生之者寡，食之者众，于闾阎生计，诚有关系"，"势必至日食不继，益形拮据。朕甚忧之"①。如果说，前述两个时期的人口增长对当时社会生产力的恢复和发展，曾有过积极的意义和重要作用，那么，到本期之末全国人口迅速地突破四亿，这种不断增加的人口日益显露它已成为影响国民经济发展的障碍。

在财经税收方面也不及前一阶段充盈。田赋、盐课、杂赋收入，嘉庆十七年共银40044487两，同乾隆十八年相比，前后六十年间只增加6.3%；分别计算，田赋增加10.9%，杂赋增加6.5%，盐课减少13.3%。反映在财政收支上，由表4可见，即岁出增加，岁入和财政结余都相应减少。

表4　　　　　　　　　　　　　　　　　　　　　　　　单位：千两

	岁入	岁出	结余
乾隆五十六年	43590	31770	11820
嘉庆十七年	40130	35100	5030

同时，户部银库存银也不断锐减。乾隆六十年尚存银69391990两，嘉庆元年存银56584724两，嘉庆三年只存银19185592两，嘉庆十六年存银20784465两。到本期之末稍稍增加，道光元年至十四年平均每年存银不过27163000两。

官局工业的生产，此时由于原料不足和经费缩减，日趋衰落减产。

---

① 《大清高宗纯皇帝实录》卷1441，第14—15页，乾隆五十八年十一月戊午。

铸钱工业从18世纪90年代以后，因鼓铸原料的铜铅不敷，京局铸钱原料成本越来越高，铸息收入越来越低。维持钱法比价的唯一办法，就是钱贵则添铸，钱贱则减卯停铸。这使它在钱贵钱贱、私铸私销之间日益被动，也就成为乾隆后期至嘉庆以来京局铸钱无法摆脱的困境。

江南织造工业，每年用于织造经费银数，嘉庆十七年同雍正三年相比，大约减少34.4%。其中江宁局约减少26.2%，杭州局削减最多达66.8%，苏州局则增加11.8%。这表明自18世纪末年以来苏州局的织造任务和生产能力又占首要地位。不过在总的趋势上，19世纪开初，清代织造工业的生产显然已趋衰落[1]。

景德镇御窑厂，每年烧造瓷器各项经费开支，乾隆五年以前约用银八千两；嘉庆四年以前约用银七千两；嘉庆四年起规定用银以五千两为率。嘉庆十二年起，因"库存各款瓷器甚多"，著"减半烧造"。嘉庆十六年起又减少一部分瓷器的生产，经费开支，每年"工价不得过二千五百两之数"[2]。

官局工业经费的削减，同当时封建国家财政支绌的情况密切相联，是直接影响生产衰减的原因。

这一时期，民营工矿业的生产也反映了同样的趋势。

四川井盐业由发展极盛而进入18世纪80年代以后，"各处盐井衰歇"，一度"蜀盐大困"。乾隆四十九年地方官府为此不得不采取鼓励生产的措施，"听民穿井，永不加课"，才使得"蜀盐始蹶而复振"[3]。但到嘉庆二十四年以后，又逐渐呈现衰落的势头。

采矿和冶金业，从乾隆四十八年以后至嘉庆二年，这十四年间开始下降，平均年下降率不及1%。此后九年间略微回升（主要为铁矿、金、银矿），但未恢复到以前的水平。嘉庆十一年至道光十九年间，则呈现停滞而稍微下降的状态。本期广东和西南各省矿冶业

---

[1] 彭泽益：《清代前期江南织造的研究》，《历史研究》1963年第4期。
[2] 《总管内务府现行则例·广储司》卷1，第25—26页。
[3] 王守基：《盐法议略·四川盐法议略》，第54页。

生产，大都每况愈下，以云南铜矿为例，主要表现在：产量低落，大厂相继衰落，报采者日益零落，在采厂数减少，厂民的厂欠增大。

引人注目的是陕西终南山区的开发，到18世纪90年代末和19世纪初，外来移民在山内新建的铁、木、纸厂和煤窑一时兴盛起来①，几乎成为当时产业界的突起异军。

随着当时的经济衰退和竞争增长，城市手工业行会活动越来越频繁。乾隆五十一年至道光十九年前后共达59次，比前一时期增多43次，它相当于前者的3.7倍。

总之，在这五十年间，即使有的地区、某些工矿业部门的生产变化消长不一，整个说来，生产力逐渐呈现下降趋势，而商品经济关系则不断发展。这一现象突出地说明了：当时城市经济中占优势地位的"商人资本的独立发展，是与社会的一般经济发展成反比例的"②。这就进一步导致剥削关系加剧，阶级矛盾和阶级斗争日益增长。清朝封建经济和政治统治从此日趋衰落，并陷入愈益深重的危机。

清代社会生产力和生产关系发展中的巨大进步

依上所述可以看出，从17世纪80年代起至18世纪80年代初，在这将近一百年的时间里，清代手工业的恢复和发展是相当显著的。它直接反映了社会生产力的不断提高和发展水平。

当时手工业的发展从采矿冶金业看③，尤为明显。它远远超过前代，成为封建社会这一整个历史时期矿业发展水平的最高峰。就清朝统治时期来看，也达到这一王朝、这一部门生产繁荣的顶点，为以后清朝任何一代所不及。这标志着中国封建社会的生产力在18世纪进入一个新的更高的发展阶段。

---

① 参看彭泽益编《中国近代手工业史资料（1840—1949）》第一卷，中华书局1962年版，第306—310、313—314、331页。
② 《马克思恩格斯全集》第25卷，人民出版社1974年版，第366页。
③ 参看彭泽益编《中国近代手工业史资料（1840—1949）》第一卷，中华书局1962年版，第386页，《各省矿业情况表》。

随着采矿冶金业的发展，矿业劳动生产率的提高，因而有可能为满足社会各种用途而提供大量的矿产品①。例如，银矿以云南开采最盛，72%的银厂都设在该省。产量盛时达 42 万余两，约当全国银产量的 97%。铜矿的开采也集中在云南。云南有很多产量较大、矿龄较长的铜厂，其中持续生产一百年以上的铜厂，即有 14 处之多。规模最大的汤丹铜厂，极盛时年产铜 750 万斤以上。全国所有年产 100 万斤以上的大厂，除了四川有二厂（老梅二厂）外，其余（如大水、碌碌、大铜、大兴、宁台、义都、金钗等厂）都在云南。云南一省的铜产量盛时高至 1300 万斤，在全国总产量中，其比重往往达 95% 以上。铅矿生产以贵州厂数最多，产量最大。全国最大的铅矿如莲花塘和福集（即法都），都在贵州。前者最高年产量达 978 万余斤，后者为 448 万余斤。贵州一省的铅产量高时可达 1574 万斤，占全国的 71%，有时高至 84.4%。铁矿以广东炉厂最多，占全国 39.9%。广东的熔炉比其他省份的大几倍。每一座大炉，铁的年产量 80 万至 90 万斤。雍正年间以广东全省拥有铁炉 58 座计算，平均年产量约 34237 吨②。

这些矿产的开采，对社会生产有头等重要意义的当然是铁和煤。金银等贵金属是当时日常用作大量流通的货币，铜、铅、锡当时主要用途是用来铸钱。18 世纪这几类矿产之所以获得大量开采，有其社会经济原因。当时商品经济的发展和商业资本的活跃，造成了对货币的较大需求，这就决定了金、银和铜、铅、锡矿的突出发展③。同时，由于当时工农业生产的相当繁荣，促使煤、铁应用进一步推广，决定了煤、铁开采矿厂在矿业中必然占有一定的地位。拿铁来说，除了为满足军器制造的需要，它供应全国数以千万计的铁器铸

---

① 这里所述各种金属矿的产量，主要是根据清代档案资料进行加工计算而得，细目不一一注明。

② 这比同一时期（1720 年）英国（不列颠）59 座熔铁炉的年产量（17350 吨）要多，它相当于英国的 1.97 倍；如同英国最高年产量（25000 吨）比，则相当于英国的 1.4 倍。这表明中国和欧洲在产业革命以前冶金业方面所具有的相对技术水平。

③ 据统计：金、银占各类矿厂报开数的 11.6%，铜、铅、锡占 47.3%，两者合计达 58.9%，煤、铁占 31.7%。

造手工业的原料，对农业和手工业生产工具的供应和改进，具有重大的作用。这都说明了清代矿冶业对维系社会再生产和发展国民经济作用的重要性。当然，清朝统治者在当时对矿冶业的关心和重视主要是集中在前一类，金、银、铜、铅、锡是官府在矿业中进行控制和剥削的主要对象；而对煤、铁矿则比较放任，使它的生产经营带有较多的自由，这对当时矿业中资本主义关系的产生，给予了有利的条件。

清代前期手工业的发展，在提高社会生产力的基础上，还进一步发展了商品生产，促进了手工业生产关系的变革，为从封建社会里萌生出资本主义关系提供了前提条件。

清代社会生产以更广泛发达的分工为基础，使不同地区之间的经济联系得以日益加强。农业和手工业之间实行交换的频繁，农民和手工业者之间进行商品交换的增长，这就引起城乡的进一步分离，在很大程度上促进了商品生产的进一步发展，使商品经济超过前代的发展水平。

18世纪开初以来，国内销售市场随着社会生产的恢复和发展，人口繁殖的增长，新辟州县的设置，垦区和矿区的开发，以及农业生产的需要，使各项商品需求不断增长。这就刺激了手工业为市场而生产的商品总额增加了。

首先，以铁货为例，它是手工业对社会提供的生产资料的商品。铁觔在全国范围内的需用益广，铁觔商品投入市场的数量也大大增加，铁觔的运销已超过地区性的限制，流通幅度不断扩大。例如广东商人贩运铁觔请领的运票，规定每票采买铁觔以109000斤为率，如果不及10万斤则听商便。商人领票在各产地购买铁觔，"有一年而买数次者，有买数十万斤者，亦有数千百斤者"。同时每年出口的铁货，也"为数甚多"[①]。

其次，如食盐、茶叶、糖货等则是日常生活不可缺少的生活资料。食盐在国内的销售量，18世纪30年代比17世纪末年估计增加30%至33%。茶叶，在18世纪开头二三十年间，国内销售量较之

---

① 彭泽益编：《中国近代手工业史资料（1840—1949）》第一卷，中华书局1962年版，第251—252页。

17世纪后期已增加了一两倍。茶叶出口亦不断增加。18世纪60年代每年平均出口4万—5万担,占英国东印度公司自华出口货值的80%至90%[①]。据估算,茶叶产量约近15亿斤,其中外销者占9.3%,国内消费者占90.7%[②]。糖货,福建台湾糖,17世纪末到18世纪初产量一亿多斤,有时产值达20万—30万两。仅以北销天津而论,雍正九年七月至十月,到津闽船53只,其中除9只未载糖货外,其余44只船所载的各种糖货至少达367万斤。台糖外销,仅销日本的白糖,"岁定二万石"。广东糖年产量估计为4千万—5千万斤[③],盛销苏州、上海、天津,白糖则专销外洋。在鸦片战争前,中国糖输往欧洲最多时达177120担,占出口贸易总值8.1%。

至于棉纺织品及其他手工业品,其产品占市场商品流通量为数也不小,并有一部分出口。如土布,在18世纪60至90年代,占英国东印度公司自中国输出商货总值的比重,由0.1%增至1.9%。19世纪开头十年间,土布出口每年平均达120万到130万匹[④]。直到鸦片战争前夕,中国各种手工业品每年平均出口数量,大致如表5所示[⑤]:

表5

生丝	8080担	值银1707000元
绸缎	1000匹	400000元
丝线丝带	1600担	640000元
各种瓷器	5000担	50000元
各种纸类	6000箱	60000元

总的说来,各类手工业品出口数量远较内销数量为小。

---

① 参看严中平等编《中国近代经济史统计资料选辑》,科学出版社1955年版,第15页。
② 据符钦《华北三年漫游记》(R. Fortune, *Three Year's Wandering in the Northern Provinces of China*, Shanghai, 1935),第214—219页资料计算。
③ 姚贤镐编:《中国近代对外贸易史资料(1840—1895)》第3册,中华书局1962年版,第1503页。
④ 彭泽益编:《中国近代手工业史资料(1840—1949)》第一卷,中华书局1962年版,第247页。
⑤ 姚贤镐编:《中国近代对外贸易史资料(1840—1895)》第1册,第258页。

从这里可以看到，当时手工业生产有了显著的发展，它所提供的产量愈益增多，包括部分的出口货源。生活资料产销的不断增长，固然反映了像制茶、制糖和棉丝纺织等等手工业商品生产的发展，同时也反映了为提供这些手工业原料的农业部门发展了种植茶叶、甘蔗、棉花、蚕桑等等作物的经营，促使农业生产日趋商品化。这样使得在为市场而生产的商品生产总额增加的基础上，通过商人向远地市场贩运的商品流通有了进一步增长。如果根据18世纪50年代初，即乾隆十八年各关税收银4324005两，按5%的从价税率来测算，全国贸易的商品流通额至少值银8640余万两（其中包括对外进出口贸易约值银一千万两）。这些事实，表明了清代封建国家内商品生产发展的一定高度，也反映了当时国内销售市场容量的扩大状况。

马克思说过："商品生产和发达的商品流通，即贸易，是资本产生的历史前提。"[①] 随着清代手工业的发展，生产力和商品流通的增长，促进了生产关系变革，从中开始了资本主义萌芽的孕育过程。

清代前期手工业的所有制形式，基本上可以分为官营和民营，它们的生产目的和性质，都是互不相同的。

清代官营手工业是以封建国家所有制为基础的一种经济形式，也是当时封建社会内一种重要的手工业生产类型。它在生产经营方面使用雇募工匠，原料按时价采购等等，这都表示清代官营工业不同于前代的重要变化。

清代官营工业基本是以自给为目的的生产，不是为市场和利润进行的生产。官营工业经营所体现出来的作风，是贪污盛行，"趋办塞责"，以致局厂的开支特别庞大，原材料和工具的使用不经济，工作的进行特别无效率。因此它不能依靠自身的经营来维持，必须依赖国库拨款补助。正因为这样，清代官营工业的生产不是由生产力的增长而来，而是封建官府势力强制的结果。在生产过程中即使绞尽了工匠的血汗，或者工匠由生产经验的积累也利用了较进步的技术，但这种生产力

[①]《马克思恩格斯全集》第23卷，人民出版社1972年版，第167页。

的提高，并不能引起封建经济的瓦解，更不能促进新的生产关系的产生。

至于民营手工业，那时以个体经营的手工业占据优势。这种独立的个体手工业者是构成清代城市手工业的主体。他们分别组成维护本行业利益的行会，因此具有行会手工业的基本特点。入清以后，手工业行会组织的进一步发展，使行会内部的生产经营和劳动组织日益形成一套牢固的制度，不易突破。从现存清代各地行会议定的行规来看，它反映的内容大多基本相同，明显地表现了行会职能一致性的倾向。在严格的行规限制下，行会对再生产过程起着严重的制约作用，任何人都不能把自己的手工业铺坊随意地变为较大的企业。这就说明了：清代城市手工业，由于封建制度的束缚决定了它在极狭隘的范围内发展；生产工具简陋，生产力低微，制造方法墨守成规，甚至是以世世代代的秘传为特征。

17世纪末和18世纪初，据载：安徽歙县"百工之作皆备，而歙为巧，然仅仅足以偿其僦费而已。其能蓄以息之者，不十一焉"[①]。这就是说，歙县的手工业者尽管有精巧的手艺，而他们的生产充其量也只能勉强维持自己的"僦费"（租赁房屋的费用），在他们之中能够进行积累或扩大生产的还不到十分之一。这个事例，同样反映了清代其他城市独立手工业者难于发展上升的共同命运。

清代城市手工业者和农民一样，是握有自己的生产工具和经济的直接生产者。这种生产的特点，就像马克思曾经分析的那样："就城市手工业来说，虽然它在本质上就是以交换和创造交换价值为基础的，但这种生产直接的目的和首要的目的则在于维持手工业者、手工业老板底生活，即在使用价值，不在发财致富，不是以交换价值为目标的交换价值。所以，生产处处都为一种事前注定的消费所限制，供给取决于需求，只能缓慢地扩大"[②]。因此，清代进入18世

---

① 赵吉士等纂：康熙《徽州府志》卷3，《风俗》，第68页；刘大櫆等纂：乾隆《歙县志》卷1，《风俗》，第24页；沈伯棠等纂：道光《歙县志》卷1之6，第2页。

② 马克思：《政治经济学批判大纲（草稿）》第3分册，刘潇然译，人民出版社1963年版，第133页。着重号是原有的。

纪以后，随着商品经济的发展，以个体形式经营的手工业生产愈来愈不能满足销售市场扩大对生产品增长的需要。因为在一件产品从头到尾由单个手工业者生产的条件下，增加产品数量和降低产品价值的可能性是受限制的。这也就是说，在生产资料的个人私有制所提供的条件下，由于细小分散的个体生产的保存，社会分工的加强并不能使生产者更趋专业化，也不能使劳动生产率继继提高。要改变这种状况，只有从根本上来改造生产过程的性质。因为当时的生产技术基础依然是手工劳动，劳动生产率只有在生产的工作场所内部劳动分工的条件下，在产品的生产过程中，才能够继续提高。但是，清代城市手工业要想按照手工工场和大作坊的办法从事经营，要求高度发展的生产，正如前面分析的那样，即使对它自身的内在条件存而不论，也还受着行会制度的种种约束，难以进行扩大再生产。

为了从根本上改造生产过程的性质，提高手工业的劳动生产率，增加产品量，适应市场的需要，当时在行会势力范围以外的地方，就有一些商人由小生产者的组织者不断变为直接支配生产的组织者。因为"商品生产的地基只有在资本主义的形式上才能担负起大规模的生产"[1]。

那时商人资本对手工业小生产者的剥削形式是多种多样的[2]，从开始于收购成品，把它运往别的地方去卖，直到用散发原料收回成品的办法，而成为小生产者的组织者。在这个阶段，商人的作用是双重的：商人把原料分配给小生产者替自己工作，而付以一定的报酬迫使他们变为雇佣工人，但对生产技术和组织却不加以任何改进。在这种情况下，商人只是在旧的生产方式的基础上占有了小生产者的剩余劳动。但是，为了直接支配生产，同时也是大宗销售的组织者，于是在许多地方的一些行业中开始有由商人转变为大作坊主和工场主的。但从整个商人资本来说，这只是其中一个较小的部分。当时商人资本的绝大部分，仍然是依附于封建生产方式并为其服务，

---

[1]《马克思恩格斯全集》第23卷，人民出版社1972年版，第684页。
[2] 参看彭泽益编《中国近代手工业史资料（1840—1949）》第一卷，中华书局1962年版，第260页后插页，《鸦片战争前清代手工业中的商业资本活动形式示例》。

一直保持着独立的优先的发展，使生产还没有从属于资本。

在这一转化过程中，大致有两种形式：

一、商人资本从流通领域向生产领域转化，开始时带有临时的不稳定性的特点。

在云南、湖南、浙江一些茶叶产区，茶商以收购和预买的方式，从茶农小生产者手中取得粗制毛茶后，有的就在产地，有的运到茶叶集散地，设立土庄茶栈或茶厂，雇佣当地男女茶工，再行加工改制，然后直接转售于茶行，经中间商人之手运销各地。

在河南产麦区，山西商人乘麦收价贱时，在各码头集镇，"广收麦石，开坊踩曲"，"每商自数十万以至百余万块"①。这是就地设立作坊把麦子加工，制成酒母（即曲），然后贩卖给各省烧锅业，用以酿酒。

在广东、台湾、四川等地糖房商人资本，利用商业高利贷预买的办法，从蔗农手中取得糖的半制品（糖饴或片糖）和原料（甘蔗），进行加工；有的糖商并以所开糖厂专供蔗农租用，从中盘剥牟利。

在湖南铁矿产区附近，外来铁商和矿贩的商人资本，由"一人或数人合伙"，"先期收买炭矿"，就地"雇募人夫，煽铸生铁"，"设炉锤炼"。每座一炉"所需雇工及挑运脚夫约数十人"，当地称为"客厂"②。然后把产品铁觔用船装运湖北汉口发卖，或由汉口转运两江销售。

这些商人资本所进行的加工制造各业，都有一定的季节性，而且生产终了即行结束，它基本上还是属于以商业资本的活动为主。这里所形成的具有资本主义性质的雇工剥削关系，只能像是昙花一现而已。

二、商人资本同生产的进一步结合，就是直接投资产业，建厂雇工制造。

造纸业中的资本主义萌芽主要是由外来商人到盛产造纸原料的地区，投资建立造纸企业，使用雇佣劳动进行生产经营。它开始于

---

① 尹会一：《尹少宰奏议》卷5，第5页。
② 彭泽益编：《中国近代手工业史资料（1840—1949）》第一卷，中华书局1962年版，第316页。

广西的造纸业，由福建、广东潮州一带商人建立纸篷百余间，"工匠动以千计"。接着发生在江西造纸业中，设立槽厂的"富商大贾，挟资而来者，大率徽、闽之人"，"小民借以食其力十之三四焉"。随后陕西又出现大批造纸厂，分布在三府六厅县地区的纸厂约有176座，"皆厚资商人出本，交给厂头，雇募匠作"，"厂大者匠作用工必得百数十人，小者亦得四五十人"①。

制茶业中资本主义萌芽的进一步发展，其中要算福建地区表现得最为突出而又典型，即茶商向租山种茶和设厂制茶经营的发展。由外来富商大贾投资建立的茶厂，茶工"率无籍流民，年丰谷贱，茶熟采多，彼自分雇各厂"。这类茶厂仅"瓯宁一邑，不下千厂，每厂大者百余人，小亦数十人"，"彼厂户种茶下土，既出山租，又费资本"②。表明茶业中手工制造业和农业经营的资本主义萌芽是紧密联系而又相互促进的特点。

在木材采伐业中，木业商人资本渗入林区开始不过从事木材贩卖，继而直接入山投资建立采木企业，四川、陕西采木业的厂商大经营就是这样。四川采木业由江西湖广商人经营，也有当地和本省的商民投资，其中有的木厂主最初是以开垦为名移入，在当地认纳虚粮，使自己变成所在地的山主，然后以山主身份"将各处老林霸踞渔利"。"广开木厂"就是这种"渔利"的主要方式。这同广东有些地区的煤矿厂主利用类似（纳粮）办法，据有煤山，取得煤矿采掘权的方式是一样的。陕西地区的采木业主要由川楚等省商人投资设厂采木，采伐区遍及四府七县厅地方，约在71厂以上。各类木厂（大园木、枋板、猴柴）使用雇工人数，最大者达三四千人，次者数百人，再次者数十人，最少者十余人③。当时生产盛极一时，比四川

---

① 彭泽益编：《中国近代手工业史资料（1840—1949）》第一卷，中华书局1962年版，第216—262页。

② 彭泽益编：《中国近代手工业史资料（1840—1949）》第一卷，中华书局1962年版，第304—305页。

③ 彭泽益编：《中国近代手工业史资料（1840—1949）》第一卷，中华书局1962年版，第307—310页。

木厂规模要大。

铁矿、煤矿、铜铅等矿的开采,主要集中在广东、广西、湖南、四川、云南、贵州、陕西等省区,这些矿厂的经营大多是由商人投资设厂雇工开采,或者以包税人身份承采。如在广东地区就有商人以"自备资本",一次预缴两年的税银六千两,获准承采月产煤达200万斤的两处山场的煤矿。这类矿厂企业需要投资大,雇佣劳动者多,完全是由于生产条件的要求所决定的。如开采煤矿,根据矿石的硬度,估计所需费用一般自银600两至1200两不等。如一矿开挖三个煤井,需银2000两左右。云南铜、铅、银、锡各矿厂大多系"川湖江广大商巨贾"投资,"每开一厂率费银十万、二十万两不等"①。四川井盐业同开矿类似,经营井灶的企业主,从开凿盐井,建设厂房锅灶,到置枧管运输井卤,都须连续不断地投入大量的雇佣劳动和巨额的货币资本。这都反映了上述各类矿厂为企业主私人占有的生产资料相当集中。

不难看出,商人开始把大量的资本投入工矿业,特别是投入那种需要很多人协作的生产部门中去,如上述各业一开始就要求有比较集中的劳动力和利用较多的自然力,才能从事大规模生产。把这些企业建立在城郊附近和乡村,不仅可以避免行会的干扰,更重要的是可以就便利用当地的自然资源和廉价劳动力,这就使它的经营具有极大的优越性。

当时在这些矿厂企业中以"雇工为生"的工人,主要是摆脱了封建劳役和行会强制,丧失了生存资料的失业劳动群众;还有"近厂贫农",利用农业季节性外出劳动,"多藉佣厂以糊口"②。这是构成那时雇佣劳动的基本来源。清代厂矿法规定各雇本地人民开采,实际各矿厂受雇的工人不只是本地人民,而更多的是外来移民和流

---

① 彭泽益编:《中国近代手工业史资料(1840—1949)》第一卷,中华书局1962年版,第340页。
② 清代钞档:乾隆三十五年十二月初十日巡抚广西等处地方提督军务陈辉祖题;严如煜:《三省边防备览》卷14,第17页。

民，他们既可自由移动，也没有行会限制的约束。18世纪初湖南矿区有"数十万失业之民"，"反往滇厂"①，拥到云南矿区去找寻工作。18世纪30年代，广东失业矿工有二三千人又拥到湖南桂东矿区②，去寻求就业的机会。形形色色和不稳定的矿厂工人，从一个地方迁移到另一个地方，这就不宜于行会秩序的建立和顺利发展。当然，有些地区矿厂中的工人有"极兴烧香结盟之习"，所谓"无香不成厂"。这类烧香拜把结盟或以地域同乡结会，同城市行会也有某些类似的地方，即具有封建帮派性和排他性，"其分也争相雄长，其合也并力把持，恃众欺民，渐而抗官蔑法"③。但这毕竟不同于行会，因为严格的限制不是矿厂企业的特征。而矿厂企业生产的本身，就是不受狭隘的技术保守性和行规限制性的束缚的。

当时某些地区的矿厂企图获得廉价劳动力，有的甚至"以利诱失业游民"，采用欺诈引诱和暴力扣留等手段，使他们不仅是雇佣奴隶，而且还是债务奴隶。这样雇佣关系不能不深深地打上了封建的烙印。在各省煤矿业泄水挖煤、四川井盐业推水汲卤等作业方面，曾有使用这种暴力强制劳动的情况。当然，即使在当时当地同一行业中，这也只是个别现象，并不是普遍通行的。从清代刑部档案关于手工业雇工刑案审理中可以看出，民营手工业如造纸、制糖、煤窑、铁器、木材加工等业中的雇佣劳动者和雇主之间的关系是"平等称呼"，"并无主仆名分"，有的如因工价不合，就"当即辞工不做"④。那时在矿厂企业中做工的绝大多数工人和企业主乃至包工头之间都没有身份依附关系，而是按自由雇佣方式做工的。这里占优势的是以经济关系的强制为特征。据雍正五年一个官府调查报告透露："细访矿厂情形，富者出资本以图利，贫者赖佣工以度日，惟利

---

① 湖南衡永郴道王柔奏，《雍正朱批谕旨》第36册，第65页。
② 署理广东潮州总兵官李万仓奏，《雍正朱批谕旨》第37册，第2页。
③ 彭泽益编：《中国近代手工业史资料（1840—1949）》第一卷，中华书局1962年版，第341页。
④ 有关这方面档案资料曾分别整理，参看彭泽益编《中国近代手工业史资料（1840—1949）》第一卷，中华书局1962年版，第396—413页，题作"清代刑部钞档"。

是图。"① 这说明了当时资本和劳动关系的基本特色。可见那些由商人投资兴建的矿厂企业，尽管生产经营的形式各不相同，但有一个基本共同点：它从开始就是以劳动力出卖给大作坊主和工场主的自由雇佣劳动者作为前提。资本主义性质的生产就是在这个基础上产生和存在的。

所以那时采矿冶金，"厂开之初，各处商人云集，挟重资而谋利者，不可胜数"。井盐有的厂区因汲卤"无挽曳之劳"，煮盐"薪柴甚便"，"商人不须大有工本，亦能开设"。有些地区由于盛产竹子，"取以作纸，工本无多，获利颇易，故处处皆有纸厂"。糖厂用蔗制糖，"通鬻远迩，利常称倍"。木材采伐须"捐重资，聚徒众"，"则其利亦十倍"②。商人投资生产逐渐比过去单纯从事商业交换显得有利了。商业资本转变为工业资本。这就大大加速了中国封建社会具有资本主义关系的最初一批企业的形成过程。它也是中国手工业资本主义关系发生经历的主要途径。这些大作坊和手工工场在18世纪，特别是二三十年代间大批出现，显然是当时社会生产力和生产关系发展中的一个巨大进步。

清代手工业中出现一批具有资本主义萌芽的企业，不言而喻，使它具备为一种新的经济成分。当时那些大作坊和手工工场的兴起，不仅和大量的城乡个体手工业同时并存，而且还和一批官营手工业同时并存，因此在整个社会生产中只有一部分商品是由它提供的。即使在个别行业中有的产量产值很大，但在整个国家经济中仍然是不占主导地位。因为在清代前期占统治地位的经济成分是封建自给自足的经济。不过，它对当时封建社会内旧有的各种经济成分而言，则是一种新生的和进步的物质因素，并同旧的生产形成相对立。值得强调的，这种"萌芽"的资本主义经济成分虽是新生产力出现于封

---

① 彭泽益编：《中国近代手工业史资料（1840—1949）》第一卷，中华书局1962年版，第377页。

② 参看彭泽益编《中国近代手工业史资料（1840—1949）》第一卷，中华书局1962年版，第351、284、261、267、309页。

建社会的母胎内，但它所代表的新生产关系本质尚未成熟并形成为单一性，只是表现为未来社会形态的特征的散见现象。因而这种生产力的发展和生产关系方面的变化，还没有动摇、分解现存的制度。

中国资本主义萌芽问题关联到中国社会历史正常发展的进程和特点，因而依据具体的历史事实，加以科学的阐明和论证，具有十分重大的意义。这里只是从清代前期手工业的发展，促进生产关系变革的角度对它作一考察。我国经济历史学界对有关"萌芽"问题的争论一直很大，我一向认为：与其说争论在于对资本主义生产萌芽的水平估计过高或过低的问题，不如说，在于历史上某些手工业和农业的生产中是不是已经产生了和怎样产生出了资本主义关系的问题。换句话说，研究"萌芽"的首要任务，就是要先弄清那些说明手工业和农业生产中的阶级实质的基本史实和材料。只有在弄清楚了一定历史时期的社会经济条件，和某些地区某些行业的生产关系中的阶级关系和发展趋势之后，才能谈得到中国资本主义萌芽的水平或发展速度以及总趋势的某些具体表现等等问题。这也就反映了"萌芽"问题本身在科学研究上的复杂性和艰巨性，因而需要用严肃认真的科学态度来对待，使论证的问题既要符合马克思主义关于社会经济发展规律的知识，又要符合中国社会历史发展的事实，只有把这二者紧密地结合起来，才能作出应有的科学结论。

（原载《中国史研究》1981年第1期）

清代前期江南织造的研究*

清代官营丝织工业，不论从地区分布和织造单位来说，都远比明代的经营范围缩小[1]。它只在江宁、苏州、杭州和北京四处设局："在京，有内织染局；在外，江宁、苏州、杭州有织造局，岁织内用缎匹，并祭祀制帛、诰敕等件，各有定式"[2]。江南三局在17世纪40年代最先恢复重建，北京内织染局在60年代左右建立，1843年裁撤[3]。故清代织造如同明代一样，仍以江宁、苏州、杭州三处为搜括的重点，并使官营织造——这一经济形式在江南丝织业产地成为一种占统治地位的生产关系，它造成了对民机生产的直接约制和影响。本文就想着重考察一下鸦片战争前清代江南织造生产经营的形态和特点，以及它同江南民间丝染织业的关系。

一 清初江南织造的经营形式及其向买丝招匠制的过渡

清代在江宁、苏州、杭州三地设立官局织造，乃是沿袭自宋以来历代封建官府在江南经营丝织工业的旧制。据可考的史实，早在10世纪八九十年代间，宋朝官府在江宁、杭州就设有织务。13世纪七八十年代间，元朝官府在杭州、南京和苏州三处亦曾设有织染局。

---

* 本文曾在北京经济学会首届学术年会上提出。

[1] 参看彭泽益《从明代官营织造的经营方式看江南丝织业生产的性质》，《历史研究》1963年第2期。

[2] 雍正《大清会典》卷201，《工部·织造》，第3页。

[3] 彭泽益编：《中国近代手工业史资料（1840—1949）》第一卷，中华书局1962年版，第70—73页。

到 14 世纪 60 年代，明承元制，在南京设有内织染局、神帛堂和供应机房，在苏杭各设有织染局，"每岁造解有定数"①。可见在江南三地设立官局织造，有它长期历史的传袭性。

明代江南官营织造的历史，以天启七年十一月二十六日由发布"止苏杭织作"谕旨而宣告终结②。1628 年后，各地官局织作即已完全停废。入清时，明代苏州的织染局，"所存仅颓房几间"，早已"沦为旷野矣"③；而在杭州也因"织局停止二十余年，机房颓坏无存，匠役逃亡甚多"④。这就是清朝封建统治者略定江南之后，在恢复江南官局织造时所面临的残破局面。

1645 年至 1651 年间，清朝封建统治者在着手恢复重建江南官局织造的过程中，为了急于搜括上供岁造缎匹，仍沿袭明代一些旧有的制度，因地制宜地采取了各种临时的过渡性的办法。1651 年后，清代江南官局织造始正式确立"照额设钱粮，买丝招匠，按式织造"的经营体制⑤。但在此前后，清朝官府在织造方面所采取的一些办法，对以后完全实行"买丝招匠"制的生产经营在一定程度上仍带有传袭性的影响，故有略加探索的必要。

清初封建官府在江南搜括缎匹尽管在各地所采取的办法不尽相同，但大都是建立在剥削广大民间机户机匠的基础之上。首先，1645—1646 年间，杭、嘉、湖和镇江四府沿例征解的岁造缎匹，仍用明制，由民间机户机匠领织。所谓领织是由当地官府以额征岁造钱粮银两，发给民间机户机匠买丝织造，然后交官，按各种缎匹的官价结算。例如，在杭、嘉、湖三府应解的岁造缎匹仍由"藩司分令各机匠照旧织解"⑥。在镇江也是由官府以"岁造钱粮三千五百三

---

① 申时行等纂：万历《大明会典》卷 201，《工部二十一》，《织造》，第 11 册，第 108 页。
② 《明实录》《熹宗天启实录》，天启七年十一月己丑；钱思元纂：《吴门补乘》卷 1，《田赋》，第 21 页。
③ 陈有明：《重修织染局记》，顺治四年，孙珮编：《苏州织造局志》卷 3，《官署》，第 7 页。
④ 工部左侍郎佟国胤等揭帖，顺治四年正月，《明清史料》丙编，第 3 册，第 286 页。
⑤ 雍正《大清会典》卷 201，《工部·织造》，第 8 页。
⑥ 清代钞档：顺治三年二月二十日总督浙江福建等处地方军务张存仁揭。

十六两，发给旧机户盖国光等十名领出造办"①。这种领织形式，从 15 世纪前半期到 17 世纪 20 年代末，是明代官局、官府为搜括岁造缎匹用来对民间丝织业进行控制和掠夺的主要方式。故入清之初，地方官府仍一度加以沿用。后来各府例解岁造缎匹，或因折银解纳，或免停征，利用民间机户机匠领织的办法，随即停止。

其次，在南京、杭州和苏州三处恢复局织之初，则采用了各种不同的方式进行。三局之中，以南京织造局的局织恢复最早。1645 年"开织之初"，在神帛和官诰两个机房做工的"各匠虽有工价名目，实皆民间各户雇觅应工"②。南京官局利用民间各机户雇觅各匠应工的这种办法，直到 1708 年仍照旧继续维持着。在杭州 1646 年因奉旨派织"上用龙袍"，清廷乃沿袭明制派遣织造太监前往督织，佥派堂长，并利用民机。杭州因自明末以来由于"织造废弛年久"，当年恢复织造时只好利用明代残存的旧局"盖造机房"，并"设法召募匠役"。当时除设食粮官机三百张外，还利用民机一百六十张，另有挑花匠十四名③。同时织造太监卢九德还采用了明代的老办法，佥派富室充当堂长。据记载说："时杭之督织造者为太监卢九德。当时取各府富户为局内堂长。"就现在所知，乌程南浔镇人朱佑明是在明清交替之际起家致富拥资"竟有百万"的大商人，他就是曾"以富充局内堂长"的职务。堂长的任务是"掌买丝供役"④。在当时由于"各机匠攒织精工，期无衍越"⑤，派织任务很

---

① 清代钞档：顺治四年督理苏杭等处织造工部右侍郎陈有明揭。
② 李煦：《与曹寅会陈织造事宜》，康熙四十七年六月，《苏州织造李煦奏折》一，第 24 页；又见《文献丛编》第 32 辑，第 5 页。
③ 顺治四年正月工部左侍郎佟国胤等揭帖，《明清史料》丙编，第 3 册，第 286 页。
④ 按朱佑明发家的历史，据费之墀《艳庵日记》所记："祖上世为木匠，其父亦作木匠，至其兄始为商，于楚中及景德镇买碗，遂积资至八千余金。明崇祯间，其兄死，将资交与佑明，盖兄弟同居共爨者也。到明末，佑明家有十余万矣。将国变，其门下估客皆欲避乱，恐货不交出，异日万一失所，悉将碗货及药材各项、桐油、染料等项，俱交与佑明。后各处乱离，商货不通，顿高十余倍。由是而其家资竟有百万矣。"朱佑明以富充杭州织造局内堂长后，"势焰弥天，草菅民命，至罪恶贯盈"。（又翁广平《书湖州庄氏史狱》；杨凤苞《记朱佑明》，皆有记述，均见汪曰桢撰：咸丰《南浔镇志》卷 37《志余五》，第 7—8 页；卷 38，《志余六》，第 2、14—15 页）
⑤ 清代钞档：顺治三年二月二十日总督浙江福建等处地方军务张存仁揭。

快完成了。此后由太监督监造、佥派堂长徭役的办法虽不曾继续采行，但用民机即织局使用民间机户机匠织造的办法却仍被保留下来。这就成为以后杭州织造局在"内造官机"之外，又有所谓"外造官机"的由来了。

苏州织造局则采用佥报巨室充当机户，雇觅民间织匠（机匠）进局应织的办法。1646年，在杭州佥派富室充当堂长的同时，苏州织局正着手恢复重建，督理苏杭织造的工部右侍郎陈有明也"佥报苏、松、常三府巨室，充当机户"①。织局建成后，便"恣拿乡绅及富室充当机户"②。这些充当"机户"的人，其中还有"或属缙绅之家"的，虽然并不一定都是原来从事丝织业的，但其中必有一部分是。因为明代封建贵族官豪地主之家"蓄奴"之风颇盛，并有利用家人奴仆的劳动从事蚕丝织业的，这在江南地区尤为盛行。据史料所记："吴人以织作为业，即士大夫家，多以纺绩求利"③，就是指此而言。入清之初，织造官佥派他们的徭役来充当"机户"，正如在杭州佥派堂长一样，主要由于他们既是富户巨室，而又有原事机业的，以便进行勒索。这就有利于清朝封建统治者解决当时织造"钱粮不及应付"的困难。

清初苏州织造局就是在这种佥派关系的基础上开始了它的生产。据现有资料看，苏州总织局最初大概就是由佥派苏、松、常三府的富室充当"机户"建立起来的。例如，局内按地区分别设有苏州堂、松江堂、常州堂。这三个织造堂又分别编列若干号（共二十三号），每号铺机最多者有三十一张，最少者五张，总共三堂额设花素织机四五〇张④。派充"机户"则按其财富资力大小，分别派定机数，大致是"上户派机八只，以次而降，下下派一只"。然后依据派机多少，分派其承包织造的任务。织局则按官价预先发给他们织造银两，

---

① 孙珮编：《苏州织造局志》卷1，《沿革》，第3页。
② 叶绍袁：《启祯记闻录》卷7，第11页。
③ 于慎行撰：《谷山笔麈》卷4，《相鉴》，第10页。
④ 参看孙珮编《苏州织造局志》卷4，《机张》，第5—8页。

并规定织解的期限。这些派充的"机户"负责购置丝料，以工价向民间"雇机匠织成异品，金彩龙凤蟒段，解往燕京"①。而织局对派充"机户"雇觅进局织挽的机匠，则供"给口粮，免徭役"。因此，他们在织局生产中实际是处于一种织造承包人的地位。这和明代领织形式中的包揽承造人或堂长的作用，有很大的相似之处。只不过被雇用的机匠则不像在明末完全是"机设散处民居"或"各往私家织染"，而当时除只有一部分"外机杂设民间"②之外，大多数是分别集中在织局内的各堂号织作从事生产。所以当时苏州织局虽是采取集中生产，织局内的生产本身却是由这些织造承包人大大小小的分散经营所组成。正因为这样，管理苏州织造的官吏便认为当时"局中机杼杂沓，织造浩繁，且匠役千有余名，卯进酉出"，乃设置各种员役，以便"约束稽查"。在1647年，计设有（一）所官三员，"专司点闸"；（二）管事十一名，"分头料理"；（三）管工十二人，"催攒工程"；（四）高手匠十二人，"指导织挽"③。

为适应这种集中生产、分散经营的特点，曾采行生产责任制和工票制。苏州织局对管事机户、染房和织匠，分别规定他们在生产上各自应负的责任："如经纬不细净，缺乏料作，致误织挽，责在管事机户；颜色不鲜明，责在染房；织造稀松，丈尺短少，错配颜色，责在织匠。"同时还规定织挽期限和赏罚办法：如织造"蟒段、妆花、织金、抹绒、平花等段，定为期限，给以工票，责令依限交纳"。凡"织挽精美者，立赏银牌一面；造作不堪者，责治示惩"④。

织造需用的丝料，最初主要是由派充"机户"临时市买，后来规划改由织局"预贮丝料"，陆续按价卖给派充"机户"。当时织局

---

① 参据叶绍袁《启祯纪闻录》卷7，第11页。
② 参据顺治十年督理苏州等处织造工部右侍郎周天成撰《重修织造公署碑记》，江苏省博物馆编《江苏省明清以来碑刻资料选集》，生活·读书·新知三联书店1959年版，第4页。
③ 陈有明撰：《织造经制记》，顺治四年十二月，《江苏省明清以来碑刻资料选集》，第3页。
④ 陈有明撰：《织造经制记》，顺治四年十二月，《江苏省明清以来碑刻资料选集》，第2—3页。

拟定的办法是："每于三四月间，预期催取钱粮，丝出之际，分头市买，点验贮库，陆续照依原价，给发各机，以供织挽。"其目的，"一以济机户免买贵丝之苦，一以杜发银扣克之弊"①。事后看来，这个办法在当时并不曾实行。

清初苏州织造局在佥报巨室充当"机户"办法下进行生产经营的情况，现在所能了解的大体就是这样。后来孙珮在《苏州织造局志》中颂扬陈有明的织造政绩说："佥报巨室以充机户，未尝峻刻，或属缙绅之家，必接以礼。"② 所谓"未尝峻刻"的话是不符合实际的。当时人就有所揭露，据说，那时织局对织造银两，"大抵给发官价，仅及其半，机户赔补其半"。派充"机户"，"凡任机一只，每年约价百二十金，而进局诸费及节序供馈在外，真无穷之壑也"③。到1651年就有刑科都给事中袁懋功代表富户巨室出来说话，对这种佥报表示激烈反对。他参奏说："江南、浙江等处，巧立机户名色佥报富家承充，胥役百端科索，民多破产求脱，请敕部禁止。"④ 随经户部议准，"奉旨禁革机户"⑤，并规定以后"织造局照额设钱粮，买丝招匠，按式织造。如有佥报富民，滥派帮帖，奸胥借端科敛，查参究处"⑥。据当年陈有明的奏复说："微臣遵即出示晓谕外，其苏州、镇江三局，见在机户俱已停工解散，臣即一面另招匠役，但工料匠粮，必须齐备应手，则织挽方无旷工。……今则两相缺乏，已及半载。"⑦ 这里所说的"三局"是指苏州织染总织两局和镇江一局，看来当时镇江也曾用佥报"机户"设局织造。据这个奏复看，

---

① 陈有明撰：《织造经制记》，《江苏省明清以来碑刻资料选集》，第2页。
② 孙珮编：《苏州织造局志》卷9，《宦迹》，第1页。
③ 叶绍袁：《启祯纪闻录》卷7，第11页。
④ 《大清世祖章皇帝实录》卷54，第9页，顺治八年闰二月己未。
⑤ 孙珮编：《苏州织造局志》卷1，《沿革》，第3页。
⑥ 雍正《大清会典》卷201，《工部·织造》，第8页，所载顺治八年禁令。
⑦ 清代钞档：督理苏州等处织造工部右侍郎陈有明题。按此题本年月，抄件作顺治十二年五月十六日，十二年应为八年之误，因陈有明督理苏州织造至顺治九年去，继任者为周天成，后为马偏俄，彭泽益编：《中国近代手工业史资料（1840—1949）》第一卷，中华书局1962年版，第92—93页是照题本抄件年月编入。据此应加订正。

说苏州镇江三局的"机户俱已停工解散",如果这话不是饰词,这三局的织造当在1650年年底就已停止。1651年奉旨禁革机户后,苏州织局准备开始改用"买丝招匠"的办法进行生产,在当年不但不曾获得实现,并由此暂停织造两年。直到陈有明在一六五二年去任之前,只不过对织局改行"买丝招匠"的织造制度作出一些规划,如题定两局额设机数、口粮工料价值,"悉为厘定,以昭画一,著为令典",以后直到康熙年间,"迄今不改"①。

苏州织造局的生产经营向"买丝招匠"制的过渡,是在停织两年多之后,从1653年秋恢复生产时开始实行的。所谓"买丝招匠",就是指免派"机户",织局照额定织造钱粮,自行购买丝料,从民间招募额设工匠,在局按式织造。但结果织局在改行"买丝招匠"办法恢复织造的同时,却仍实行佥派。据记载,1653年八九月间(农历),在苏州"复闻佥派,有一县数十名者,如顾成之等以堂长被拘矣;朱鸣虞、张元钦等以管事被拘矣"。这次佥派并要了一些花招,不仅对承充之人"勒写情愿投状,又巧避机户名色,为堂长、管事。不知堂长、管事非他,即机户中殷实之尤者耳。非机户外别有堂长、管事也,拿堂长、管事即拿机户也"②。这次佥点的"机户"并要他们来充当织局的堂长、管事,看来主要是江南各地经营丝织业的业主,因为他们本身就是"机户中殷实之尤者"。足见前后被佥派为"机户"堂长的人,其社会职业和身份是不尽相同的。此事在当年又为刑科右给事中刘余谟所揭发,认为"江宁、杭州皆有织造,未报机户,何独苏州一处有之?"乃奏请敕部移查督抚,将"佥报投充机户、堂长、管事等役,速行停止,严立禁谕,违者即时纠处"。此奏上后,从此也就停止了佥派。不过,据刘余谟的分析,认为佥报投充,"若非恶棍积蠹借此遮身,即系奸胥滑吏因缘为利。良民必不情愿,情愿者必非良民"③。这

---

① 孙珮编:《苏州织造局志》卷9,《宦迹》,第2页。
② 刑科右给事中刘余谟:《特陈江南蠹民之害疏》,顺治十年,琴川居士辑:《皇清奏议》卷6,第10—12页。
③ 刘余谟:《特陈江南蠹民之害疏》,琴川居士辑:《皇清奏议》卷6,第12—13页。

番话看来不是没有道理的。因为苏州的丝织业，在历史上一向受着封建行会和官府势力严格的控制和干预，在明代这种有时号称为机户的"积棍"就和官府密切勾结，"因缘为利"，从中"包揽承造"，以剥削和奴役当地的机户、机匠，这本是有其历史的渊源。入清之初，这种投充依附的关系，在新的条件下自然又获得进一步的发展。按1647年苏州局规定："见在各役，凡有差役者，本部行文府县豁免，以示优恤。"① 这就是说，凡在官局应差的机户、堂长、管事、工匠等人役，都享有优免徭役的权利。这样，在织造官局佥点的情势下，"恶棍积蠹，借此遮身"者固不必说，就是"投身入拘，自谓情愿"者恐亦不乏其人。据说，当年苏、松、常、镇"四郡佥报板扯数十名，以至数千人"②，为数就相当可观。这样看来，佥报"机户""何独苏州一处有之"？不能不说是有其产生的社会条件和历史根源。

1653年苏州织造局是以开始实行"买丝招匠"制的名义下恢复了局织生产。一方面佥派"机户中殷实之尤者"来充当堂长、管事，作为织局内经营管理生产的负责人；另一方面用"招匠"的名义，通过官府招募民间一般殷实机户机匠，强加于他们一种封建义务，使其永充官局"机匠"。这种招募"机匠"并不参加生产劳动，只是承领官机，负责领银买料，雇觅织匠进局织造。所谓"领银卖〔买〕料，雇募织挽者有机匠"，指的就是这样一种生产关系的形式和特点。这同1646年佥报富室充当"机户"用雇工织挽的办法基本相似，只不过这种"招匠"的身份则已由民间独立的机户机匠沦为官局机匠的地位。这样，通过佥派堂长管事和"招匠"的方式，就使苏州官局织造开始奠定了对民间丝织业机户机匠直接控制和支配奴役的基础。自此以后，织局"机匠"从民间机户机匠中招募承充，也就逐步发展成为一种定制。

当年苏州织造在佥派投充和招匠相结合的形式下，织局的生产

---

① 陈有明撰：《织造经制记》，《江苏省明清以来碑刻资料选集》，第3页。
② 刘余谟：《特陈江南蠹民之害疏》，琴川居士辑：《皇清奏议》卷6，第12页。

组织和经营管理的基本特点是这样：在堂长、管事分头料理下，局内"催攒有所官；登记有管数；烘焙有小甲；司限期者有管工；看花样者有高手；领银卖〔买〕料、雇募织挽者有机匠；移文州县吊取钱粮者有承差"①。

在清代黄册档案资料中还保存有那时织造工料费用的奏销②，这将有助于进一步对织局生产情况的了解。从1653年下半年起织造上供袍褂缎匹（共502匹7件）用银8093.360两，岁造缎匹用银23384.191两，于1654年农历三月作为春运解京。在春运时尚有在机未织完的缎匹及在库料银共为18051.814两。三项合计共银48539.365两。在这份奏销册中，值得注意的是工料均照织品件数，按工计算。由此可以看到，在当年织局实行招匠制的生产关系形式下，由招募机匠领银给发雇工工价的形式和特点。

先从丝斤络纺染色来看，例如织造石青扁金五色缎边翎毛金团龙每匹需用各色经纬丝料共64.25两，均照时价购买，并利用民间摇纺染匠代为加工，其用料的量值和加工费如表1所示：

表1

原料种类及加工项目	用料数量和价值			加工费	
	数量（两）	每两时价（两）	值银（两）	每两工价银（两）	值银（两）
七里生经细丝掉络摇纺	24.00	0.115	2.760	0.024	0.576
博陆生纬细丝掉络摇纺	28.00	0.101	2.828	0.018	0.504
染经纬石青				0.025	1.300
大红绒生丝染二红	7.50	0.100		0.360	0.540
二红绒生丝染二红	0.75	0.100	0.075	0.180	0.135
杂色绒生丝染杂红	10.00	0.100	1.000	0.023	0.230

---

① 刘余谟：《特陈江南蠹民之害疏》，琴川居士辑：《皇清奏议》卷6，第12页。
② 清代钞档：顺治十一年四月十五日督理苏州等处织造工部右侍郎周天成奏。这次销算是从顺治十年七月廿八日至十二月廿八日止，收过江南布政司会苏、松、常、镇四府织造钱粮，"奉旨买丝招匠，造办缎匹工料"等银。

丝斤络纺染色之后，即进行整理织挽。据奏销册表明，所用工匠亦以某一织品的匹件计算，不仅说明需用哪几种工匠，而且还对每一种工匠需要各做若干天工才完成这一织品，黄册都有相当详细的记载。根据织造各类上供袍褂缎匹用工来看，全部工匠种类和以日工计价的工银数如表 2 所示：

表 2

工匠种类	每日工银
牵经接经匠	—
打线边匠	—
通交	1 分 5 厘
织匠	6 分
挽匠	3 分
刻丝匠	6 分
挽赠花匠	3 分
攒绒送饭匠	1 分 5 厘
纬穗送饭匠	1 分 5 厘

注：此外各匠每日还有柴薪盐菜银 3 分或 4 分 5 厘不等。

牵经接经匠和打线边匠的工银，从奏销册中看来，在某些类织品项下，前者为银九分，后者从五厘到一分，主要是按织品每匹丝经线用工计算。机匠中以织匠和刻丝匠的日工银较挽匠和挽赠花匠稍多，加上生活津贴，每日最高者可达到银一钱左右。从各类织品用工记载反映，其中以牵经接经匠、打线边匠、织匠和挽匠是最基本的和需用最广的四种工匠。如刻丝匠只在某些特种织品中需用，技艺也是较为高超的。在各类工匠中还有所谓"送饭匠"，这是因为当年织局实行"机匠"雇工进局织造的办法，这些雇工的伙食就由"机匠"供给，故另雇"送饭匠"每日送饭到局，工银则是由"机匠"从官局所领支付雇工的全部工银内发给，这个办法，以后在江南三局利用民间机户机匠领机给帖的形式下，仍旧照样沿袭。

苏州局在1653年秋恢复生产，至次年即"奉旨停止织造"①。直至1656年再度恢复织造时起，以后织局的生产经营，从丝经整染到织挽，对局外和局内工匠支给工银的形式和办法，虽不断有所改进，但基本上仍是照着1653年开始试行"买丝招匠"制的"定例"的基础上进行的。

综上所述，可以看到：第一，1645年至1653年间，清朝政府在江南恢复重建官局织造工业的过程中，由于明代旧有的织局停废已久，"兼之机工星散，机户凋零"②，但为了达到搜括缎匹的目的，一方面沿用明代一些旧有的制度，一方面又"创立新法"，使得清初江南织造充满了浓厚的徭役性，在生产经营的方法上也带有临时的和过渡性的特点。1651年有旨令"织造局照额设钱粮，买丝招匠，按式织造"，最初虽是鉴于苏州织造佥报富室充当"机户"，"滥派帮贴"而发，实际这个规定对江南三局都具有同样的约束力，从此并成为有清一代江南织造的定制。故清初官局织造在经营体制上改革明代残存的旧制和正式明文确立以"买丝招匠"制为主体，1651年谕旨不论从法典意义或实际效果上，都可视为这一变化的标志和起点。

第二，清代对江南官局织造工业的重建，开始于1645年至1647年间。三局之中，以江宁织造局于1645年恢复最早，杭州局和苏州局均在1647年同时重建。三局在重建恢复之初，其所以各"盖岁造机房，铺设机张"，乃鉴于前朝官营织造，后因"无总织局以汇集群工，此明季之所以坐废也"③。因此，改变明末织造"散处民居"的领织经营方式，采取集中织局生产，使"不致星散难查，机户便于管理，催攒段匹，可无滞也"④。同时对于督理织务的"织造一官"，虽曾一度派遣织造太监督管，但有"鉴前明任用中官之失，于顺治三年，以工部侍郎一员，总理织务，旋于江宁、苏州、杭州各简内务府郎官管理织造"⑤。

---

① 孙珮编：《苏州织造局志》卷1，《沿革》，第3页；卷9，《宦迹》，第2页。
② 陈有明撰：《织造经制记》，《江苏省明清以来碑刻资料选集》，第1页。
③ 陈有明：《建总织局记》，孙珮编：《苏州织造局志》卷3，《官署》，第3页。
④ 工部左侍郎佟国胤等揭帖，顺治四年正月，《明清史料》丙编，第3册，第286页。
⑤ 《江苏省明清以来碑刻资料选集》，第8页。

这都是清代官局织造在经营管理制度方面对明制的一些改变。

江南三局在重建初期,并不是经常维持生产,往往由于"兵饷告匮",或"奉旨裁省织造",或"奉旨停止织造"。直到1686年以后,织造始逐步走上正常的途径。

二 江南三局的设备规模和织造经费来源

清代江南织造是以生产资料封建国家所有制为基础,而进行着生产经营。江南三局从17世纪40年代重建时起,到18世纪40年代经过一度调整生产时为止,在这一百年期间,各局的设备规模,以主要生产工具——织机额设数来看,其变化有如表3所示:

表3 清代江南三局历年额设织机比较 单位:张

局名	清初原额 合计	清初原额 上用缎机	清初原额 部机	1725年现额 合计	1725年现额 上用缎机	1725年现额 部机	1745年现额
总计	2018	1140	968	2017	1122	895	1836
江宁局	538	335	203	557	365	192	600
苏州局	800	420	380	710	378	332	663
杭州局	770	385	385	750	379	371	600

资料来源:根据雍正《大清会典》卷201,《工部·织造》;乾隆《大清会典则例》卷38,《户部·库藏》;光绪《大清会典事例》卷1190,《内务府·库藏》整理。

从三局额设织机总数看,不断减少的趋势是十分显著的,1725年总数比原额减少4.4%,1745年又比1725年减少7.6%,比原额减少11.7%。从各局额设机数看,江宁局设机一直是不断增加的,1745年比1725年增长7.7%,但工匠人数1745年比1738年减少13.2%;杭州局所设机数减少最多,仅1745年和1725年相比,即减少20%;苏州局机数1745年比1725年减少6.6%,较之原额则减少更多。清代江南三局的设备尽管不断缩减,但比之明代在南京、苏州、杭州三处所设织局的规模一般要大。同时由表3还可以看出,三局重建之初,设备规模各不相同,起先以苏州局设机最多,杭州局次之。18世纪最初二十五年间，苏杭两局织机都有减少，江宁局稍有增添。不过此时就规模来说，则以杭州局机数较多，苏州局次之。直到1745年调整三局生产，不使"彼此多寡悬殊"太甚，各局的生产规模状况基本上已接近平衡，苏州局机数虽比江宁、杭州两局稍多一点，但相差有限。

再从各局所拥有的招募匠役人数来看，苏州局按1647年的规划，织染局额设织挽匠役1050名，挑倒花匠折绣看守等役120余名（共1170余名）；总织局额设平花机等匠役1250名、折绣看守等役120余名（共1370余名），两局总共匠役2540余名[1]。1651年后，按"买丝招匠"织造题定局粮额数，至1685年，织染局额设机匠1170名，局役140名；总织局额设机匠1160名，局役132名[2]，共计2602名。江宁局据黄册档案资料记载，1738年共有匠役2936名，其中供应机房有2334名，倭缎机房有236名，诰帛机房有366名[3]。杭州局原定额数不详，大致也在两千人以上。据18世纪40年代官府统计，江南三局所拥有的工匠人数，可资比较如表4所示：

表4　　　　1745年清代江南三局额设工匠人数比较　　　　单位：名

局匠种类	总计	江宁局	苏州局	杭州局
合计	7055	2550	2175	2330
机匠人数	5512	1780	1932	1800
摇纺、染色、挑花、拣绣、所管、高手等匠人数	1543	770*	243**	530***

注：*其中摇纺匠56名，染匠54名，无挑花、拣绣匠。
　　**其中无额设摇纺、染匠，遇工雇募。
　　***其中摇纺染匠226名，各色染匠40名，无拣绣匠。
资料来源：据乾隆《大清会典则例》卷38，《户部·库藏》；光绪《大清会典事例》卷1190，《内务府·库藏》整理。

---

[1] 陈有明撰：《织造经制记》，《江苏省明清以来碑刻资料选集》，第2页。
[2] 孙珮编：《苏州织造局志》卷6，《口粮》，第2—3页；卷10，《人役》，第2—5页。
[3] 清代钞档：乾隆四年四月初六日管理江宁织造兼管龙江关务员外郎李英题。按在此以前，江宁局系分设神帛、官诰和倭缎三个机房。此系各机房调整后的情况。

表中"江宁杭州三处,各项匠役,较苏州多至二三百名"①的原因,是苏州局向无额设摇纺匠和染匠,长期以来乃是"遇工雇募",其人数当亦不会很少。

故从上述织机和工匠数来看,自18世纪40年代起,以后江南三局的生产规模和设备水平基本已趋于相近。这是清朝政府通过调整生产,力求平衡的结果。

清代在江南官营的织造工业直属中央政权管辖。据清代织造钱粮定例:顺治初年江南三处织造事务及钱粮,都由户部管理。1650年将各部寺钱粮归还各衙门时,织造仍留户部。1651年题准织造事务,归还工部管理。1652年户部将江宁织造钱粮"尽行撤去",工部始将原供苏杭二处料价等银247244.85两,分拨江宁苏杭三处作为织造之用。1664年起,规定以后织造事宜隶工部,织造钱粮归户部报销②。因此,江南三局织造经费的来源,完全是靠工部和户部指拨的官款,其中工部拨款占54.7%,户部占45.3%。工部和户部每年拨给三局织造经费的分配额数,有如表5所列:

表5　　　江南三局额定织造经费的来源和分配　　　单位:银两

经费来源项目	总计	苏州局	杭州局	江宁局
总计	452300.79	155655.30	226308.05	70337.44
工部四司料银及岁造缎银	247244.85	142822.80	104422.05	—
户部绢折银	134718.50	12832.50	121886.00	—
户部岁供织造银	70337.44	—	—	70337.44

资料来源:雍正《大清会典》卷201,《工部·织造》。

在这笔拨供织造经费的45万多两官款中,杭州局所占的比数为50%,苏州局为34.4%,江宁局为15.6%。这种分配的比例关系,看来主要是取决于各局的织造任务和生产能力的大小。当然,这只

---

① 乾隆《大清会典则例》卷38,《户部·库藏》,第16页。
② 雍正《大清会典》卷201,《工部·织造》,第4页;乾隆《大清会典则例》卷38,《户部·库藏》,第11页;清代钞档:顺治十年二月十八日管理江宁织造太监车天祥题。

是一种额定每年织造经费开支的控制数字，实际各局每年常因织造任务的大小，费用比额定数就有多有少①。如根据户部在不同时期题定有关织造钱粮的报销数来看，大体可以反映江南三局生产定额的变化趋势。

表6　　户部题定江南三局每年织造钱粮报销数比较

局名	1725年题定每年报销数			1812年题定每年报销数	
	织办内务府上用官用缎纱料工银（两）	织办户部缎纱料工银（两）	合计	银（两）	米（石）
总计	127385.69	86057.60	213443.29	140055	30877
江宁局	43333.33	15367.00	58700.33	43333	10000
苏州局	43333.33	14355.00	57688.33	64500	9788
杭州局	40719.03	56335.60	97054.63	32222	11089

资料来源：据雍正《大清会典》卷48，《户部》；嘉庆《大清会典事例》卷12，《户部·织造钱粮》整理。

由表6所示，从1725年到1812年，清朝政府每年用于织造经费的控制银数已减少34.4%，分配给各局的银数不一，江宁局约减少26.2%，杭州局削减最多，达66.8%，苏州局则增加11.8%，这表明自18世纪后期以来苏州局的织造任务和生产能力又占首要地位。不过在总的趋势上，19世纪开初，清代官营织造工业的生产显然已趋衰落。到1844年和1845年后，江宁局和苏州局的生产基本上已经处于缩减和停顿的状态。据户部报告，截至1851年年底，"江苏两织造节省之项解存藩库者，约计二十余万两"②。所谓节省银两，即因织造停减而不曾用掉的额定经费。造成当时江南三局织造的缩

---

① 据清代钞档黄册资料计算表明，江宁局在1737年织造共用料工解运脚费银118403.489两，各项工匠口粮食米9777.19石；1738年共用料工等银121219.3两，食米10871.25石，这都比额数要多。1747年织造共用料工等银59039.874两，食米11970.2石；1783年共用料工等银49159.075两，食米12023.021石，这都比额数要少。苏州局的情况亦复相同，如1763年份共用料工等银43855.4两（均据以上各年份奏销册）。

② 王庆云：《户部会奏筹议节流各款折》，咸丰元年十二月二十日，《王文勤公奏稿》卷4，《户部存稿》，第13页。

减，固然有各方面的因素，但其中最突出的原因，就是由于清廷长期进行大量搜括缎匹的结果，已使内务府和户部两处的缎匹库存达到十分饱和的状态，不论上用和赏赐都已感到过剩，其中仅以积存的杭细一项，就"足支百年"之用。户部也不得不招认，这种情况，"不特经费长此虚縻，而物力亦虞暴殄"①。这样就迫使江南各处织造必然缩减和停顿下来。很明显，这就是由于清朝封建统治者无比贪婪，不惜恣意搜括榨取人民的财富，以致造成了对缎匹物资的积压和浪费的严重现象。

江南三局的织造主要是为提供上用缎匹和赏赐缎匹，满足宫廷和官府奢侈性的消费的需要，它基本上是一种以自给性为目的的生产。但与此同时，江南三局的生产还提供一部分"贸易绸缎"，它是通过官府解往甘肃供新疆各城需用，每年并无定额。据档案资料表明，例如1767年份，办解甘肃新疆贸易绸缎，曾分派苏州织造局织办6412匹，所用料工价值及解员盘费等项共银31012.8两②。1770年份又织办各项绸缎3766匹，共用银15862.76两③。1776年份又织各项绸缎4733匹，共用银18681.1两④。1783年份，军机处分办江宁、苏州、杭州三局造办贸易绸缎共6160匹，其中江宁局分派织解2054匹，料工等项银为4440.95两，解运脚费银500两，共银4940.95两⑤。此项织解绸缎统称为"贸易绸缎"，当系作为商品交换管理。实际上这种"贸易绸缎"是清朝中央政府供给新疆少数民族上层人

---

① 王庆云：《王文勤公奏稿》卷4，《户部存稿》，第12页。当时甚至还有这样的事情：1851年，清朝政府财政的困难使它连对贵族官员的俸银都无力发放。刑部左侍郎全庆看到内务府和户部曾有大量的缎匹库存，无法处理，乃奏请将库存缎匹支付王公大员俸银，按成搭放。结果因户部反对没有实行。可见到19世纪50年代初，清廷由于历年大力搜括缎匹的结果，使它的库存积压势必达到相当庞大的数量（前引王庆云奏）。

② 清代钞档：乾隆三十四年七月十六日户部尚书宫保题，奏销册。

③ 清代钞档：乾隆三十六年七月十七日户部尚书素尔纳等题，奏销册。

④ 清代钞档：乾隆四十二年七月初七日大学士于敏中等题，奏销册。按石韫玉等纂：道光《苏州府志》云：苏州缎造局"织办解新疆绸缎，岁无定额，应给银两，亦无定数。每年约办缎匹一千匹左右，领银四千两以上。向由织造衙门定数核价，赴司请领，司库于正项地丁银内动支"（卷17，第34页）。看来，道光以后，此项贸易绸缎仍照旧织办。

⑤ 清代钞档：乾隆四十九年四月二十六日管理江宁织造员外郎成善题，奏销册。

物的一种"应用俸缎"①。南三局织造这一类产品,只是作为一种派织任务承造,织造终了所得仅是料工价银的结算,如同织造贡纳的缎匹在本质上并无差别。如果说,这种"贸易绸缎"是属于织造局生产中的商品部分,但这却又不是织造局为市场为利润所必需的一种生产,而只能是官营织造工业在以自给性生产为首要目的的条件下,把它作为一种特殊形式的商品而生产的。即使这样,它也是不能影响江南织造局的生产性质的改变。

三 江南织造局的生产劳动组织形式

清代江南织造机构,通常分为两部分,织造衙门是织造官吏驻扎及管理织造行政事务的官署;织造局是经营管理生产的官局作场,生产组织各有一定的编制。如以苏州织造局为例,在织局之下分设有织染(一名北局)和总织(一名南局)两局,局内织造单位分为若干堂或号,每局设头目三人管理,名为所官,所官之下,有总高手、高手、管工等技术和事务管理人员,负责督领工匠,从事织造。苏州织造局的整个生产编制和编制内匠役人数,有如表7所列:

表7　　　苏州织造局的生产编制　　　单位:名

局役和工匠名称	织染局	总织局	局役和工匠名称	织染局	总织局
所官	3	3	挑花匠	14	6
总高手	1	1	倒花匠	15	10
高手	12	12	折段匠	5	6
管工	12	12	结综匠	6	—
管经纬	6	6	烘焙匠	—	8
管圆金	2	2	画匠	1	1
管扁金	2	2	看堂小甲	22	24

---

① 按当时苏杭宁三织造分办甘肃新疆的所谓"贸易绸缎",是作为"青海郡王等处俸缎","哈密、吐鲁番亲王俸缎,暨伊犁、塔尔巴哈台、乌什、叶尔羌,暨所属和阗、阿克苏、喀什噶尔、喀沙拉尔等处应用缎绸"而生产的(汪士铎等纂:光绪《续纂江宁府志》卷11上,第3—4页)。这种"贸易绸缎"实际是一种"应用俸缎"。

续表

局役和工匠名称	织染局	总织局	局役和工匠名称	织染局	总织局
管色绒	2	2	看局小甲	6	6
管段数	6	6	防局巡兵	10	10
管花本	1	1	花素机匠	1170	1160
催料	6	8	人役合计	1310	1292
拣绣匠	8	6			

资料来源：孙珮编：《苏州织造局志》卷10，《人役》，第2—5页。

在江宁织造局之下是分设各种机房。据黄册档案资料记载[1]，1738年和1747年两个年份每个机房的生产组织形式和内部劳动分工的基本情况，有如下述：

供应机房：1738年份，设有人匠2304名（内有阔被身被当妆缎机匠84名），挑花匠30名（内分管事1名，散匠20名，妆颜色匠3名，幼匠6名）；1747年份，设有机匠1662名，摇纺等匠478名（内分摇纺匠464名，打线匠8名，折缎匠2名，画匠4名），挑花匠30名（内管事等匠人数同前），局役122名（内分缎纱机所管2名，摇纺所管1名，缎纱机高手32名，摇纺高手5名，染局高手2名，接经高手4名，管缎6名，管纱2名，管丝斤并摇纺8名，管经纬4名，管圆扁金2名，管绒2名，管染4名，管料4名，管催工4名，管花本2名，管销算4名，管册档4名，管平秤4名，管丈量4名，管库6名，搜检8名，巡风4名，看守局内大门2人，看堂2人）。

倭缎机房：1738年份，设有倭缎八丝各色人匠236名（内分上用倭缎各匠84名，部用倭缎机匠26名，黡花匠1名，画裱匠2名）；1747年份，设有机匠118名，摇纺等匠78名（内分摇纺匠62名，雕清花匠7名，打线匠2名，刷经匠3名，牵底经匠1名，黡花匠1名，画裱匠2名），局役15名。

---

[1] 清代钞档：乾隆四年四月初六日管理江宁织造兼管龙江关税务员外郎李英题；乾隆十三年四月十四日管理江宁织造兼管龙江、西新关税务总督内务府坐办堂郎中吉葆题。

诰帛机房：1738 年份，设有神帛、官诰、线罗人匠 366 名（内分神帛人匠 142 名，官诰人匠 215 名，线罗人匠 9 名）；1747 年份有 142 人。

由上述事实可以看到，织造局内不论是以堂或以机房为生产单位，都是技术分工很细，按工序必须由以下各类工匠依次操作：染色，刷纱经匠，摇纺匠，牵经接经匠，打线匠和织挽匠。织造从原料到成品，可以说完全是建立在织局分工协作的基础上进行的。因此，它具有工场手工业组织形式的特点。

在织局生产编制下，从事劳动的工匠，和明代不同，它是由官局招募而来，即采用雇募工匠制。这一改变是由于清代在 1645 年废除了明代匠户制度的结果。清代江南织造局使用的招募工匠，在身份地位上虽已不同于明代织染局的住坐匠或存留匠，但仍不能算是完全自由的劳动者。因为他们被招募到官局工作不仅是一种服役性质，而且还遭受着严格的封建强制。清代江南三局织造使用的招募工匠，按其来源基本上有以下两种形式。

一、通过官府招募而来并成为"世业相传"。这是织造局中各色局匠最主要的来源。各织局一般按题定的工匠人数招足，如有缺额，仍由织造衙门"移文巡抚召募"[①]。各地方官府则以承差应役的形式令本地丝织业户[②]和行会组织的行头[③]雇觅，到织局服役。招募来的工匠因系官局编制内供给口粮的额设人匠，故一般又称为食粮官匠或局匠。这类工匠雇募到官局应差之后，如不被革除，不仅成为他本人的终身职业，并且是以子孙"世业相传"。例如，1741 年，苏州织造衙门曾严禁织造局的所官、管事、高手、管工，对年老告退或病故机匠子侄应行顶补者，或隐瞒不报或恣意需索陋规，"得满所欲，方肯代为禀报"。织造官在告示中加以斥责说："惟是尔所管等，亦具有人心，当思年老病故之情，在本局效力有年，理应怜其子侄，

---

① 孙珮编：《苏州织造局志》卷 10，《人役》，第 7 页。
② 李煦：《与曹寅会陈织造事宜折》，康熙四十七年六月，《苏州织造李煦奏折》一，第 24 页。又见《文献丛编》第 32 辑，第 5 页。
③ 孙珮编：《苏州织造局志》卷 10，《人役》，第 7 页。

保其家业，勉尽管事谊蔽……何忍乘机需索，丧尽天良无耻已极！"①这种以子侄继承父辈职业，乃是机匠对官局的人格依存的一种表现形式，因此对机匠而言，顶补承充既是一种权利，也是一种义务，而织造衙门要大力维系这种"顶补"制，与其说是使机匠"保其家业"，不如说是借此使织局保持住有补充的劳动人手。

二、织局招收幼匠学艺从而成为养成工。这种幼匠主要是织局中工匠的子侄准其带局学习，或以继承"顶补"父业的形式自幼在局习艺，最初经过学徒阶段，然后升正匠就成为织局的养成工。这类幼匠养成工以江宁局人数较多②，即如摇纺匠一项，就有 526 名。据一七四七年官府报告说：这些摇纺匠"皆自幼在局习成，与民间外户各别，难以临时募补，仍按旧制，以在局学成之幼匠，补充斥革病故之原数，照旧例按名月给食米三斗"③。这是因为当时调整江南三局生产，而江宁局的摇纺匠和染匠人数较多，须加裁减，但鉴于摇纺匠自幼在官局学习手艺而成，便加以照顾，留局补充缺匠额数。这说明清代官营织造工业中曾经使用大批学徒，并注意对养成工的培养和技艺的提高，作为补充织局劳动人手一种后备的源泉。

这两种形式主要是通过招募长期固定在局做工，并成为局匠的基本组成部分。除此之外，织局还用承值应差和领机给帖种种方式，占用民间丝经整染织业各行手工业工匠的劳动，作为使用招募工匠的补充形式，这留在下面讨论官局织造和民间丝染织业关系时，再来具体论述。

四 局匠的待遇及其在生产中所处的地位

清代江南织造既以使用雇募劳动为特点，因而织局工匠一般都享受口粮和工价的待遇。

---

① 《江苏省明清以来碑刻资料选集》，第 7 页，乾隆六年二月告示碑刻。
② 如供应机房在 1738 年和 1747 年间，在 30 名挑花匠内就有幼匠 6 名。两个年份人数均同。
③ 乾隆《大清会典则例》卷 38，《户部·库藏》，第 16—17 页，乾隆十二年奏准。

先看口粮供给标准和支领办法。织造局编制内额设工匠，按规定都支给口粮食米，因此口粮就成为"各匠养命之需"不可缺少的生活资料。本来，"口粮之设，所以赡匠，而役亦与焉"。这就是说，除局匠之外，局役也享有口粮的待遇。这种匠粮是由地方官府以赋税（漕米）方式"征于州县"，就近"解来散给"①。

各局匠役的口粮都是按一定标准供给。如以江宁织造局为例，据黄册档案资料表明②，1738年份，供应倭缎和诰帛三个机房的各种匠役，一律都是"每名日食米一仓升"，按日数计算，开工时支米，工竣不支③。其中只有供应机房30名挑花匠例外，他们是按月支米，月月支领，并无停支之例，而且米数较高：管事月支8斗，散匠月支5斗，妆颜色匠和幼匠各月支3斗，其名称也与一般人匠不同，叫作"家口食米"。因为这一部分"散匠"是由织局雇募而来，他们散居局外各有家口。而一般人匠则经常住在局内，连工竣口粮不支期间也要在局"暂住"。到1747年份，江宁局供应机房和倭缎机房的大部分工匠从一般人匠中分了出来，称做"机匠"，改为按月每名支领食米4斗；而另一部分统称"摇纺等匠"的，仍然按日每名支食米1升；"局役"一类是按月支米，各依其职务之不同，分别支米1石至5斗不等，最低至4斗而止。只有诰帛机房各匠，仍然是按日支领，每人日食1升，其不同于1738年份者，在于按日支米的人数减少了，只有142名，连续支领3个月，此外添了几项按承造织品匹数件数支领匠米的记载，仿佛是他们改为主要依靠按承包件数支领食米了④。

---

① 孙珮编：《苏州织造局志》卷6，《口粮》，第1页；《苏州织造李煦奏折》一，第70页；石韫玉等纂：道光《苏州府志》卷17，第33—34页。

② 清代钞档：乾隆四年四月初六日管理江宁织造兼管龙江关税务员外郎李英题；乾隆十三年四月十一日管理江宁织造兼管龙江西新关税务总管内务府坐办堂郎中吉葆题。奏销册。以下所述江宁局各机房匠役工食资料，均据此整理计算所得。

③ 例如，供应机房有机匠84名，自乾隆二年四月初三日开工支米，九月十九日工竣停支。倭缎机房有84名上用倭缎匠，自乾隆三年一月起，"工竣暂住，口粮不支"；另有部用倭缎机匠26名，从乾隆二年六月初十日起支米；斸花匠仅支米6个月，画裱匠仅支米5个月，其余月份，"工竣暂住，口粮不支"。诰帛机房工匠也是一样，线罗人匠五月至八月等4个月开工支米，神帛人匠自二月一日至九月底开工支米，其余月份，工竣不支。

④ 例如，当时诰帛机房按日支米者142名，连支3个月的米数共126石多，而按承造件数支米两次共计有300余石之多。

这一变化表明，工匠在食米待遇方面分出许多种类和等级，1747年份比1738年份口粮标准已有提高。现在照支领米数分组，把各项匠役按工种等级排列起来，其情况如表8所示：

表8 江宁局各机房匠役支领口粮分组统计
（1747年份）

支领口粮标准	总人数	工种和人数
月支1石者	3	局役项下：缎纱机所管2名，摇纱所管1名
月支8斗者	1	挑花匠项下：管事1名
月支7斗者	43	局役项下：缎纱机高手32名，摇纺高手5名，染局高手2名，接丝高手4名，共43名
月支6斗者	60	局役项下：管缎6名，管纱2名，管丝斤并摇纺8名，管经纬4名，管圆扁金2名，管绒2名，管染4名，管料4名，管催工4名，管花本2名，管销算4名，管册档4名，管丈量4名，管库6名，共计60名①
月支5斗者	32	局役项下：搜检8名，巡风4名，共12名；挑花匠项下：散匠20名
月支4斗者	1748	局役项下：看大门2名，管堂2名，共4名；机匠1780名
月支3斗者	9	挑花匠项下：妆颜色匠3名，幼匠6名，共9名
日支1升者	698	摇纺等8种：摇纺匠526名，打线匠10名，雕清花匠7名，折缎匠2名，刷经匠3名，牵底经匠1名，劂花匠1名，画裱匠6名，共计556名。神帛各匠142名
按件支米者		诰帛机房各匠的绝大部分

由表8可以看出，在局役方面，口粮支给标准共分六级，米数自1石至4斗，月支食米1石和8斗者为所管和管事，他们是管理机房的负责人；月支7斗者全为各种高手人匠，他们是技术管理人具；月支6斗者都是各种管工和行政事务管理人员；月支5斗至4斗者是属于各种差役。在工匠方面，支给口粮分三级，米数自5斗至3斗，其口粮待遇显然比局役为低。工匠待遇最高者是挑花匠中的"散匠"，其月支口粮5斗，仅等于局役中的搜检和巡风，次高者为"机匠"，此类人数最多，达1780名，月支口粮4斗，仅等于局役中最低一级的看大门、看堂之类。而摇纺等匠556名，神帛各匠142

---

① 编者注：此处各项局役共计仅有56名，原文如此。

名，只在开工期间日支米 1 升，按月计不过 3 斗，是工匠中待遇最低的一级。这大概由于他们是局中的养成工，并有"养匠银"可领的关系。

通过对江宁局这一典型材料的具体分析，不仅可以看到织造官局所规定的匠役口粮的标准和差异水平，而且对江南三局来说也是具有一定的代表性。例如，苏州织造局按编制内匠役题定口粮额数计算①，织染和总织两局的花素机匠共有 2330 名，每名给月粮米 4 斗，这和江宁局机匠口粮数相同；局役共计 272 名，如按平均计算，每名月给食米在 5 斗以上。实际在局役中有所官、总高手、高手、管工等人役，他们的待遇是有差别的。到 1740 年间，据档案资料反映，苏州南北两局的机匠，每名"日给口粮四升，工价另发"②，依此计算，每人每月可领食米 1 石 2 斗。这是属于领机的机匠，因而支领口粮标准也比一般工匠稍多。至 1745 年厘定江南三局工食，三处织挽、摇纺各匠的口粮基本上仍维持在每名月给食米 4 斗的标准③，这和明代苏州和松江等府织染局中人匠食粮每月 4 斗的水平相同。

清代各织造局工匠的待遇除支领口粮外，还有领取以银两付给的工价。据档案资料表明，江宁局在 1738 年和 1747 年两个年份，工匠按月支领的工银数相同，没有变化。例如，供应机房的挑花匠，在上用官用缎纱项下支银者 26 名，每月支手工银 25 两，平均每人月支 1.39 两④；在户部派织项下领银者有 12 名，每月支手工银 24 两，平均每人月支银 2 两；倭缎机房画裱匠 2 人，每人月支手工银 5 钱，厮花匠 1 名，月支手工银 1.5 两；诰帛机房的诰命、神帛、线罗各匠 370 名，每名每年领"养匠银"7.2937 两⑤。在这里，按月

---

① 孙珮编：《苏州织造局志》卷 6，《口粮》，第 2—3 页。
② 清代钞档：乾隆五年四月初六日吏部尚书署理江南江西总督郝玉麟等题。
③ 乾隆《大清会典则例》卷 38，《户部·库藏》，第 15、16 页。
④ 编者注：此处数字有误，原文如此。
⑤ 江宁局织造诰敕、制帛、线罗等项，自康熙四十七年题准，额设匠役 370 名，每年给养匠银 2700 两（雍正《大清会典》卷 201，《工部·织造》，第 4—5 页，并参《苏州织造李煦奏折》一，第 24 页）。

支领工银是主要的形式。

在苏州织造局的工匠支领工银，则有日计、月计和件计三种形式。据1685年记载各项工银的定额看，机匠工价是以日计：缎纱花机机匠每日工银一钱五分，缎素机机匠每日工银一钱三分五厘，织匠是六分，挽匠是三分，织挽匠每日并拾盐菜银五分，每日送饭银一分。挑花、倒花、画匠工价是以月计：挑花匠每月工银二两，倒花匠为五钱，画匠是二两。掉络牵经等工银是以件计：掉络纱经纬丝、帕子丝，每两工银一分，牵经缎纱上机每机工银八分，打边线段纱每匹工银一分①。各项工匠领取工银形式的不同，是基于在生产过程中的工序特点所决定的。不过，从这里可以看到，如织挽匠、牵经匠、打线边匠等的工银，和1653年苏州局开始实行"买丝招匠"办法时的工价水平基本没有什么变动。

在18世纪40年代间，通过对江南三局工料价银的调整，可以了解在此前后江宁、苏州、杭州三处所采行的各项工价水平（见表9）。

表9　　　　江南三局各项工价支银标准　　　　单位：银两

工价项目		计价单位	江宁局	苏州局	杭州局
染色：	大红色	每两	0.120	0.150	0.150
	二红、三红色	每两	0.013	0.015	0.015
	其他各色	每两	0.004—0.009	0.010—0.020	0.004—0.009
摇纺：	上用经丝	每两	0.020	0.040	0.020
	纬绒丝	每两	0.010	0.016	0.010
	官用经丝株	每两	0.018	0.020	0.018
	纬绒丝	每两	0.009	0.016	0.009
	掉络刷纱	每两	—	—	0.010
牵经接经		每匹	0.080	0.080	0.080
打线		每工	0.004—0.010	0.004—0.010	0.004—0.010
织挽各匠		每人每日	0.050	0.050	0.050

资料来源：据乾隆《大清会典则例》卷38，《户部·库藏》整理。

---

① 孙珮编：《苏州织造局志》卷5，《工料》，第5—7页。

在这里需要说明的，染价方面，苏杭染大红、二红、三红色工价比江宁要高一些的原因是"颜色精佳"①，其他各色染价，苏州比江宁、杭州二处要高，是因苏州局没有额设食米染匠，而系雇用民间染匠加工。1745年曾加以调整，把江宁和杭州二处染匠食米裁去（江宁局每人月给4斗，杭州局为2斗4升），酌量增加工价，大红染色江宁局增为1钱3分；其他各色染价，江宁和杭州二局向作四五厘者增为六厘，八九厘者增为1分，1分以上者增为1分5厘②。在摇纺工价方面，苏州局因未额设摇纺支米工匠，一向雇用民间车匠摇纺，表中所列各项摇纺工价，乃系1745年新定加工销算标准③。织挽各匠待遇三处都是规定每人每日工银5分，使苏州局的织匠和挽匠的待遇比以前显著降低，从前连工银和盐菜津贴银计算，织匠每日可得银1钱1分，挽匠每日得银8分。其余各项工价，则"仍照旧例开销"。经过这番调整后，固然使江南三局各种工匠（包括局内和民间雇匠）以前领取工银水平的差异得到消除，但由此却使江宁、苏州和杭州三局的工匠将遭受同样深度剥削的后果。

由于清代江南三局织造使用雇募工匠，工匠不仅支领口粮还享有工银的待遇，这就使人容易产生一种错觉，认为这是用"货币工资"来支付的"雇佣劳动"，它"表现了资本主义生产的萌芽"。很明显，这是受了以货币支付工价的现象所迷惑，而脱离了生产资料所有制的条件，不去考察它所反映的生产关系的实质，就由此认为它是资本主义关系的特征表现。这样，不论在事实上或在理论上就不可避免地要把官局工匠所领的工银同近代意义上的货币工资混为一谈了。

在清代织造官局做工的工匠，其身份地位比之明代官局的工匠显然已有改变，并享有一定的劳动报酬。尽管如此，清代织造局匠虽通过招募而来，但在官局做工仍是一种当差服役的性质，不

---

① 乾隆《大清会典则例》卷38，《户部·库藏》，第14页。
② 乾隆《大清会典则例》卷38，《户部·库藏》，第16页。
③ 乾隆《大清会典则例》卷38，《户部·库藏》，第15页。

但带有浓厚的封建劳役性，而且还是一种终身职，其身份地位则是以"世业相传"为特征。所以清代的织造局匠在很大的程度上还不曾完全摆脱封建强制的束缚，并表现为对官局的人身隶属。正因为这样，工匠在官局就处于无权受奴役压迫的地位，并经常处于封建暴力的威胁之下，织造局官吏往往是对"匠役有过，惩创必加"①。有一个反面资料说萨碧汉在任苏州织造时，"鞭扑之刑不轻加匠役"②。这表明在织局内平时就是以"鞭扑之刑"来维持劳动纪律的。

工匠在局既不能使其"枵腹供役"，故享有一定数量的口粮和工价的待遇，这又使他们成为官局胥吏盘剥科敛的对象。以工价来说，江宁织造局在1645年至1708年间，"各匠虽有工价名目"，但"所定工价甚寡"，其中如织造神帛和官诰工匠的工价，以匹计算，仅及织造倭缎工价的十分之二三。据当时官府报告说："历任缎臣〔即织造官〕无可动钱粮，惟一循旧例。若竟行革除〔诰帛二项人匠〕，则穷匠星散谋食，不能束腹以待钦工。"③ 可见神帛和官诰两个机房370名工匠，为了领取这点低微的工价，不得不忍受长期残酷的封建剥削。1708年题定维持他们生活的"养匠银"，每年虽有2700两④，平均每人每年只能拿到七两三钱银子，食米只在开工时才能领到，"工竣暂住，口粮不支"，待遇仍是十分微薄的。在支领工银方面，据记述，清格立在1685年代管苏州织造局时，"亲给各匠工价，悉照司法兑发，胥役不得经其手，扣克之害顿绝"。这表明当时织局胥役在经手发放工价时，利用银两成色分量对工匠进行剥削的情况是相当严重的，以致成为一种"扣克之害"。同时对工匠口粮又规定"按期给粮，一遵经制册，用官斛亲

---

① 孙珮编：《苏州织造局志》卷9，《宦迹》，第2页。
② 孙珮编：《苏州织造局志》卷9，《宦迹》，第3页。
③ 李煦：《与曹寅会陈织造事宜》，康熙四十七年六月，《苏州织造李煦奏折》一，第24页。
④ 雍正《大清会典》卷201，《工部·织造》，第4—5页。

放，侵冒者畏罪不前，甚至廒夫斛手之需索，亦严为之禁"①。这说明平时苏州局在放发工匠口粮多不按期，量米用不同斛斗，侵冒和需索也已成为惯例。尽管有此严禁，但仍然不能从根本上加以杜绝。到1739年农历二月间，当"米价昂贵，各匠艰难"之际，苏州局所官奚廷秀企图乘机克扣局内机匠，"欲将春季口粮，九折放给"，表示"至冬季总算，尚有余剩，再行派给各匠"。结果遭到各匠反对，认为这是"扣克"，"啧有烦言"，闹至织造官海保处，因阴谋败露，最后只好"足数发给"。当年农历十月间，局中又要发给各匠冬季口粮，因平日"匠粮在仓"，织局经管官吏"不加谨收贮"，以致"厂米耗折"。发放口粮时就用"亏折短给"的办法，把米的损耗算在工匠帐上，"即照见存之数均派，每名计各少米五斗有零，总共少米三百八十五石"。这个克扣短给数目不小。后"各匠即闹至经管粮书胡世昭家"，"该书即设法变银四百五十两，每名给银六钱八分而散"。

不仅如此，这次苏州织造局的"所官奚廷秀，因扣克口粮不遂"，乃随即和织造官海保密谋对工匠进行种种报复迫害。"至六月内，海保据奚廷秀禀称，〔局内〕机户多有顶冒，随行察点"。到八月中旬以"顶替旷工"为名示革机匠朱裕章等37名。因为这些机匠是由民间机户机匠领帖承充，遭受官局革除后，"以致各户失业"。九月下旬以朱裕章为首的革匠乃采取封建迷信的喊冤办法，"纠众身背黄布冤单，头扎神马，拜往城隍庙"，"经过廷秀之门，焚化神马"。"后奚廷秀〔家〕失火，诬陷各匠放火"，"随具禀海保"，将革匠朱裕章为首8名饬发长洲县，"究拟枷责"。结果不惜用暴力来"冤滥无辜"②。

这些事实充分反映了织造局的封建势力平日对工匠的剥削和压迫极端残酷，因而使得广大工匠和封建势力之间的阶级矛盾和斗争，也就表现得十分尖锐。

---

① 孙珮编：《苏州织造局志》卷9，《宦迹》，第4页。
② 清代钞档：乾隆五年四月初六日吏部尚书署理江南江西总督郝玉麟等题。

五　江南官局织造对民间丝染织业控制和利用的方式

　　清代在江宁、苏州和杭州经营的官局织造工业，同当地民间经营的丝染织手工业有着十分密切的关系，这从下述一事可以看出。1712年江宁织造曹寅在扬州病故后，江西巡抚郎廷极在奏请以曹寅之子曹颙继任织造折中说："今有江宁省会士民周文贞等，并机户经纪王聘等，经纬行车户项子宁等，缎纱等项匠役蒋子宁等，丝行王楷如等，机户张恭生等，又浙江杭、嘉、湖丝商邵鸣皋等，纷纷在奴才公馆环绕具呈……吁恳题请以曹寅之子曹颙，仍为织造"①。这个奏折值得注意的是其中提到各个人的社会职业，如为织造供应原料的有丝行商人，摇丝经业有经纬行车户，织业方面有机户经纪和机户，以及织造缎纱等项的工匠，这些社会分业固然是构成南京丝织业的主体，同时也反映了民间丝织业中的丝行商人、车户、机户和织挽匠等同江宁织造局的关系密切。这种关系就是通过各种不同的形式而联结起来的。总的说来，这是清代官局织造改变了对民间丝染织业利用和剥削方式所产生的一种结果。

　　先从织造原料的来源说，清代江南三局的织造原料——丝斤，不是征用税丝和"召买"而来，而是按时价采买。历年所行的办法，是织局差委司库等员，带同书役，前往浙江杭州、嘉兴和湖州三府一带，按照市场价格，向丝行丝商采购，以供织作。各类上用丝产于乌程县的南浔镇和吴兴县的双林镇，各类官用丝则产自湖州的新市。这三处的缫丝手工业为官局提供了大量的织造原料，并在一定程度上促进了这一带地方农村育蚕缫丝业的发展。

　　各织造局采买生丝的价格，户部和内务府会同作出了控制报销的限价，如在市场丝价昂贵时，并议定各类丝斤价格可予增加的限度，请看表10：

---

　　①　康熙五十一年八月二十八日具奏，《文献丛编》第12辑，《清康熙朱批谕旨》，第42页。

表 10　　　　　　　　江南三局采买丝斤报销价格

1739 年以前至 1755 年　　　　　　　　单位：银两

丝斤种类	1739 年以前 每两价银	1739 年以前 每两最高价	1745—1747 年划一规定 每两价银	遇贵时增加银数	1755 年新定 每两最高限价
上用经丝			0.082	0.021	0.103
纬丝	0.089	0.110	0.077	0.016	0.093
绒丝			0.075	0.016	—
官用经丝			0.081	0.012	0.092
纬丝	0.088	0.100	0.075	0.007	0.082
绒丝			0.074	0.007	

资料来源：《总管内务府现行则例》，《广储司》卷 2；乾隆《大清会典则例》卷 38，《户部·库藏》；卷 159，《内务府》；光绪《大清会典事例》卷 1190，《内务府·库藏》；清代钞档：乾隆二十年九月十二日署理户部尚书阿里衮奏。

这种限价与其说是为了杜绝贪污，不如说是鼓励织局官吏向民间压价采买，立意掠夺商民。如以 1755 年浙江丝产区市价来看，上用丝每两实需价银一钱三分五厘，官用丝每两实需价银一钱二分，"计比销价，每两贵至三分六七厘"[①]。在当年虽准许把采买销价略为提高一些，但仍低于市场的售价。江南三局采购丝斤常因例价不敷，在名义上有所谓由织造官"赔补"的说法，实际是织造官用种种盘剥的方法取偿于商民，而榨取的承担者最后还是落在蚕丝业直接生产者的头上。

在采买丝斤方面还有一种勒索榨取的方法。如由江宁赴杭州买丝，相隔产地七百余里，苏州赴杭也有二百余里。按 1745 年规定："嗣后除三处采买丝斤之委员，毋庸另行支给盘费，杭州与产地接壤，毋庸给与运费。"[②] 实际上，这是替织造局派出采买的官役敞开了贪污勒索方便的大门，盘费运费既不能由委员自掏腰包，那就只能向当地商民进行额外的勒索和巧立名目的榨取了。

---

①　清代钞档：乾隆二十年九月十二日署理户部尚书阿里衮奏。
②　乾隆《大清会典则例》卷 38，《工部·库藏》，第 16 页，乾隆十二年议准；《总管内务府现行则例》，《广储司》卷 2，第 31 页。

再从丝经整染加工来说，织造局用承值当差的办法，占用民间手工业工匠的劳动为其服务。这以苏州织造局表现得最为典型。例如该局编制内向无额设摇纺匠和染匠，所有丝经整染以及圆金、扁金和色绒的练染，完全利用苏州民间各业铺户和工匠以"承值"的形式代为加工。据记载说，凡官局丝绒染色，"大红、南红、水红三项，大红染匠承值，浅色绒铺练染。查苏城绒铺繁多，最易承值"。因此苏州绒铺户染匠例由织造局"遍给编号招牌悬挂，概免一应差役"①。至于民间摇纺纱经纬丝的车匠和染匠，则以"召募充役"的形式在官局登记下来，"名为额设"，实际"例不给粮"，"向无食米"。如有"死绝逃亡及改业者"，则由官局"另募补充"②。在这种形式下，民间手工业者从事丝经整染的加工作业，一般并不在织局内进行。如丝经摇纺系由车匠向织局按分量"包足"③，染色也是织局将经纬颜料由染匠"整顿领去"，染练晒干，然后按斤两交纳贮库。工匠替织局加工除以每两计算工银外，照例不享受支领口粮食米的待遇。据记载说，当时织造局"所给染价，大半为绒铺包头侵克"④。这并不表示织局付给他们的工价没有扣克。例如，1685年织局"议减工料价银二千八百两，在染匠、车匠、金、绒铺户四项均扣；惟机匠困苦，照旧不减"⑤。这就是官局对这四行代为加工的工匠在工价方面进行扣减的证明。这样就使各行工匠，特别是染匠，既受官局剥削，又受铺内包头的"侵克"，从而不得不迫使染匠用"作弊"的方法来进行抵制。本来，染练经纬，应加晒干，按期交纳织局贮库，使局内"织匠得以领料，既无分两亏损，又无颜色浅深"。结果因"染匠惯用潮粉"，并"辄以潮湿称付，及至干折上机，止有八五八折"，"致机匠亏折赔补"。"且故为刁难，不肯一齐

---

① 孙珮编：《苏州织造局志》卷10，《人役》，第7页。
② 孙珮编：《苏州织造局志》卷10，《人役》，第1、5页；乾隆《大清会典则例》卷38，《户部·库藏》，第14页。
③ 孙珮编：《苏州织造局志》卷5，《工料》，第2页。
④ 孙珮编：《苏州织造局志》卷5，《工料》，第7页。
⑤ 孙珮编：《苏州织造局志》卷1，《沿革》，第4页。

交割,一匹之纬,零星陆续者几次,浓淡不一,粗细不等","以致织来段匹身分颜色,驳杂不纯"。甚至还"串同车匠,换经交纳,朦胧搪塞"①。看来,这都是官局利用民间染匠承值应差的必然后果。

当时苏州织造局用承值当差和"召募充役"的方式把民间整染业铺户和工匠登记固定下来,使之隶属于官局加以控制,并强制规定他们经常地长期地为织局进行整染加工,这种形式官府又称之为"遇工雇募"。1745年调整江南三局织造后,这种"遇工雇募"的办法,在江宁和杭州两处也加以推广,并规定这两局原有的摇纺染匠,"嗣后或遇斥革,或有病故,即停募补。有派织事件,照苏州之例,遇工雇募,空缺人役,按季报部"②。不难看到,所谓"遇工雇募",是指民间手工业者在封建义务约束下,以特定的承值形式受官局的雇募当差,而不是通过什么劳动力市场的自由雇募。

在南京,江宁织造局也以同样的方式使用民间工匠,一种情况是以"散匠"的形式招募在局内工作。如1738年和1747年两个年份,在供应机房30名挑花匠项下都有"散匠"各20名,比数很大,占三分之二,除领工银外,每月支家口食米5斗,比局内一般工匠的待遇要高一些。另一种情况是局内的附工如牵经接经匠等,则用民间工匠以日工形式轮流承值当差。织局通过各业行会组织,由行头"持票传差",工匠每人当值一天,不给工价,只供伙食。江宁织造局以这种轮流当值剥削民间手工业者的办法,直至清末仍然照旧实行。

由此看来,清代江南的织造官局以这种种方式把民间丝经整染手工业者控制在手,用来替织局一部分织造工序加工,使它们作为官局作场的局外组成部分,并成为官局使用招募工匠劳动的一种补充形式。这样就不仅可以使织局节省场房的设备和工匠口粮食米的开支,而且还可以达到占有和剥削民间手工业工匠劳动的目的。

---

① 孙珮编:《苏州织造局志》卷5,《工料》,第5—6页。
② 乾隆《大清会典则例》卷38,《户部·库藏》,第16页。

清代前期江南织造的研究　167

　　清代江南三局经营的织造工业对民间手工业生产和手工业者的控制利用，不仅只限于丝经整染挑花等加工作业，同时在织挽方面还占用当地民间大批机户机匠。这些机户机匠就是以传统的行会方式从事丝织手工业的业主和个体户。

　　清代织造局对江宁、苏州和杭州三处丝织手工业者强加于他们种种封建义务，用进行奴役的方式，最主要的是以领机给帖（官机执照）形式，把民间机户机匠控制起来，使之隶属织局，沦于"官匠"的地位。这就是所谓"机户名隶官籍"的内容和实质的体现。这种办法起源于清初，在江宁局最初于1645年以"民间各户雇觅应工"的形式出现；杭州局在1647年以内造用"民机"的办法开始；在苏州局则于1647年和1653年间，从金派机户雇工应织的形式为始，到实行"买丝招匠"织造时即已基本定型。由于在江宁苏杭三处实行这些办法的结果，就使它形成织造官局控制利用民间机户机匠的一种奴役制度，直到清末在江南三地仍行不辍[①]。可见，把导源于清初的"机户名隶官籍"制，说成为明代的制度，显然是没有了解这个问题的历史由来。

　　在江南三局所在地实行的领机给帖办法主要是这样：织机属于官局所有，由织造局拣选民间殷实谙熟织务的机户机匠承领，将"姓名年貌籍贯造册存案"，给领印帖——"官机执照"，"令其执守"，"实力当差"[②]。承领机户机匠从此即成为织局的机匠，又称"官匠"，如有出缺或被斥革，由官局照额"另行募补"给帖。南京的"领机"俗称"机头"，一般领机一二张，苏州织造局所属的南北两局，在1739年左右"共有七百二十名机户"，六个所官大约各管一百

[①] 参看 China, The Maritine Customs, Special Series: Silk (Shanghai, 1881) pp. 62-63, 83-84; 坂本菊吉《清国绢织物事情第三回报告》（明治三十四年日本农商务省商工局临时报告第二册），六，《织造局》，第48页；南京博物院民族组《清末南京丝织业的初步调查》，《近代史资料》1958年第2期；宋伯胤《苏州清代织署调查简报》，《文物参考资料》1958年第9期。

[②] 参见坂本菊吉《清国绢织物事情第三回报告》（明治三十四年日本农商务省商工局临时报告第二册），所附杭州织造局填发的"官机执照"全文。

二十名机户，每一机户至少有一张织机领有"机照"；在杭州织造局除额设"内造官机"三百张外，由民间机匠承领"官机执照"的称为"外造官机"，"专司织办正供"，规定以三百张为限，领帖机匠人数大致相近。南京和苏杭三处所采取的形式尽管可能有不尽相同之处，但在领机给帖方式下的实施办法，却具有基本的共同之点：

第一，领机给帖的机户机匠对织造局承担的义务，是在遇有织造任务时，由他们负责向织局领取原料，自行雇觅织匠进局织造，织完缴给织局，然后将领取的工银按月经手发给所雇的织匠，工价是按件或按工计算。如苏州局在1683年起就有正式规定："令机匠赴堂领银，赴库领料，以杜所官等役扣克诸弊；亦不许机匠透领经纬，擅行质当，致误上供，历经严禁"①，就是指这种生产关系的形式而言。这里所说不许"透领经纬，擅行质当"的机匠，指的是领机给帖在局当差的机户机匠。丝料是按匹件的用料定额领织，缎匹用丝分量如有不足，领帖的机户机匠须负责"赔补"。往往由于染匠染练的经纬"以潮湿称付"，使"机匠代人受过"，"亏折赔补"也是常有的事②。

第二，这种由领帖机户机匠负责的承造，是以雇工生产为特点。领机给帖的机户机匠因大部分系雇工织挽，在进局织造期间，就由他们负责供给雇觅织匠的伙食，并每日送饭到局。如苏州局在"机匠工价"项下规定有："织挽匠每日盐菜银五分，每日送饭工银一分"③，就是特为这种供给办法而制定报销工价的标准。雇工伙食的食米是在领帖机户机匠本名按月向官局支领的口粮内开支，因为他们没有工俸银的报酬，只领口粮食米，并比织局一般局匠的口粮待遇稍多。织造"工竣"，领帖机户机匠所雇觅的织匠即行散去，另找活计，而他们"所有本名口粮"，官局仍照例"准其按月支领"。这

---

① 孙珮编：《苏州织造局志》卷4，《机张》，第8页；并参看卷9，《宦迹》，第3页所载织造祁国臣宦迹。
② 孙珮编：《苏州织造局志》卷10，《人役》，第6页。
③ 孙珮编：《苏州织造局志》卷5，《工料》，第5页。

是领机给帖的民间机户机匠,从织造官局所能享受的一项权益。正因为这样,往往就"有不肖机匠","每多典机戥米,借帖射利,并有辗转顶替"的。如苏州织造局在 1739 年农历六月至八月间,就因发现"机户多有冒顶",查出"顶替旷工机匠",革除了 37 名①。不仅如此,因为机帖可以"戥押花消",在杭州地区,甚至有为"绅襟富豪,希图坐食月粮,私相授受者"②。

这样看来,承领机帖的机户机匠对官局织造,实际是处于一种中间包织人的地位,他们从官局领取原料和工银,雇工进局使用官机织挽,这就不仅有效地替官局解决了织造的劳动人手,并且还保证了官局织造任务的顺利完成。这种办法在某些方面就像清初苏州织造佥报"机户"、堂长、管事,雇工在局织造有不少相似之处。尽管在方式方法上前后有所不同,实际是后者导源于前者,也并不曾因此而改变奴役剥削的实质。承领机帖的机户机匠由于他们原来就是民间独立的丝织手工业者,大多家家自有织机,在领帖之后,一方面替官局当差,一方面又自营织业,因此就使他们不得不具有"官匠"和"民户"的双重身份。这样的结果,不仅使他们由民间独立手工业人户沦为官匠的地位,并且还由于在官局当差负责包织而不能不影响原有自营的织业,加上官局的剥削榨取,必致不断使他们的资财日益耗蚀殆尽。例如,在苏州织造局的所在地,就曾发生这样的影响。据 18 世纪 40 年代初的记载反映,苏州"东城之民多习机业,机户名隶官籍……向时颇称乐业,今则多失业矣。而机户以织作输官,时或不足,至负官债,而补苴无术者,亦往往然也"③。十分清楚,这就是当地民间机户机匠在承领机帖形式的控制下,由于遭受织造官局种种残酷的盘剥榨取所产生的社会后果。

---

① 清代钞档:乾隆五年四月初六日吏部尚书署理江南江西总督印务郝玉麟等题。
② 参看前引杭州织造局填发"官机执照"。
③ 沈德潜纂:乾隆《元和县志》卷 16,《物产》,《工作之属》;并参见沈德潜等纂:乾隆《重修元和县志》卷 10,第 7 页。

清代官营织造工业对江南民间丝织手工业者的控制利用，除用领机给帖这一基本的重要方式之外，还用其他种种方式方法恣意掠夺。例如，在苏州，织造局还用"轮值"和"均机"的办法来剥削民间的机户机匠。所谓"轮值"，就是"凡有特用袍服，拣选殷实机匠造办，贫匠概不轮值"①。这是织造局强派民间殷实机匠承造上传特用织品，名叫"织差货"。因为这是在官局织造正运之外的一项重要的临时织造任务，并不是经常性的，故用轮流当值的办法承差；而所谓"贫匠"并不是丧失生产资料（织机）的一无所有者，只因资财薄弱，承担不了这种织办任务，所以"概不轮值"。可见官局的搜括处处都是以拣选殷实的机户机匠为剥削对象。

至于"均机"，起因于1667年苏州织造局"缺机一百七十张"。所谓"缺机"指的不是官局额设织机张数的缺少，而是说在额设机数中缺少以机计算的领机包织的机匠名数②，也就是指"机匠缺额"和"局中缺匠"的意思。当时织造局就要"民机"来承担这种"缺机"的封建义务，乃在民间机户机匠中募补领机，以便给帖承充局匠，因而"民机"多想求脱。于是苏州丝织业行会组织的行头借此"倡均机之议"，从中勒索均机津贴。据记载说："初议民机二十张，均当官机一张，后因贿脱者多，仅以民机九张，均当一张。"③ 在当年因行头王斗山、丁顺宇、钮明阳等，"倡均机之议，遍处搜括，科敛津贴，借端勒索，假公济私，城乡大扰"。至1673年，王斗山"等恶"为巡抚都御史"访闻"，乃会同织造衙门饬令地方官府对他们加以治罪，"革去行头名色，驱逐出境"④，"永禁均机津贴，机民始宁"⑤。《古今图书集成》等书所记苏州丝织业工匠趁佣，"每桥有

---

① 孙珮编：《苏州织造局志》卷7，《段匹》，第2页。
② 这从《苏州织造局志》的记载也可以看出，例如，康熙十六年因"军饷告匮，奉旨裁机二百九十一名"，至二十二年时"将原额八百机张口粮，照数咨部报销"（卷4，《机张》，第3页）。这就是按领机的机匠名数和口粮计数而言。
③ 孙珮编：《苏州织造局志》卷4，《机张》，第2页。
④ 孙珮编：《苏州织造局志》卷10，《人役》，第7页。
⑤ 孙珮编：《苏州织造局志》卷4，《机张》，第2页。

行头分遣，今织造府禁革，以其左右为利"①，就是指此次禁革的事实而言。可以看出，织造官局强使民间丝织手工业者轮值当差，尽管是利用和依靠当地的行会组织进行的，但在争夺剥削民间机户机匠的利益上，使织造官局和封建行头之间不能不引起深刻的矛盾。此后不久，苏州丝织业中的封建行头又改头换面复活了，据说"蠹根未斩，衣钵相传，改行头为呈头，恣意扰民。其名则殊，其害则一也"②。这就表明，苏州丝织手工业行会组织，早自 11 世纪七八十年代以来，由于有着长期悠久的历史，使得封建行会势力根深蒂固，因而对当地丝织手工业表现出的行会强制作用也就极其严格。

根据这些事实可以看到，在江南三局的所在地，即使像在苏州地区，民间丝织业在个体经营形式占统治地位下的商品生产，尽管相当发达，但是，这种商品生产不仅一直是直接替封建制度服务，而且还由于这种生产始终是处在织造官局的控制和压迫下，并受着行会组织的限制，这就不但不能使它获得应有的顺利发展，甚而也是使得民机的生产从根本上难以摆脱这重重封建关系障碍的束缚。

总之，对清代封建国家所有制形式下的江南织造经营形态的考察，不但了解到它对民间丝染织业控制和利用的基本方式，并且在这样一种关系的实质中，还有助于从另一个侧面对当时江南民间丝织业生产性质的认识。

（原载《历史研究》1963 年第 4 期）

---

① 《古今图书集成》，《考工典》第 10 卷，《织工部》记事之四，引《苏州府志》。按此记初见于康熙二十三年蔡方炳等纂《长洲县志》卷 3，第 10—12 页；后见于康熙三十年宁云鹏等纂《苏州府志》卷 21，第 7 页。《古今图书集成》所引《苏州府志》，系引据此本。参见彭泽益编《中国近代手工业史资料（1840—1949）》第一卷，中华书局 1962 年版，第 101 页。

② 孙珮编：《苏州织造局志》卷 10，《人役》，第 7 页。

清代宝泉宝源局与铸钱工业

　　铸钱一向是历代封建政府所垄断经营的一个重要的官局工业。清人在入关以前，早在天命元年（即明万历四十四年）努尔哈赤建立金国政权时起，就已开始制钱铸造，名天命通宝钱。后历天聪、崇德，代有鼓铸。顺治元年定都北京，清朝始正式设置户部宝泉局、工部宝源局，铸顺治通宝钱；同年并颁发钱式，命各省镇开局铸造①。自此以后，各省镇铸钱工业陆续分批地建立起来②。据档案资料表明，顺治八年左右，各省镇设局开铸者有14处，铸钱炉多至1002座③。顺治十四年户部曾一度题准各省铸局概行停止，直到顺治十七年复令设炉开铸。康熙元年又令各省停铸，只留宝泉局和江宁局两处照旧设炉鼓铸。至康熙六年，户部题准各省开炉，恢复铸钱④。其后各省局铸钱，虽或设或停，炉亦不时增减。大致说来，顺治年间京外各地设铸钱局最多时曾达26处，顺治十八年尚存钱局21处，至康熙时渐增至32处⑤。这样，就在全国范围内形成了一个庞大的铸钱工业的生产体系。

　　清代铸钱工业自顺治元年建立后，经过不断调整和改进，至18世纪20年代前后开始获得巩固和发展。直到19世纪初年以后，始因铸钱原料的铜铅供应不足，继因银贵钱贱的影响，乃不时停铸减卯，或旋减旋复，生产基础很不稳定，以致铸钱工业面临深刻的危机。

　　考察清代铸钱工业，以京局即宝泉宝源两局厂为例，是有代表

---

① 嵇璜等纂：《清朝文献通考》卷13，《钱币考一》，第4965—4966页。
② 参看乾隆《大清会典则例》卷44，《户部·钱法》所载直省鼓铸。
③ 清代钞档：顺治九年四月十八日户部侍郎赵继鼎题。
④ 雍正《大清会典》卷48，《户部·钱法》，第3页。
⑤ 唐与昆撰：《制钱通考》凡例，第1页；卷1，第13页。

性的。因为它属于中央铸钱局厂，探索其生产经营的特点，在很大程度上具有典型的意义。

一　京局的设备和生产能力

户部宝泉局的铸钱厂，最初设在北京东四牌楼之北。顺治元年年初建时设炉 100 座①。雍正四年，调整炉厂，分设东、南、西、北四厂，其原有旧厂改作公署，仅收贮铜铅，不复置炉。东厂设在东四牌楼的四条胡同，安炉 12 座；南厂设在东四牌楼的钱粮胡同，安炉 12 座；西厂设在北锣鼓巷的千佛寺后，安炉 14 座；北厂设在新桥北的三条胡同，安炉 12 座。这四厂共安炉 50 座，作为正炉。另外在东、南、西三厂，各设勤炉 3 座，北厂设勤炉 1 座，共计 10 座。安设勤炉的目的，主要是"以备铜铅多余，加卯鼓铸"②。

工部宝源局的铸钱厂，向设在北京朝阳门内的西南。顺治元年年初建时设炉 50 座③。顺治十四年起停止生产，至顺治十七年始恢复开铸④。康熙元年至五年间，大概又一度停铸，旋即复炉。雍正六年，宝源局请照"户部分厂之例"，添设一厂于崇文门内东之泡子河。旧厂安炉 12 座，新厂安炉 13 座，共为正炉 25 座。同时又在旧厂设勤炉 6 座，以备加卯鼓铸⑤。当时宝源局所属两厂，共有 31 座铸钱炉，其厂数和炉座数，都只及宝泉局的一半。

19 世纪初，清朝政府为鼓铸搭放京员俸钱，嘉庆五年又在宝源局旧厂增设俸炉 3 座，新厂增设俸炉 4 座，共 7 座；宝泉局添设俸炉 23 座，嘉庆九年又裁去俸炉 10 座⑥。实际添设只有炉 13 座。户工两局炉厂设

---

① 雍正《大清会典》卷 48，《户部·钱法》，第 1 页。
② 《清朝文献通考》卷 15，《钱币考三》，第 4984 页。按户部宝泉局设炉情况，乾隆《大清会典则例》作顺治元年设炉 50 座，乾隆七年增炉 10 座（卷 44，《户部·钱法》，第 1—2 页），则与其他官书所载不同。
③ 雍正《大清会典》卷 200，《工部·铸钱》，第 30 页。
④ 唐与昆撰：《制钱通考》卷 1，第 11 页。
⑤ 《清朝文献通考》卷 13，《钱币考一》，第 4987 页。
⑥ 《清朝续文献通考》卷 19，《钱币考一》，第 7688 页。

备经过不断调整后，宝泉局四厂共设炉73座，宝源局两厂共设炉38座。直到鸦片战争后，两局各厂大体上仍保持着原有正炉设备的规模。

清代铸钱工业的特点，是按照一定的生产定额进行，通常以铸钱一期为一卯作标准，不仅规定一卯用工用料和铸钱的数额，并且在一定时期内还规定每年开铸的卯数。户工两局各厂由于生产设备和规模大小不一，岁铸卯数亦有差别。在17世纪40年代和80年代初，户部宝泉局每年开铸30卯，遇闰加铸3卯①，工部宝源局的铸卯可能只及其半。在康熙二十三年左右，题定宝泉局年铸40卯，宝源局只有24卯②。以后两局各有增减不一，大体视鼓铸的需要和可能而定。根据历年题定两局岁铸卯数，列表1比较来看，18世纪20年代，两局每年开铸卯数开始接近平衡，以后并维持在一个相当长的时期，虽有变动仍相互接近。不过两局每卯用工用料和铸钱的定额标准不一样，实际在生产能力方面还是有着一定的差别。

表1　　　　　　　　历年题定户工两局岁铸卯数

题定年份	宝泉局	宝源局	题定年份	宝泉局	宝源局
康熙二十三年（1684）	40	24	二十一年（1756）	81	81
三十三年（1694）	36		二十五年（1760）	76	
雍正元年（1723）	40		二十七年（1762）	71	71
二年（1724）		40	三十八年（1773）	75	
四年（1726）	41	41	六十年（1795）	30	30
十年（1732）		37	嘉庆元年（1796）	40	40
十三年（1735）		41	四年（1799）	75	70
乾隆六年（1741）	61		五年（1800）	91	86
九年（1744）		61	九年（1804）	75	
十六年（1751）	71	71			

资料来源：据雍正《大清会典》、乾隆《大清会典则例》、《清朝文献通考》卷13—18、《清朝续文献通考》卷16整理。

---

① 乾隆《大清会典则例》卷44，《户部·钱法》，第1页；王庆云：《熙朝纪政》卷6，第26页。

② 《清朝文献通考》卷13，《钱币考一》，第4973、4974页。

按每卯用铜铅数来看，宝泉局在康熙三十三年规定用铜铅 5 万斤，康熙五十一年增定为 10 万斤，康熙五十七年增为 12 万斤[1]；而宝源局在雍正十二年以前，规定每卯只用铜铅 6 万斤，雍正十二年以后，宝泉局每卯用铜铅减为 102857 斤，而宝源局每卯用铜铅斤数只占其半，即 51428.5 斤[2]。康熙五十三年用四色配铸（滇铜、白铅、黑铅、点锡）青铜钱，户工两局每卯用料数额[3]，仍和雍正十二年后变动的定额相似。因每卯用料额数不同，铸出钱文也就有多有少。按清初以铸钱 12880 串为一卯[4]，以后因铸钱每文重量有改变，每卯铸钱数稍有变动。户工两局每卯铸钱数的差额，约为 50%。例如在康熙六十年，宝泉局每卯用铜铅 12 万斤（其中铜 72000 斤，铅 48000 斤），铸钱 12480 串，宝源局每卯用铜铅 6 万斤（其中铜 36000 斤，铅 24000 斤），铸钱 6240 串[5]。乾隆六年用四色配铸青铜钱，宝泉局每卯铸钱 12498 串，宝源局每卯铸钱只有 6249 串[6]。这就是由于两局的生产条件不同，在生产能力方面反映出的高下水平。

历年两局的铸钱数，在清初并无一定额数。顺治元年以后，大致每年自数万串至数十万串。顺治十五年以后，制钱改重，铸额稍有减少，至顺治十七年后数复加增，宝泉局每年铸钱 20 万余串，宝源局 18 万余串。康熙初年，两局铸钱数又稍有减少，直至康熙二十三年左右，两局虽分定卯数，但因铜铅办解迟速不一，铸卯旋增旋减，每年铸钱数，宝泉局为 28 万余串或 23 万余串不等，宝源局为 17 万余串或 12 万余串不等。康熙五十年以后，两局卯数递经增定。至康熙六十年，宝泉局岁铸钱 449280 串，宝源局为 224640 串，共约 673920 串。雍正十二年，两局每年额铸钱为

---

[1]《清朝文献通考》卷 14，《钱币考二》，第 4975、4978、4979 页。
[2]《清朝文献通考》卷 15，《钱币考三》，第 4990 页。
[3]《清朝文献通考》卷 16，《钱币考四》，第 4998 页。
[4] 乾隆《大清会典则例》卷 44，《户部·钱法》，第 1 页。
[5]《清朝文献通考》卷 14，《钱币考二》，第 4980 页。
[6]《清朝文献通考》卷 16，《钱币考四》，第 4998 页。

602687串①。乾隆十年，宝泉局额铸钱69万余串，宝源局额铸钱345000余串，岁铸钱共1305000余串②。18世纪50年代后，根据清代钱法档案资料计算，宝泉局在乾隆二十二年至五十八年间平均每年开铸75卯，岁铸钱933733.216串；宝源局在乾隆四十三年至五十八年间平均每年开铸72卯，岁铸钱447744.732串。从这以后，特别是在嘉庆九年至十一年间，宝泉局因鼓铸原料的铜铅不敷，铸卯时减时复③。本来，自清初以来，按铸钱比数说，"皆户部铸二，工部铸一"。到19世纪以后，情况一变，当时宝源局正炉以外，有勤炉、俸炉加铸，岁铸钱113万串，而宝泉局岁铸钱只53万串④。至于各省局如果按常年生产情况，全国14省设炉197座，每年开铸373卯，岁可铸钱1146269.523串⑤，估计全国每年铸钱数当在281万串。

鸦片战争前后，因"自银价愈昂，钱本愈贵"⑥，给铸钱工业带来了严重影响。道光四年起，福建、山西、陕西、江苏、浙江、湖南、湖北、广西、贵州、直隶等省局，都先后陆续奏明暂行停铸。至道光二十一年停铸省局有11省之多，后经户部催令各省开铸，到道光二十三年年底还不曾完全恢复鼓铸⑦。至此，清代各省铸钱工业已经处于瘫痪状态，唯独京局迫于维持钱法和货币流通的必要，仍照旧鼓铸，并又回复到"户部铸二，工部铸一"的比例。两局平均每年铸钱保持100万串以上的水平（见表2）。

---

① 据《清朝文献通考》卷14，《钱币考二》，第4980页；卷15，《钱币考三》，第4990页计算。
② 乾隆《大清会典则例》卷129，《工部·鼓铸》，第21页。
③ 《清朝续文献通考》卷19，《钱币考一》，第7687、7688、7690页。
④ 王庆云：《熙朝纪政》卷6，第26页。
⑤ 《铜政便览》（钞本）卷5上，各省局每卯铸数。唐与昆撰：《制钱通考》卷3，第13—17页，所载略同。
⑥ 王庆云：《熙朝纪政》卷6，第26页。
⑦ 唐与昆撰：《制钱通考》卷3，第25—26页；《清朝续文献通考》卷19，《钱币考一》，第7692页。

清代宝泉宝源局与铸钱工业　177

表2　　　　　　　鸦片战争后京局历年铸钱交库数　　　　单位：串

年份	宝泉局	宝源局	合计
道光二十一年（1841）	840571.992	390000.000	1230571.992
二十二年（1842）	762933.454	360000.000	1122933.454
二十三年（1843）	830568.753	360000.000	1190568.753
二十四年（1844）	990623.572	360000.000	1350623.572
二十五年（1845）	811692.376	360000.000	1171692.376
二十六年（1846）	920645.914	364485.327	1285131.241
二十八年（1848）	804752.227	360000.000	1164752.227
二十九年（1849）	848131.941	390000.000	1238131.941
三十年（1850）	746021.408	330000.000	1076021.408
咸丰元年（1851）	857809.139	390000.000	1247809.139
二年（1852）	581833.306	252000.000	833833.306
总计	8995584.082	3916485.327	12910069.509

资料来源：清代钞档：户部银库大进黄册。道光二十七年铸钱数，黄册原缺。

　　咸丰三年起，户工两局厂开始改铸大钱。当时太平军兴，清廷饷需支绌，加以西南各省铜铅不能正常运解到京，原料短缺，铸钱不能足额，乃由户部奏准铸造大钱。因用铜少额面很大，铸钱总额一度骤然膨大，高至300多万串。宝泉局每月例铸制钱7万余串，添铸大钱后月铸抵制钱24万余串，当常例的三倍多，宝源局铸钱数也比常例大约增加三分之二①。不过，这种局面是十分短暂的。由于铜铅原料供应不继，各种大钱并不能畅行，日益壅滞贬值，当千、当五百、当百、当五十者陆续停止铸造，其后只铸当十、当五铜钱②。其间户工两局一度添铸铁钱，也因跌价过猛，不敷铸本，不久停铸③。据咸丰

---

　　① 清代钞档：咸丰四年八月初三日管理户部事务祁寯藻等奏，参见彭泽益编《中国近代手工业史资料（1840—1949）》第一卷，中华书局1962年版，第559页。
　　② 彭泽益：《一八五三——一八六八年的中国通货膨胀》，《中国社会科学院经济研究所集刊》第1集，1979年。
　　③ 此外，京城还有新设的铁钱局，自咸丰三年四月建炉铸钱，原定建炉100座，咸丰五年十二月"百炉次第开齐"。咸丰八年九月起又添1厂。此后共有炉125座。截至咸丰九年七月，户部奏准裁撤铁钱局为止，历年所铸铁钱，约合京钱15026000吊，折抵制钱7513000串。

七年奏定，户工两局厂每月额铸制钱及当十、当五铜大钱（其中铸制钱约占20%），共合制钱155600余串①，即每年应铸186万串以上。但据户部银库档册看，历年户工两局交库钱文最多不过90万串，最少只有10万余串。交库数和定例相差甚巨，铸钱并未达到定额。据不完全统计，咸丰三年至同治六年户工两局鼓铸大钱数，至少合计8438403串（见表3）。

表3　　　　　　　　咸丰以后京局历年铸大钱交库数　　　　　单位：串

年份	宝泉局	宝源局	合计
咸丰三年（1853）	916580.703	282698.973	1199279.676
四年（1854）			3045823.584*
五年（1855）	1374385.630	436525.032	1810910.662
六年（1856）	134795.737	146750.000	713061.586**
九年（1859）	500000.000	400000.000	900000.000
十年（1860）	87483.250	213603.150	301086.400
同治三年（1864）	123841.399	2200.000	126041.399
四年（1865）	139067.460		139067.460
五年（1866）	102897.575		102897.575
六年（1867）	100235.229		100235.229
总　计			8438403.571

＊咸丰四年大进月计缺，此系根据四柱清册列入。＊＊其中包括铁钱局所铸铁钱431515.849串合计数。

资料来源：清代钞档：户部银库大进黄册。咸丰七年至八年黄册缺。同治元年至二年黄册缺，同治六年以后黄册缺。

此后宝泉局和宝源局铸钱记录是不完备的，但却值得存疑。据光绪二年记载说，京局二十多年间并"未鼓铸制钱，颁行天下"。"由于私铸之小钱，明目张胆入市行使"，开始搀和使用"仅十之一二，今则十居其半"②。这从档册未载光绪九年以前有铸钱数，可证

---

① 清代钞档：咸丰七年正月二十四日载垣等奏。
② 清代钞档：光绪二年正月二十一日刘国光奏。

此说有其可信之处。到光绪二十年六月间，又据官府报告揭露，宝泉局和宝源局甚至以铸钱工本银两，收买市面此项制钱充数交库①。

表4　　　　　　　光绪年间京局铸钱交库数　　　　单位：串

年代	当十大钱	铜制钱	合计
光绪九年（1883）		228307.082	228307.082
十六年（1890）	178410.580	1150905.192	1329315.772
十七年（1891）		1390436.144	1390436.144
十八年（1892）		1578138.390	1578138.390
十九年（1893）		1364145.540	1364145.540
二十年（1894）	217148.000	682101.060	899249.060
二十二年（1896）		436386.850	436386.851②
二十三年（1897）	94061.000	246963.240	341024.240
二十四年（1898）	97365.600	332342.842	429708.442
二十五年（1899）	327332.920	265111.170	592444.090
总　计			8589155.611

资料来源：清代钞档：户部银库大进黄册。光绪元年至八年、十年至十五年，二十一年，二十六年以后黄册均缺。

据此，表4所列两局铸钱数，是开炉鼓铸数，还是收买制钱交库数？不管怎样，看来京局铸钱工业当时日趋废弛，已经是衰败不堪了。

二　鼓铸的目的、工本和铸息

按照清代定制，户部宝泉局鼓铸的钱文，"专为搭放兵饷之用"；工部宝源局铸出的钱文，则"专为给发工价之需"③；各省局铸钱除搭放兵饷外，或兼给官役俸工、驿站杂支等项，"视局钱之多寡，随

---

① 清代钞档：光绪二十年六月十二日福锟等奏。
② 编者注：光绪二十二年铜制钱数与合计数尾数不同，原刊如此。
③ 唐与昆撰：《制钱通考》卷2，第1页。

时酌放，核算报销"①。这就是说，铸钱工业生产的目的，主要是以鼓铸增加国库和省库的财源，用作发放俸饷和各项公共工程的经费。这是由于清朝政府掌握了制钱的铸造权，得以利用经济的力量来支持和巩固它的封建统治。并在一定的条件下，使铸钱为适应当时国内商品经济发展的需要，而起着货币流通和繁荣经济的作用。因此，清代铸钱的性质和作用，在不同时期反映了不同的特点。17 世纪 40 年代和 70 年代前，清朝政府的铸钱，不仅是维持币制的手段，同时又是增加财政收入的手段，而且毋宁说其实质主要在于后者。自 17 世纪 70 年代以后，由于铜价日增，铸本日重，铸钱的营利（铸息）性质逐渐减弱以至消失。其后铸钱虽仍保持着一定规模的经常性生产，主要是迫于维持钱法的必要。

清代铸钱工业建立的初期，京师仅宝泉局在顺治十一年和十二年间岁收铸息四五万两②，各省镇铸钱局以江南江宁三局规模最大，岁收铸息亦多，顺治三年至七年，每年最多达到 33 万两，最少亦在 11 万两以上。据顺治八年资料估算，全国各省镇钱局岁收铸息大致可达 40 万两③。当时清朝政府财政收支规模尚小，铸息无疑是一笔重要的财源。再以铸息与铸钱工本比较来看，京局铸息当铸钱工本的 21.9% 至 28%，各省镇铸钱局以云南为例，大约为 31.2%④，这都大大低于明末天启崇祯年间的铸息水平。从铸钱原料看，当时主要依靠收买旧钱、旧铜器、铳炮、砝码等钱杂废铜，在铸钱刚刚开始、鼓铸规模尚小的条件下，价格低廉⑤，随地可得。加之铸出钱文，官府可以按强

---

① 《清朝文献通考》卷 13，《钱币考一》，第 4968 页。
② 清代钞档：顺治十二年正月二十五日户部侍郎郝杰题；顺治十三年二月初十日户部侍郎朱之弼题。
③ 清代钞档：顺治八年正月二十八日总督江南粮储马鸣珮题；顺治九年四月十八日户部侍郎赵继鼎题；顺治十三年闰五月初五日户部侍郎梁清远题。
④ 以下所述主要参据彭泽益《清代采铜铸钱工业的铸息和铜息问题考察》，《中国古代史论丛》1982 年第 1 辑。
⑤ 据前述京局和滇局铸钱，当时收买钱杂废铜，每百斤的价格，京局顺治十一年为六两四钱七分，顺治十二年为六两五钱八分九厘，滇局顺治十六年开铸"时铜场荒废，收买废铜改铸，每百斤价银二两二钱"。

制规定的银钱比价，通过发放兵饷等等方式进入流通。十分明显，铸钱是一个利厚本薄、捷速简便的筹款手段。所以在清朝封建统治者眼中，"鼓铸一节，虽曰一代之通宝，实则生财之大道"①。特别是在清初随军铸钱年代里，所谓"钱息以佐军兴"②，它表明铸息曾经是军费的一个重要来源，铸钱曾经是就地筹饷的一个重要手段。

17世纪70年代以后，情况开始有所改变。京局铸钱常常无利可图，有时甚至亏本。康熙十二年，据一个官府报告透露③，当时铸钱已不是什么生财之大道，"铸钱一千，约费铜七觔，加以炉座工炭等费不下三钱，每钱一千作银一两，约略相当，无甚息也"。因此，"在外则炉座多停，在内则铜斤多欠"，"铸法如此，有损无益，而尚日言钱息哉"！这说明当时铸钱已经处于"有损无益"的地步。这个官府报告还谈到："今议鼓铸者，以其可以得息，则曰宜开；以铜觔之难得，则曰宜停。所以旋举旋停，莫能经久。"这表明当时铸钱"旋举旋停"，正是围绕着铸息旋转，有息可得即铸，铜贵难买则停。尤其值得注意的是，关于清朝赋税折征银两这一制度带来的矛盾同铸钱的重要性，以及关于如何掌握钱文"权天下之物价，借以流通"这一"利用之大法"，报告中谈得很多，并看到赋税征银制使得民间银两日缺，钱粮多苦逋欠，最大的剥削收入即赋税收入迟早会有匮竭的一天，认为多铸铜钱是解决这一矛盾进而保证赋税收入充盈的重要手段和途径。同时这个报告中还注意到征银会使银缺银贵，物价下跌，民间会愈穷愈困，因此多铸钱文有助于货币流通，可以促使天下日富，经济繁荣。从这些筹议看，维持钱法与铸钱的重要性已开始逐渐提到清廷的议事日程上来了。

到18世纪30年代间，京局铸钱渐渐由无利可图而走向亏本，情况显已日趋严重。雍正十一年达到亏本的最高峰。雍正皇帝在谕

---

① 清代钞档：顺治九年九月十三日监察御史娄应奎疏中语，引见顺治九年十月十七日户部尚书车克等疏。
② 清代钞档：顺治九年四月十八日户部侍郎赵继鼎题。
③ 清代钞档：康熙十二年十月初二日巡视中城广东道监察御史鞠珣题。

旨中回顾这一过程说:"顺治元年,每文铸重一钱。二年,改铸一钱二分。十四年,加至一钱四分。康熙二十三年,因销毁弊多,仍改重一钱。嗣因私铸竞起,于四十一年又仍复一钱四分之制。迨后铜价逐渐加增,以致工本愈重。今宝泉、宝源二局每年额铸钱文,每串需工本银一两四钱零,岁计亏折银约三十万两"①。从雍正十二年起,京局铸钱乃不得不作一系列的调整,企图减低工本,但仍不能克服亏本的现象。当年铸钱每串计用工本银一两零七分,即工本大大降低之后每串还亏银七分。直到乾隆四年,铸钱工本再度降低为每串用银九钱八分三厘,乃基本上能够维持平衡,但每串铸息银也只有一分七厘②,等于无利可图。如根据乾隆二十二年奏报宝泉局铸钱用过铜铅锡数计算③,其每串工本银最低不会少于九钱五分八厘,即每串余息银最高不会高过四分二厘。乾隆二十二年是滇铜产量极高、京铜供应极足的年份之一,乾隆三十年和乾隆四十年间以后,京铜供应日益紧张,其情况当然不会更好些。

铸钱工本的决定因素是原料成本,而原料成本则取决于钱文含铜量和铜的取得价格。京局铸钱原料的来源直到乾隆初年以后,才主要依靠滇铜的供应④。在雍正以前,主要依靠采买洋铜和收买钱杂废铜,并基本上依靠商人采办,还谈不到对原料价格进行操纵控制。从顺治到雍正乃至乾隆初年,户部规定的办铜价格销算标准一再增高,康熙二十三年以前,洋铜每百斤为六两五钱;康熙二十五年增为十两,康熙五十五年增至十二两五钱,康熙五十七年又增至十四两五钱,乾隆五年增至十七两五钱⑤。钱杂废铜的收买价格也

---

① 清代钞档:雍正十一年十一月十六日谕内阁,大学士九卿筹议钱法疏中所引,原疏年月日题奏者均残。
② 阮葵生:《茶余客话》卷3,《铸钱工本》,中华书局1959年版,第82页。
③ 清代钞档:乾隆二十二年七月十七日户部尚书李元亮等题。
④ 京局使用滇铜,早在康熙四十四年云南设立官铜店时即已开始。但滇铜还没有成为京局铸钱原料的主要来源。至18世纪30年代后,京局铸钱原料的基础才奠定在云南铜矿采炼的高度发展上,使京局铸钱规模及原料消耗量依靠滇铜产量的增减为转移。
⑤ 《清朝文献通考》卷14,《钱币考二》,第4971、4975、4979、4980页;卷16,《钱币考四》,第4997页。

增长很多①。至于使用滇铜，户部可以依靠自己对铜矿采炼的严密管制和矿物收买运销的垄断，替京局铸钱控制原料来源和原料价格。在滇铜采炼成本和矿铜市价不断腾涨的条件下，它能够年年以低于采炼成本的部定厂价强制采购，长期以低于市价的部定销价即调拨价格供应京局、滇局及各省铸局。从雍正五年户部规定滇铜供应京局、滇局及各省铸局鼓铸一律按每百斤价银九两二钱销算之后，供应京局和滇局一直是按九两二钱销算，供应各省，贵州从雍正八年至嘉庆十六年一直是高铜给价银九两八钱，低铜为九两，其他各省从乾隆五年至嘉庆十五年间一直是高铜为十一两，低铜为九两②。尽管如此，收买价格和调拨价格的低廉与固定化，并不等于京局铸钱原料成本的低廉和稳定。因为这九两二钱是一个未曾加算运费杂费的产地价格，特别是在当时运输条件下运杂费之较重，不能不使滇铜运交京局的脚价总额增得很高，而更大的问题则显然在于封建官僚机构本身，它按矿铜厂价四两至七两的低价收买到手之后，经手机构层层加码，及至运交京局充作铸钱原料时，报销价格就变成十四两五钱、十六两三钱乃至十八两了。总起来看，在18世纪40年代以前，京局依靠商人采办洋铜时，铸铜价格上涨十分剧烈；40年代以后依靠其行政机构办运滇铜时，铸铜价格也未能大幅度地降低。

  为了降低铸钱成本，京局在每文制钱的含铜量方面做过许多变动。钱文重量的改变和铸钱原料中铜铅搭配比例的改变，在雍正十一年以前是颇为频繁的。自雍正十二年起每文铸重固定为一钱二分，铜铅配铸的比率也早在雍正十一年前已经达到节省铜斤的极限——铜铅各半。"钱重则滋销毁，钱轻则多私铸"，经济规律的作用无法抵抗。结果，铸重一钱二分就成为以后全国各省铸局的铸钱标准③，

---

  ① 康熙三十八年规定收买民间小钱每百斤仍为六两五钱；至雍正二年定收买废铜每百斤生铜器值银九两五钱，熟铜器为十一两九钱九分，私铜十五两，红铜十七两五钱［《清朝文献通考》卷14，《钱币考二》，第4975页；《铜政便览》（钞本）卷1］。
  ② 道光十一年校刊《户部则例》卷37，第9页。
  ③ 直到鸦片战争后，在咸丰三年京局和各省局开始改铸铜铁大钱以前，制钱铸重一钱二分的法定标准，没有改变减轻。

再无变通改进的余地（见表5）。维持银钱比价的唯一有效办法，只能是钱贵则添铸，钱贱则停铸减卯。

表 5　　　　　　　　　　清代历朝铸钱重量比较

年份	每文制钱重量（两）
天命二年（1617）	0.120
顺治元年（1644）	0.100
顺治二年（1645）	0.120
顺治八年（1651）	0.125
顺治十四年（1657）	0.140
康熙二十三年（1684）	0.100
康熙四十一年（1702）	0.140
雍正十二年（1734）	0.120
乾隆十七年（1752）	0.120

注：清代制钱铸造最重的是顺治十四年和康熙四十一年每文为一钱四分，最轻的是光绪三十一年（1905）以后所铸的每文六分重的铜圆。

资料来源：彭泽益编：《中国近代手工业史资料（1840—1949）》第一卷，中华书局1962年版，第124页。

从铜价和含铜量看，京局铸钱原料成本因为越来越高，其铸息收入越来越低是必然的趋势。所以京局铸钱工业本身在经常无利可图乃至常常亏本的条件下，不得不依靠国库的补助继续生产，甚至规模有时加以扩大，乃是迫于维持钱法的必要。这样使它在钱贵钱贱、私铸私销之间日益被动，也就成为乾隆嘉庆以来京局铸钱无法摆脱的困境。无怪乎到了光绪年间，竟至采用收买制钱交库充数，因而出现"其收买之价，较之铸钱，甚有余利"的现象[①]。

三　炉头制的生产关系形式

清代铸钱工业是一种以分工为基础的工场手工业。户工两局厂铸

---

① 清代钞档：光绪二十年六月十二日福锟等奏。

钱，需用有所谓八行工匠，就是指看火匠、翻砂匠、刷灰匠、杂作匠、剉边匠、滚边匠、磨钱匠和洗眼匠①，鼓铸时"治之各以其序"②。这是以炉为一个基本生产单位，在生产过程中所必须的劳动分工形态。其他各省局厂铸钱的分工，亦多类似，如以18世纪三四十年代间的浙江浙宝局为例，更可以具体地了解每炉所用各类工匠的情况。

表6　　　　　　　　　宝浙局每炉需用协作工匠数

工匠名称	雍正八年人数	乾隆五年人数	工匠名称	雍正八年人数	乾隆五年人数
炉头	1	1	煤燤匠	1	
匠头	1	1	踏糙匠	1	
上炉匠	1	1	拣选匠	4	2
倒火匠	1	1	穿数匠	1	1
翻砂匠	6	6	省银匠	1	1
括沙匠	3	3	淘沙匠	2	2
刷灰匠	2	2	杂用小工	4	2
采钱匠	2	2	扇风匠		1
杖钱匠	3	3	毛拣匠		1
滚钱匠	2	3	水火夫		1
磨钱匠	10	6	合计	47	41
敲铜匠	1	1			

资料来源：邵晋涵等纂：乾隆《杭州府志》卷36，第14—15页。

如表6所示，每炉平均需要八行工匠44人，进行分工协作。依此估算，宝泉宝源两局厂的工匠，有三四千人③；各省局厂按197座炉计算，工匠有8600多人。全国官局铸钱工匠人数，至少当在11000至13000余人。这些工匠全是用工价雇募而来，并招收学徒，

① 《清朝文献通考》卷16，《钱币考四》，第4998页。
② 王庆云：《熙朝纪政》卷6，第25页。
③ 据钱法档案资料透露，18世纪40年代，户部宝泉局四厂匠役共有2000余人，工部宝源局两厂匠役有1000余人，共计3000余人（清代钞档：乾隆六年八月二十二日陈德华、三和、舒赫德奏）。

学徒多半是"正匠之兄弟子侄入厂学艺者"①。

官局铸钱工业虽是以分工为基础并使用雇募工匠，但它的生产资料由于为官府所占有，并以雇募应差充役的办法来剥削生产劳动者，这种封建官府所有制的形式就决定了铸钱局厂的经营方式和生产关系的封建性的特点。

铸钱局厂在封建官吏直接管理之下，其生产经营主要是借助于炉头制来进行的。按照规定，每炉有炉头一名，"承领铜铅，督率匠役"生产②。炉头在钱局生产中完全处于承包人兼工头的地位，其任务虽是"经理炉务"，但职权很大，不仅负责照卯领取铜铅工料，按生产定规如期铸钱，同时对铸钱工匠的雇请和工价的支给也由炉头负责包办，甚至局厂炉房如有坍塌也须由炉头负责承修③。因此，由于"此项人役，经手钱粮，必须身家殷实"，才能充当炉头。铸钱局厂拣派炉头的办法，是按照炉数"出示召募"。"凡有报充之人，先行地方官查取身家殷实印甘各结详送，择其老实诚朴者，方准充当"。如革退另募，须"责令新旧各炉头连环互保"④。凡"革退炉头名下，未经扣清预借料钱等项"应于从前充补时，出具循环保结各炉头名下，责令赔补⑤。

户工两局厂的炉头，就是按照这个办法"召募家道殷实之人，给与徭帖，在局应差"。雍正四年至六年间，宝泉局铸钱设正炉50座，每炉向有炉头1人，拣派炉头共50人；其勤炉10座，乃在炉头中"择其办理鼓铸最为妥协者，令其兼办"。这就是宝泉局的炉头有所谓专办和兼办之分的由来。宝源局设炉25座，炉头也是25人。

---

① 光绪《大清会典事例》卷891，《工部·鼓铸》，第1页。
② 清代钞档：乾隆二十年八月初三日川督黄廷桂奏；乾隆二十二年十二月初七日内阁下户部。
③ 嘉庆十六年谕旨中说："宝源局历年久远，房屋多有坍塌，该炉头所领例价于办理鼓铸外，不能及时补葺，恳恩借款兴修，著照所请，加恩赏借一年物料钱三万三千五十四吊文，令该炉头等承领，将各炉房磨房修理完整。所借之款，即在炉头等每年应领料钱内，分作十年坐扣"（嘉庆《大清会典事例》卷684，第16页）。
④ 清代钞档：乾隆二十年八月初三日川督黄廷桂奏。
⑤ 《铜政便览》（钞本）卷4，《已革炉头借项著落赔补》条载。

后来因渐次抽减，或被革除（如炉头夏魁元等 13 人），至雍正十二年，宝泉局原有炉头 50 人，只剩有 26 人。他们之中，"有一人管一炉者，有一人管三四炉者"，甚至"有亲朋替代应差者，亦有物故多年，仍不除名，其子弟顶名应差者，种种不一"①。宝源局的情况，亦复相同。当年两局议将缺额炉头，照数召募，使一人一炉，结果还是难以办到。因为钱局在少数炉头的把持下，已形成了牢固的封建把头的垄断。

在炉头制经营下，像这样利用各种方式营私舞弊，勾结分肥的事，尤为层出不穷。户工两局厂曾有规定，每年炉头领支工匠等鼓铸工食费用，主要是以所铸之钱付给，每钱一吊（一千文）作银一两，这不论钱价贵贱，"皆如此例"。18 世纪开初，大约康熙四十年代间，户部宝泉局炉头"见官库借银利极轻微"，只一厘利息，乃"央求"预借银 10 万两，分作十年扣除工食钱 12 万吊。据当时有一个密奏揭露此事说："其实年来京师钱价甚贱，以官库白银七万两，便可换新铸大制钱十万吊。若以白银十万两，可换新铸大制钱十四万吊。现用小制钱可换十五万吊。将钱算银，是伊等先占朝廷三万两之帑银矣。"这白占的 3 万两银子，管理钱法堂和钱局官员书吏从中"分肥" 2 万两，其余归炉头所得，据说，"炉头等尚有一万余两之便，不以为苦"。接着工部宝源局炉头，"闻风效尤"，"求照户部一体沾恩"，也要借库银 10 万两，情愿比户部提早六年还完，扣工食钱 12 万吊。后来批准只好仍照户部宝泉局例以十年为限扣还，还说："你们也算便宜了。"② 这是炉头为预借鼓铸工食钱勾结钱法堂和钱局官吏狼狈为奸一个很生动的事例。

乾隆四年，据工部侍郎韩光基奏称，两局按额卯铸钱，"宝泉每年应给炉头工料钱九万串有奇，宝源半之，共需十三万余串，是经

---

① 《铜政便览》（钞本）卷 4，《雍正十二年酌定户工两局画一木牌章程》。
② 《王鸿绪密缮小折》。按密奏有关宝泉宝源两局炉头借帑案，原贮康熙四十四年二月十五日至闰四月二十二日屉内。《文献丛编》第 2 辑，第 2—3、4 页；又见《宫中档康熙朝奏折》第 7 辑，缺年月，王鸿绪密奏，第 792—795 页。

年鼓铸之劳钱未出局,已于炉头项下耗去十分之二有余"。"两局炉头名为七十五人,多系朋充,实不过十数家。以十数家之人,而岁拥十数万串之钱,宜其囤积居奇,隐操市价之赢缩也"①。这是由于钱局依靠炉头承包铸钱,这笔工食物料费就成为炉头可加利用的最大一项收益。再加上炉头勾结局厂官吏,利用职权的方便,得以盗窃铜觔,私铸底火小钱,侵蚀工料,克扣工匠,使在钱局充当炉头就成为很有油水的优差。

四　工匠反压迫剥削的停炉斗争

在钱局做工的工匠虽由雇募而来,但"均系在官人役",实际是一种应差服役的性质。他们在局厂中完全处于无权的地位,并且身受着双重的压迫。

首先是受局厂封建官府势力的压迫。宝泉、宝源两局厂规定"每逢两日开门一次进料。如新进匠役,俱取同号匠役保结,立簿稽查,将年貌籍贯,填注小票。凡匠役出作,该炉头回明缴销照票,著余丁细加搜检,以杜夹带"。这表明局厂门禁甚严,匠役行动并不自由,出厂时还要遭受"抄身"的侮辱。不仅如此,匠役平时在厂工作,经常是处在暴力的强制和威胁之下,因为在局厂中的封建官府势力,"设立刑具,板子、枷号、拶子、皮鞭。如有炉役人等,玩法情弊,分别惩处"②。这都是户工两局厂对待工匠极为浓厚的封建奴役性的表现。嘉庆二十一年,鉴于雇募"闲匠工局人众,易生事端",乃采取对人数的严格限制,规定"嗣后工局除工匠外,每炉房不得过八人,每磨房不得过六人";并对以后工匠的募补和学徒的招收,均须"俟现定额数有缺,方准外人承充",新来工匠学徒入厂做工时,并"令该炉匠出具甘结"③,使其相互保证监督。这是钱局封

---

① 《清朝文献通考》卷16,《钱币考四》,第4995—4996页。
② 《铜政便览》(钞本)卷4,《雍正十二年酌定两局画一木牌章程》。
③ 光绪《大清会典事例》卷891,《工部·鼓铸》,第1—2页。

建官府势力为防范和镇压工匠进一步所采取的严厉措施。

随着钱局对工匠的封建统治不断加强，并以防止私铸为名，使从民间雇募来的铸钱工匠变成"世业其役"，身份的自由日益丧失。康熙二十三年，据工部的一个报告透露，那时宝源局因铸钱原料的铜觔供应不足，一年止可鼓铸六个月，"其余五个余月，匠役无事，各归乡村。伊等俱赖手艺为生，焉能保其不行私铸"？后来官府发觉这一情况不妙，乃奏请增加经费，买足铜觔，维持常年生产，以便"不令匠役出局，可杜匠役盗铸之弊"①。这个事实说明当时钱局工匠，有活就被雇募而来做工，无活就让其"各归乡村"。看来，在此之前，官局对这些铸钱工匠的身份拘束性还不十分严格，并使他们和农业还保持着一定的联系。此后因严格强制"不令匠役出局"的结果，使工匠只能以铸钱为世业充役，他们同农业的联系也就不能不日益削弱。甚至在铸局减卯停炉的情况下，官局也要用救济和维持工匠的生计为名，把他们拘禁在局。到18世纪90年代，随着清代铸钱工业的生产日趋不大稳定，钱局对工匠的管制开始采取这样一个办法：乾隆五十九年，最初因江西宝昌局暂停鼓铸，当时局中匠役有一百余人，官府认为他们"习惯铸钱手艺，一经出局，难保不在外私铸渔利"，便决定把这些匠役分别发交地方官衙门去充当水火夫，"使口食有资"。这个办法"经部议准"后，从此"并令各省一体仿照办理"②。在这个旨在加深奴役的法令面前，铸钱工匠的身份自由不仅已完全丧失，并且还使有铸钱手艺的工匠沦为一般夫役的地位。

其次是受炉头的克扣剥削。按照户工两局的规定，每炉铸钱一卯应给工料钱47376文③，约占每卯铸钱数的3.8%。在这笔工料钱中，物料（煤、木、炭、罐等）共计17304文，占36.5%；运杂费

---

① 《大清圣祖仁皇帝实录》卷116，第8—9页；并参《清朝文献通考》卷14，《钱币考二》，第4973页。
② 《大清高宗纯皇帝实录》卷1460，第13页；唐与昆撰：《制钱通考》卷2，第17页。
③ 据彭泽益《中国近代手工业史资料（1840—1949）》第一卷，中华书局1962年版，第119页所载宝泉局、宝源局每炉每卯应领工料钱表计算。

（串绳、车脚）计1776文，占3.7%；八行工匠的工价共24936文，占52.6%；炉头及头钱所得共3360文，占7.1%。两局厂就是采取这样的分配形式和大致比例，支付工匠的工价。当时钱局的生产经营因建立在炉头制的基础上，厂中所用的"匠役本系炉头雇募之人"①，应给工匠按卯计算的工价也要通过炉头发放。这样，炉头对工匠就得以进行种种盘剥。

炉头对工匠的剥削，主要有这样两种方式：一种方式是利用发放工价以钱换银或以银两发给时，从中克扣。户工两局各厂匠役按卯计工的工价，最初例给制钱，由"炉头照市价易银开发"。乾隆四年时改给银两，"其时因钱价昂贵，每银一两，仅合制钱八百三十文，匠役按卯计工，不敷食用"。到乾隆六年就有"匠役首告炉头"，钱局乃不得不又改为"工价给发钱文，炉头按卯领钱，仍照市价易银，散给各匠役，永远遵行"。并将从前每季给发一次的办法改为按月支给。但自乾隆二十八九年以来，"钱价日就平减"，官局和炉头鉴于"匠役等但知按例索银，不问钱价贵贱"，恐因此造成赔累，乃自乾隆三十八年又改为发银，"按月交炉头分给"②。后又停止发银，乾隆五十九年起，两局工匠工价，仍旧给发钱文③。从这个发放工价办法不断反复变化中就可以看出，每一次改变都不曾使工匠有利，而只能使炉头利用市场银钱比价的波动来克扣工匠工价的所得。

与此相联系的另一种方式，是利用预支钱文和赊买主副食品的办法进行盘剥。因为户工两局各厂，"凡各匠在局日用，俱系炉头于支领项下，代为买备"④。雍正十二年前后，宝泉局八行匠役应领工价，是"逢十卯出示清算，开发一次"。平时匠役生活日用所需，或向"炉头预支钱文"，或"向炉头支过米面水菜等项"；宝源局匠役

---

① 清代钞档：乾隆六年八月二十四日顺天府府尹蒋炳奏。
② 参据《清朝文献通考》卷16，《钱币考四》，第4998页；卷18，《钱币考六》，第5020页；嘉庆《大清会典事例》卷684，第4页。
③ 嘉庆《大清会典事例》卷684，第15页。
④ 《清朝文献通考》卷16，《钱币考四》，第4996页。

所需食物也是由"炉头替匠役所进",等到清算工价时,都照"市价"由炉头"按数扣除"①。到乾隆四年左右改为按卯扣算,"所余工价,仍系每钱一千,折银一两散给"②。

不难看出,这两种盘剥方式显然都使炉头得以"隐操市价之赢缩",来对工匠进行种种克扣和盘剥,从而以"饱炉头之私橐"的。

当时钱局工匠因身受这种种封建压迫和残酷剥削,使得局厂内部的阶级矛盾十分尖锐。这些工匠常以反对炉头的克扣剥削,不断地进行"停炉"罢工斗争。

早在康熙雍正年间,就"有抛砖掷瓦,图争工价之事"。官府诬蔑说这种"恶习相沿,已非一次"③。到乾隆初年,户部钱局四厂2000多工匠为反对"炉头屡年侵扣",曾经开展了一次声势浩大的停炉斗争。乾隆六年,宝泉局在秋季算账"给发工价之际","各匠因工价不敷应用","较从前每卯少银四两有奇",四厂工匠于七月廿七日(农历)宣布"停炉鼓铸"。官府勒令各厂复工,只有西、南、北三厂"按数支领工价","遵照开炉",东厂内以翻砂匠童光荣为首,"唆使诸匠不行支领工价",坚持斗争。官局控告童光荣"不遵约束,唆使工匠擅自行凶",立即遭到镇压被捕法办,力图把工匠反抗的怒火扑灭下去。不过十天,北厂工匠以刘三等为首于八月初七日(农历)继续掀起罢工,坚决要"与炉头算账",不但"要算本年秋季新账,并要找算两年旧账",即"欲将从前炉头克扣伊等戥头成色,俱算明给清,方肯开铸"。接着,东、南、西三厂工匠"效尤而起",仍复停炉。到了八月十八日(农历),西厂工匠忽"聚众数百人在厂中肆行扰嚷","上房呐喊,抛砖掷瓦",宣布"要照北厂重与炉头找算旧账"。官府马上派兵进厂弹压,"而工匠等恃其人数众多",仍然"喊叫","益无忌惮"。这次四厂广大工匠的"停炉"斗争就是以反抗"克扣工

---

① 《铜政便览》(钞本)卷4,《雍正十二年酌定两局画一木牌章程》。
② 《清朝文献通考》卷16,《钱币考四》,第4996页。
③ 清代钞档:乾隆六年八月二十二日陈德华、三和、舒赫德奏。

价为由",当时官府报告中也不得不招认:"炉头等平时扣克,实有以致其愤争"①。

18世纪90年代末,户工两局铸钱自减卯以后,"匠役人等所得工料,未及从前一半,生计未免拮据"②。到嘉庆二十一年,工局"增复料钱"作为给"赏炉头之项",而对工匠拮据的生计全不顾及。五月初旬,宝源局工匠由于"欲分调剂炉头料钱,互相争闹"为起因,以贾喜子等为首的工匠乃发起了"停炉"罢工。斗争的情况,据当时官府报告透露,局厂工匠"益肆无忌惮,复逼令炉头代还借项",并"公然守闭厂门,将司官扣留"。不久,宝源局工匠停炉斗争的消息很快传到了户部宝泉局,六月初六日"户部匠役,亦闻风效尤,将炉头围绕逼胁勒分钱文",并"在大使厅喧闹","挟制官长"③。可见这两局各厂的工匠由于平时深受炉头的剥削和官吏的欺压,因而反抗封建统治势力的罢工斗争,就不能不表现得极为坚决。不用说,"停炉误铸"便成为钱局工匠反对封建统治者最有效的直接打击的武器了。

户工两局各厂在鸦片战争之后,随着"鼓铸日益废弛",而加速其没落。到光绪三十一年经度支部奏准,首将宝源局撤销;宝泉局裁去东、南两厂,只留西厂和北厂,"专供改铸六分制钱之用"。当时由于广东开始铸造铜元,各省随即奉令仿铸,铜元遂代替制钱流通,益发加速制钱制度的危机和崩溃。随着"铜元畅行,制钱多被销毁,各省旧有钱局,久经废弛",而宝泉局也已形同虚设,"每月所出不足三卯,铸钱工料等项,岁亏甚巨"。到宣统二年年底裁撤停铸④,宝泉局的历史从此即告终结。

---

① 清代钞档:乾隆六年八月初七日三和奏;乾隆六年八月二十二日兵部左侍郎办理步军统领事务舒赫德奏;同日和硕履亲王允祹等奏;同日陈德华、三和、舒赫德奏;乾隆六年八月二十四日顺天府尹蒋炳奏,《大清高宗纯皇帝实录》卷148,第14—15页;卷149,第16页。
② 嘉庆《大清会典事例》卷684,第5页。
③ 光绪《大清会典事例》卷891,《工部·鼓铸》,第1页;《大清仁宗睿皇帝实录》卷319,第8—9页。
④ 《清朝续文献通考》卷24,《钱币考六》,第7752页。

附录

清代顺治康熙雍正三朝铸钱统计

《清实录》和《东华录》历朝每年年末所记有关人口、田地、赋税等项数字，实际上是清廷正式公布的经济统计资料。其中顺治、康熙、雍正三朝列有每年铸钱数，兹加辑录编成此表，作为本文的附录。

表列铸钱数，和本文所述相关年份的铸钱数，有不少出入。例如：顺治十七年户工两局铸钱38万余串，表中只有28万余串。康熙二十三年两局铸钱35万至45万余串，表中只有29万余串。康熙六十年两局铸钱673920串，表中只有437325串。雍正十二年两局铸钱602687串，表中有685390串，则多82700余串。根据这些比较来看，表中铸钱数既不像全国（包括京局和各省局）铸钱数，也不像是只限于京局铸钱数，因为上述表列数通常比京局铸钱数要少。如果说是铸钱交库（户部银库）数，雍正十二年为什么又多出82700余串呢？

总之，由于表列历年铸钱数原记未作说明，究系包括什么内容，还不十分清楚，有待进一步查考。清廷既然是以每年铸钱数加以公布出来，不妨把它附在这里，聊备参考。

年份	铸钱数（串）
顺治元年（1644）	71663.900
二年（1645）	443751.760
三年（1646）	624823.960
四年（1647）	1333384.794
五年（1648）	1449494.200
六年（1649）	1096910.000
七年（1650）	1682424.510
八年（1651）	2430722.420

续表

年份	铸钱数（串）
九年（1652）	2097834.060
十年（1653）	2521877.110
十一年（1654）	2488745.670
十二年（1655）	2414064.290
十三年（1656）	2605085.750
十四年（1657）	2341072.026
十五年（1658）	140375.200
十六年（1659）	192019.080
十七年（1660）	280595.490
十八年（1661）	291584.600
康熙元年（1662）	297896.380
二年（1663）	295735.360
三年（1664）	295909.500
四年（1665）	298652.400
五年（1666）	295879.800
六年（1667）	293953.600
七年（1668）	287133.400
八年（1669）	287656.560
九年（1670）	290543.250
十年（1671）	290475.830
十一年（1672）	298652.400
十二年（1673）	293476.680
十三年（1674）	293477.530
十四年（1675）	293476.600
十五年（1676）	231365.360
十六年（1677）	231365.360
十七年（1678）	231365.360
十八年（1679）	231365.360*
十九年（1680）	231365.360
二十年（1681）	231398.600
二十一年（1682）	294851.480

续表

年份	铸钱数（串）
二十二年（1683）	294851.480
二十三年（1684）	294851.480
二十四年（1685）	294851.480
二十五年（1686）	289869.080
二十六年（1687）	289936.700
二十七年（1688）	289869.080
二十八年（1689）	289930.650
二十九年（1690）	289930.600
三十年（1691）	289921.050
三十一年（1692）	289925.400
三十二年（1693）	289958.670
三十三年（1694）	236536.550
三十四年（1695）	236940.670
三十五年（1696）	237063.050
三十六年（1697）	238063.060
三十七年（1698）	238065.400
三十八年（1699）	238065.400
三十九年（1700）	238065.800
四十年（1701）	238065.800
四十一年（1702）	238065.900 **
四十二年（1703）	238066.800
四十三年（1704）	238065.900
四十四年（1705）	238065.900
四十五年（1706）	238075.800
四十六年（1707）	238085.900
四十七年（1708）	268422.600
四十八年（1709）	294942.600
四十九年（1710）	297963.400
五十年（1711）	374933.400
五十一年（1712）	374936.800
五十二年（1713）	375629.800

续表

年份	铸钱数（串）
五十三年（1714）	386559.900
五十四年（1715）	386559.900
五十五年（1716）	398969.900
五十六年（1717）	399167.300
五十七年（1718）	413268.800
五十八年（1719）	437455.800
五十九年（1720）	437325.800
六十年（1721）	437325.800
六十一年（1722）	461.700
雍正元年（1723）	499.200
二年（1724）	499.200***
三年（1725）	675.160
四年（1726）	675.160
五年（1727）	723528.000
六年（1728）	746304.000
七年（1729）	748480.000
八年（1730）	757865.000
九年（1731）	1048759.660
十年（1732）	910171.120
十一年（1733）	684362.000
十二年（1734）	685390.000

说明：《清实录》和《东华录》原记每年均作铸钱若干，但是，其中唯有从顺治八年至十七年间说明是铸旧钱若干，顺治十年至十五年说明是铸厘钱若干。因此表列顺治八年、九年、十七年三个年份为铸钱和铸旧钱的合计数；顺治十年至十六年七个年份为铸厘钱和铸旧钱的合计数。

附注：＊《东华录》作231365.300 串。
　　　＊＊《东华录》作238065.800 串。
　　　＊＊＊《东华录》作409.200 串。

（原载《中国社会科学院经济研究所集刊》第五集，中国社会科学出版社1983年版）

自贡盐业的发展及井灶经营的特点

我国历史上的手工业生产相当发达。有不少地区的城镇以拥有某种产业著称于世，甚至历久不衰。如江西景德镇盛产瓷器，有瓷都之称；四川自流井（后同贡井合称自贡）盛产井盐，有盐都之称。这两个行业生产经营的历史，一直成为国内外研究中国经济史的学者有兴趣探讨的问题。自流井（乃至四川其他盐产区）的盐业长期不断地生产，在我国社会主义社会条件下更获得了新生。前不久，我曾到自贡市对当地盐业历史进行了一次调查访问，看到有意保存下来的个别井灶仍用旧式落后的手工生产，也看到现有盐厂已发展为现代半自动化的真空制盐作业。新旧两种制盐方法对比，简直不可同日而语。从这一点来说，它是这一产业本身长期存在和发展的最好的历史见证。不仅如此，尤为难能可贵的是，目前还保存有研究井盐历史的大量实物资料和档案资料。类似情况，在其他城镇手工行业历史中是比较少见的。特别是盐业契约档案资料，就像一个刚被开发的宝藏，如同做井一样开凿日深发掘出来的资料也就愈来愈多。前些年，自贡市盐业历史博物馆陆续公布馆藏清代富荣盐场经营契约有四十多件。现在由中国社会科学出版社慨然接受印行的这部《自贡盐业契约档案选辑》，则是新近从自贡市档案馆所藏三万余卷盐业历史档案里发掘出来的三千余件契约中，选出较有参考价值的八百余件编成。书中辑收的档案资料，年代最早的是清雍正年间，直至1949年，前后连续二百多年，具有一个很长的时间系列，包括井、灶、笕各业内容，它反映这一时期自贡井盐全行业的生产经营各方面的关系和特点。

这部《选辑》编成后，感谢主编的好意约我为书写序。自贡井盐业契约档案资料的挖掘和整理，无疑是嘉惠学林的一项有益工作。所以，我很乐意地写这篇序文，想围绕《选辑》的内容，谈谈我对自贡井盐业历史发展和井灶经营方式等问题的一些了解。

谈到清代四川井盐业，可以说是在长期战争的废墟基础上重新建立和发展起来的。对自流井来说，也不例外。清初巡按四川兼管盐法屯田试监察御史张所志，在1660年奏报整顿井盐的揭帖中，曾详细地谈到明清之际富义厂的原有生产规模及残破情况，是一篇十分珍贵的档案资料。其中有关部分值得引述出来，提供大家参阅：

顺治十六年间，据叙州府富顺县富义厂自流井灶户李合川、曾念玉，新罗小井灶户王六结、曾维谟，宋王小井灶户刘绳等诉称：伪政久困灶丁，值地丁甫定之时，亟当痛革从前积弊……俯怜残灶，以救水火事。时署分守下川南道邢梦鹤，署叙、马、泸、永兵备道汤有星……随唤各厂灶户李合川、王六结、刘绳等详讯，称自流井原额三百八十眼，每年输课银一千零二两。每锅一口，征银八钱三分。天启年间，奢寅叛乱，井眼填塞。每锅加增二钱五分，先后共征银一两零八分。新罗小井原井七十四眼，水淡盐微，课例不同，计井纳课。每年每井征课银六钱三分。天启年间加增二钱五分，先后共征银八钱八分。又合自流井共征课银一千零二两之数。宋王小井原井三十八眼，每年每井征课银六钱三分，未入大井之课。此前朝旧例也。

继因兵荒洊臻，民逃丁绝，虽有一二流徙煎烧，较之承平，十无其九。且迭经伪政横征，弁兵勒索，苛征之重，不啻十倍。每锅每井计日征盐，每日或征三斤，或征八斤，竟有征至十斤者。盐政大坏，以致灶户随集随散。征收愈重愈抛，丁逃井塞。今见烧者，为数寥寥……故各灶所以有此哀控也。

至如井眼锅口，供称：自流古井，原数三百八十眼，自兵火之后，坍塞三百六十眼，实在现煎井二十眼，煎锅五十零半口，议为上井。新罗小井，原井七十四眼，今坍塞六十四眼，实在现煎十眼，煎锅一十七口半，水淡盐微，议为中井。宋王小井，原井三十八眼，今坍塞三十四眼，实在现煎四眼，计锅三十一口，水重卤轻，议为下井。此现在煎烧之数也。并将井眼锅口灶户姓名造册另赍外，理合回报，等因。由详到职。据此，该职看得盐井课税，上佐军需，下利民生，从来原有定额。自伪朝窃踞，视盐井为金穴，妄加横征，民已不堪。兼司榷者皆系悍弁，又从而勒索之故，征收之重，十倍当年。托名征课，实同抢劫，盐法大坏，征收之额，竟不可问矣。致灶户逃亡，井眼坍塞，所以四百八十有余之井，仅存三十余眼也。夫课重则丁逃，丁逃则井坍，井坍则盐少，盐少而课益绌矣。重征何益哉！故我朝革鼎，一应赋税，俱照万历年间则例……故灶户李合川等以恳赏旧制来控也[①]。

根据这篇清代档案，明清之际自流井盐业的变化情况，有如表1所示：

表1　　　　　　　　清初富义厂现煎井锅和征税情况

（顺治十六年七月至十二月调查）

	原有井眼	坍塞井眼	现煎井锅		现行课税	
			井眼	锅口	每锅征银（两）	征银（两）
自流井	380	360	20	50.0	2.5	126.25
新罗小井	74	64	10	17.5	2.0	35.00
宋王小井	38	34	4	31	1.0	31.00
合计	492	458	34	99		192.25

从这里可以清楚地了解到：清初富顺井盐产区仍叫富义厂，包括自流井、新罗小井和宋王小井，以及在各井地从事盐业的灶户姓名，这恐怕是现在所能知道清代自流井地方有姓有名最早的一批灶

---

① 清代档案：顺治十七年正月初三日巡按四川兼管盐法屯田试监察御史张所志揭。

户人物吧。富义厂原有盐井四百九十二眼，自明末天启年间以来，先后坍塞盐井有四百五十八眼，几乎破坏了百分之九十八以上。入清后，只剩盐井三十四眼，煎锅九十九口。据张所志奏称，当时课税是"权就伪政量为裁减"，并申明"只因军需孔急，不过权宜征收"，而且"为数无多"，"总俟部例颁到之日，另行改正"。这是因为清军势力进入四川之后，面临各盐产区"井圮灶废""百不存一"，盐政"荒废已极"的残破局面[1]，清朝统治者为迅速恢复井盐生产，使"盐自广而课自增"，便采取一些有利于恢复生产和便于运销的具体措施[2]。据1685年统计，全川有二十六个州县用"浚新补废"的办法，先后开淘恢复盐井一千一百八十二眼，其中拥有十个盐井以上的州县有十二个。按盐井数顺序，前五名是射洪、犍为、蓬溪、乐山、富顺。时富顺有井九十眼[3]。从1687年起，至1714年的二十七八年间，四川井盐生产的恢复获得很快的发展，各地报开的盐井日益增多，运销引额累累增加。1731年井盐产量达九千二百二十万余斤，已经超过了清代以前历史上的最高年产量。18世纪30年代以后，四川井盐业又获得进一步发展，不论新开盐井和运销盐引，都有显著的增长。据统计，全川盐井数1753年比1730年约增加百分之三十[4]，同一时期的行盐引数增加百分之六十。进入80年代，四川井盐业由发展极盛而开始一度衰落，其间地方官府为此不得不采取鼓励生产的政策，"听民穿井，永不加课"，从而使得"蜀盐始蹶而复振"[5]，历年各处报开的盐井日见增多。据1812年统计，全川盐井数比1753年增加百分之二十五，比1730年则增加百分之六十二。盐产量达三亿二千三百五十一万斤，比1731年增加两倍

---

[1] 清代档案：顺治六年六月初二日巡按四川兼管盐法监察御史赵班玺题。
[2] 清代档案：顺治十七年十月十四日四川巡按张所志条奏盐政五事，同年十一月初三日户部议准。
[3] 康熙《大清会典》卷33，《户部·盐法下》，第5—6页，并见雍正《大清会典》卷50，《户部·盐法中》，第27—28页。
[4] 此处和以下所述盐井数，请参看彭泽益编《中国近代手工业史资料（1840—1949）》第一卷，中华书局1962年版，第286页，《四川全省盐井统计》。
[5] 王守基：《盐法议略·四川盐务议略》，第54页。

半。1819年以后，井盐业呈现衰疲趋势，中经地方官府对四川盐务的整顿，直到1850年全省盐井有八千八百三十二眼（以后仍为纳税额井数），煎盐的"锅灶纷繁"①。

如以报官纳税盐井数为指标，考察一下1730—1812年四川井盐业在地区上变化和发展的趋势，是很有意思的。这个时期，四川井盐业以川北为最盛，射洪盐井数在这期间始终占全省盐井数的第一位，蓬溪占第二位，1812年时落在犍为的后面，仍占居第三位。川南盐厂区以犍为生产最为发展，当时富顺、乐山、井研都远不及它。1730—1753年间犍为盐井一直占全省第三位，1812年跃居第二位，仅次于射洪。至于富顺的盐井，在这八十年间，发展比较平稳，一直保持第五、第六的地位。这种比重的变化，反映了各盐厂区井盐生产的消长。因为盐井生产能力的大小，直接取决于盐卤水的浓淡旺衰，井灶经营有无发展前途和利润大小，在很大程度上也是以此为转移的。

以川北和川南盐井来看，1746—1749年间，在川南不仅富顺和荣县的"盐井旺盛"，犍为的"井盐日旺"显得更加突出。可是川北的射洪，到1766年即出现"井涸"的现象②。后到1814年左右，川北盐厂区"井枯课亏"③，情况已经相当严重。到1850年，"现查犍富两厂，产盐甚旺"，因之"边岸畅行"④。井卤的这种消长交替，乃是影响川南和川北井盐生产发展变化的重要原因之一。所以当时记载，清代四川井盐"方兴之初，潼川之射洪、蓬溪最旺，犍、乐、富、荣次之，其余各井又次之。不数十年，射、蓬即衰歇，反以犍、富为上"⑤。这是合乎历史实际情况的。说明嘉庆道光年间四川井盐业的重心，已经日渐由川北向川南的犍为、富顺转移和发展。

1853年以后，咸丰、同治年间，川盐济楚，得以运销两湖淮盐

---

① 道光三十年四川总督徐泽醇奏，丁宝桢等纂：《四川盐法志》卷14，《运销九》，第31页；张茂炯等纂：《清盐法志》卷244，《四川一·场产门》，第11页。
② 参看《四川盐法志》卷10，《转运五》，第32、34、36页。
③ 严如熤：《三省边防备览》卷9，《山货》，第13页。
④ 道光三十年四川总督徐泽醇奏，《四川盐法志》卷10，《转运五》，第47页。
⑤ 王守基：《盐务议略·四川盐务议略》，第54页。

引岸市场。济楚的川盐主要是专配犍、富两厂所产，"其色白，其质干，川贩因之居奇，淮岸因之日废"①。那个时候的"济楚"是川盐史上的一件大事，它为富顺井盐开辟了广阔的销售市场，从而促进自流井盐业生产的飞跃发展。1868年官府报告中说："四川盐井近来获利数倍，富顺尤为最旺。"② 犍为五通桥盐厂在咸丰年间已"井老水枯，出盐极少"，到光绪初年，"富厂产盐之多，远过犍为"③。1877年官府调查，富荣厂的自流井在秋冬春三季每日产盐在一百万斤以上，夏季较少。据说通年合计日产量总在八十万斤左右。1898年按官府的计算，照引计价，全厂盐产的收入值银五百万两上下④。富荣厂崛起后，自流井和贡井地区乃逐渐形成为近代四川制盐业中心，"托井灶为生者，即自流井一处，已不下百余万众，加以船户水手，又不下数十万众"⑤。因而奠定了自贡盐都的物质基础。

表2　　　　　　　历年富荣盐厂册报井锅数

（雍正八年至光绪七年）

	雍正八年（1730）		乾隆廿三年（1758）		嘉庆十七年（1812）		光绪七年（1881）	
	井眼	锅口	井眼	锅口	井眼	锅口	井眼	锅口
富顺自流井	281	472	397	688	382		382	565
荣县贡井	17	283	16*	313	24**	509	23***	490
合计	298	755	413	1001	406		405	1055

注：*另有火井10眼。**用嘉庆九年井锅数代替，嘉庆十七年有火井33眼。***另有火井9眼。

资料来源：据丁宝桢等纂《四川盐法志》卷5，《井厂五·沿革下》各页整理计算而得。

这一时期由于"广开井灶"，尤其是深井的普遍开办引起了火井

---

① 《四川盐法志》卷11，《转运六》，第17页。
② 署四川总督崇实片奏，同治七年，《四川盐法志》卷11，《转运六》，第28页。
③ 四川总督丁宝桢奏，光绪五年，《四川盐法志》卷13，《转运八》，第47、48页。
④ 彭泽益编：《中国近代手工业史资料（1840—1949）》第二卷，中华书局1962年版，第124—125页。
⑤ 丁宝桢奏，光绪三年，《四川盐法志》卷12，《转运七》，第32页。

的大量出现,它对自贡盐业生产具有重大影响。高产黑卤井和火井的涌现,可以说是自贡盐业生产发展的重要标志,而黑卤井和火井的发展又是凿井技术不断革新和进步的结果。这就导致了自贡盐业生产力和生产关系方面的深刻变化,资本主义关系也有了进一步的发展。

资料表明,富荣盐厂自道光以降,随着二百丈到三百丈深井的广为开凿,火井的开发和利用也进入一个新的阶段,出现了像海顺井、磨子井、德成井等能烧锅四百至七百多口的火井。所以有的记载反映说,在自流井区,"道光初年见微火时,烧盐者率以柴炭,引井火者十之一耳。至咸丰七八年而盛,至同治初年而大盛"[1]。由于井火是一种新的能源,"抵煤力十之三四"[2],煎盐多利用天然气(瓦斯),从此炭灶日趋没落。1857年时,据说富顺井灶"烧巴盐者向有七百余户,今则熬花盐,其灶增至一千七百口之多,而巴盐之锅仅一百二十余口"。这里所说的巴盐是指凝结成块状的盐,用煤炭烧的名曰炭巴;花盐是指成颗粒状的结晶散盐,用天然瓦斯烧的名曰火花。"花盐工少利多,巴盐工多利微"[3]。由于大利所在,那个时候,花盐占百分之九十三,巴盐只占百分之七。这样,直到20世纪初年,自贡使用天然气的火灶已占百分之九十八,炭灶只及百分之二。

表3　　　　　　　　　自贡水火井灶情况

	1914 年	1929 年
盐井火井(眼)	960	728
火灶(口)	4584	7779
炭灶(口)	88[4]	276
废井(眼)	11800	—

资料来源:彭泽益编:《中国近代手工业史资料(1840—1949)》第三卷,中华书局1962年版,第50页。

---

[1] 李榕:《十三峰书屋文稿》卷1,《自流井记》;并参看彭泽益编《中国近代手工业史资料(1840—1949)》第二卷,中华书局1962年版,第124页。
[2] 郑光祖:《一斑录·杂述二》,第6页。
[3] 四川盐道张思镕奏,咸丰七年,《四川盐法志》卷18,《引票三》,第14页。
[4] 编者注:原作"880",据彭泽益编《中国近代手工业史资料(1840—1949)》第三卷,中华书局1962年版,第50页改。

如果同清末民初相比，这一时期富荣盐厂生产的特点，井是相对减少而火灶则大量增加，因为盐岩井卤水产量较大，加以井火旺盛，故烧灶者甚众。1914 年和 1929 年富荣盐厂盐的产销占全川第一位，年二百万至三百万余担①。抗战时期，川盐一度繁荣，自贡盐产量由 1938 年的四百五十六万八千余担，增至 1941 年的五百二十五万七千余担。战争结束后，因受海盐竞争，便有减产趋势。从 1946 年起川盐实施以产定销，核定年产量在六百万担左右；1948 年川盐产量核定数为六百四十五万担，其中自流井为三百一十四万担，贡井为一百三十九万二千担②。由于当时通货膨胀，物价暴涨，国民经济恶化，严重影响盐业生产和盐工生活，自贡盐业的实际产量未必尽如这些核定数字那样乐观。

　　以上所讲的，不过是对清初以来自流井区盐业生产恢复和发展变化历史的简要回顾，主要是按这部《选辑》所涉及的时间范围，提供一点相应的背景参考材料。这就是说，当利用研究各个不同年份的契约文件的时候，希望能够有助于了解当时富荣盐厂的生产情况大致是处于什么样的状况。

　　其次，想结合这部《选辑》所收档案契约的内容，谈谈自流井盐业的经营形态，具体考察一下当地办井的惯例，这也可作理解有关契约内容之一助。

　　四川的井盐业"与滨海各省煎晒之情形，本有不同"，有它自己的特点。这是因为"蜀省之盐，出产于井，必相山寻穴，凿石求泉，而井始成"③。这里我想介绍著名的德国地质学家李希霍芬有关自流井盐业的一段记述。李希霍芬曾于 1868 年到 1872 年在中国作了七次考察旅行，对四川的旅行是他第七次旅行中的最后旅程，也是他在中国历时最久、行程最长的一次。李希霍芬入川曾行经广元、剑

---

① 彭泽益编：《中国近代手工业史资料（1840—1949）》第三卷，中华书局 1962 年版，第 50、54 页。
② 彭泽益编：《中国近代手工业史资料（1840—1949）》第四卷，中华书局 1962 年版，第 202、508 页。
③ 四川巡按张所志奏，顺治十七年，《四川盐法志》卷 20，《征榷一》，第 4 页。

州、绵州、成都府、雅安府、嘉定府、叙州府和重庆府等地方。1872年五月他回到上海写给英美在沪总商会的报告中说，四川省所有的盐都是从盐井汲取的盐卤水制成的。盐井分布的地区占红色盆地的一大部分，而以红色盆地的最中心地区为主。保宁府、潼川府、资州及嘉定府为川省盐产量最大的行政区属。在谈到自流井和五通桥时说，"其中最重要的产区为自流井"。下面是李希霍芬对自流井的一段生动描述：

> 自流井位于嘉定府以东约七十英里，与到叙州府及泸州的距离几乎相等。此地及附近一带，据说是四川省人口最稠密，最繁盛的地区。同中国一切大制造中心一样，此地的人也是以粗犷著称的……盐井分布在一个直径二十七华里的地区。中国人打井只用一根中部由一根斜竿支撑着的有弹性的长竹竿和一根用一些长篾条连接起来的篾缆，以及一个重一百二十斤的铁器。篾缆紧系在竹竿的尖端。在篾缆的末端系着这个铁器。竹竿粗的一端轻微地上下移动，便使得铁器跳动，并以其宽大的利刃在地上凿出一个垂直的洞。被凿穿的岩层主要是由砂岩和黏土层构成的，因此这种简单的机械装置就很足以迅速进行钻掘。当岩石部分被捣碎后便把清水灌入钻孔，放下一根底部有一阀门的竹筒管，同时把混浊的水抽上来。为了保护钻孔的四壁，还要打进许多柏木管，又为防止附近地下的水流到井里，木筒管彼此连接处都要钉上钉子、缠上麻和敷上桐油。这些木筒内心宽度约五英寸。一面继续钻掘，一面将木筒打进更深，并且在上面又加上一个新的木筒。篾缆的末端再接一节篾索，因此也越接越长。井打到七十丈至一百丈（即七百至一千英尺）便打到盐卤水，这个盐井便合用了。据说盐水是用长竹管和篾缆由马拉绞盘提到地面，然后运到大锅里蒸煮或者是用竹管运输。①

---

① *Banon Richthofenie Letters*, 1870—1872, Second Edition, Shanghai, 1908, p. 171.

这个记述不一定说得那样准确无误，但李希霍芬以其渊博的科学技术素养和敏锐的洞察力，作为当时人，他尽量收集并对国外提供关于自流井当时的一些历史情况，还是比较真实可信的，不失为可资参考的新材料。

清代四川凿井取卤的生产技术，比起前代虽说已有很大进步，但仍然受着各种条件的限制，使办井如同当时的采矿业一样，不能不带有某种程度的投机性和冒险性。以凿井来说，往往就有这种情况，即"每开一井至数年，工费甚巨，且终有不及泉者"①。由于"开凿艰难，每井常费中人数家之产"②。即便盐井凿成之后，"又须另建房灶，置备器具，顾募人夫"③，都需要增加投资。煮盐用的煎锅，一口就"须本数百金"④。至于设笕运卤，"有沿山置架，高下纡折，行一二十里者，有置河底，复以石槽，潜注彼岸者"⑤，尤需更多的投资，而"笕户主此者，非数万重赀不能胜云"⑥。可见经营井灶的企业主，从开凿盐井，建设厂房锅灶，到置笕管运输井卤，都必须连续不断地投入大量的雇佣劳动和巨额的货币资本。而当时井盐业资本又是积累不足的。据光绪年间记载反映，"富厂灶民不下千余家"，其资力和犍为相似，即这"两厂半皆穷灶，买水煎盐，佣工薪炭，咸资借贷"。只有极少数资力雄厚的，如"自流井富豪灶民王余照等"，那种"恃富豪霸"的不过"一二奸灶"，即姓王和姓李的大盐商⑦。可以说当时经营井灶的多数是"资本不厚"。这使得自流井独资办井的少，由于独资不易维持凿井等项费用，所以井、灶、笕各业大多是"凑资朋充"经营，采取合伙制度。

---

① 郑光祖：《一斑录·杂述二》，第5页。
② 《四川盐法志》卷20，《征榷一》，第4页。
③ 《四川盐法志》卷12，《转运七》，第14页。
④ 王守基：《盐法议略·四川盐务议略》，第52页。
⑤ 卢家庆等纂：《富顺县志》卷5，第39页。
⑥ 《四川盐法志》卷2，《井厂二》，第29页；《清盐法志》卷244，《四川一·场产门》，第8页。
⑦ 唐炯：《成山老人自撰年谱》卷5，第6、7、14页；彭泽益编：《中国近代手工业史资料（1840—1949）》第二卷，中华书局1962年版，第125页。

早在18世纪40年代初，随着新开盐井日益增多，在井盐业中乃逐渐形成并盛行着各种不同形式的合股经营。现以富顺自流井厂区为例，根据清代文献资料来考察一下合伙做井的方式，可以清楚地看到，当时井盐资本是怎样进行结合和运用的。

按照富顺当地习俗，投资人（称客人）和地主以租佃和合股的形式做井，有"客井"和"子孙井"之分。"客井"经营议有年限，限满全井交还地主，故又称年限井。"子孙井"则系地主和投资人的"子孙永远管业"。

先谈"客井"。在自流井厂区按盐井分段五，其名曰垱。如龙垱、桐梓垱、新罗垱（在荣溪东）、长坝垱和邱家垱（在荣溪西）的凤凰坝各井地，地主和客人所做"客井"，双方各立出佃和承佃字约，末书合同。主客在佃约中议明，所佃办井基地，先由"客出押山银钱，或数十金，或百金"。开淘盐井时，"客出锉井一切费用"，地主只"出井眼、天地二车、柜、灶、牛棚、盐仓一切基地。"每井以三十天日份（又称三十班）计算，"分派三十股生意"。投资人每月占二十二、二十三、二十四天不等，名为"客日份"；地主每月占四天到八天不等，名为"地脉日份"。在主客双方之间，还有一种"承首邀伙之人"，"不出工本锉捣"，但享有干股，主要是由"客日份"内或"地脉日份"内各拨给一天，或共拨给一天，谓之"干日份"。这种日份就是表示股权的份额。开始锉井时，与锉井微见功时，都不起班。必须等待井见功后，即水足四口，火足二十余口，始行"分班"起限推煎。在邱家垱，其承出佃约则有"主客以水火四口起班"的规定。所谓火四口，即火足供四灶之用，水口之说，以火灶每日须煎水二十担，见功之水足供四灶之用，四口者即八十担的意思。与地主起班，就是说按照"地脉日份"推煎分红利。如果井未达到上述规定水火数目，仍归佃客，名为帮给客人锉费。其全井年限，规定十年或二十年，限满，全井交还地主。

再看"子孙井"。子孙井一般分为"三十班"和"二十四口"两种形式。前者为日份，在自流井的龙垱、桐梓垱、新罗垱、长坝垱各井地流行；后者为"锅份"，存在于邱家垱小溪井地。所谓"子孙井""三十班"，其押山银钱、"客日份"、"地脉日份"、"干日份"办法，都和"客井"相同。惟井见功，不必水足四口，火二十余口。按分班的规定，只要本井获息，除缴井有余，地主即照"地脉日份"派分利息。但既经入伙，以后如果此井锉捣下脉，修造廊厂一切费用，统归"三十班"出钱。至于邱家垱小溪地主和客人所做"二十四口子孙井"，则系按"锅份"。当主客订立佃约时，每井议明押山银钱，将三十日作为"锅份"二十四口，意即作二十四股生意分派。地主出井眼廊厂一切基地，得"地脉锅份"三四口，客人出资锉井成功，得"开锅"十八口，这是"出钱做井分息之股份"。另分"浮锅"二三口，这为"出力办事承首邀伙之人所得。此只出力不出钱，而分鸿息之股份"。锉井成功后，将廊厂一切费用赚回并有红利可分时，地主始得进班分红。"子孙井"概系"子孙基业，并无年满交还之说"。

由于盐井"开凿艰难"，一般历时较长，有的"须十余年或数十年始能见卤"，这就需要依靠连续不断的投资，追加补充办井资金。因此，"凿井之费，盈千累万"，"往往数十家之力，鬻产借债，始成一井"[①]。在这种情况下，很自然地出现一种所谓上中下节做井的办法，作为上述"客井"和"子孙井"做井的必要补充形式。

这里所说的上中下节，指的是"同为客人，合伙做井"的一种方式。其办法是在合伙之初，议定每人占"井份"若干天，"锅份"若干口，出钱交与承首人办理。按月用钱若干，各照所占井份、锅份缴出。锉井或长期不能见功，或是仅见微功，尚须继续往下捣锉，原来合伙人有力不能继续出钱者，如将所占"日份""锅份"出顶与人，于是出顶人名为"上节"，承顶人名为"下节"。以后做井工本费用，就归"下节"承担支付。日后井凿成功，如果下节将钱"绝顶"，上节出顶人便不得分息。如未"绝顶"，"上节"投资工本

---

① 丁宝桢等纂：《四川盐法志》卷11，《转运六》，第23页；卷12，《转运七》，第14页。

未经收回，其分息办法大致有这样几种：（一）有仅归还"上节"工本若干的；（二）有与"下节"人各分一半鸿息的；（三）有"上节"仅分二三成，"下节"多分七八成的。这种分配原则，总的说来，是按"上节捣井浅，费本无多，即少分鸿息；下节捣井深，费本甚巨，即多分鸿息"。如果锉井长期不能成功，"下节"人财力又难以为继，便转顶与人接办，那末前此的"下节"，即作为"中节"，现在出资锉井人称为"下节"。井成时分息办法，也是有归"中节"若干的，或有共分鸿息的。如果合伙做井人都无力继续投资再往下锉，有将二十四天、十八口概行出顶与人做"下节"，提留"上节"工本日份或半天，或数天或数口。"上节"人等如将所得提回"日份"，仍与"下节"合伙，则照二十四天、十八口分派鸿息[①]。

这种上中下三节做井办法，反映了一种辗转出顶、层层接替的合伙经营的关系。它固然有助于盐井的凿成，但是这种"合伙人多，则力每不齐，辗转出顶，上中下节不一而足；兼之年久，则人越多而难清理。其已经出顶井份之合同，则为故纸。井一成功，往往有执故约而混争日份者"[②]，以致产生"讼累"不息的后果。

总之，合伙做井在四川其他盐产区也有流行，只不过办法和形式各有不同而已。由上述清代富顺自流井盛行办井的各种办法和形式，不难看出，其中合伙关系极为错综复杂。无怪乎后人对此发出慨叹："一井之中，股份甚多，有上节、中节、上中节、下中节等名目，每节又分若干股，各井不同。虽久于盐场之人，亦不能查知其股份，且历未调查，不易稽考耳。"[③] 现在我们高兴地看到，在这部《选辑》中就收集了有关这方面的租佃合伙契约，同时还注意收录与

[①]　以上所讲各种井规，据吴鼎立《自流井风物名实说》各页，引见彭泽益编《中国近代手工业史资料（1840—1949）》第一卷，中华书局1962年版，第287—289页。并参考吴炜等编纂《四川盐政史》卷3，第二篇《场产》，第69—70页。

[②]　《自流井风物名实说》，第12页；彭泽益编：《中国近代手工业史资料（1840—1949）》第一卷，中华书局1962年版，第288—289页。

[③]　吴炜等编纂：《四川盐政史》卷3，第二篇《场产》，第73页。

此有关的曾经引起过纠纷诉讼的案件。大量的历史档案资料，便于互相印证和研究参考。这可以说也是这部《选辑》的一大特色。

值得提出一说的，自贡市档案馆同北京经济学院、四川大学联合整理其收藏的盐业档案，以供学术界利用。这是把沉睡的历史档案搞活为学术研究服务的一种形式，值得欢迎和提倡。北京经济学院吴天颖同志和四川大学冉光荣同志是两位勤奋的中年学者，都对四川井盐史的研究有年，他们两位负责这部《选辑》具体的主编工作，为此付出了大量的劳动。他们还先后到川南、川东和川北一些历史上的重要盐产区进行实地考察，广泛收集和发掘有关盐业的文字资料和口碑资料，力求用历史文献记载来验证。把历史档案整理和实地历史调查紧密地结合起来，无疑地是研究经济历史值得倡导的一种方法。

我们有理由可以预期，这部《选辑》的编辑出版不但为自贡井盐业历史研究提供了新的参考资料，还将有助于推进自贡井盐史的研究并使之提高一步。

（原载《历史研究》1984 年第 5 期）

鸦片战争前广州新兴的轻纺工业

鸦片战争前广州出现这些"轻纺工业",没有史料记载,很难说这些行业的经营为行商投资,但可以说都是与当时广州外贸有关系,也很可能为非行商投资经营。探索这些行业的历史,可以反映当时广州工商业繁荣的一些情况。现在就依次论述各业的有关问题。

一　轻纺工业概述

清代广州在鸦片战争前是对外贸易的唯一港口,商务相当发达。为了适应出口的需要,那时广州附近曾经兴起一些专为外销进行加工的轻纺工业,主要有制瓷、制茶和棉纺织业。这三个行业基本上是采取大作坊和手工工场的形式进行生产经营。

瓷器是中国著名的手工艺品,也是中国和欧洲各国通商经常的输出品。广州出口瓷器中有一种广彩,据载:"其器购自景德镇,彩绘则粤之河南厂所加者也。"自乾隆嘉庆年间以来,因外洋重视华瓷,中国商人乃"投其所好",选用景德镇烧造的白瓷器,贩运至广州,在珠江的河南设厂开炉烘染,"另雇工匠,仿照西洋画法","制成彩瓷,然后售之西商",故有河南彩和广彩等名称。因其杂用西洋彩料,据说它与饶州窑五彩稍异,"间有画笔极工,彩亦绚烂夺目,与雍乾粉彩类似者"[①]。这是瓷器商人为了适应国外市场的需要,在广州投资生产,改良瓷器制造,由是把自己变为企业主。据《华

---

① 刘子芬:《竹园陶说·广窑附广彩》,第7—8页。

事月报》的商情报告，1833 年瓷器出口已极少，广州市场瓷器全席二百七十件，出售价银十二两至七十五两，晨飨具一套二十件价银三两，上等茶具一百零一件价银十一两至十三两，次等茶具每套四十九件价银五至六两，都是成套出售的①。生产这种广彩因属于新兴瓷厂，它同石湾陶业是两个相互独立的行业，经营各不相涉。

  茶叶是鸦片战争前大宗的出口商品，每年约有四十五万担（合四千五百万斤）从广州输出。每担茶叶征正税及各项归公规费九钱二分，粤海关每年可征收出口茶税四十一万四千两银子②。当时花熏茶差不多全部是在广州加工制造的③。这类手工制茶工场主要系茶行经营的。通常是由茶商设立行庄或茶栈从事茶叶收购，然后雇工进行加工精制。广州有个商人曾对外国访问者介绍说，在广州茶叶的制造很普遍，郊外许多地方都有，而茶行最多又最好的都设在珠江对岸的河南④。这个外国访问者在参观河南制茶工场后，曾留下了详细的记录。他说："我们坐船渡过珠江，……很多大的茶行就在眼前"，"这些茶行都是宏大而宽敞的两层楼的建筑。下层堆满了茶叶和操作工具，上层挤满了上百妇女和儿童，从事拣茶和把茶分为各种各类的工作。"⑤ 这个外国访问者在河南参观另一家制茶工场时，陪同他参观的就是这个工场的场主。他说："现场上挤满了妇女和儿童，都在忙于从红茶中拣剔茶梗和黄色及棕色的叶子。这种工作的工资为每斤六文，平均每人每天可得六十文（相当于三个便士）。""男工们的工作是发出毛茶及收回经过拣剔后的茶叶"。"此外还有许多人用大小不同的筛子，忙于筛茶。为的是选出'珠兰'茶，并

---

  ① *The Chinese Repository*, Vol. Ⅱ, No. 10, Feb., 1834, p. 456.
  ② 道光朝《筹办夷务始末》卷67，第2页，1929年故宫博物院影印本，据耆英奏计算。
  ③ Rebert Fortune, *A Residence Among the Chinese* (London, 1857), pp. 197–213, 引见彭泽益编《中国近代手工业史资料（1840—1949）》第一卷，中华书局1962年版，第484页。
  ④ Rebert Fortune, *A Residence Among the Chinese* (London, 1857), pp. 197–213, 引见彭泽益编《中国近代手工业史资料（1840—1949）》第一卷，中华书局1962年版，第485页。
  ⑤ Rebert Fortune, *A Residence Among the Chinese* (London, 1857), pp. 197–213, 引见彭泽益编《中国近代手工业史资料（1840—1949）》第一卷，中华书局1962年版，第485—486页。

把各种茶叶分开"。他详细了解了花熏茶的制作方法，熏茶如果是香味不够，"工场的工头告诉我，他有时要用香橙花熏两次，再用茉莉花熏一次"[1]。这个调查纪录生动地反映了那时广州河南有许多加工改制茶叶的工场，主要是由茶行商人投资兴办。不论是制红茶或花熏茶，场内各有分工，并且雇用了大量的男女童工，生产都具有一定的规模。到了鸦片战争后的五口通商时期，为适应茶叶出口增长的需要，这类茶叶加工场在广州一度继续有所发展。

棉纺织业是兴起在广州外贸市场上引人注目的另一个重要行业。美国裨治文于1833年在其主编的《华事月报》上发表一篇题为《广州纪事》不署名的连载文章，后来用《广州城市及其商业介绍》的书名汇集起来[2]。其中说是广州的各种制造工场和行业为数很多，但没有真正称为机器的设备。供应广州商店的各种货品，其制造工作有很多都是在佛山完成的。佛山在广州以西，"这里被雇佣的工人和所完成的作业数量是很可观的。每年有一万七千名男女童工从事于织绸工作，他们的织机很简单，但出品一般都很精致。从事织造各种布匹的工人共约五万人，产品需求紧迫的时候，工人就大量增加。工人们分别在大约二千五百家织布工场作工，平时每一工场平均有二十个工人"[3]。1815年来华的瑞典龙思泰在1836年出版的《葡萄牙人居留中国及罗马天主教会在华布道简史》中[4]，以及马丁在1847年出版的《中国政治、商业和社会》一书中也都有同样的记述[5]，这一则史料不能说是"独有"的"孤证"。

---

[1] Rebert Fortune, *A Residence Among the Chinese* (London, 1857), pp. 197–213, 引见彭泽益编《中国近代手工业史资料（1840—1949）》第一卷，中华书局1962年版，第483—484页。

[2] E. C. Bridgman, *Description of the City of Canton and Notice of the Trade at It Canton*, 1834.

[3] Description of the City of Canton, *The Chinese Repository*, Vol. II, No. 7, Nov., 1833, pp. 305–306.

[4] Andrew Ljungstedt, *An Historical Sketch of the Portuguese Settlements in China, and of the Roman Catholic Church and Missions in China* (Boston, 1836), p. 284.

[5] R. Montgomery Martin, *China: Political, Commercial, and Social* (2 Vols., London, 1847), Vol. II, p. 277.

以前提供这一则史料时，是按原文记述把丝织和棉织分别摘编的①。意思很清楚，没想到会引起误解。有认为句中"织造各种布匹"（manufactunin cloth of all kind）一语，"比较含糊"，这不是指各种棉布，理由是当时佛山仅有的是丝织业，其实原文就是指棉织而言。这里把原记前后全文引述出来，可以有目共睹。原文先谈丝织即织绸（weaving silk），紧接着就谈织棉布的工场，已经分得一清二楚，这不成其为质疑的问题。不过，怎样"慎重对待"这段有关佛山织布工场的记事，是否"谬误"，还必须着重对这个问题作些认真的探讨。

二　怎样看待广州轻纺工业问题

清代广州佛山最初出现有织布工场，它是属于当时新兴的轻纺工业中的一种。这段历史因不见于中文记载，从地方志里也查找不出来，遂使人产生怀疑并否定其存在，甚而认为广州佛山棉纺织业和织布工场只是在晚清时才有的②。这种说法未敢苟同。这里打算对具体问题进行具体分析，希望通过讨论有助于对这个问题的正确了解。

在谈论清代棉纺织业问题时，往往使人很容易想到只有江南苏松地区因为植棉和纺织业发达，乃有"衣被天下"之称。对这个记事持否定的论点，主要认为广东土布市场一向只有松江等地棉织品的大量行销，而出口的"南京布"主要也并非广东所产，不过由内地经广州外销而已。因为当时广州地区棉纺织业的商品性生产，并不发达。1833年佛山地方是不存在那样大的织布工场群的，甚至当时佛山也完全不存在着棉织业和织布的工场③。这个论断，显然是不符合那时广州佛山棉货市场历史的实际情况。

---

① 参看彭泽益编《中国近代手工业史资料（1840—1949）》第一卷，中华书局1962年版，第217、256—257页。
② 徐新吾：《关于资本主义萌芽一则史料的辨误》，《经济研究》1978年第7期。
③ 徐新吾：《关于资本主义萌芽一则史料的辨误》，《经济研究》1978年第7期。

广州地区棉纺织业自然是和苏松地区不一样。苏松地区的纺织业是建立在当地植棉业发展的基础上,而广州佛山棉纺织业的兴起和发展却是建立在国外进口棉花供应的基础之上。由于原棉的来源和取给的途径不一样,两者的经营方式和生产性质也不尽相同。苏松地区的棉纺织业基本是农副手工业,带有自给性的小商品生产的特点;广州佛山的棉纺织业则是为市场进行的商品生产,它主要是适应广州外贸发展的需要而逐步兴盛起来的。

广州同外国通商,英国是主要的贸易对手,贸易量占第一位。17、18世纪,英国东印度公司对华贸易最重要的问题是怎样把英镑毛呢换成银子来购买中国的丝茶等商品。1730年(雍正八年)以后,英国货船来华运载的银子常占百分之九十至百分之九十八。英国进口除毛呢织品外,还试图推销棉织品,1786年(乾隆五十一年)曾将曼彻斯特棉布样品运到中国,1788年(乾隆五十三年)东印度公司订购棉布四百匹,加染蓝棕等色,1790年(乾隆五十五年)运到广州不受欢迎。反之,中国土布则不断流向英国。18世纪80年代中期以前,中国土布每年约有二万匹运销英国。1785年(乾隆五十年)增为四万匹,1794年(乾隆五十九年)有九万匹[①]。《华事月报》的商情报告说,广州和中国其他各地以及东印度群岛也织造"南京布",它在颜色和质量方面仍然胜过英国布匹,价格每百匹为六十元至九十元不等[②]。外文记载中的"南京布",通常是指中国土布的一种,其名称是由南京一词转来,据说最初是以南京一带地方用一种紫花织成的土布而得名。值得注意的是,《华事月报》在这里明确指出,可见当时广州地区也不是没有织造"南京布"的。

英国商货之外,当时能够在对华贸易资金的筹措方面有所作为的,只有印度货物。英国东印度公司为此鼓励港脚船(英印散商)

[①] H. B. Morse, "The Provision of Funds for the East India Company's Trade at Canton During Eighteenth Century", *Journal of the Royal Asiatic Society of Great Britain England*, 1922, Pt. II, Apr., p. 242.

[②] *The Chinese Repository*, Vol. II, No. 10, Feb., 1834, p. 465.

去经营，有时也将公司船只吨位租给官员商人运货。结果发现棉花的销路最好。1778年（乾隆四十三年）公司甚至与商人约定，免费由公司船只为商人运送棉花和锡等类杂货至广州，因此英印棉花进口量在1823年（道光三年）以前始终高于鸦片①。据1814年至1815年（嘉庆十九年至二十年）贸易数字表明，从广州进口运销去的商货值银约三百二十五万二千四百八十两，其中棉花约值银一百零五万一千七百零八两②，占进口货值百分之三十二。

据粤海关调查，鸦片战争前外国棉花（主要是印棉）进口量，每年约有五十一万三千担（合五千一百三十万斤）。每担棉花征正税及各项归公规费银二钱一分，共收税银十万零七千七百三十两③，连同每年出口茶税四十一万四千两合计，这两项约占粤海关一年税收总数的百分之四十五。这些进口棉花大部分由英国货船从孟买和孟加拉运来，每担售价1833年为银九两至十三两④。平均每担以十一两计，上述进口棉花总数约值银五百六十四万三千两。按当时广州花纱交换比率计算，这五十多万担进口棉花，可纺二千五百六十五万斤棉纱来织布。

人们不禁要问，这大量进口棉花的流向和用途到底怎样呢？东印度公司监理委员会议事录中指明："据我们所知，外国（指印度）棉花主要是在广东省内消费的"⑤。曾任东印度公司茶叶检验员的波尔于1804年至1826年在广州和澳门长期居住过，他也曾明确地谈到这个问题，说是进口的孟买棉花目前全部销售于两广制造。孟加拉棉花一部分销两广，但以福建制销为主⑥。

---

① H. B. Morse, *The Provision of Funds for the East India Company's Trade at Canton During Eighteenth Century*, Journal of the Royal Asiatic Society of Great Britain England, 1922, Pt. II, Apr., p. 242.

② Samuel Ball, *Observations on the Expediency of Opening a Second Ports in China*（Macao, 1817）, p. 12.

③ 道光朝《筹办夷务始末》卷67，第2—3页。据耆英奏计算。

④ *The Chinese Repository*, Vol. II, No. 10, Feb., 1834, p. 458。

⑤ [英]格林堡：《鸦片战争前中英通商史》，康成译，商务印书馆1961年版，第84页。

⑥ Samuel Ball, *Observations on the Expediency of Opening a Second Ports in China*, p. 12.

根据这些事实，可以这样说，大量印棉进口其中在广东消费部分，主要为广州佛山地区发展棉纺织业提供了源源不断的原料，而中国土布为适应出口市场的需求又进一步促使广州佛山地区棉纺织业的兴盛。为了保障土布市场上的货源，增加产品数量和降低产品价值，由布商投资的织布工场就有如雨后春笋般地出现。尽管当时棉纺织的技术基础依然是落后的手工劳动，而劳动生产率则有可能在生产的工作场所内部劳动分工的条件下，在产品的生产过程中得以继续提高。这就从根本上改造了生产过程的性质。

广州佛山一带兴起的织布工场，它在生产经营方面的特点，是把棉纺这一道工序交给场外工人即"外工"去做，取得棉纱后，织布这一道工序则由场内工人去完成。这就是为什么每一工场平均只有二十人左右的缘故。如果是棉纺和棉织结合在一起同时在场内去完成的话，那么每一工场的雇工人数就远远不止此数。从而要增加场房设备和扩大投资，这对工场主来说当然是很不经济的，所以不采取这种经营方式。

广州佛山一带经营织布工场的企业主，主要是棉货匹头业布商。他们利用"外工"从事纺纱的情况，驻广州的英国商人在1821年10月31日一封信中谈到，"织造棉布匹头的老板和纺工之间，通常总是由老板供给纺工棉花二斤，收回棉纱一斤"[1]。这些纺工即纺户是广州佛山附近城乡的广大居民群众，他们依靠织布场主即老板供给的棉花以纺业为生，从两斤棉花对一斤棉纱的交换办法中取得一定的收益。这样的结果，就有力地促进了那时附近城乡居民以家庭副业形式经营棉手纺业的广泛发展。

这种棉手纺业原是依靠进口棉花和为适应外贸市场的需要而兴起，自然是很容易受外贸市场波动的影响的。19世纪30年代由于广

---

[1] 彭泽益编：《中国近代手工业史资料（1840—1949）》第一卷，中华书局1962年版，第257页；并参见[英]格林堡《鸦片战争前中英通商史》，第91页。

州市场棉货的销售量与年俱增①，在印棉经常大量进口的同时，在不同年份还有来自英国和印度的洋纱，即使是小量进口，它也会立即对当地手纺业产生强烈的反响。

1831年4月2日据澳门传来的信息透露，"广州附近两个地区和离广州约二十英里的另一地区的居民，对洋纱进口曾发生严重的骚动。他们大声疾呼地申诉，说洋纱剥夺了他们家中原来从事纺纱的妇女儿童的生计。大家决定不用洋纱上机织布，并声称决定要烧毁运入那些乡村的洋纱"。当时《晨报》的中国通讯记者证实了这一消息："黄埔东北那些贫苦人民发现了是进口的洋纱夺去了他们纺纱的生意，曾在各乡镇遍贴标语提出警告，凡在广州购纱入乡者，一经拿获，立即处死。现在广州的洋纱小贩对此事颇为戒惧，以致洋纱生意陷于停顿。"② 广州附近三个地区（其中包括佛山）的广大居民群起反对洋纱进口，这一事实生动地反映了当地利用进口原棉的手纺业相当发达，其中至少有很大一部分应是属于织布工场的"外工"。如果直接利用进口洋纱来织布，简直是无异于夺去了他们纺纱的生意。所以这些场外纺工和棉纺小生产者要拼命反对洋纱运进各乡镇，并坚决表示不许用洋纱上机织布。如果当时广州佛山一带果真是完全不存在棉纺织业和织布工场的话，那么上述记事就成为不可理解的无的放矢了。

历史的事实，恰恰与此相反。当时广州外贸市场原棉进口和土布出口的棉货交易相当兴旺，经营棉货匹头的布商为了利润的吸引，因此开厂设店者为数甚多，并把附近的广大居民作为场外工人加以利用起来。据波尔1816年7月2日为提交英国第二次出使北京的阿美士德大使写的《关于开辟中国第二港口得失刍议》中也曾谈及，可以证实。其中说广州是当时唯一的贸易中心，为帝国边远地区各

---

① *The Chinese Repository*, Vol. Ⅱ, No. 10, Feb., 1834, p. 459.
② *British Relation with Chinese Empire in 1832*（London, 1832），p. 81；Peter Auber, *China*（London, 1834），pp. 63 – 64，引见彭泽益编《中国近代手工业史资料（1840—1949）》第一卷，中华书局1962年版，第248—249页。

行各业的商人经常来往之地。每当贸易季节，广州接纳的外地客商比哪一省都多，其中福建、江南、湖广客商人数之众又超过其他各省。这些商人于十一二月到达，到了次年四五月，除少数红茶商或其代理人外，就少有人留下了。来广州贩布的皆与棉布匹头商人成交。这些布商在广州城郊各处开设的厂店，不计其数。故广州的本地商人，即布商之间并不曾结成团体（Combination）①。这就表明，当时广州附近既然有布商开设棉货匹头的厂店无数，基于前述的原因，当地大约有二千五百家织布工场出现就不足为奇了。在布商之中包括兼营开厂设店者为数众多，他们和同业之间以致未能形成一个组合或团体，意味着这一新兴行业的产销活动是经营自由的，还不存在行会独占和排他因素的影响。

还要指出的，广州佛山地区棉纺织业的发展，同时也带动棉染业的兴盛，使它成为当地一个重要的行业。在洋纱输入中国以前，供应广东和广西东部的土布，大部分来自江西吉安府。经赣江，通过梅岭驿道，循广东的北江，经三水运至广州附近的佛山。土布在佛山染成广东人最喜爱的青布，名叫"长青布"。这种布经常大量地向新加坡及广东人常到的海外各个地方输出②。

直到19世纪40年代后期，人称"佛山是中国一个具有大工业和很多人口，但没有政治地位的地方"③。这里所谓的大工业，不是指近代意义的机器大工业，而是指大的手工业制造，在当地除了著名而又古老的铁器铸造业，其中织布工场就是最突出的一种。以后当地棉纺织业和织布工场趋向衰落，这在外文资料记载里也有反映。1863年在香港出版的《中国商务指南》一书中写道："自从一八五四年广东省的骚乱，大大损害了广州的繁荣，并破坏

---

① Samuel Ball, *Observations on the Expediency of Opening a Second Ports in China*, p. 55.
② *Report of the Mission to China of the Blackburn Chamber of Commerce 1896—97*（Blackburn, 1898）, p. 134, 引见彭泽益编《中国近代手工业史资料（1840—1949）》第二卷，中华书局1962年版，第245页。
③ ［美］马士：《中华帝国对外关系史》第1卷，张汇文等译，生活·读书·新知三联书店1957年版，第436页。

了佛山，使织工和其他工匠逃散以来，印度棉花的消费已大量减少。印棉的地位一部分由英国棉纱替补。"① 这就是说，经过红巾起事，"佛山被破坏使当地纺业停顿，故对外国棉花的需求亦为停止，转而引进英国棉纱"②。这样，不仅直接对佛山原先靠进口棉花兴起的棉纺织业造成了严重的后果，甚至对广州附近的顺德城乡也导致了"洋纱盛，而土机衰矣"③。接着在1856年（咸丰六年）10月8日发生所谓"亚罗"号事件，同年十二月十四日广州西关失火，延烧十三行街，外国商馆被焚洗一空，其附属于商务的一切机构都纷纷转移到香港。第二年广州先由封锁进而为英法侵略军占领，实际上由联军委员会组成的傀儡政权管理达两年之久，直至1861年（咸丰十一年）10月21日外国驻军始行撤退④。从此，广州对外贸易的优越地位渐次丧失，中国外贸中心无形转移到上海。过去盛极一时的广州商务和上述轻纺工业，也就跟着萧条零落了。

此后广州佛山地区的棉纺织业，不妨在这里简单提一提。

19世纪后半期，外国洋布洋纱从各通商口岸大量输入沿海和内地，中国原有的手工棉纺织业受到破坏，这在广东地区首当其冲。从此各地用洋纱做原料的手织业，应时兴起。那时经常由江西、兴宁及其邻近地带移民的客家人便用洋纱织布。80年代，兴宁已成为广东一大织布业中心。这里主要利用孟买进口的棉纱织成布匹。到90年代，甚至使汕头口岸"棉纱进口旺弱，亦视兴〔宁〕之布畅滞如何"为转移，起着决定性的影响。用洋纱织成的土布大部分则循广东东江经惠州，照旧运至佛山，加染成青布，

---

① S. W. Williams, *The Chinese Commercial Guide*, Hongkong, 1863. 引见姚贤镐编《中国近代对外贸易史资料（1840—1895）》第2册，中华书局1962年版，第1240页。

② T. R. Banister, *A History of the External Trade of China*, *1834—1881*, *Decennial Reports on the Trade*, *1922—1931*（2 Vol., Shanghai, 1933）, Vol. Ⅰ, p. 35, 引见彭泽益编《中国近代手工业史资料（1840—1949）》第一卷，中华书局1962年版，第496页。

③ 冯奉初等纂：咸丰《顺德县志》卷3，第45页。

④ 参看 *Decennial Reports on the Trade*, *1922—1931*, Vol. Ⅰ, p. 32.

叫作冲青布，即仿"长青布"。然后从佛山再分运广东各地和香港销售①。这时佛山的棉染业仍占有重要地位，并得到继续发展。广州城北及河南一带（除了乡村妇女家机之外），当时所有的织布工场，统计雇用的织工不下数千人②。90年代，有个外国商会访华团参观广州一家织布工场，场内雇有大约三十名织工，全是女工，每天工作十二小时。工资是按一定的工价标准（论尺或论匹）支给。手艺好的织工，每月可赚到五元（不包括伙食）。广州织布业很小，认为它在当时实在没有什么重要性了③。

以上是对广州佛山地区棉纺织业和织布工场在鸦片战争前后的历史情况的一些揭示。看来，这些历史事实，基本上应该是可信的，从而对澄清问题也许是有益的。

总起来说，鸦片战争前在广州佛山一带地方，为外贸出口加工而兴起的制瓷、制茶和织布业，都不是在当地传统手工业旧的基础上发展起来的，它们在当时当地是新兴的轻纺工业。这几种轻纺工业在当时的出现和存在，既没有旧的同业习惯势力对它的影响，而这些新兴行业之间自身也未形成团体。这一优越性，甚至在一些城市发达的传统手工行业中是不曾具有的。不论瓷厂、茶厂和织布工场，雇工自由人数不受限制，广泛利用妇女和儿童劳动，并以近郊城乡居民作为"外工"，表明都无行会或其他势力施加种种约束。这样，由企业主自由雇佣的劳动者人数越多，不但能够生产大量的商品，同时还能提供大量的剩余价值。因此对这些轻纺工业企业的生产经营，估计它具有资本主义萌芽的性质，不是没有根据的。从另一方面说，这些新兴的轻纺工业的大作坊和手工工场，其所以出现

---

① 参看彭泽益编《中国近代手工业史资料（1840—1949）》第二卷，中华书局1962年版，第207、208、246页。

② 《沪报》光绪二十年六月二十三日。

③ *Report of the Mission to China of the Blackburn Chamber of Commerce* 1896—97, p.64, 引见彭泽益编《中国近代手工业史资料（1840—1949）》第二卷，中华书局1962年版，第260页。

在当时作为外贸和商业中心的广州并不偶然,因为具有资本主义属性的工场手工业是以相当广阔的商业交往为前提。这也是完全符合社会经济发展的规律的。

最后,至于从广州佛山织布行业历史来看,当然在鸦片战争前后交接的漫长年代里,无疑地是经历了兴衰演变;但就棉织业中的资本关系来说,在萌芽的基础上进到资本主义的过程中则不曾衰退,而是不断地有所增长和发展。看不到这点,是不对的。

(原载《历史研究》1983年第3期,据著者校补本)

近代中国工业资本主义经济中的
工场手工业

近代中国工场手工业在工业资本主义经济中占有十分重要的地位。遗憾的是，迄今在有关中国工业资本主义发展史的论著中，大多只着眼于烟囱冒烟的工厂，对于工场手工业的地位和作用专门讲到的不多，有的或者根本忽略不谈。这样使得中国工业资本主义发展史的形象不够完整，不能不说是一个缺陷。提出这个问题，摆摆情况，希望能够引起重视，充实这方面的调查研究。

一 中国工场手工业在工业资本主义经济中的地位和比重

在近代中国工场手工业兴起之前，清代封建社会内即已孕育着一批具有资本主义生产萌芽的工矿企业。18世纪二三十年代以降，包括四川井盐、造纸、制茶、制糖、棉织、木材采伐、煤矿、铁矿、铜矿、铅矿、锡矿、银矿等行业中，就有采取大作坊和手工工场生产经营的形式。鸦片战争后，这类企业仍多继续存在，不过生产各有消长。50年代起，在清朝政府镇压农民起义的反革命内战年代里，国内生产事业受到严重破坏，直到70年代初才逐步恢复。通商口岸被迫增开和适应市场扩大，在手工业商品生产增长的基础上，手工业中的资本主义关系有所发展。七八十年代间，缫丝、制茶、榨油、造纸、井盐等行业中工场手工业不断兴建，采矿冶金业在新式矿厂出现以前，在采的矿厂有五十个左右。19世纪末到20世纪初，各通商口岸和附近地区新兴的手工业发展，如火柴、皂烛、卷烟、玻璃、榨油、制茶、制糖、缫丝、棉织、针织、地毯等行业中的大作坊和手工工场纷纷兴起；并且，还促进了当时城乡资本主义家内作业的兴盛。

上述各行业的手工工场，只能根据很不完全的资料，得出一些集计数字，尚缺乏全面的系统的材料可资利用。关于全国的工业调查统计，那是比较晚期的事。最初官方是以工厂利用原动力与否作为标准来登记统计。按工厂法规定："凡用发动机器的工厂，平时雇用工人在三十人以上者，适用本法。"这就是说，凡不符合工厂法的工厂，即不是使用原动力或者说不用发动机、雇佣工人不满三十人的小厂，实际上，都可视为手工工场或大作坊之类。

根据这些调查统计资料，就有可能把工场手工业同工厂工业进行比较。据1912年调查，辛亥革命前后，全国20749家工厂中不使用原动力的手工工场占98.25%，使用原动力的工厂只占1.75%。到1919年，手工工场在全国10515家工厂中仍占96.58%，用原动力的工厂占3.42%。后至解放前夕的1947年年底，手工工场在全国14078家工厂中仍占76.47%，合于工厂法的工厂占23.53%。

表1　　全国工厂中使用原动力和不使用原动力家数比较

（1913—1947年）

年份	家数（家）			比重（%）	
	共计	用原动力	不用原动力	用原动力	不用原动力
1913	21713	347	21366	1.60	98.40
1915	20746	488	20258	2.35	97.65
1917	15736	481	15255	3.06	96.94
1919	10515	360	10155	3.42	96.58
1947	14078	3312	10766	23.53	76.47

资料来源：1913—1919年据历次《农商统计表·工厂表》，1947年据《全国主要都市工业调查初步报告提要》分别计算。引见彭泽益编《中国近代手工业史资料（1840—1949）》第二卷，中华书局1962年版，第448—449、736页后附录插页表（三）；第4卷，第555页。

表1的调查统计，显然是不够完备精确的，但从长期趋势观察，

工场手工业和工厂的家数相比，它所占的比重之大是非常清楚的。中华人民共和国成立后，据1954年统计，工场手工业在全国资本主义工业中的家数仍占79.1%，它的产值则占工业总产值的28.6%[①]。这些，可以说是有关近代中国工场手工业的总的情势。

为了进一步分析工场手工业在整个工业结构体系中的地位，下面以1947年年底全国工业调查为依据，分别从行业和地区作一些考察。

首先，从业别看，各行业家数及所占比重，有如表2所列：

表2　全国各业工厂中使用原动力和不使用原动力家数比较

（1947年）

业别	家数 共计	用原动力	不用原动力	比重（%） 用原动力	不用原动力
总计	14078	3312	10766	23.53	76.47
饮食品制造业	1379	326	1053	23.64	76.36
纺织业	3773	1089	2684	28.86	71.14
服用品制造业	1783	290	1493	16.26	83.74
木材制造业	156	42	114	26.92	73.08
造纸印刷业	1669	251	1418	15.04	84.96
化学工业	1553	410	1143	26.40	73.60
土石品制造业	152	67	85	44.08	55.92
冶炼业	494	108	386	21.86	78.14
五金业	682	217	465	31.82	68.18
机械业	1505	223	1282	14.82	85.18
电工器材制造业	303	130	173	42.90	57.10
交通用具制造业	269	47	222	17.47	82.53
杂类工业	360	112	248	31.11	68.89

资料来源：《全国主要都市工业调查初步报告提要》，据各业概况统计计算。

值得注意的，像机械、交通工具制造、冶炼三个行业基本属于重工业之类，工场手工业家数占78.14%至85.18%；属于轻工业之

[①] 《中国资本主义工商业的社会主义改造》，人民出版社1962年版，第27页。

类的造纸印刷、服用品制造两个行业占83.74%至84.96%,其他行业所占比重也都在55.92%至76.36%之间。这从另一方面反映了近代中国的工厂工业处在多么落后的阶段。

现在单就工场手工业来说,在这10766家工场中,如按行业来统计,纺织业占第一位(24.93%),服用品制造业占第二位(13.87%),造纸印刷业占第三位(13.17%),机械业占第四位(11.91%),化学工业占第五位(10.62%),饮食品制造业占第六位(9.78%)。这里按各行业家数所占的顺序如表3所列:

表3　　　　　　　全国手工工场分业统计

(1947年)

业别	家数	比重(%)
纺织业	2684	24.93
服用品制造业	1493	13.87
造纸印刷业	1418	13.17
机械业	1282	11.91
化学工业	1143	10.62
饮食品制造业	1053	9.78
五金业	465	4.32
冶炼业	386	3.58
杂项工业	248	2.30
交通工具制造业	222	2.06
电工器材制造业	173	1.61
木材制造业	114	1.06
土石品制造业	85	0.79
总计	10766	100.00

资料来源:据表2计算而得。

大致说来,这就是解放前夕旧中国各行业手工工场家数的基本情况。无疑地,它给了我们一个有根据的数量概念。

其次,再从地区比较,工场手工业和工厂工业在全国各城市的分布,有如表4所示:

表 4   全国各城市工厂中使用原动力和不使用原动力家数比较

(1947 年)

地区	家数 共计	家数 用原动力	家数 不用原动力	比重(%) 用原动力	比重(%) 不用原动力
总计	14078	3312	10766	23.53	76.47
南京	888	36	852	4.05	95.95
上海	7738	1945	5793	25.14	74.86
北平	272	49	223	18.01	81.99
天津	1211	215	996	17.75	82.25
青岛	185	96	89	51.89	48.11
重庆	661	96	565	14.52	85.48
沈阳	275	117	158	42.55	57.45
西安	69	24	45	34.78	65.22
汉口	459	86	373	18.74	81.26
广州	473	269	204	56.87	43.13
台湾	985	205	780	20.81	79.19
兰州	39	17	22	43.59	56.41
汕头	121	15	106	12.40	87.60
福州	176	17	159	9.66	90.34
昆明	66	30	36	45.45	54.55
贵阳	83	48	35	57.83	42.17
长沙、衡阳	216	23	193	10.65	89.35
南昌、九江	161	24	137	14.91	85.09

资料来源:《全国主要都市工业调查初步报告提要》,据各业概况统计计算。

这里要特别提出上海来说一说。因为上海是近代中国工业化水平较高的重要城市,工厂工业相当发达集中,其中工场手工业实际仍然为数很多。1931 年调查上海工厂,在 1666 厂中合于工厂法标准的,只有 676 家[①],占 40.58%,不合工厂法的有 990 家,占 59.42%。"八一三"事变前,据 1937 年上半年调查统计,上海

---

① 《上海之工业化》,《经济统计月志》第 1 卷第 3 期,1934 年 3 月。

22376 厂，工厂共有 5525 家，手工业作坊、工场 16851 家[①]占 75.3%。抗日战争胜利后，据 1946 年 10 月统计，上海全市登记工厂 1574 家[②]，合乎工厂法的工厂 516 家，占 32.8%，不合工厂法的有 1058 家，占 67.2%。解放前夕，据 1947 年调查，由表 4 可见上海 7738 厂中合于工厂法的只占 25.14%，不合工厂法的则占 74.86%。在工业比较发达的其他城市，工场手工业家数占的比重之大，也是十分明显的。如华北的天津占 82.25%，西南的重庆占 85.48%。

若仅就全国手工工场按地区分别统计，上海家数最多，占第一位（53.80%），天津次之，占第二位（9.25%），南京占第三位（7.91%），台湾占第四位（7.25%），重庆占第五位（5.25%），汉口占第六位（3.46%）。

所以，不论从行业和地区来看，工场手工业家数比工厂工业多得多。当然，工厂工业家数虽少，但不能忽视它的资本集中，生产规模大。据 1933 年调查资料表明，在天津占 8.3% 家数的大工厂，资本占 88.4%；占 27.8% 家数的小厂，资本占 9.9%；占 63.9% 家数的作坊，资本只占 3.7%[③]。在浙江永嘉 12.2% 家数的工厂工业，资本占 59.7%[④]。至于手工工场在手工业中则具有户数少、资本多、人数少、产值大的特征。这方面的情况就不列举详谈了。总之，我们要看到两者之间的这种不同特点。

值得指出的，前述所谓合于工厂法第一条者，其中特别是以使用原动力即用发动机器为标准，以此来划分工厂工业和工场手工业。

[①]《一九三七年之中国劳工界》，《国际劳工通讯》第 5 卷第 4 期，1938 年 4 月，引见彭泽益编《中国近代手工业史资料（1840—1949）》第四卷，中华书局 1962 年版，第 107 页；第 3 卷，第 812 页。

[②] 陈真编：《中国近代工业史资料》第 4 辑，生活·读书·新知三联书店 1961 年版，第 41 页。

[③]《第二次天津工业统计》，引见彭泽益编《中国近代手工业史资料（1840—1949）》第三卷，中华书局 1962 年版，第 811 页。

[④]《浙江永嘉之工商业》，《工商半月刊》第 5 卷第 21 号，引见彭泽益编《中国近代手工业史资料（1840—1949）》第三卷，中华书局 1962 年版，第 812 页。

实际上，近代中国工业中使用原动力的工厂不仅为数极少，即便是各工厂使用原动力的也是处于极端低下的水平。旧中国工厂工业应用原动力的状况，可以工人人数和马力匹数计算比率，可以各种工业每厂平均使用的马力匹数，代表这个行业机械化的程度。

1912 年调查全国使用原动力的 363 家工厂中，全部原动力共有 24544 匹马力，每厂平均不过使用 67.6 匹马力。1933—1934 年间调查上海合于工厂法的工厂 1038 家，工人总数 200417 人，使用原动力 128430 匹马力①。据此计算，全体工人与马力的比率为 0.67，即每一工人所用尚不及一匹马力，每厂平均所用者亦仅 123.7 匹马力。1942 年调查全国合于工厂法的 3758 家工厂，工人总数 241622 人，使用动力设备 143916 匹马力②。每一工人平均所用仅为 0.60，也不及一匹马力，每厂平均所用只有 38.3 匹马力。1947 年调查全国合于工厂法的 3312 家工厂，工人总数 682399 人，动力设备马力 827272 匹，每一工人平均使用 1.2 匹马力，每厂平均使用 249.8 匹马力。

这个情况，同资本主义国家工厂每一工人使用的马力匹数相比，不免相形见绌。美国在 1908 年为 3.6 匹马力，德国在 1910 年为 3.9 匹马力，法国在 1911 年为 2.8 匹马力③。可见远远落后于当时西方工业发达国家 20 世纪初年的水平。

旧中国官方工业统计讲求工厂应用原动力与否，目的是便于对工厂工业进行登记和管理。制定这个标准有它必要和合理的地方。但是，我们现在研究工业资本主义的历史，似乎不应拘泥于这一点，更不宜过于强调和高估工厂使用原动力的程度，以至把工场手工业放置在不应有的地位。其实，近代中国工厂工业的机械化程度是很低的，它同大量的工场手工业长期共存，并且在很多方面都有联系，怎好割裂开来？要是忽视了这一点，就不能很好地掌握中国半殖民

---

① 《上海工业统计》（一九三三——一九三四年度），《经济统计月志》第 1 卷第 3 期，1934 年 3 月。
② 《后方工业概况统计》（一九四二年），引见陈真编《中国近代工业史资料》第 4 辑，第 93 页。
③ 陈真编：《中国近代工业史资料》第 4 辑，第 9 页。

地半封建社会工业资本主义发生和发展的规律性和独具的特点。

二 中国工场手工业经济的基本特点

工场手工业既然在中国工业资本主义经济中占了相当大的比重，从而有必要对这种工场手工业经济本身作些初步的探讨。

旧中国工场手工业的形成过程，主要是商业资本在手工业的生产过程以外，控制着手工业品和手工业原料的流通过程，从中取得利润，积累起来作为资本。商人们在这一基础上，为了把对手工业的控制力量由外部深入到内部，由流通过程深入到生产过程，藉以掌握这两个过程的全部，并从中攫取更多的利润，就向手工业投资，开设工场。虽然手工工场也有些是个体手工业经过分化过程，由少数个别业主上升所形成，但绝大多数是在流通过程中积累了资金的商业资本投资形成的。

这种工场手工业虽是建立在资本主义私有制和剥削雇佣工人基础上的一种工业形式，但在旧中国的条件下，大多数的工场手工业由于资本和技术缺乏，在剧烈的竞争下，为了挣扎却尽量利用对学徒无偿劳动的榨取。

上海市曾经调查5874家各类手工工场，其中工人学徒总数28676人，学徒11963人[①]，使用学徒人数平均占41.72%。在北京和天津的工场手工业中，使用学徒尤为普遍（见表5）。

表5　　　　　　　　北京各业中使用工人和学徒比较

（1924年）

业别	调查家数	工徒人数	工人占%	学徒占%
地毯业	19	1868	41.3	58.7

---

① 《上海市市区五八七四家手工业概况之分析》，《实业部月刊》第2卷第6期，1937年6月，引见彭泽益编《中国近代手工业史资料（1840—1949）》第三卷，中华书局1962年版，第665页。

续表

业别	调查家数	工徒人数	工人占%	学徒占%
织布业	13	926	51.4	48.6
制革业	2	63	50.8	49.2
皂烛业	6	65	73.8	26.2
织袜业	2	44	0.5	95.5
毛巾业	1	45	33.4	66.6
料器业	1	130	15.1	84.9

资料来源：据《调查北京工厂报告》计算而得，引见彭泽益编《中国近代手工业史资料（1840—1949）》第三卷，中华书局1962年版，第105、130等页。

据当时记载说，北京各工场"如织布、玻璃、火柴、地毯各业使用学徒尤多"。如地毯业"至有欲全招学徒，仅留工头一二人者"。此外如织布、织袜各业，"往往多谓家数太多，出货不能畅销，欲减轻成本，竟谋多招学徒，以省工资"[①]。

天津造胰工场中使用学徒人数约占43%[②]；而地毯、织布、针织三业的手工工场使用大量学徒，平均占45%，这手织三业的情况如下：

表6　　　　　天津手织三业中使用工人和学徒比较

（1929年）

业别	工徒人数	工人占%	学徒占%
总计	21051	55	45
地毯业	11568	72	28
织布业	7873	35	65
针织业	1610	28	72

资料来源：彭泽益编：《中国近代手工业史资料（1840—1949）》第三卷，中华书局1962年版，第168页。

---

① 《调查北京工厂报告》，《农商公报》第122期，1924年9月，引见彭泽益《中国近代手工业史资料（1840—1949）》第三卷，中华书局1962年版，第164、165页。

② 《天津造胰工业状况》，1935年4月，引见彭泽益编《中国近代手工业史资料（1840—1949）》第三卷，中华书局1962年版，第655页。

就京津比较而言，北京地毯业中工人和学徒的比例为1∶2.9（有些工场达到1∶20.9或1∶10.9[①]），天津则仅为1∶0.4。学徒"因无工资，而厂主利其值廉，作工时间与成年毫无区别"[②]。这使学徒制度不仅成为提供熟练劳动力的来源，也是提供最廉价劳动力的来源。

旧中国工场手工业经营的另一特点，由于它控制了流通和生产两个过程，于是加速了资本的积累进程，其最主要的方法，还不是控制一般的生产过程，而是重点控制须有一定技术和设备条件的手工业品最后一道复制过程，即以大量的资本，收购个体手工业、或农民手工业生产的成品或半成品，然后在工场内部集中进行加工、修整、复制。手工业资本家所控制的这一道工序，也就是手工业产品流通过程中最集中的、最需要有一定的生产设备的一道工序。对于这一道工序的控制，就能掌握住这一产品利润的大部分，而且由于集中加工，产品规格和质量统一，适于在市场上大批销售，也适于接受大批订货，这就能获得高于平均利润的利润。

因此，旧中国工场手工业在大多数场合下，可以说都由一个生产大部分产品的首要作坊和千百个从商人兼工场主那里领得原料而交出成品，但是却在自己家里或小作坊里进行生产的手工业所组成的。工业资本利用个体手工业的形式有多种多样，涉及的行业也多，这里列举两个主要方面的情况来看一看：

关于制造半成品或某一工序。工场手工业或工厂工业利用个体手工业制造半成品，在自己工场中只以一定的技术设备进行某些工序，然后当作自厂产品出售；或在自己工场中完成若干工序，而将其中某些工序交给个体手工业者去做。这样就使许多个体手工业成

[①]《北京地毯业调查记》，1942年，引见彭泽益编《中国近代手工业史资料（1840—1949）》第三卷，中华书局1962年版，第131页。

[②]《吾国地毯业概况》，《工商半月刊》第3卷第22—23期；《调查北京工厂报告》，《农商公报》第122期，引见彭泽益编《中国近代手工业史资料（1840—1949）》第三卷，中华书局1962年版，第165、166页。

为自己工场的附属作坊。

广东汕头的织布厂，江苏常熟的织布厂，有在厂内设机者，有完全放机者，几乎各占一半①。其他各地棉布织染手工工场，自织自染的在总产量中占的比例小，大都是用"发原料收成品"或"用原料换成品"的计件工资形式，取得城乡个体手工业生产的土布，然后在自己场内染色压光，作为自产产品出售。

天津的纺毛线工厂，其实只自办弹毛，弹出熟毛一概发给厂外妇女，令其领毛回家，纺线送厂，然后过秤付给工价②。

上海有些毛巾工厂，自己仅有漂白、染色的设备，由棉纱织成的胚毛巾的生产过程，都是利用厂外个体手工业代织完成的。此外，在川沙、南汇、宝山、嘉定、武进、无锡、松江、南通等地织毛巾工厂，也是采取这种形式，多将原料发给各处个体机户分织，论件给资③。

江苏武进经营梳篦业的，除自设工厂，专雇工人外，并有发交场外家庭手工业者从事制造的，如篦子的削竹为条、抽丝、扣齿等作业。至于上胶、刮摩、刻花、拣齿、整理，才由工场内部来做④。

关于担任辅助性工序。工场手工业或工厂工业利用发原料，使分散的个体手工业劳动者在自己家内或小作坊为他们担任辅助性的工序，使这些个体手工业形似独立，而实际上是场外工人。

最典型的是火柴厂，一般都利用这种方式掌握着在家庭中从事生产的分散的个体手工业劳动者为他们糊火柴盒，把糊盒的材料发交在厂外的女工或童工，由其在家工作，按每千个或万个计算工钱。

---

① 《常熟之经济状况》，《中外经济周刊》第214期，1927年6月，引见彭泽益编《中国近代手工业史资料（1840—1949）》第三卷，中华书局1962年版，第240页。

② 《天津工业之现状》，《中外经济周刊》第205期，1927年3月，引见彭泽益编《中国近代手工业史资料（1840—1949）》第三卷，中华书局1962年版，第242页。

③ 《中国实业志·江苏省》第八编，引见彭泽益编《中国近代手工业史资料（1840—1949)》第三卷，中华书局1962年版，第646页。

④ 《武进工业调查录》，1928年，引见彭泽益编《中国近代手工业史资料（1840—1949)》第三卷，中华书局1962年版，第246页。

而火柴装盒、包封两部分工作,也是多由外工担任,男女童工都有,"既不必在厂住宿,饮食亦皆自备"①。

天津有些织袜厂自行雇工设机,把袜子织成后,如袜口、袜尖等部分工作,由工厂发给场外住家妇女来缝缀,计件付给工资②。

北京专织线毯工厂,所用笨线,是由厂把棉花发给博野、蠡县、深泽等县农村妇女代纺;线毯织成后,结穗工作又发交厂外家庭妇女,由其来厂将线毯领回家中做成。工资是分别按斤按打结算③。

这些事例说明,手工工场只是把某些局部工序在场内使用雇佣工人进行,大部分工序仍然是由众多的个体手工业和农民的手工业生产者担任,并严密地控制着他们,使一个手工工场和众多的个体手工业在一种产品的生产上结成一个分工进行的不可分离的整体结构。

在这种情况下,只能使剥削关系加剧起来。那些个体手工业劳动者得不到最低的工资保障,也得不到正常雇佣的保障。工场手工业或工厂工业运用这种种方式可以省去建筑或租用厂房的费用,也可以省去工场管理费用,又可避免劳资关系,对于这些廉价的劳动力,旺季大量地吸收,淡季则无情地排挤出去。当然,如果把分散的手工业者当作雇佣工人集中在自己的工场里来剥削,在某些行业中,这对工场主来说,往往还不是最有利的形式,所以宁肯以额外低廉的价格向家庭手工业者购买现成品。这个事实说明,为什么往往众多的个体手工业还能和工场手工业同时并存。

旧中国工场手工业往往一方面和大机器工厂工业联系着,另一方面又和城乡众多的个体手工业联系着,形成一个生产过程的中间环节。所以说,工场手工业既不能掌握全部社会生产,也不能对社

---

① 《天津工业之现状》,《中外经济周刊》第206期,1927年4月,引见彭泽益编《中国近代手工业史资料(1840—1949)》第三卷,中华书局1962年版,第244页。
② 《中外经济周刊》第198期,1927年1月,引见彭泽益编《中国近代手工业史资料(1840—1949)》第三卷,中华书局1962年版,第234页。
③ 《北京信成织毯工厂之近况》,《中外经济周刊》第218期,1927年7月,引见彭泽益编《中国近代手工业史资料(1840—1949)》第三卷,中华书局1962年版,第241页。

会生产进行根本改造。它的广大基础，依然是城市个体手工业和农民的手工业生产者。这使旧中国手工业资本主义呈现为一个宝塔形。

前面讲过，研究近代中国工业资本主义既然不能忽视工场手工业，同样的理由，也不能忽视手工业中的资本主义家内劳动即家庭工业。上面我们只着重讲了工业资本怎样利用和控制个体手工业的一个方面，另一个方面还有商业资本同样运用多种形式来控制和剥削大量的个体手工业者，在这里，资本主义关系在发展着，商人（包括工场主）不仅不去改变旧的生产方式，而且很快地就把它作为其活动的必要条件而保存下来。这本是一条比较漫长的和进步缓慢的产生资本主义生产的道路，但是这条道路也是旧中国手工业资本主义生产发展所经历过的一条道路。

这里还要谈谈旧中国个体手工业生产性质的转化和条件，这是同资本主义关系发展直接有联系的问题。

拿农民家庭副业和城市手工业来说，这种个体所有制的手工业在不同的历史条件下，使它着上不同的色彩。一般地讲，在鸦片战争前的封建社会，它为封建主义服务，是封建统治的经济基础。但在半殖民地半封建社会的条件下，随着整个社会经济的改组，这种个体经济也被改造，使它在不同程度上为资本主义服务，成为资本主义经济的附庸和必要的补充形式。随着资本主义关系的发展，尽管这类手工业仍然保持原有的外形和表面的"独立"，这些手工业者也不是在工场或工厂里工作，而是仍在自己作坊或家里工作，并且往往使用的是自己的生产工具，但它的生产性质，由于产销关系的变化而有所改变，即这些手工业者实际上变成了在自己作坊和家内为占有他们剩余劳动的工商业资本家而工作的雇佣工人，其原来的工作场所则成为厂外的附属作坊。

自 19 世纪后期到 20 世纪初，中国家庭制的资本主义工业是在旧的工业形式——城市行会手工业和农村家庭工业——瓦解，和在原先的手工业者变为"家庭"工人的基础上产生的，一部分是资本主义单独创造的。由于城乡充斥着廉价劳动力，尤其是妇女和儿童劳动力过多，对于大规模的工业资本和商业资本（包括外国的买办的）来说，更合算的是组织某些非集中形式的生产，即组织城乡的家庭工业。就像马克思所说的："这种所谓的现代家庭工业，与那种独立的城市手工业、独立的农民经济，特别是以工人家庭的住宅为前提的旧式家庭工业，除了名称，毫无共同之处。现在它已经变成了工厂、手工工场或商店的分支机构。"[①] 在近代中国，资本主义制的家庭劳动最初稀疏地出现于资本主义的早期阶段，伴随着资本主义进一步发展，它是对未被吸收于集中化资本主义生产的廉价劳动和"自由"劳动进行剥削的一种特殊形式。

（原载《近代史研究》1984 年第 1 期）

[①] 《马克思恩格斯全集》第 23 卷，人民出版社 1972 年版，第 506 页。

中国行会史研究的几个问题

回顾中国行会史的研究,过去国外研究的成果要比国内多一些①。长期以来,国内只有20世纪30年代出版的一本《中国行会制度史》②和寥寥可数的一般通论式的文章。自50年代开展有关中国资本主义萌芽讨论以来,行会问题才逐渐引起人们关注。最初发表的讨论文章,有不少只是从文献史料中搜集有关雇和佣的记载,而很少考虑具体的社会经济条件,并就此确认这种雇佣具有资本主义萌芽性质。随着讨论的进展,人们的认识不断深化,提出要论证这种雇佣劳动是否具有"自由"性质,应该首先考察这一时代的生产劳动者,有没有摆脱封建依附地位(封建劳役和行会强制)。而行会强制对探索当时手工业者的身份地位,有着十分重要的关系。于是,在讨论中就出现了形形色色关于行会的论点。有的按西欧模式否认中国有行会制度的存在。虽然多数文章认为行会对资本主义萌芽有阻碍作用,但总要想方设法论断当时的中国行会已经发生了种种变化。有的把清代行会内部因增加工钱酒资的争议,说成是劳资关系,甚至说成是资产阶级和无产阶级已经形成的斗争。有的认为明清之际中国行会与资本主义萌芽并存,有的把清前期工商会馆公所的碑刻作为资本主义存在的实物证据,等等。这些研究和著作,对中国行会历史本身的论述,不能说是实事求是的。在这篇文章里,我想

---

① 西方学者有关中国行会史研究的论著,可参看:J. S. Burgess, *The Guilds of peking*, New York, 1928, p.265。日本学者的主要论著,可参看《北京工商基尔特资料集(一)》(昭和50年,东京大学日文版),佐伯有一序言。

② 全汉昇:《中国行会制度史》,上海新生命书局1934年版。台湾食货出版社已将此书重新印行。

就近些年来中国行会史研究中提出的有关问题，说说自己的看法，并澄清一些问题。

一　中国行会客观存在的历史不容否定

否定行会存在的论者，以西欧城市和相应产生的基尔特为模式来比附，认为中国古代城市的性质与欧洲封建时代的城市完全不同，没有那种以限制自由发展为目的的欧洲型（即基尔特型）的行会制度，故具有资本主义性质的经济成分有随时出现的可能。由此而论证了东周后期——主要是战国时期，由于商品经济与货币经济的突出发展，当时大型工矿企业已具有一定程度的资本主义性质，并且认为在战国时期的社会经济结构中，这些资本主义因素还有一定程度的发展。

这里牵涉中外行会的起源问题。根据已有的研究成果来说，在中世纪的西欧，行会差不多是与城市的兴起同时出现的。意大利从10世纪已经有行会，在法兰西、英格兰、德意志从11世纪至12世纪才有行会。行会的最后形成（行会规章）则是较晚的事情。行会是作为逃至城市的农奴的组织而产生的。马克思和恩格斯曾经对西欧行会起源和形成途径作过精辟的论述："联合起来反对勾结在一起的掠夺成性的贵族的必要性，在实业家同时又是商人的时期对共同市场的需要，流入当时繁华城市的逃亡农奴的竞争的加剧，全国的封建结构，——所有这一切产生了行会。"[①] 当时西欧的封建贵族用各种方法勒索市民的钱财，直接侵害和威胁着城市手工业者和商人的利益，促使他们联合起来，结成一种团体（即行会组织），保护自身的生存和利益。这种行会组织一经出现，其斗争锋芒便首先指向封建领主，形成所谓城市运动。它们所采取的斗争方式，有的以金钱向封建领主赎卖城市自由（如法国南部和英国的城市）；有的通过

---

① 《马克思恩格斯全集》第3卷，人民出版社1960年版，第28页。

武装起义，组织城市公社，实行城市自治（如意大利和法国东北部等地的城市）。13世纪至14世纪，几乎在西欧的一切城市中行会手工业者都奋起同城市贵族展开争夺城市管理权的斗争，发生了所谓行会革命。斗争的结局，在手工业比较发达的城市（如科伦、奥格斯堡、佛罗伦萨等等），行会获胜并大大推动了当地手工业的发展和经济的繁荣。

事实表明，中世纪西欧城市中的行会组织是随着城市的兴起，在反对封建领主的斗争中形成，并在反对城市贵族的斗争中发展的。手工业者在这一斗争中始终是反对教会世俗封建领主和城市贵族的主力军。所以西欧城市中的行会组织，不仅是一个同行业的经济和社会组织，也是一个手工业者的战斗组织，曾经起过巨大作用。15世纪以后，由于它本身所固有的（不反封建制度）局限性日益趋向保守，随着资本主义的兴起，它就彻底衰落和瓦解了。

与西欧行会不同，拜占庭行会又有自己的特点。史载，西罗马帝国灭亡后，被称为"东罗马帝国"的拜占庭帝国延续了较长时期。它由奴隶制过渡到封建制，保留了旧的国家机器。其推行的政策加速了封建土地所有制的形成，领主土地所有制和领主权力没有西欧发展得那样充分，封建中央统治占着主导地位，奴隶制的残余长期存在。几乎在整个中世纪，君士坦丁堡一直是一个繁荣和富裕的城市。它因占着欧亚工商业中心地位，曾被誉为沟通东西方的黄金桥梁。

拜占庭行会和西欧行会一样，也是手工业者和商人的组织，但由于社会经济条件不同，至少有两点不同于西欧行会：第一，拜占庭行会不是为它的成员的利益，而是为国库的利益服务的。国家通过行会控制工商业，征集税款。第二，拜占庭行会组织的内部结构，包括作坊主、奴隶、雇工、学徒四种人员。这是因为当时拜占庭手工业中除了雇工（"米斯启"）外，奴隶劳动还起很大的作用。奴隶在他主人的担保下，甚至可以开设店铺。而西欧行会，照例只是行东的组织，并由帮工和学徒构成。

从《市政录》反映的情况，可知君士坦丁堡的工商业者的组织、生活和习惯，以及政府官吏对首都行会的管理和控制的严峻。政府通过行会控制商品的数量和质量，商品价格和买卖。此外，关于参加行会的资格和手续，行会成员的权利和义务，对所发生的争执的处理办法等等，迫使成员共同遵守[①]。

11世纪的拜占庭，就工商业发展水平而论，仍是欧洲一个最先进的国家。然而十字军的远征，以及诺曼人入侵希腊城市，都对拜占庭的工商业有沉重的打击。到12世纪末拜占庭城市的经济生活日益明显地呈现严重的衰落和萎缩趋向。

中国的行会也有自己的特点。从一些散见的史料看，至迟在8世纪末（780—793年）唐代已有行会组织的雏形存在。官府为了便于管理坊市的行，令从事工商业的同行分别聚居于同一市区内；各行设有"行头"或"行首"，其职责是：为政府收缴赋税，差派徭役；协助政府平抑物价，管理市场；规定本行业的产品质量或技术规格。此外，还组织同行进行共同的祭祀和娱乐活动，甚至在行业内部还形成了共同的习惯语言，等等。宋代南渡以后，行以同业相聚而得名者乃日趋显著。"京都有四百十四行"。在京都以外的各州县，大多按行业而分别建立自己的组织，称"行"或称"团"。凡市肆"不以物之大小，皆置为团行"。宋的行会则不仅有行头，且有集中交易的"上行"之所和行老会聚之处。入行者称之为"行户""行商"或"行人"，其首领称行首、行头或行老。行头的职责与唐代基本相同，既协助政府办理对行人的征税、科买、和雇以及平抑物价、监察不法等事，又代表本行与政府打交道，协调商品的生产和买卖，议定价格以及处理本行其他业务问题及组织祭祀活动。故宋时商人和手工业等行业组合的地位较前更为重要。像南宋都城的杭州，城市手工业在行会组织下的生产就相当发达。13世纪70年代至90年代末，据说这里重要的手工业，曾分别组成有12个不同的

---

① 参看耿淡如、黄瑞章译注《世界中世纪史原始资料选辑》，天津人民出版社1959年版，第125—126页。

手工业行会。以行业而论，杭州丝织业行会，宋时最初建于仁和县忠清里的通圣庙（祭祀褚载），元末因兵火坍塌，明代永乐间重建后，直至清代雍正间仍然存在。乾隆四十年（1775年）又将轩辕、伯余、褚载一并塑像，在杭城艮山门外重建机神庙，"其后为会馆，同业祭享之日，饮福于此"①。宋时苏州也建有酿酒和丝织业行会。酿酒同业于宋元丰二年（1079年）在横金镇建立酒仙庙，祀杜康、仪狄；丝织业行会也于宋元丰元年（1078年）在祥符寺巷建立机神庙，名轩辕宫，据说"甚小"。元代元贞元年（1295年）在圆妙观内建立"吴郡机业公所"。明代万历元年（1573年）又将祥符寺巷内的"机神庙"扩建为"机房殿"。

自宋以后，随着工商业的逐渐发展，行业组织的规模日形壮大。明代嘉靖、万历年间北京有由外省商人兴建的名为会馆的建筑物出现。这表明商业各行对内对外事务日益复杂。

认为唐宋的"行"不同于行会组织的观点，实际上是忽略了中西封建社会的差异性，简单地以西欧行会为模式来套中国行会。中国行会有中国的特色，它是在专制统治高度强化、宗法等级极其森严的富商大贾畸形膨胀的基础上产生的，当然会有别于在政治分立、商业资本相对弱小的环境中，按马尔克原则组织起来的西欧行会。不能因此而否定中国行会的存在。唐宋时期中国行会虽然制度甚不完备，但它确已出现。它的产生不仅是城市工商业发展的产物，而且在它的初创时期对当时工商业的发展也起了一定的保护或促进作用。特别是到了清代，中国行会日趋成熟，在生产经营和劳动管理等方面已形成一套制度。行规所反映的行会的目的，既是社会性的，又是互助性的。它们本质上是些享有独占特权的团体，依恃官府保护进行活动，乃至成为封建统治城市的工具。

西欧行会、拜占庭行会和中国行会由于各自的具体历史条件不同，因而各自沿着不同的途径发生和发展，并且形成各自的特点，

---

① 卢文弨撰：《杭州重建机神庙记》，《抱经堂文集》卷25，第341页。

起着不同的历史作用。中国行会不同于西欧行会是自不待言的。但不能由此否定中国行会的存在有其自己的特色。其实,西欧行会也不是中世纪唯一的模型(且不说西欧各国行会也不是完全相同的),还有拜占庭型的行会。如果说,前者代表欧洲型的行会,那么后者应是一种欧亚型的行会,而中国的行会更具有亚洲古老性的特点。虽然就它们所享有的内部自治权的限度与其政治势力而论,上述各种类型的行会组织都有很大的差异。西方有一本研究中世纪欧洲社会经济史的著作,其中对行会问题作出的分析和结论,是值得重视的:

> 它们(按指行会——引者)的经济组织在整个全欧洲是一样的。无论在哪里,它们的基本特征相同。中世纪城市经济的保护主义精神在这里有了最强烈的表现。它的主要目的是保护工匠既免受外来的竞争,也免受同行之间的竞争。它把城市的市场完全保留给同业行会的工匠。它排斥外来的产品,同时又监视不使同行的会员因损害别人而致富。正是由于这个缘故,逐渐形成的许多详细规定。
>
> 例如规定工作时间,规定价格和工资,禁止任何种类的广告,决定每一个作坊中的工具数量和工人数目,指派监督人进行最细致、最严格的监督。总而言之,力求保证对每一名会员的保护,并且尽可能做到完全平等。这样,它的结果就是用全体一致的严格服从来保证每个人的独立。同业行会的特权与垄断所造成的反结果,就是一切创造性的毁灭。任何人不得用较别人生产多得更多与更廉价的方法来损害别人。
>
> 在没有变化的工业中一切按陈规不动,这就是当时的理想[①]。

---

① [比利时]亨利·皮朗:《中世纪欧洲经济社会史》(Henri Pirenne, *Economic and social History of Medieval Europe*, London, 1936),乐文译,上海人民出版社1984年版,第165—166页。按:此书在30年代由商务印书馆出版,有胡伊默译本,书名《中古欧洲社会经济史》(汉译世界名著),此处引文参见第160页。

这是就行会经济职能的本质、共同的基本特性来说的，也是符合中国行会的实际。它说明行会组织在不同国家、不同地区和不同行业中，在细节方面彼此虽有许多差别，但到处都是根据于同一原则，即同业基尔特。

二 围绕会馆、公所和帮的种种议论的透视

会馆本是旅居异地的同乡人为联络乡谊、结成团体、兼营善举，以此作为集会居住的馆舍。其名称，也有称为公所者。因此它是和地域性相联系的同乡组织。不少碑刻资料反映这类组织的宗旨："粤稽会馆之立，所以联乡情，笃友谊也。"① 或者说："称会馆者，何为也？为里人贸迁有事，禡祀燕集之所也。"② 会馆大致可分为两种类型：一种是属于单纯同乡会之类的士宦行馆、试馆；一种则是属于商人或商帮会馆，当时有人称为货行会馆。就前者而论，早在明代永乐年间京师即开始有会馆（如芜湖会馆）的兴建③，清代出现的会馆更多，而各省"会馆之设于京师，以为宦游燕聚栖止之地，所以联洽乡谊也"④。有的并为本省举子进京应试和官绅在京候差求官提供临时寓所。各省首府也建有与此相类似的外省和本省各府州县同乡会馆。一般分为省馆（即一省总会馆）、郡（府）馆和县馆，各有等级，统称会馆。各省地方在京师和本省以外建有会馆的，多有就此编纂成书者⑤，足见当时社会是相当重视这类桑梓的公益事业的。

会馆的另一种类型为货行会馆，即商人或商帮会馆。有的记载说："京师为四方士民辐辏之地，凡公车北上与谒选者，类皆建会馆以资憩息。而商贾之业同术设立公局以会酬事谊（疑为'乡谊'或

---

① 康熙五十七年（北京）修建临襄会馆碑记。
② 康熙五十四年八月（北京）创造王皮胡同仙城会馆碑记。
③ 何炳棣：《中国会馆史论》，台湾学生书局1966年版，第13—14页。
④ 光绪十六年重修安徽会馆碑记。
⑤ 嘉庆二年十月（北京）新置盂县氊氇行六字号公局碑记。

'事宜'之误）者，亦所在多有"。所谓"商贾之业同术"者设立公局，即是工商同业各帮的货行会馆。可见在京师地区行馆和货行会馆两者是并存的，但性质各不相同。京师广货商帮于康熙五十一年（1712年）创立仙城会馆，咸丰十一年（1861年）和同治九年（1870年）修复后订立的《仙城会馆简章》中特别声明："本馆名称虽曰会馆，其实与各省公立之会馆性质不同"。该简章第二条说："本馆自重修后，初拟改用堂名，不欲用会馆二字，免与各省公立之会馆相同。盖本馆为私人合资所成立，与各省会馆由公众筹捐而成立，性质迥殊，名称应别。后由同人议定，以既在仙城原址建立，仍以保留旧名为宜。况查康熙五十四年创立会馆之碑文首句即云：称会馆者，何为也？为贸迁有事，禡祀燕集之所也。可见前人命名会馆之意，已表明与公立之会馆性质不同。惟应将会馆二字之意义，于章程中详细说明，俾免后人误会。"① 这就是说，前者为公办的各省行馆，后者为商人或商帮捐资的货行会馆。道光前期，有一个碑刻资料谈到京师货行会馆的起源并与各省单纯同乡会馆相比："维夫诸货之有行也，所以为收发客装。诸行之有会馆也，所以为论评市价。京师称天下首善地，货行会馆之多，不啻什佰倍于天下外省。且正阳、崇文、宣武门三门外，货行会馆之多，又不啻什佰倍于京师各门外。"② 此类货行会馆乃同业商人或商帮为规则行情，并在会馆内公议发布，亦有以会馆为同业交易的场所。这里透露一个重要信息，当时京师和各省货行会馆多于公立的单纯同乡会馆即行馆"不啻什佰倍"。商人会馆的出现主要是各地区商业交往日益发展，外来旅居当地的商人逐渐增多的结果。

就会馆在当时全国的分布来说，北方以京师为多，南方要算苏州了。道光末年，有人说："昔闻诸父老曰，间尝走通都，过大邑，见夫士商云集，或游宦，或服贾，群然杂处其地者，罔不设立会馆，为同乡汇叙之所。各直省尽然，尤莫盛于北之幽燕，南之吴越。其

---

① 《北京工商基尔特资料集》（五），第985页。据仁井田陞藏抄本。
② 道光十八年二月北京颜料行会馆碑记。

余年尚少，辄识之于心而不忘。"① 这段追忆反映了当时人对现实的一种观察。

商帮会馆的地位和作用，从下述苏州钱江会馆被当地官吏强借作为公馆后所引起的一场诉讼中可以反映出来。苏州钱江会馆为贮货公所，乃浙杭绸商帮公建。乾隆三十九年（1774年）吴县令孙某暂借住一月后，次年十月间有署苏州督粮厅刘某复来借用房屋三十余间作为公馆，并携家眷。该"商等只得将货物搬出，不但贮货无所，……凡遇经营集议，以及祭祀神祇，均格碍难行"。"屡求迁移，交还无日"。浙杭绸帮商人乃告发到官。官府批语说："查会馆为商贾贸易之所，未便官为久占。"并说："查商贾捐资，建设会馆，可以便往还而通贸易，或存货于斯，或客栖于斯，诚为集商经营交易时不可缺之所。若借作公馆，使客货反无依归，势必另为觅地安顿，良多未便，甚非恤商之道，准其请求，勒石禁止。"② 因此有的商帮组织，如旅居汉口的徽帮新安商人就明确宣称："凡仕宦假馆及桑梓借寓，概不奉命，恐开杂沓之渐。"③ 这表明货行会馆是同业商帮组织"为论评市价"，"或货存于斯"，"经营集议，以及祭祀神祇"，"为商贾贸易之所"。它不是行馆，不供桑梓人等停居的。

公所是中国工商业行会机构所在地的另一习惯命名。在官府文书中会馆和公所一向并提。有谓会馆为地域组织，公所为行业组织，其实并不尽然。如在东北牛庄、沈阳和盖平等城市的三江公所，便是由江苏（包括安徽，即历史上的两江）、浙江、江西三省旅居当地的商人同乡所合建，对此不能绝对化。会馆、公所名虽不同，实则性质无异。我们曾选取清代有具体年代记载的工商业会馆公所，计有569个，试作不完全统计，手工行业者占40.6%，商业行帮者占59.4%。如就354个商业行帮会馆公所统计，其中属于商帮会馆占31.4%，商业公所占68.6%。

---

① 道光二十九年（上海）新建豫章会馆碑志。
② 乾隆四十一年十月吴县永禁官吏占用钱江会馆碑。
③ 董桂敷编：《汉口紫阳书院志略》卷8，第75页。

在讨论中国资本主义萌芽问题时，有一种说法，即乾隆以后行会开始分解，其重要标志是大量会馆向公所转变，或者说是会馆制向公所制转化。此说所举的例子，如苏州武林会馆改为杭线公所，等等，这些是清末的事情，不能作为乾隆年间行会"分解"的论据。其实，行会机构称会馆、公所等名目是随各地各业习俗而异，根本不是什么转化，也不存在转化的问题。举例来说，顾震涛的《吴门表隐》所记苏州丝织业行会早在元代元贞元年（1295年）即称"吴郡机业公所"。可见苏州各业行会称公所，不是始自明清，也不是清代特有的现象。只因清代行会组织在各行业中的普遍建立，故从习俗仍称公所。如苏州"吴郡机业公所"，据清代记载，前后就有五处。可见会馆与公所并无本质差别。正如苏州有的碑刻所记，甚至"公所与会馆名称虽殊，意义则一"①。后来顾震涛的记载被人指为"误记"，认为"最明显的错误在于元代元贞元年连圆妙观都不存在，更不要说吴郡机业公所了"。殊不知《吴门表隐》书中有多处说及圆（玄）妙观修建的历史故事。如卷七说"圆妙观东岳殿，晋咸宁二年建。元贞元年修"。此处明确记述圆妙观最初建于西晋咸宁二年丙申（276年），元代元贞元年乙未修。其后明清两代曾多次续修或重建。卷八又说"元坛庙在宫巷中"，其属诸神"各有像"，"一在圆妙观内，元代元贞元年建；一在织里桥，亦宋时建"。卷十一提到"元时并在圆妙观内元代元贞元年建胭脂桥"。这些记载说明元贞元年在圆妙观内即有多起营建，"吴郡机业公所"设立其中，应是可信的。

中国行会机构所在地的名称除了会馆、公所以外，堂也是另一种名称，主要流行于广东和广西等地。前引京师广货商帮的《仙城会馆简章》里说："本馆自重修后，初拟改用堂名，不欲用会馆二字，免与各省公立之会馆相同。"此外，如广州南海布行为纯俭堂，番禺布行为纯德堂，匹头行为锦联堂，纱绸行为永艳堂；佛山新钉

---

① 江苏省博物馆编：《江苏省明清以来碑刻资料选集》，生活·读书·新知三联书店1959年版，第209页。

行为金玉堂，唐鞋行为福履堂和儒履堂，京布行堂名乐和会馆等。又如广西梧州经营棉纱、棉花、匹头等业的有协和堂，靛水业有光裕堂，药材业有寿世堂，钱商和当铺业有昭信堂等。上海经营工商业者多为五方杂处，同业组织除用会馆公所外，旅沪粤帮木业工匠另建的公所，则命名为公胜堂。

此外，有的地区和行业的行会组织还以庙、殿、宫、会等命名。例如湖南酿酒业，长沙槽坊同业组织名杜康庙，益阳则名福星宫，长沙角盒花簪同业组织所在地名火宫殿，长沙绸缎布匹业分设锦云会和文质会，武冈染纸作坊同业组织命名梅葛祀，等等。工商业会馆通常祭祀共同信仰的神祇，即行业神，是作为加强内部团结的一种手段。所以会馆常用某堂、某庙、某殿、某宫等别名，作为本行帮办事集会和祭祀的地方。正如有的碑刻所记："此所为前宫后殿与会馆二而一也，合庙堂于会馆也"①。这只是各地行帮组织活动的一面，不能认为这些"合庙堂于会馆"的活动是与行会的职能无关的。据载，早在康乾时代，商人建立的会馆原来就是"半宗教、半商业性质的行会"②。

行会是行帮组织，它是以行业和地域性的传统联系，并以行规和习惯势力为凭借的封建团体。在一个城市里，固然有外乡侨居的客商建立的会馆公所，也有本地同业商人建立的会馆公所，不过前者比后者更需要建立自己的行帮组织，团结来自同一地区的同乡商人，借以维护本行帮的经营和利益。这种外地商人团体，往往形成为"帮"，它既表现为旅居异地的同乡商人团体，又可以是客籍商人同业组织。所以"帮"有以地域分者（如潮惠三帮等），有以经营货品分者（如山货帮等）。如果一个地区外来旅居的商人从事经营的商业不只一种，而是多种，也可能组织好几个帮，如在湖南湘潭有七帮之目，常德也有三堂八省之称③。至于由不同地区来到同一城市

---

① 《上海碑刻资料选辑》，上海人民出版社1980年版，第236页。
② 《海关十年报告》（*Decennial Reports on the Trade 1892—1901 Second Issue*），第477页。
③ 湘潭七帮是指本帮、西帮、南帮、北帮、苏帮、广帮、建帮。常德有三堂八省之目，是指同善堂、育婴堂、同仁堂、西帮、徽帮、苏帮、广帮、建帮、川帮、云南帮、长沙帮。

经营同种商业的旅居客商也分别结成自己的帮,如汉口茶叶公所由六帮茶商建立[①],山西票号在湖南省城又分平遥帮和介休帮。同业商人行帮建立会馆或公所作为祭祀和集会协调同业争议之处,清代远较明代为多,华侨在国外也有建造中华会馆(或用各自本籍命名会馆)的,这反映了国内外贸易交往的日益发展。

这里所说的帮主要是指商业行帮。手工业者在某些行业中也有帮的组织。例如上海弹棉业公所,向有本(地)帮和客帮之分。上海的水木匠业即有宁波帮、广东帮和本(地)帮之分。汉口木作公所有文帮(汉阳籍)和武帮(武昌籍)之分。苏州丝织业行会中从事花素缎业的向分京帮(南京)和苏帮。江西景德镇陶瓷行业中,向分都(昌)、徽(州)、杂(外籍人)三帮。湖南长沙不少手工行业中分西、南两帮和西、楚两帮,等等。这是在某一城市或某一行业中从业人户因籍贯不同并形成为一定力量的时候,多按地域结成不同的帮口。行会作为一个有机整体来说,行与帮是互相联系不可分割的。一般单独称"帮"者,大多泛指粗工劳动者,它不需要某种专门的技艺训练,干的是力气活,如挑脚夫、苦力帮等等。有一种说法,即把行与帮分割对立起来,想在帮字上做文章,力图以此证明中国行会起了什么新的变化。所举景德镇陶瓷业的例子,如坯房、坯作中盛行的坯房头制,其职责一是"稽查口类,出入雇人",二是平时"约束众工,勤惰听其处分"。这种封建行头制的存在,使坯房头处在封建官府、坯房主和帮工之间的中间人的地位和立场,使坯房主和坯工本人之间不能自由地进行雇佣,双方都必须通过坯房头才能佣工受雇。窑户经营烧窑业中的把庄(烧窑工俗称),情况更为特别。景德镇烧窑业完全操纵在江西都昌帮手里,逐渐形成为一种封建性的垄断经营。窑户如同出租土地的地主一样,对烧窑业采取一种寄生性的经营方式。窑内只令少数窑工即把庄管理其事,窑户所雇把庄,只供饭食,不但并无工钱,反而须由把庄集资预先

---

① 又称汉口茶叶六帮公所,是指广东、山西、湖南、湖北、江西、江南六省在汉口的茶商所成立,合为一帮。

缴纳一笔相当费用的押金。有时一个把庄甚至兼在几个窑户那里定工作窑。窑户以窑供坯户（坯房主）搭烧，柴金按瓷坯件数计算，一般需先交纳，即为窑户的收入。同时坯户搭烧一窑又必须以柴金多少，按一定的成数另给把庄佣金，俗名肉钱。否则，"一有所拂，辄哄停工，虽速须货不计也"。这种搭烧规费的索取即为把庄的主要收入。至于窑内装窑和开窑人工，都是临时雇工，他们各有自己的行帮。把瓷坯装置窑内去烧的人工叫满窑工；"另有店居"，"各有首领，俗呼为满窑头"，乃是一种苦力帮的封建行头制。满窑一行不但有都昌帮和鄱阳帮之分，而满窑还要按烧柴窑或烧槎窑，"皆分地界"，"主顾有定，不得乱召"。就像脚行（挑脚夫）各分地段营生一样。满窑工的召雇，主要是通过满窑店的行头，"至满毕归店"。开窑又有出窑工，或叫开窑工。这类开窑工有都昌帮、鄱阳帮及这两帮以外的其他客籍人称杂帮，俗呼"外伴"。此外还有为瓷商包装瓷器的茭草工，与上述情况亦复类似。

　　从这些"帮"的情况来看，就像某些手工业工匠行会，没有店铺，只有本行帮的作头和行头，工匠佣工受雇都要通过作头或行头。如上海的水木匠作、石作等等就是这样。即使有的手工行业抛开行东（老板）而结成帮伙为主的帮工行会，如师友公会或师友会和西家堂等组织，但这不是一种普遍和大量的现象，主要是发生在鸦片战争后的八九十年代间。这类行会通常比那包括行东并基本以行东为主的一类行会组织，在经济地位上有所差别，有助于帮工对东家老板进行斗争。有一种说法，认为这类帮工行会的性质和作用已经不是原来意义的行会了。诚然，在中世纪最后100年开始出现的若干帮工行会，在法兰西有称为同业救济组合协会，在德意志有称为同胞联谊会，等等。这种联合是以虔诚、慈善或技术传授为借口而成立的。有的没有得到允许，便作为从事神秘宗教仪式的秘密团体而建立起来。尽管如此，众多的手工业工人仍不得不照旧屈服于行东统治之下，不得不接受由行会或城市规章所强加于他们的种种束缚。其实，就中国情况而论，这类帮工团体由于它的组织原则和活动方式，仍是传统的行会性质，依然是行业和地域封闭性的团体，而且在很大程度上也还不曾摆脱对东家老板的依存。显然，不能把封建社会的某些帮伙组织和近代意义的职工会混为一谈。

三 行会与资本主义萌芽并存论断的根源

怎样看待行会与资本主义的关系？这是长期令人困惑的问题。有一种不能自圆其说的矛盾观点，值得一提。探讨明清时期佛山铸铁器业和景德镇陶瓷业资本主义萌芽时，有的文章在分析这两个行业历史时断言曾经出现过"萌芽"。又认为这两个行业中的资本主义萌芽不能得到进一步发展，是受本行业中的行会阻挠。既然行会有阻碍和禁锢"萌芽"的作用，为什么它不阻碍于"萌芽"之前，反而阻碍于"萌芽"之后，这是自相矛盾的说法。有的则换一说法，承认景德镇陶瓷业是有行会，但它又不"禁锢""萌芽"的产生。断言景德镇陶瓷业的"行会"不是"典型的行会"。假如景德镇陶瓷业中的"行会"没有禁锢作用，没有行会的共性，它们就不成其为行会了。

研究中国资本主义萌芽，不能正确对待行会的作用，并给以客观的评价，主要是受这样一种观点的影响，即行会并不妨碍资本主义萌芽，两者可以互相并存。这一观点有其理论上和认识上的根源。

就理论根源来说，似乎没有很好地理解马克思有关论述的原意。马克思在《经济学手稿（1857—1858年）》中说过："在某些地方，在依然完全属于另一个时期的范围内，偶然会有手工工场发展起来，例如意大利的各城市中，手工工场曾经同行会并存。但是要成为整个时代普遍的占统治地位的形式，资本的条件就必须不仅在局部范围内，而且在广大的范围内发展起来"，"当行会解体的时候，有个别的行会师傅转化为工业资本家，这种事实并非不可能；但这样的情形按事物的本性来说是很少的。整个来说，凡是资本家和工人出现的地方,行会制度、师傅和帮工都消失了"①。

这是马克思在当时论证关于行会与资本主义关系理论的根本观点。他认为从行会师傅转化为产业资本家的事例毕竟太少了。所谓"按事物的本性来说",表明这种转化是很困难的,没有实现的可能性。那么,意大利城市里为什么能够出现资本主义手工工场同行会并存的事实呢?马克思认为这是偶然的,因而需要进行具体的考察和分析。

有不少文章曾经以此为理论依据来套中国历史,认为中国资本主义萌芽也能从手工业行会中产生,使二者并存发展。有的还举苏州丝织业为例。这不能不说是脱离国情和社会历史条件的一种生搬硬套。

只要查考一下历史,就会了解14、15世纪意大利北部和中部一些城市,其所以从手工业行会中最早产生资本主义萌芽,使手工工场跟行会同时并存,这只是在一种特定历史环境下偶尔出现的。原来意大利在中世纪拥有最早兴起和发达的城市,农奴解放早,特别是手工业行会在许多城市里进行的社会政治斗争,因剥夺了贵族阶级的政治权利而完全掌握了政权,建立了行会上层人物专制的共和国。行会上层人物成为兴起中的资产阶级当权派,实施了一系列旨在保护行会上层人物在首府经营工商业的经济政策,并运用政权的力量强使小行会的生产合并和改组,造成了行会内部的深刻分化,使行会变质,失去了行会原有的经济职能。这一切显然是为行会上层人物发展资本主义生产创造了极其有利的条件。像意大利最大的手工业中心——佛罗伦萨毛织(织呢)业行会中出现的资本主义生产萌芽,就是在这样的历史条件下产生的。十分清楚,意大利某些城市的行会所具有的这种地位和作用,不但其他国家不曾出现,就是在意大利其他城市也不都是如此。当然,中国封建社会城市手工业行会有自己的特点,更不能与此相提并论。

---

① 《马克思恩格斯全集》第46卷上册,人民出版社1979年版,第508—509页。并见马克思《政治经济学批判大纲(草稿)》第3分册,刘潇然译,人民出版社1963年版,第125—126页。

再从认识根源来说，这是受近代中国残存的新旧行会混杂局面的现实的影响。这里必须考察清末民初有关管理工商同业组织的某些法规，说明行会制度嬗变的轨迹。清末光绪二十九年十一月二十四日（1904年1月11日），商部奏准仿照欧美日资本主义国家的商会组织颁布《商会简明章程》26条，通令各省城市旧有商业行会、公所、会馆等组织，一律改组为商会，逐步改变了传统的行会性质，使其具有资产阶级组织的鲜明特色。1912年后，对过去已成立和新设立的各种名称的工商业团体，分别制定《商会法施行细则》。随后改商会为工商同业公会，于1918年4月27日公布《工商同业公会规则》及《施行办法》，其中声称："本规则施行前，原有关于工商业之团体，不论用公所、行会或会馆等名称，均照旧办理"。1923年4月14日公布《修正工商同业公会规则》，除了重申前述规定外，并加了如下补充："前项公所、行会或会馆存在时，于该区域内不得另设该项同业组织"。这是根据新的同业公会组织原则精神制定的，即"同一区域内之工商同业设立公会，以一会为限"。这便是新旧不同类型和性质的工商同业组织长期并存的直接起因。所有上述工商同业法规，实际多偏重于商业方面。1927年11月27日公布《工艺同业公会规则》，所指工艺同业乃包括："凡属机械及手工工厂、作坊、局所等，操同一职业者"。并规定本规则自公布之日起施行，"从前原有之工艺团体，如行会、公所、会馆等应依照本规则改组"。由此可以证明，中国工商行会用公所、会馆等命名是得到法令肯定的，正式见于上述官方文书和法规。对于此项作为中国行会机构的名称不应再有怀疑，徒作无谓的争论了。

必须指出，中国手工业行会，在20世纪20年代后期随着国内职工运动的兴起，尽管它仍然保存旧有的历史面貌，实际业已不断趋向蜕变。有的改组后，益发加剧了新旧行会混杂的局面，使其作为近代城市中的一种封建残余形态，长期伴同资本主义经济成分共存，并使行会的经济职能直接受上层建筑和占主导地位的经济成分所左右。这是半封建半殖民地条件下特有的社会现象。这就是在中华人民共和国成立前旧中国一些城市里为什么还能到处见到残存的会馆、公所组织的客观原因。如果对这一社会现象"引今证古",往往很容易造成混乱,反映在人们的头脑里,则成为在近代以前中国行会与资本主义并存论断的一个很重要的认识根源。当然,在鸦片战争前封建社会条件下,中国的行会依然执行着为适应封建制度的经济职能,对行会成员的生产劳动进行干预和限制,两者之间的性质和界限是不容混淆的。

四 结合行会的历史和理论再谈认识

下面结合中国行会的历史和理论,再谈一些认识。

一、从行会结构看,均等化原则并不排除分化。中国行会是由工商同业者组成,并按地域结成不同的帮口。它完全是一种封建行帮组织。这些工商同业者结为团体管理自己,并遵守一些为保护他们的权利所必要的经济的和社会的纪律。行会的规章有助于建立与维持一种诚实和忠于职业的传统。行会手工业者最本质的特征,他是自己的工具和劳动产品的主人,他保有一切生产手段,第一是"资本"即原料和自备的工具,第二是"劳动力",这是他在少数助手(学徒和帮工)的辅助下自己提供的。他的经营规模不大,从不生产比他正常出售数量更多的东西。他的利益是有限的,但却是稳定的。帮工和行东之间,除了由于在财产或地位方面暂时的不平等所造成的差别之外,再无其他差别。他们都须经受相同的学徒阶段的职业训练。帮工可以自由地从事工作,仅仅受一个有一定期限的契约的约束,在聚集了自行开业所必需的小量资金的任何时候,他就可以成为行东。行东和帮工日常是平起平坐,一道劳动生活,帮工在行业中有他的地位,参加行会组织职员的选择。在这种相互依存关系中,帮工可以得到精神的和物质的援助。行会对未来行东和帮工同样保证其享受专业教育和一个长短不一的学徒期限,学艺是严格而有效的。这是因为行东和帮工都是出身于学徒,这既是行会对后备力量的培养,也是行会施加经济限制(必须交纳入会金)之外的一种技术限制(必须经过学艺阶段)。每一个行会都从事调和生产者与消费者的利益。行规毫不留情地制止所有坏的工作作风,如欺诈、粗制滥造或者不诚实的工作。某些商人行会的行规明文禁止同业"买空卖空"。行规对产销施加限制,或者禁止从事各种垄断与投机的诡计,其目的是使行东之间维持一种均衡。这种规定阻碍了大财富的形成,使利润可以公平分配。在行会内部虽是以个体手工业者为主,但也包括铺坊手工业者的商人业主在内,这是由于"手工业者同时也是商人"的传统特点。这种情况的存在,是为了适应行会成员"出卖自己的商品的必要和与此相联的禁止外人入内的规定"①,目的在于防范外来的竞争和排斥商人对行会成员的侵蚀。行会手工业的小生产一般是稳固的,但在行会内部并不排除"分化"。成员之间的资财能力,原先就各有贫富高下之分。入行之后,行会对成员的经营"无论买卖大小",从生产过程到供销环节,其所以要采取平均原则加以限制,目的在于避免竞争,保持行会的独占地位,维护小商品生产者的利益。固然,在营业过程中行会成员往往有盈有亏,但在这里,单单有钱,还是远远不能使它转化为资本。行内虽有铺坊商人业主,由于它的产销经营活动既受行规制约,对本行业成员的剥削也只能在行规允许的限度内进行。这就限制了手工业者兼商人的行东转化为资本家。在另一种情况下,当行会成员因受官府科敛"补苴无术",而不能维持正常经营而失业;有时或因天灾影响市场和原料,致使整个行业的生产陷于停顿,成员往往因此也"多废业"。遇到这类情况,行会便采取对同行互助救济的措施,并求助于当地官绅"支援",通常用捐赈的形式对同行失业贫困者及其家属给以钱米调剂,使其得以维持生计。这也是为防止和避免加深行会内部的"分化"。因此在行会内部即令出现某些"分化"的现象,也只能是在有限范围内存在,缺乏蔓延滋长的气

---

① 《德意志意识形态》,《马克思恩格斯全集》第3卷,人民出版社1960年版,第57—58页。

候和土壤。这种"分化"的性质是不能把它和资本主义分化等同起来的。

二、行会内部和外部的产销加工关系，并不意味着劳动对资本的隶属关系。中国手工业行会内部，以及在它和外部相近行业之间，不论官私手工业，一向都存在着频繁而错综的加工关系，这是历史形成的结果。按照行会的传统习惯，"主顾有定"，"各有常主"，流行一种"常主制"。所谓"常主制"是对产销加工或佣工受雇关系的一种封建约束形式，即一经"说定之后，不能更易"。江西景德镇陶瓷业中有些行业订货交易采取一种"宾主制"，与此相类似。官窑制品搭烧民窑也是一种加工关系。苏州丝染纺织各行手工业者，由于行会技术分工的畸形发展，彼此之间为了生产制造工序上的需要，必须借助于一种经常"各认主顾"的或不固定的加工协作关系，并按照各行业"成规"，分批商定加工的条件，使同行业"不能任意紊乱搀夺"。苏州织造局则以"承值应差"或"领机给帖"的方式，广泛地利用当地丝染纺织各行手工业者的劳动为它加工制造。

这里不妨以苏州的揽织为例，这是一种古老的形式。清代缎庄机户（俗称丝经账房）用发放原料收回织品的办法，利用一般机户（机匠）劳动代织，计件付酬。这种情况同资本主义家庭劳动看来相似，其实仍有本质的差别。因为这种揽织是在行会组织——机房殿的管理和支配下进行的，它只是体现行会内部成员之间主顾有定的一种传统的产销加工关系。在这里领织机户（机匠）虽是处于被雇的地位，但缎庄机户只能在旧的生产基础上占有机户（机匠）的剩余劳动。这种揽织当然有所谓"行本甚巨，获利甚微"的说法，这正反映了这种生产的剩余劳动率低下，也说明这种揽织加工的生产过程，显然受到了各种因素的制约，使盈利被限制在一定的界限内。这也就是说，缎庄机户"获利"不能超过行规允许的限度。可见在这里即使作为实业家同时又是"商人"的缎庄机户，由于是在行会的限制下，它的作为就像马克思说的那样："商人可以购买任何商品，但是不能购买作为商品的劳动。他只许充当手工业产品的定购人"①。同时，领织机户（机匠）在这里则是以基本生产工具所有人的资格从事劳动。他还不是以自由劳动者而是以财产所有者和行会成员的资格同缎庄机户发生关系。领织机户（机匠）往往由于生产上的需要，雇用行内的织工帮助织造或牵花，织工在这里也只是作为一种辅助劳动性质的助手，而处于帮工的地位，他与缎庄机户并不发生直接关系。

从上述事实中可以了解，既然在这里劳动力还没有可能成为商品，也不能自由地买卖，这就使领织机户（机匠）和缎庄机户之间，或织工与领织机户（机匠）之间，并不构成一种劳动对资本的隶属关系。当时人比拟这种"揽织"关系"犹佃户之于业主"②，形容它如同佃户向业主（地主）揽种田亩，这正深刻地说明它似一种封建土地所有制的性质在丝织业生产关系上的反映。

由此可以得出这样的认识：在行会手工业生产中，不是产销加工的任何形式，在经济上都必然意味着资本主义生产作业的制度。

三、行会的独占性和排他性，并不曾杜绝竞争。垄断在行会与行会之间曾经引起无穷的纠纷和诉讼，这是由于每个行会的活动范围很难决定。例如，苏州红木梳妆作铺业是"专做大小梳妆、粉镜、文柜等件营生"，与"向做红木玻璃灯架、挂镜、插镜、机架一业"，各不相涉。"向做灯架者，不得越做洋镜；向做洋镜者，不得越做灯架"③。苏州玉器行业，"非但翠玉与新山分作三作"，如做长器者只能做长器，做圆器者只能做圆器④。上海油坊业经营有棉籽油和豆油之分，专售棉籽油者不准卖豆油，反之亦然，"各归各坊，不准淆混"⑤。随着上海开埠，木匠手艺分成红白帮，"红帮专揽西人工作，白帮则起造华式民房"，为此还在鲁班殿订了章程⑥。长沙大

---

① 《马克思恩格斯全集》第 23 卷，人民出版社 1972 年版，第 397 页。
② 《刘坤一遗集·奏疏》第 26 卷，第 2 册，第 939 页。
③ 《江苏省明清以来碑刻资料选集》，第 120 页。
④ 《申报》同治十二年五月十三日。
⑤ 《字林沪报》光绪十五年五月初七日。
⑥ 《申报》光绪六年十月初一日。

小木业条规，不但"小木师不许混入大木做艺，大木亦不得雇伊帮做"，就是"凡乡师入会，只可任投一行做艺，不准跳越"。为了"各清各规"，同时还规定"油漆店内不许包做木器"①。广州漆行向分油饰漆行和牌匾行，牌匾行也不准"操油漆之业"②。汉口铜器业也有大行、小行之分。大行制造水烟袋，小行打造铜首饰③，都是"各专其一，毋相搀夺"。这些相近的行业，因各自对行规解释不同，在清代各个时期都曾不断发生纠纷。行会对相近行业的生产各分界限，目的在于避免彼此"任意紊做揽夺"。这是一种力图制止行外竞争的措施。

为了排斥行内竞争，行会对本行业的生产经营亦施加种种约束，主要是借助于行规的强制力量，控制产、供、销环节，维持行业独占。例如规定同行营业区域，限制开业家数及其相互间的距离。还根据各个行业经营的特点，对其产品销售和营业方式加以限制。为了有效地限制同业在买卖方面的竞争，行会按不同品种的商品规定划一的价格，调整也只能由行会进行。为了保证产品销路，行会不许同业有"以假作真及私造货物发售等弊"，统一产品规格质量。行会还统一分配原料，禁止竞购"独买"。同时限制生产规模，不仅限制每个作坊内部的生产设备，而且限制每个铺坊使用帮作（客师）和学徒的数量。行会还禁止行内成员为竞销而"私做赶工"，随意延长夜作或加班时间。有些行业在生产旺季必须延长工作时间，行会对夜作的每年起讫时间，以及因夜作应增加报酬的数额，都加规定。至于行东老板雇请帮作（客师）以及对出师学徒的待遇，也要按照行会规定的工价标准支给。所有这些措施无非是消除行内可能引起的一切竞争，使行会手工业生产保持最大限度的稳定性，这对于再生产过程无疑起着严重的制约作用。

至于商人行会的职能，主要是通过行规的强制性作用，从流通

---

① 光绪十八年，长沙竹、木、笔三行重整条规。
② 《字林沪报》光绪十八年五月初十日。
③ 《申报》光绪五年三月初七日。

环节上调剂商品的买卖，不许同行之间"滥市出售"，限制彼此的自由竞争。为了控制当地市场的交易，防止来自外部的竞争，一方面对外来商贩力加限制；另一方面，有些中介商的行会对外来客商贩运到埠的大宗商货，必须报行入店发卖，同业不得"私买私卖"。对行内成员营业上的限制，通常采取以下一些措施：制定度量衡标准，并由行会规定，公同较准，不许同业私自增减。划一货价银码，变动只能由行会定期公议，酌量调整。有些商帮行会还规定结帐（收交）日期及抽取行用标准等等。对各店号雇佣帮伙（客师）学徒的进出，以及老板与其相互间的义务关系亦施加种种约束。不仅成文的行规对行会成员具有强制性，有的行会如汕头公所同帮商人之间达成的默契和交易惯例，同公布的规章制度有着同等的约束力[1]。商人行会处在这种封建行规的束缚下，这就意味着商业资本的营运障碍重重，难以自由发展。光绪二十年间有一个英国商会访华团在中国各地考察，提到行会时说："诸如此类的规则对所有贸易行会来说，是极其普通的"，"人们决不可对这些规则的威力视若具文"[2]。

各地工商业者的经营活动之所以难于摆脱同业行规的制约，正如光绪初年一个署理浙江钱塘知县起草的禀文中说的："今各处贸易，皆有定规"，"畛域各自分明"。"此皆俗例，而非官例，私禁而非官禁。地方官要不能不俯顺舆情，若欲稍事更张，则讼争蜂起。窃恐日坐堂皇，亦有应接不暇之势"[3]。这段话概括了当日的一种现实，它生动地反映那时行帮封建垄断势力的存在是有深厚的根基。

尽管如此，行业独占的垄断并不曾杜绝竞争，往往因为城市经济的某些变化，竞争现象仍不可避免地反复出现，不论它是来自行外或来自行内。这种竞争是商品经济发展的必然产物。但是，对此现

---

[1]《海关十年报告》第1期，1882—1891年，汕头，第537页。

[2] Report of the Mission to China of the Blackburn Chamber of Commerce 1896—1897 (Blackburn, 1898), H. Neville and H. Bell's Section, p. 314.

[3] 汤肇熙撰：《出山草谱》卷2，《札饬详复讯断杨连陞等控案禀》。

象不应过于高估，因为这种竞争依然难以突破封建行会势力的桎梏。从历史记载中可以看到各地各业行帮为维护行会的狭隘利益，同形形色色违规行为进行斗争的事例①。美国玛高温（D. J. Macgowan）在浙江宁波、温州等地就观察所见，认为手工业行会是"最为专断和苛求的，任何不服从管束，违背行规的成员，都难逃惩处"。还说："凡不遵守规定者，要负担完全的和难以挽救的毁灭危险"②。对于破坏行规者的处置，轻则采取经济制裁，重则以暴力对付。相对来说，手工业行规最严。事实证明，在每一次限制和反限制（竞争）斗争中，行会总是运用集体的抵制力量，以议整行规为手段，用重新议定的行规代替或者补充旧的行规，某些行业组织在不同年份一再整规或重整行规，正好说明了这一点。其结局，通常是以竞争（违规）的对手屈服而告终。因此，这种竞争难以期望它会引起某种质变的。

总起来看，中国行会的强制作用和后果，首先是抑制行会内部矛盾的发展，其次是延缓行会组织的分解。江南丝织业行会历史可作为说明这方面问题的典型事例，我曾经对此有所阐述③。历史事实业已证明，即使在中国封建社会内较发达的丝织业生产部门和江南丝织业中心之一的苏州，丝织业组织的行会方式，从11世纪七八十年代至19世纪鸦片战争前的七百多年间，一直是牢固地维持着。传统因素的统治限制了这种行会手工业经济制度的发展，使它的演变速度显得非常缓慢。从这一侧面也不难理解中国封建城市行会所具有的特点和作用。

马克思曾经讲过，行会是在城市中和封建的土地占有结构相适应的手工业的封建组织④。这样强调对比，就中国的历史实际来看是

---

① 彭泽益：《十九世纪后期中国城市手工业商业行会的重建和作用》，《历史研究》1965年第1期，并见《十九世纪后半期的中国财政与经济》，人民出版社1983年版，第204—208、224—225页。

② *Chinese Guilds or Chambers of Commerce and Trades Unions*, pp. 181–182.

③ 彭泽益：《鸦片战争前清代苏州丝织业生产关系的形式与性质》，《经济研究》1963年第10期。

④ 《德意志意识形态》，《马克思恩格斯全集》第3卷，人民出版社1960年版，第28页。

可以理解的。中国封建社会商品经济的发展,在乡村是受着占统治地位的封建土地所有制的束缚,在城市中的手工业小商品生产者的经济则受着行会制度的调节。人们既然认识到研究中国封建土地制度的重要性,就没有理由对中国城市中的行会制度加以忽视,不消说,我们应把行会这一封建组织置于应有的高度来研究。

(原载《历史研究》1988年第6期)

清初四榷关地点和贸易量的考察

清初四榷关在中国经济史研究和教学中是经常被提及的。但是，四榷关到底设在哪里？四港贸易量到底有多大？从商业外贸关系中反映当时商品经济又有哪些发展变化？这都是值得注意和探讨的问题。

一 四榷关设置地点

康熙二十四年清廷开放海禁后，分别在广东、福建、浙江、江南四省设立海关，即史称四榷关，为的是专门管理四个港口的"海洋贸易"和征收关税的事务。这四个海关所在的具体地点究竟在什么地方，可说并不是十分清楚的。有的史籍记载，说是"在于粤东之澳门，福建之漳州，浙江之宁波，江南之云台山"[①]。此说要算夏燮的《中西纪事》最有代表性了。此外像王之春的《国朝柔远记》（亦名《中外通商始末记》），以至《清史稿·食货志》中都是这样讲的。不过，《清史稿》对此事的记载系年于康熙二十三年之后和二十四年之前，并把云台山改作云山[②]。

有关清初设置四榷关的地点问题，因为后时的记载互相抄袭，便成了一个流行的说法，"众口一词"，几乎已成"定论"了。

其实，早在20世纪20年代，即有国外学者对江南云台山之说，提出辨疑。例如已故的日本小竹文夫在《上海的沿革》一文中指出，

[①] 夏燮：《中西纪事》卷3，《互市档案》，第1页。
[②] 赵尔巽等撰：《清史稿》卷125，《食货志六》，中华书局1976年版，第3675页。

所谓云台山者，乃《大清一统志》中的郁林山，即今日之海州。然《大清一统志》《松江府志》《上海县志》等均载明江海关是设在上海，而有关海州的记载则是根本找不到的。因此，认为所谓云台山者恐系《中西纪事》的著者行文之误。江海关设在上海一事，殆无疑问。

还要指出的，《中西纪事》等书对四榷关记事失实之处，须加辨正的，决不只是个别的地方。就我所看到有关这个问题的重要史料，像清初学者王士禛在所著《北归志》一书中透露出来的信息，可以说是他作为当时人直接得自有关方面的第一手资料。《北归志》是王士禛于康熙二十四年四月初一日自广州起程，至六月十六日返抵山东新城老家，按日记述此行沿途的所见所闻。下面是关于当时设立四榷关记事的一段原文：

> ［康熙二十四年］六月初一日庚寅过临淮县……初二日遇族侄兵部荣恩奕臣奉使榷浙江海税。台湾平后，海禁解严。闽粤泊吴越，皆设沿海榷司。江南驻松江，浙江驻宁波，福建驻泉州，广东驻广州次固镇①。

这是在康熙二十四年四榷关开始建立之际，当时人留下的一个极其珍贵而又可信的最早记录。这表明江南榷关不仅不是设在云台山，甚而连闽海和粤海设关的地点，后时流传的记述也不是确切的。

王士禛这个记事之所以可信，因为它是符合历史事实的本来面貌。

福建的闽海关不是设在漳州，而是设在泉州府同安县的厦门港，"凡商船越省及往外洋贸易者，出入官司征税"②。据道光《厦门志》载：台湾平定后，由施琅请设海关。康熙"二十三年设立，派户部司官一员榷征闽海关税务"③。在四榷关之中看来闽海关设立稍早一

---

① 王士禛：《北归志》，第5页。
② 周凯等纂：道光《厦门志》卷7，《关赋略·海关》，第193页。1961年《台湾文献丛刊》本。
③ 周凯等纂：道光《厦门志》卷7，《关赋略·海关》，第193页。

些，这也是为了适应海禁解严后的形势迫切需要。当时闽海关监督署是在厦门养元宫地方①。

广州次固镇在《中国历史地图集》（清代）中不见著录。这个地方是否即在广州外城五仙门内②？尚有待查考。但这已经是具体指明了粤海榷使署初驻之地，不是在澳门。后来编撰的《粤海关志》中载明：大关和澳门两个税口所在地方都曾分别建有监督"行廨"，说是"大关在广东省城外城五仙门内，康熙二十四年以盐院旧署改建，监督至则居此。银库吏舍并在焉"。至于在广州府香山县的澳门不过是粤海关许多正税总口之一，距大关三百里。澳门附近的大马头、南湾、关闸、娘妈阁都系稽查小口。当时在澳门也设有"监督行署"，以备"监督时出稽查则居之"③。这表明粤海关监督并不常驻在澳门，而另有自己的榷使署是再清楚不过的事了。

江南榷司既然是驻松江，那么又在松江什么地方？清初上海人叶梦珠在《阅世编》中说："上海之有榷关，始于康熙二十四年乙丑。关使者初至松，驻扎漴阙。"嘉庆《松江府志》和同治《上海县志》等志书中也都明确记载："榷使初驻漴阙。康熙二十六年移驻邑城。后以巡道榷税。"④ 这里所说的"漴阙"是在华亭县，"邑城"是指上海县。这两县均为松江府属地。这就清楚地说明，所谓江南驻松江即指"关使署初在华亭漴阙"，只是"后因公廨窄陋"，康熙二十六年才移驻"上海宝带门内，即旧巡按行署"⑤。这对上海来说是一件大事，因为上海在"前代虽收榷税，未立关名"⑥。要说江海

---

① 道光《厦门志》卷7，《分域略·官署》，第50页。
② 阮元等纂：道光《广东通志》卷129，《建置略五》，第4页。其中载说粤海关监督署是在这里。
③ 梁廷枏撰：《粤海关志》卷5，《口岸一》，第5页；卷7，《设官》，第4页。
④ 叶梦珠撰：《阅世编》卷3，《建设》，第82页；俞樾等纂：同治《上海县志》卷2，《建置》，第14页。
⑤ 孙星衍等纂：嘉庆《松江府志》卷28，《田赋志·附关榷》，第46页。按在华亭的漴阙，相距后来设在上海小东门外的江海关大关，有一百八十里，为所辖海口十八所之一（《田赋志·附关榷》，第47页）。
⑥ 同治《上海县志》卷2，《建置》，第14页。

关是设在上海,显然不能忽视其间有这些变化的过程。

附带还要说及一点,江南云台山之说既经流传,同时又有江海设关漴阙的记述,两者记事相互出入如此之大,有的书中对于这个矛盾的解决,不是去作进一步的考订,反而把事情轻易地说成是:"江海关最初设在江南云台山,后来迁往漴阙。"① 这就有悖于史实太远了。从这里更加显示了前引最早记载此事的《北归志》史料具有的重要性和关键性,应该说,恰好它为解决这个矛盾提供了可能和条件。

至于云台山或即连云港的问题,值得注意的是,这个流行说法的最初源头来自何处?各书又是怎样辗转互抄传播的?看来如能弄清这点,对应如何利用和鉴别史料,去伪存真,将会提示可汲取的有益的教训。

二 四港贸易量

清初四港通商时期是从康熙二十四年起,至乾隆二十二年止。乾隆二十二年起,清廷为了抵制英国洋船图谋在北方开港的扩张活动,乃限制广州为唯一对外通商的法定口岸,从此结束了存在七十多年的四港通商的局面。

清初四港贸易的历史,一向由于缺少研究,迄今能为人了解的情况不多。这里仅选取外国来华船只和各港海关税收为例,来说明当时贸易的一般规模和状况。

在四港通商的年代里,因为历史传袭的关系,广州仍为外国洋船集中的口岸。17、18世纪外国来华贸易的商船,根据《东印度公司对华贸易编年史》附录的1635年至1753年英国进口船只表来看②,虽然它是远不完备的,但却具有一定的代表性,尚能说明一些问题。

---

① 《上海港史话》编写组编:《上海港史话》,上海人民出版社1979年版,第16页。
② H. B. Morse, *The Chronicles of the East India Company Trading to China, 1635—1834*, Vol. I. (Oxford, 1926), pp. 307–314.

清廷设立四榷关以前,从顺治元年至康熙二十三年,这四十年间英国来华商船约有九次共计十二只。其中进口澳门五只,厦门六只,台湾一只。每次最多为四只(如康熙二十一年进口厦门),一般多为一只。

开放海禁设关通商以后,可分两段来说。从康熙二十四年至乾隆元年这四十年间,英船进口有五十四次共来船一百一十四只。其中广州有八十一只(三十五次),厦门十七只(十次),舟山十五只(八次),澳门一只。广州每次来船最多时为四五只,厦门为三只,舟山为三四只,其余至少均为一只。乾隆二年至乾隆十八年,英船进口全在广州,共计七十五只,每次最多者八九只,至少为二只。总起来说,从康熙二十四年到乾隆十八年结束四港通商前四年,英国东印度公司来到中国各口岸的货船共计一百八十九只,广州有一百五十六只,占总数82.5%,厦门十七只占9%,舟山有十五只占8%,澳门一只仅及0.5%。

从英国进口船只的吨位来看,康熙三十八年至康熙六十一年来到广州的英国货船,其中最小者只有140吨,最大者480吨,一般多为300吨至390吨。雍正时期,英船进口最小者也只有200吨,最大者490吨,但在410吨以上的为多。前后相比,进口货船的吨位水平已有明显的提高,康熙时平均为342.3吨,雍正时平均为442.9吨,即增加29%。进入乾隆朝以后,英国每年来华货船较多,吨位也较大,全在400吨以上,多数为498吨至499吨。

英国商船历年进口还有这样一个特点,就是"所载货物无几,大半均属番银"[1]。所谓番银即指西班牙银币,是用来购买中国出产的商品的。18世纪30年代以后,英船来华所带银子常占货银总值的90%到98%,主要为办货现银[2],康熙三十九年至乾隆十六年,东

---

[1] 雍正五年七月十九日常赉奏,《文献丛编》第17辑,《雍正朝关税史料》,第8页。
[2] H. B. Morse, "The Provision of Funds For the East India Company's Trade at Canton during the Eighteenth Century", *Journal of the Royal Asiatic Society of Great Britain and England*, 1922, Pt. II, p. 238.

印度公司运到中国白银总数，据计算约有 27214873 元（平均每年为 533363 元）。而英国以外各国输入中国的银子估计同期约有 40822309 元。总计这一时期外国输入中国的白银约为 68073182 元，平均每年为 1308407 元①。但这并不是完全由于当时贸易有利，还有一个不可忽视的因素，就是说欧洲人和中国通商之初，发现中国黄金对白银的比价，低于欧洲很多，故黄金便从中国流出。此项输入的白银其中有一部分就是用来交换中国的黄金的②。外国白银源源不断地输入中国，对清代封建经济的冲击产生着深刻的影响。这些流入的洋银初行闽广，继则行于江苏、浙江、江西等省，随后行于安徽及大江南北。"市民喜其计数核值，便于运用"。"不独市廛交易用之，间阎收藏用之，即州县收纳地丁漕粮，亦无不用之"③。本来"由宋迄明，但以银与钞并行"④。这样就开创了"以银为通行货币，实自清始"⑤ 的新的经济形势。这个具有巨大历史意义的变化，似乎还不曾引起人们足够的重视。它的后果是显而易见的：不仅促进了清代远比明代发达的货币经济关系的重大发展，同时还表示它又在造成清代封建社会经济危机的新的条件。

另一个能大体反映当时贸易量值大小的，是各口岸的海关税收。这里，除了考察各关额定税银外，还要从清代档案中把各海关算满十二个月为一年关期的实收税银奏销数，分别加以整理计算⑥，用作说明问题的重要依据。

---

① 余捷琼：《1700—1937 年中国银货输出入的一个估计》，商务印书馆 1940 年版，第 32—34 页。

② H. B. Morse, *The Chronicles of the East India Company Trading to China*, 1633—1834, Vol. Ⅰ, p. 108. 据《华事月报》1833 年记载说，黄金由婆罗洲运来中国，多为沙金，有时夹有杂质，在广州铸成元宝及金叶，也有运往印度的（*The Chinese Repository*, Vol. Ⅱ, No. 10, Feb., 1834, p. 462）

③ 档案：道光十三年十月初七日刑部事务王鼎等奏折；咸丰五年二月二十七日福建巡抚吕佺孙奏折。

④ 编者注：原为"以钱与钞并行"，据著者校正本改。

⑤ 胡钧：《中国财政史》，上海商务印书馆 1920 年版，第 323、330 页。

⑥ 本文以下引述各关关税收入，除注明者外，均据各年各关奏销档案整理计算而得，不再一一标明出处。

粤海关关税正额，原定银 91744 两 5 钱。由于征收达不到定额，康熙二十七年题减银 8382 两 4 钱 8 分；康熙三十八年又题减银 43332 两。定额为 40000 两，铜斤水脚银 3564 两①，共 43564 两（其后嘉庆二年定盈余银 855500 两，应征总数为 899064 两）。《粤海关志》记载历年关税收入是从乾隆十五年开始的，康熙二十四年以后至乾隆十四年以前，因"案卷霉烂"失载②。下述从档案中整理出来的粤海关税收（见表1），正可补其书中所缺的一部分。

表1

起讫时间（年月日）	税收银两	起讫时间（年月日）	税收银两
雍正 7 年分	222116.855	乾隆 15.12.26—16.11.25	459804.284*
8 年分	280903.734	16.11.26—17.11.25	502769.065*
9 年分	374453.233	17.11.26—18.11.25	515188.408②
12.9.22—13.4.27	81572.208	18.11.26—19.10.25	515318.039*
13.4.25—乾隆 1.3.24	216273.774	19.10.26—20.10.25	436267.794*
乾隆 6.1.25—7.1.24	296920.904	20.10.26—21.闰9.25	405009.429③
9.3.27—10.3.26	303859.279	21.闰9.26—22.9.25	320530.678*
14.12.26—15.12.25	467562.596①		

附注：* 见《粤海关志》卷10《税则三》记载。
①《粤海关志》作 466940.729　②作 514810.008　③作 404957.048。

闽海关额税银 66594 两 5 钱 4 分 2 厘，铜斤水脚银 7000 两，共计 73549 两有奇。雍正三年定盈余银数 113000 两（嘉庆二年定数未变），连上述正额共银 186594 两有奇③。按闽海关关税，"厦口居其过半"，年征银 105000 两，盈余归通关核算④。闽海关乾隆五年至二

---

① 梁廷枏撰：《粤海关志》卷14，《奏课一》，第 2 页。
② 《粤海关志》卷10，《税则三》，第 16 页。
③ 编者注：闽海关额税银原为 66549 两 5 钱 4 分 2 厘，连正额共银原为 186549 两有奇，据著者校正本改。
④ 周凯等纂：道光《厦门志》卷7，《关赋略·海关》，第 195 页。

十二年分关税收入银数如表2：

表2

起讫时间（年月日）	税收银两
乾隆 5.3.6—6.3.2	277821.582
7.3.3—8.3.2	267696.321
8.3.3—9.3.23	291677.169
10.3.24—11.3.23	291597.469
15.12.16—16.11.15	338515.970
16.11.16—17.11.15	364211.453
22.9.16—23.9.15	358641.421

浙海关额税银32158两2钱3分，铜斤水脚银3750两，盈余银54000余两，共银89908两有奇（嘉庆二年命核减各关盈余额数，定浙海关为39000两。嘉庆九年定为44000两[①]）。乾隆元年至二十二年分征税银如表3：

表3

起讫时间（年月日）	税收银两
乾隆 1.5.9—2.5.8	90258.591
2.5.9—3.4.8	90359.363
7.3.9—8.3.8	94057.452
8.3.9—9.2.8	94064.966
10.2.9—11.2.8	88410.038
12.1.9—13.1.8	90929.405
13.1.9—14.12.8	90802.451
14.12.9—15.12.8	90811.197
21.1闰9.9—22.9.8	101142.862

---

① 《清史稿》卷125，《食货志六》，第3683页。

江海关，康熙二十九年定额解银 23016 两 3 钱 3 分。雍正七年裁并六个税口归淮关额银 1536 两后，税额银为 21480 两 3 钱 3 分，铜斤水脚银 2500 两，共银 23980 两有奇。盈余，自康熙六十一年除正额税银外，额解盈余银 15000 两。乾隆十四年江海关正额盈余，均照雍正十三年例额，解银 62000 两（乾隆二十九年额解银 77509 两。嘉庆四年定例，停止比较，定额 42000 两，如有多余，尽收尽解）①。乾隆五年至十年十月底所收税钞正银如表 4：

表 4

起讫时间（年月日）	税收银两
乾隆 5.12.1—6.11 底	79824.683
9.11.1—10.10 底	47568.750

依上所述，可以具体地了解粤海关、闽海关、浙海关、江海关四关历年税收消长的情况。现在再就海关税收进一步作些综合的考察和分析。

首先，各关税收的多寡，它意味着各口岸在当时贸易中所占的地位和重要性是不相同的。

在四港通商时期，如以乾隆十年为例②，不妨把各港关税收入作一比较（见表 5）：

表 5

各港关别	关税银两（两）	百分比（%）
粤海关	303859.279	42
闽海关	291597.469	40
浙海关	88410.039	12
江海关	47568.750	6
合计	731435.537	100

---

① 孙星衍等纂：嘉庆《松江府志》卷 28，《田赋志·附关榷》，第 47 页。
② 这里闽海关和浙海关用乾隆九年税收数代替。

就各港在贸易方面的重要性来说，以粤海关占第一位；闽海关在四港中居第二位，仅次于粤海关；浙海关和江海关又次之。各口岸在当时贸易中所占的地位不同，从前述英国商船进口各港的次数和船只多少的情况中也反映出了这种差别。在四港通商时期，乾隆十年四关税收总数，大约占全国关税额数的17%。

乾隆二十二年十一月初十日正式宣布外国洋船"止许在广东收泊交易"，并把闽海厦门和浙海宁波（舟山）贸易口岸关闭，结束了四港通商。现以乾隆三十五年为例，再看看这时广州一口通商四个海关税收的实际情况（见表6），自然是粤海关的地位就更加显得突出了。

表6

各港关别	关税银两（两）	百分比（%）
粤海关	578066.590	57
闽海关	385043.745	34
浙海关	89660.018	9
江海关	71991.430	6
合计	1124761.783	100

前后比较，粤海关税收比重由42%增为57%，约增加15%；闽海关由40%降为34%，即减少6%；浙海关由12%降为9%，减少3%；江海关比重未变。当然，从各关税收绝对数来看，有增有减，情况不一。总的说来，乾隆三十五年比乾隆十年所收关税总数增加393326两有奇，即增加一半以上（54%）。乾隆三十五年四关税收总数，约占全国关税额数的26%。

其次，各关税收多寡也体现着贸易量值的大小。通过有根据的测算，一年关期的税收，是能够相应地反映该年贸易总额的。

鸦片战争后，清廷为了准备和英国商谈新的税则，曾由广东官府专门对粤海关税收的历史情况进行过一次全面的调查了解。据说，粤海关以前对各类商品征税的税则不一，按货物轻重所收税银平均计算，大致是合值百抽一、二的水平①。这是现在所知的一个重要数据。以此为标准，即按2%的从价税率来测算，乾隆十年四港通商时期征收的关税总数，意味着当年四港贸易总值约达36571777两；乾隆三十五年的税收，意味着当年贸易总值约达56238085两。这就是对上述两个年分贸易所能获得的一些大致的数量概念。

不论四港通商时期或广州一口通商时期，这四个海关都是清前期对"海洋贸易"的重要窗口，从英国进口船只和吨位，白银流入和关税收入，说明那时贸易的趋势是在不断地发展着。特别是通过海关税收来估计商品流通总额，在一定程度上是可以反映历年贸易的规模和状况的。这将有助于深入地理解18世纪清代国内外贸易的市场容量和商品经济的发展水平。

（原载《社会科学战线》1984年第3期，据著者校正本）

---

① 道光二十六年十月十五日两广总督耆英、广东巡抚黄恩彤奏。

清代广东洋行制度的起源

一 一个没有解决的历史疑案

研究近代中国半殖民地半封建社会的买办商人和买办资产阶级兴起的历史,不能不溯源鸦片战争前清代广东洋行商人即十三行商的历史,广东洋行行商虽然在当时还没有获得以后中国半殖民地和殖民地社会条件下真正的买办意义,但是,它和以后中国买办阶级的产生和形成而又有着历史的和社会的渊源。因此,究明清代广东洋行的起源问题,就成为研究近代中国洋行历史发生和发展过程中不可缺少的一个重要环节。

关于广东洋行的历史,从前外国和中国的历史学者都曾经分别作了许多研究,虽然对十三行历史本身的研究分析很少,主要着重对行商史事的考订,这也是必要的,因此,他们过去在这方面所做的工作还是有一定的参考用处。同时必须指出,过去中外学者的许多研究虽是以考证见称,但都没有把广东洋行历史产生和起源年代问题确定考证出来,至今仍然是一个悬而未决的历史疑案。

关于清代广东洋行起始的年代问题,过去人的记载和研究约有以下四种意见:

第一种最流行的意见就是把康熙五十九年即1720年广东洋行商人成立商人行会(基尔特)——公行(Co-hong)的一年,认为是广东洋行即十三行起始建立的年代。如美国亨德著的《旧中国杂记》(William C. Hunter, *Bits of Old China*)和《广州的番鬼》(*The 'FanKwae' at Canton Before Treaty Days, 1825—1844*);英国摩斯著的《东印度公司对华贸易编年史》(H. B. Morse, *The Chronicles of the East Indian Company Trading to China, 1635—1834*) 和《中国的基尔特》(*The Gilds of China*) 等书；瑞典龙思忒著的《澳门和中国》(A. Ljundstedt, *Macao & China*)；法国弋尔笛著的《广州的行商》(Henri Cordier, "Les Marchants Henists de Canton", *Toung Pao*, Serie Ⅱ, Vol. Ⅲ, 1902)，以及日本松元忠雄著的《广东的行商与夷馆》等等主张之。而那时"中国著作家惑于 Morse, Hunter 等广东公行成立于康熙五九年（1720年）说，咸认十三行之成立当亦同时"①。

后来梁嘉彬著的《广东十三考》对这一说批评写道："关于十三行之起源，彼辈每据 Hunter, Morse 诸书，以康熙五九年（一七二〇年）或康熙六一年（一七二二年）即为十三行起始之年。"② 而"是年无非为十三行商始有共同组织（公行）之一年而已"③。"惟彼辈多只知汇聚史实，而未暇考证异同，因之每有错误脱漏。"④

第二种意见认为广东十三行出现在公行成立之年以后，即起始于乾隆二十五年（1760年）以后，如日本稻叶岩吉说："公行之成立，在乾隆二五年前后，组成份子有二十余家，其所以称之为十三行者，有人认为受外国洋行（按即商馆或夷馆）十三家的影响，笔者以为上述二十余家组成了十三行行员的机构，经长久之期间后，十三行便变成了公行的代名词了。"⑤

《广东十三行考》对此说也曾提出批评："间有疑 Hunter, Morse 等说者，则以十三行当起于乾隆二五年（一七六〇年）以后"⑥，"其不疑十三行成立于公行之前，而疑其于后，则似对十三行之起源问题，尚未加以深长之考虑也"⑦。

---

① 梁嘉彬：《广东十三行考》，国立编译馆，1937年，第10页。
② 梁嘉彬：《广东十三行考》，国立编译馆，1937年，第2页。
③ 梁嘉彬：《广东十三行考》，国立编译馆，1937年，第2页。
④ 梁嘉彬：《广东十三行考》，国立编译馆，1937年，第2页。
⑤ 据松元忠雄《广东の行商及び夷馆》一文引述稻叶岩吉的意见。
⑥ 梁嘉彬：《广东十三行考》，国立编译馆，1937年，第2页。
⑦ 梁嘉彬：《广东十三行考》，国立编译馆，1937年，第37页。

第三种意见认为广东洋行起于康熙二十四年即 1685 年，这是《广东十三行考》的主张："粤海设关之年（康熙二四年，一六八五年），可确定已有十三行。"① 吴晗在介绍《广东十三行考》所写的书评说："著者独据屈大均《银钱堆满十三行》诗及《澳门纪略》所言，断定在康熙二四年粤海关设关之年已有十三行。这是一个新颖的确实的发见。"② 而朱希祖在替《广东十三行考》作序时的说法就不同："或谓，梁君著《十三行考》，而十三行之命名，究取何义，究起何时，皆未曾考得，舍弃根本之要义，铺张枝叶之琐谈，未见其可也。"然后又说："梁君据屈大均《广州竹枝词》……且引梁廷枏《粤海关志》……是十三行之起源，虽未确切发见，然较之前人，已属多闻。"③ 按《广东十三行考》一书于 1937 年出版以后并成为国内研究这个问题唯一的一本重要著作，书中利用中外史料，博取前人成说，对广东洋行起始年代的考证显然是比从前外国学者的研究进了一步，但还是没有很好地解决这个问题，甚至这本书的作者在写书的当时曾经就有人提醒他说："十三行起始之真实年月尚有待于详细考证。"④ 因此说《广东十三行考》对这个问题仍然"未确切发见"，那完全是事实。

第四种意见认为广东洋行起于康熙二十一年至二十四年，即 1682 年至 1685 年间，这是吴晗在《〈广东十三行考〉书评》中提出的。此说主要根据昭梿《啸亭杂录》记吴兴祚的事："奏通商舶，立十三行。"认为这是吴兴祚始任两广总督到粤海设关之年任内时期的事，因而断定说："则十三行之立，当为康熙二一至二四年（西元一六八二至一六八五）四年间事。"⑤ 这个考证是从与史事有直接关系的人物方面来推论，比《广东十三行考》的研究注意方面又稍稍进了一步，但是，此说仍只是一种假设的考订，并不一定就符合历

---

① 梁嘉彬：《广东十三行考》，国立编译馆，1937 年，第 58 页。
② 吴晗：《〈广东十三行考〉书评》，《中国社会经济史集刊》第 6 卷第 10 期，第 199 页。
③ 《广东十三行考序》，第 1—2 页。
④ 梁嘉彬：《广东十三行考》，国立编译馆，1937 年，第 37 页。
⑤ 吴晗：《〈广东十三行考〉书评》，《中国社会经济史集刊》第 6 卷第 10 期，第 199 页。

史的真实。

据上所述，很显然，清代广东洋行起源的问题仍是一个没有解决的历史公案，值得作进一步深入的研究的。1953年间，人民教育出版社编辑部两位编写中学历史教科书的同志曾经来问过我关于广东洋行的历史问题，并提出洋行起始的年代问题，希望能有一个确切的肯定。那时我在北京正做着旁的工作，没有时间，以前所搜集的资料也不在手头，便无从查考。最近因为翻阅这些旧资料，想起这事，现在把我对清代广东洋行起源问题的意见写出来，好供讨论参考。至于对广东洋行的历史和此后转化为买办商人的研究分析，另有专文讨论，在这里暂不说它。

本文以下所述，主要依据具体的历史资料，先对17世纪后半期清代海禁时期和开海设关之初广东对外通商的情况略加考察，然后究明广东洋货行和洋行制度产生的由来及其创设年代，并由此来论证过去中外学者对这个问题研究和考证的错误。

二 从清代禁海前后到粤海设关时期广东对外通商的考察

17世纪50年代到80年代，从清代禁海前后到开海设关三十二年间，广东的对外贸易大体上可分为三个时期：

1. 从顺治十年到康熙十八年（1653—1679年）二十多年间是藩王父子尚可喜尚之信统制广东对外贸易的时期，贸易的内容主要包括贡舶贸易和自康熙元年（1662年）禁海后藩商的海上走私贸易；

2. 从康熙十九年至二十三年（1680—1684年）四年间是广东撤藩后开放海禁前清朝政府暂许和外国在澳门的陆路贸易时期；

3. 自康熙二十四年（1685年）起是清朝政府开放海禁正式设立粤海关对海外各国通商的时期。

现在依次来考察各个时期广东对外通商的情况。

（一）禁海前后时期广东对外通商的情况

1. 贡舶贸易　清初广东方面的航海贸易是完全被禁止的。这时外国来到中国的商船很少,大多是些外国贡使请求互市的交往,并在一定贡期内进行小量的贡舶贸易。

据历史记载,清初来到中国的外国贡舶以暹罗国为最早而次数也最多。自顺治十年(1653年)遣使请贡后,康熙二年(1663年)又派来贡舶,因在海上遇风飘失,乃折返回国。康熙三年派来贡舶并向尚可喜"馈礼,却不受"。这年请准"该国贸易一次"。康熙四年又派使节航海入贡,并由广东前往北京请市。交涉结果,只"题定暹罗国贡期三年一次,贡道由广东","进贡船不许过三只,每船不许过百人"。此后在康熙七年、九年、十一年和十二年又派来四次使节交涉,仍只准许"贡使所携货物,愿至京师贸易,则听其自运;或愿在广东贸易,督抚委官监视之"。而"探贡船压舱货物",仍应"抽丈纳税"①。

荷兰国在顺治十年派使节斯克德(Frederic Schedel)到广东"请贡兼请贸易","经部议驳"。到顺治十二年又派使节杯突高啮(Peter de Goyer)等来交涉,清朝政府准其"五年一贡,贡道由广东入。至海上贸易已经题明不准,应听在馆交易"。康熙二年又派使节巴连卫林(Balthasar Bort)来"朝贡请贸易,奉旨二年贸易一次"。到康熙五年准贡方物,清廷以"荷兰国既八年一贡,其二年贸易,永远停止"。康熙六年又派使节范和伦(Peter van Hoorn)前来交涉,因"违例从福建入贡,申令嗣后务由广东",亦无结果而归(后在康熙二五年时才议定荷兰国贡道改由福建)②。

英国在明崇祯十年(1637年)由威忒(John Weddell)首次来华后,在明清之际即1644年(明崇祯十七年,清顺治元年)曾来商船一只。后在顺治十五年(1658年)和康熙三年(1664年)两次共有三只商船来到广东,因在澳门受葡萄牙人的忌嫉和排挤,加以中国"禁海未开",也无商货可买,"后数年不复来"广东。自康熙

---

① 参看梁廷枏撰《粤海关志》卷21,《贡舶》,第14—16页。
② 梁廷枏撰:《粤海关志》卷22,《贡舶》,第7、10、11页;阮元等纂:道光《广东通志》卷170,《经政略一三》,第41页。

九年（1670年）起便转往台湾、厦门，并在那里设立商馆，直至康熙二十年（1681年）停止①。

葡萄牙在当时早经占踞着澳门。本来"香山墺陆路相通，原为内地，久为西洋人寓居。在昔彝人承佃，岁纳租银五百两，设岭南道香山副将海防官专管稽查。本朝（清朝）初年，亦因旧例，仿而行之"。自康熙元年（1662年）广东禁海迁界以后，清朝政府禁止航海贸易，澳门方面的商务便无形停顿。康熙九年（1670年）葡萄牙乃派遣使节玛讷撒尔达聂（Manael de Saldanha）由广东前往北京进行通商交涉，并无结果。到康熙十七年（1678年）又派遣本多白勒拉（Pinto Pereira）为贡使到北京"见粤（澳）彝禁海困苦，赴部呈控"，清廷才许以在海禁未开之前暂准广东和澳门陆路通商②。

此外，当时其他欧美各国没有贡使和商船来到中国。这就是在海禁时期外国贡舶来到广东和中国交往的情况。

自入清以后，外国派遣使节来中国以朝贡方式请市的起因，据记载："顺治十年暹罗国有番舶至广州，表请入贡。是年复有荷兰国番舶至澳门，恳求入贡。时盐课提举司白万举，藩府参将沈上达以互市之利说尚王，遂咨部允行。乃仍明市舶馆地而厚给其廪，招纳远人焉。"③ 这里所说的尚王是指平南王尚可喜。又据樊封《夷难始末记事》说："皇朝（清朝）开国，暹罗、南掌，首纳贡献。尚氏开藩，益事招集，关榷税务，准沈上达、白有珩二人总理，钩稽锱黍，无微不至。"④ 可见平南王尚可喜"以互市之利"请求开放对外国的贡舶贸易，后因"咨部允行"，乃沿明代旧例设官管理贡舶并派

---

① 夏燮：《中西纪事》说：英国"当康熙之初，即谋通商于澳门，以海禁未开而止。九年郑成功之子经方踞台湾，英商来往于厦门台湾等处，凡数岁。郑减其税而羁縻之，藉以控制荷兰。未几，……英人以华商交易不便，复去之。"［卷3，《互市档案》，第17页，并参见 H. B. Morse, *The Chronicle of the East India Company Trading to China, 1635—1834*, Vol. I（Oxford, 1926）, pp. 33, 46]

② 李士桢：《澳门关闸请设专官管辖疏》，康熙二十二年正月，《李大中丞政略》《抚粤政略》卷1，《奏疏》，第47页。

③ 史澄等：光绪《广州府志》卷162，《杂识》。

④ 据黄佛颐《广州城坊志》卷5，第57页所引。

沈上达等二人总理其事①。按广州在历史上是一个著名的对外商港，历代封建官府都在这里设有"市舶提举司"机构专管通商税饷的事务②。清代的情况，据杜臻《粤闽巡视纪略》说："国朝（清朝）不设市舶提举，兼领于盐课提举司，禁海并罢。"③可见入清以后广东对外通商并未按历代旧例设立市舶提举专官，而是由盐课提举司兼管。所谓"禁海并罢"，即此制实行至康熙元年（1662年）广东开始禁海时即行停止。此与上引两记，尚王设官管理贡舶关务的事相符合，可证藩王统制广东对外贸易及其建置，当自此始。

清初的贡舶贸易基本上仍照明代的旧例进行。按明代的办法，"凡入贡者，番邦先给符簿，及至三司与合符，验视表文方物无伪，乃津送入京"④。贡舶"附至货物，照例抽盘。其余番商私赍货物至者，守澳官验实，申海道，闻于抚按衙门，始放入澳，委官封籍，抽其十之二，乃听贸易焉"⑤。清代贡舶贸易一般是这样进行的：外国贡舶和贡使人等到达广东海口时，由广东地方官府委员"备办牛酒米面筵席等项"，等贡使人等起贮表文方物后，前往犒赏。贡使人等被接待住在广州西关十七甫地方的明代怀远驿馆，然后把贡使人等乘坐的贡舶所带来的压舱货物起出。起货时由船主通事开单呈报官府，查明其货物数目斤两，汇同表文方物，由广东督、抚会疏报告北京朝廷，得到批准后，贡舶"所携货物，在馆交易，不得于广

---

① 按据上引两记，白有珩和白万举未知是否为一人，没有详考。
② 关于历代广州对外通商设官管理税饷的沿革，据沈廷芳等纂：乾隆《广州府志·记事》说："府城（广州）为四达要冲……先王设为门关津渡以济往来，而设官以征其税，由来久矣。唐初置市舶使，以帅臣监领。宋开宝间（按为开宝四年）置市舶于广州，以知州兼使，通判兼判官。淳化二年始立抽解二分。熙宁中广州市舶岁课亏折，罢之。大观元年复置浙闽二路市舶司提举官，番商欲往他郡者，从市舶给券，毋杂禁物。绍兴二十七年诏广南经略市舶司审番商之假托入贡者。元世祖立提举司，寻罢之。至治中遣使榷广东番货，乃复之，听海商贸易，归征其税。明洪武初（按为洪武二年）通使诸番，许以物互市，立市舶提举司主之"（卷8，《关津》，第1—2页）。
③ 又据杜臻《粤闽巡视纪略》说："正德中，佛郎机国朝贡，阑入东莞南头树栅以居，炮声轰烈，震骇远迩，多为不法。……是年有诏绝番舶，而粤市萧然，无复旧观"（卷中，第32—33页）。
④ 乾隆《广州府志》卷8，《关津》，第2页。
⑤ （明）庞尚鹏：《抚处濠镜澳彝疏》，见乾隆《广州府志》卷52，《艺文四》，第9页。

东海上私自货卖"。所谓"在馆交易"即是在明代旧有的"市舶馆地"由广东地方官府管理，临时"招商发卖"，并无专设的买卖机构。至于贡舶"应纳货饷，候奉部行，分别免征"。贡使前往北京，委官沿途护送。贡使回国仍须返回广东出海。贡舶启程回国前，多要在广东采办货物，即购买一定数量的出口货。官府规定贡舶"所置回国货物，一切违禁物件不许买带外，其应买货物，俱照定例，听其买回。应委官一员，监督盘运下船，并令护送该船出口，俟其扬帆回报"①。按照这样的方式即由广东官府严格管理下进行的贡舶贸易的实际情况，据康熙二十三年（1684年）暹罗国提出改善的意见中可以反映出来。请求书中说："贡船到虎跳门，地方官阻滞日久，迨进至河下，又将货物入店封锁，候部文到时，方准贸易，每至毁坏。乞敕谕广省地方官，嗣后贡船到虎跳门，具报之后，即放入河下，俾货物早得登岸贸易。又本国采办器用，乞谕地方官，给照置办，勿致拦阻。"②这表明当时的贡舶贸易是在广东官府严厉统制和多方留难的情况下进行的，因而使得外国感到买卖很不方便，不得不提出请求改进的意见。同时，清朝政府又严格限制某一国家每次来到广东的贡舶，一般不许超过三只，并规定有一定的贡期。当时的中外贸易，只能在贡期内举行。这样，每次所进行的贡舶贸易量是很小的，因为贸易的规模不大。

现在还没看到能够具体反映藩王集团在统制当时广东外国贡舶贸易中活动情况的史料。但据康熙二十年（1681年）广东官府籍没尚之信等家的家产时发现放债本利银中有"荷兰国欠银六千两"③这一笔账目来看，显然可证尚之信集团和外国商船商人有勾结来往，并利用贡舶贸易从中染指牟利。

2. 海上走私贸易　藩王封建军事集团的官僚商业资本不仅利用

---

① 《粤海关志》卷21，《贡舶一》，第11—13页；卷11，《贡舶一》，第9页。
② 《圣祖仁皇帝实录》卷115，第25页；又见《粤海关志》卷21，《贡舶一》，第20页。
③ 李士桢：《请豁周璿等难完赃银疏》，康熙二十五年六月，《抚粤政略》卷2，《奏疏》，第52页。

当时合法形式的贡舶贸易进行活动，在康熙元年（1662年）清廷下令禁海后，由于外国船舶不能来到广东海口，这时尚之信集团的大藩商沈上达等就利用封建政治经济的权势，大肆进行海上走私贸易的活动。据当时官府的报告说："自康熙元年奉文禁海，外番舡只不至，即有沈上达等勾结党棍，打造海舡，私通外洋，一次可得利银四五万两，一年之中，千舡往回，可得利银四五十万两，其获利甚大也。"① 这说明当时走私规模很大，走私利润也优厚。本来自明末以来福建、广东沿海走私贸易极盛，获利也大。据17世纪开初的记载说："闽广奸商，惯习通番，每一舶推豪富者为主，中载重货，馀各以己资市物往牟利，恒百余倍。"② 促使海上走私贸易发达是由于禁海的结果，所以在明清两代"向虽严海禁，其私自贸易者，何尝断绝？"③ 这一事实具体地反映了明清以来福建、广东沿海地区由于商品经济的发展，不能不促使它对扩大销售市场的要求，而这一经济规律的要求显然又不是人们的意志和人为的力量所能遏制的。

在1650—1680年间，广东为平南王父子尚可喜和尚之信先后占踞，尤其自尚之信专擅以来，广东形成封建军事割据的政治局面。同时广东的整个经济都为藩王尚之信封建军事集团操纵掌握：如对农民土地的掠夺，建立封建庄园的"王庄"；对重要的盐铁手工业生产运销的控制和垄断；对渔业生产的统制；对省内水运交通的把持；对省内商业和城乡市场的管制垄断，并组织"总店"（又叫"总行""总埠"）征收商税。当时官府报告中指出，"广东有大市小市之利，经藩下人霸占"④，地方"官府明知而不能禁，商民饮恨而不敢言"⑤。"其藩下所收私税，每岁不下数百万〔两〕"⑥。这些亦官亦

---

① 李士桢：《议复粤东增豁税饷疏》，康熙二十一年八月六日，《抚粤政略》卷10，《奏疏》，第16页。
② 周玄暐：《泾林续记》，第37页。
③ 《圣祖仁皇帝实录》卷114，第4页，康熙二十三年七月上谕中语。
④ 《清史列传》卷80，《尚之信本传》，第29页，康熙十九年上谕中语。
⑤ 李士桢：《抚粤条约》，康熙二十一年五月，《抚粤政略》卷5，《文告》，第15页。
⑥ 《清史列传》卷80，《尚之信本传》，第29页。

商的"藩下人"，依靠着封建政治军事的特权和封建经济相结合，在17世纪后半期遂成为广东一个特殊的封建势力集团。因此在当时，"各省商贩，欲依藩下，投入者甚多"①。这就更加扩大了这个封建军事的官僚商业资本集团的统治阵地。所以，在康熙元年广东禁海后，尚之信集团的藩商转向海上走私贸易是有着极其雄厚的政治经济的条件和基础的，以沈上达为首的藩商就能够"勾结党棍，打造海舡，私通外洋"，从事大规模的走私活动。

沈上达在当时曾任藩王府参将，并曾总理贡舶贸易的关务，是尚之信手下一个著名的大垄断商人，康熙皇帝谕旨中称为"尚之信商人沈上达"②。他一身集官商典型人物之大成。据官府报告指出："即沈上达未死之先，承认盐饷三十万两。查盐利每岁安能有三十万之多？其意不过借行盐裕饷为名，逗留广州，仍旧垄断水陆之利，占踞商民之业，假公以济私也。"③ 这说明沈上达当时在广州不仅是一个大盐商，一个海上走私的大贩运商，并且是藩王官僚商业资本集团的巨头，其他大小藩商都依附在他的势力之下并受其统治。

据康熙二十年间广东官府抄没沈上达家产的报告，计拥有现银放债本利田房货物船只等项财产共银975936.010两，其中现银约占三分之二，放债银两占三分之一④。籍没尚之信、尚之节等各家放债本利银共计301769.100两⑤。此外还有"尚之信、沈上达等入官变价……之货，交易发卖"⑥。这些都是他们统治广东时期利用封建政治军事的力量，并从商业高利贷中攫取大量的货币财富。

---

① 《清史列传》卷80，《尚之信本传》。
② 康熙二十三年正月初七日："吏部、兵部、刑部会议。广东查看尚之信家产侍郎宜昌阿同巡抚金儁，侵蚀兵饷，及入官财物；又干没尚之信商人沈上达赃贿，恐后告发，将沈上达谋害灭口，应立斩。……"（《圣祖仁皇帝实录》卷114，第22—23页）
③ 李士桢：《议复粤东增豁税饷疏》，康熙二十一年八月六日，《抚粤政略》卷10，《奏疏》，第16页。
④ 据李士桢《请豁萧振墀等难完赃银疏》计算，康熙二十五年，见《抚粤政略》卷2，第55—57页。
⑤ 据李士桢《请豁周璿等难完赃银疏》计算，康熙二十五年六月，《抚粤政略》卷2，《奏疏》，第52页。
⑥ 李士桢：《禁谕汛哨》，康熙二十一年七月，《抚粤政略》卷6，《文告》，第7页。

据上所述，广东在藩王统治时代，从藩商在政治上和经济上所拥有的特权来看，当时在广东海口进行的贡舶贸易必为藩商势力控制利用，从中取利。贡舶贸易只在一定贡期内进行而不是经常的买卖，因此"招商发卖"属于临时性质，并由一般牙行经纪，当并无专设的所谓"洋行"或其他机构。后来藩商从事海上走私贸易，在当时条件下还只是一种"违旨""非法"的商业贩运行为，显然不能算是"洋行"商人。

但是，我们从藩商集团在当时国内国外商业中活动的历史来考察，可以指明一点，就其与对外通商的关系在某种意义上说，它具有清代广东洋行最初的萌芽形态，表现在以下各个方面：

第一，从藩商同外国商船和商人进行华洋货物交换的行为来看，在实质上具有以后洋行商人的某些职能，虽然在当时还没有形成洋行商，商人在当时小规模的贸易活动中也是华洋贸易不分的。

第二，当时的藩商不论是本身具有亦官亦商的身份，或是依附藩下成为官商的，这个封建官商的性格以及商人与封建官僚政治相互密切结托的特点，也为后来广东的洋行商所具有并表现为一种特征，就清代而言显然是由此开其例端的影响和发展[1]。

第三，康熙十九年（1680年）随着藩王尚之信在政治军事上的割据势力削平，这个封建军事集团对广东"大市小市"控制垄断的经济力量也跟着摧毁，如沈上达等大藩商有的死亡，有的逃散，还有许许多多大小商人原先依附投入藩下势力的，清朝政府曾经下令，只"应察出，各复其旧"[2]，即对这些过去的藩商不予追究。因此，这许许多多的藩商在此后转向参加对澳门陆路贸易[3]和粤海开关后转

---

[1] 参看屈大均《广东新语》卷9，《事语》，第27—28页，《贪吏》条，其中对广东官商结合的描述，主要是指陈和反映藩王时代的事实。

[2] 《清史列传》卷80，《尚之信本传》，第29页，康熙十九年上谕中语。

[3] 例如康熙十九年开放对澳门陆路贸易时，管理税饷的市舶司提举张溱，就是藩党。因贪污克扣税饷，康熙二十一年七月广东巡抚李士桢在《特参提举官克扣税饷疏》中说："乃不意有盐市提举司提举张某其人者（按指张溱原先的任职），本以市井之徒，曾为逆藩办事，钻营官职，不思守法恤商，辄敢婪私蚀课，于经收官税之外，每两私抽税银五钱；又纵容吏书门皂各役（私抽）。"（《抚粤政略》卷10，《奏疏》，第10页；又参看《奏疏》，第17页）由此可见，当时藩商参加对澳门陆路贸易的人数恐不在少数。

化为洋行商人①的也是大有人在的。

由此可见,在 17 世纪 50 年代到 80 年代间,广东的藩商和以后广东洋行商人是有着一些历史的渊源。

3. 对澳门的陆路贸易 清朝政府在削平藩王尚之信的势力下令撤藩的那一年,即康熙十九年（1680 年）,广东对外通商又进入另一个时期,就是开放对澳门的陆路贸易。

开放对澳门陆路贸易的起因和经过是这样的:"香山濠镜墺门,孤悬海岛。……未禁海以前,旧例洋船到墺,委官前去丈抽船饷,并收内地商民至粤（澳）贸易唐（华）洋货税,是为舶饷。自康熙元年禁海,粤（澳）门迁至界外,船饷停征。续因西洋国（按即葡萄牙）进贡正使本多白勒拉（Pinto Pereira）,见粤（澳）彝禁海困苦,赴部呈控。康熙十八年（1679 年）十二月内,……奉旨……旱路准其贸易,其水路贸易,俟灭海贼（按指台湾郑氏）之日,着该督抚题请"②在案。当时广东督抚道府各官乃公议自康熙十九年起开放贸易,"于是墺门彝人与内地商人各将货物,俱由旱路挑至关闸界口,

---

① 梁嘉彬:《广东十三行考》,引据摩斯《东印度公司对华贸易编年史》第 1 卷记事,谓康熙三十七年有英船叫 Macclesfield 号到广东澳门,有中国商人名叫 Hunshunquin 的与英船交易。梁著解释说:"自英船 Macclesfield 至粤,广东海洋贸易日盛,而牙行商人之权势亦随之日长。所谓官商者,各有其背后实力为奥援。其一：受前尚王所任命者,仍沿号曰'王商'（The King's Merchant）,如 Hunshunquin［按 Morse 原注 quin 即 qua（官）］是。"（第 64 页）又说:"是 Hunshunquin 当为尚王以其部人充当之牙商"（第 63 页）。

按《广东十三行考》此记的主要错误,第一是对广东洋行起源和早期史事根本未弄清楚,第二是对藩王父子尚可喜尚之信占踞广东史事也未弄清楚。自康熙十九年至二十年（1680—1681 年）间藩王势力削平,藩商势力瓦解,藩商名称也不存在,到康熙三十八年英船至广东时哪里还有尚王所任命的"王商"能包揽英船的贸易? 这根本就不符合历史事实。

此事的简单真相,当为藩王势力削平后,藩商（按"王商"一名应译作"藩商"较为恰当）因清廷对他们免于追究,在康熙二十五年广东洋行开始建立以后,即有由以前的藩商转化而报官承充洋行商人的。到康熙三十八年与英船交易的商人 Hunshunquin,可能即为当时的洋行商人之一。他为了包揽英船商货的买卖,乃有意显示其过去的藩商身份,以求取得英商对他的地位和信用的信赖。不过,由此则可以证实广东洋行商人最初的一批来源中有由藩商转化承充的。

② 李士桢:《请除市舶墺门旱路税饷银疏》,康熙二十五年二月,《抚粤政略》卷 32,《奏疏》,第 41 页。

互相贸易"①。当年两广总督吴兴祚曾往该地视察后作的诗说:"负贩纷纷多估客,辛苦言从墺里归。"② 由此可以想见那时开放对澳门陆路贸易后的商务盛况。

开放对澳门陆路贸易之初,管理当地贸易的办法是"令番舶驻前山寨,陆运货物至,香山令藩幕一员监之"③。当时并未设专官管辖,系随时委用。关务制度仍沿明代旧例设立市舶提举司,清廷派吏部郎中宜尔格图等为监督,管理市舶旱路舶饷。征收商税不分"唐洋货物",系一体抽收。征税办法是:"今西洋国(葡萄牙)货物运至墺门,彝人至界口陆路贸易。此地至墺门仅三里,……盘验给票,照运至省(广州),旧例提举司一税,至太平关一税,防其隐漏之弊。其内地商人货物,旧例太平关一税,至省(广州)提举一税,领票前往关闸口贸易,……防其夹带之私。"④ 历年市舶提举司对澳门陆路贸易抽收的税银,实数如下⑤:

康熙十九年(1680年)　　　　26.483两
康熙二〇年(1681年)　　　　12200.000两
康熙二十一年(1682年)　　　 18076.000两

自康熙二十二年(1683年)新定税额银每年为20250两。"自康熙十九年起至二三年止,所收税银,造册报部充饷"⑥。当时对澳门的陆路贸易只不过是临时的过渡办法,粤海关开后,所有贸易征税随即停止。从每年税饷收入来看,陆路贸易的规模和数量都不大。按在16世纪90年代末即明万历二十六年(1598年)间,明朝官府在香山澳每年征收市舶税饷额银为26000两,后以征不足额减去

---

① 李士桢:《请豁除市舶旱路税饷银疏》,康熙二十六年四月,《抚粤政略》卷32,《奏疏》,第60页。
② 吴兴祚:《抵香山舍舟从陆经翠微邨前山寨官闸口至豪镜遍观炮台及诸形胜薄暮留题》,《留邮诗钞》,第42页。
③ 杜臻:《粤闽巡视纪略》卷中,第32页。
④ 李士桢:《澳门关闸请设专官管辖疏》,康熙二十二年正月,《抚粤政略》卷10,《奏疏》,第46页。
⑤ 据李士桢的报告计算,见《抚粤政略》卷10,第17页;卷2,第5页。
⑥ 《抚粤政略》卷2,第42页。

4000两，至17世纪40年代间一直维持22000两的税额。自1628年至1641年间（崇祯元年至十四年），每年"多不足额"①。如果明清两代在香山澳征收市舶税饷和丈抽税率没有变动的话，如果按当时人以所收税银多少估量贸易量值大小的观点②来看，则清代广东对澳门陆路贸易时期乃至以后粤海开关初年的对外贸易似乎仅仅达到明末的水平。这显然是清朝封建政府因禁海政策阻碍贸易发展的结果。

清廷在当时虽准许通过澳门对外国陆路通商，但对私通外洋的贸易仍然严厉禁止。康熙二十一年间，广东官府就"访有不法奸徒，乘驾大船，潜往十字门海洋，与彝人私相交易。有由虎门东莞而偷运入省者，有由上涧头、秋风口、朗头以抵新会等处，而偷运回栅下、佛山者"③。在官府看来，这是"既悖旨而走洋，复私通而漏税"的"非法"行为。其实，这种走私贸易正反映着在当时清代商品货币经济发展的刺激下，它表现为力图突破封建主义的封锁而要求扩展对外销售市场的行动。这种抗拒力量日益冲击着关闭的粤海大门，也正是粤海临于开关前夕的情景。

在这个时期，广东商人和商业资本参加对外通商（包括陆路贸易和走私贸易）的活动及其相互间的关系情况，从一件官府关于商务禁令的布告中可以反映出来。这个布告是在康熙二十一年紧接着发现上述走私贸易活动的当年发出的，布告中写着：

> 为此示仰来往客商、店牙、经纪人等知悉：嗣后唐洋货物，

---

① 按明末广东在香山澳征收市舶税饷，据崇祯十四年（1641年）香山县知县的报告说："万历二十六年（1598年）额余二万六千两，比缘岁输不足，减去四千，皆取诸到澳之彝船，唐商彝商之贸易。"又据市舶提举司申称，该署司事盐课提举叶禾看得香山澳税船饷足矣。原额二万六千两，嗣因递足不足，议减四千，见在之额实二万二千也。虽有定额，原无定征，皆取诸丈抽彝船，与夫彝商唐商之在市者，……按例征抽，自澳而入，自省而出，皆经香山县复盘，又报司道而稽复之。连年岁额，每苦不足。"（据明人李待问《罢采珠池盐铁澳税疏》，引见沈廷芳等纂：乾隆《广州府志》卷53，《艺文五》，第13、14页）。

② 李待问在《罢采珠池盐铁澳税疏》中说："饷之足与不足，在乎番船商货之大小多寡，而盈缩焉"（同上书，第14页）。

③ 李士桢：《禁奸漏税》，康熙二十一年七月，《抚粤政略》卷6，《文告》，第5页。

> 务须凛遵严旨，在于香山墺门旱路界口，互相交易。将应纳税银，照货先赴提举司投纳，各取印信税票收执为凭。及至下店发卖，本处店牙经纪，俱要先验明税票，方许下载转售。其无税票者，即系漏税私货，或货多而票数少开，票数与货数不符，亦是漏税情弊，俱应即刻密报地方官，或赴院（巡抚衙门）禀首，以凭严拿审究。①

据此可见，当时广州对外通商没有"唐洋货物"贸易之分，参与商业活动的只有"来往客商、店牙、经纪人等"，也没有专门从事国内国外贸易的商人之分，而是二者混为经营，广东地方官府也没有"特别"组织什么"一个团体来对付"当时的对外贸易②，这都是很清楚的事实。

以上所说，就是清代禁海前后时期广东对外通商的一些基本情况。

（二）从开放海禁到粤海设关通商的经过

1. 开放海禁的经过　清代海禁时期结束于康熙二十二年，随即开放海禁，因为清朝封建统治者已经用武力把中国的大陆和海上基本统一了。原先"自迁界令下，广东沿海居民多失业"③。这年十月十九日（1683年12月6日）两广总督吴兴祚奏请展界，招民耕种广州七府沿海地亩。清廷认为"前因海寇未靖，故令迁界，今若展界，令民耕种采捕，甚有益于沿海之民"。随即派内阁学士席柱等前往闽粤沿海一带，会同两广总督吴兴祚等规画"展立界限，应于何处起止"，使"勿误来春耕种之期"④。康熙二十三年七月十一日（1684年8月21日）席柱回到北京把奉差福建、广东展界经过奏复，和康

---

① 李士桢：《禁奸漏税》，康熙二十一年七月，《抚粤政略》卷6，《文告》，第6页。
② 吴晗在《〈广东十三行考〉书评》中说，自康熙二十一年以后，"粤海关未设之前，外商到粤贸易，地方政府不能不特别组织一个团体来对付"，认为"这个团体"就是"十三行"（载《中国社会经济史集刊》第6卷第10期，第199页）。此说显然是缺乏历史事实作根据的。
③ 《清史稿·列传四七》，《吴兴祚本传》。
④ 《圣祖仁皇帝实录》卷112，第23页。

熙皇帝有如下一段对话①：

> 席柱复命，奏曰："臣奉命往海展界，福建、广东两省沿海居民，群集跪迎，皆云：我等离旧土二十余年，已无归乡之望，……今众民得还故土，保有室家，各安生业，仰戴皇仁于世世矣。"
> 上曰："百姓乐于沿海居住，原因海上可以贸易捕鱼，尔等明知其故，前此何以不议准行？"
> 席柱奏曰："海上贸易，自明季以来，原未曾开，故议不准行。"
> 上曰："先因海寇，故海禁不开为是。今海氛廓清，更何所待？"

从这段对话中可以看出，清朝封建统治者因为这时海上"秩序"已获"安定"，并把原先下令禁海的责任推到别人身上，而自己则表示出一种亟愿开放海禁迫不及待的心情。开海固然可以便利沿海百姓"贸易捕鱼"，但是，最重要的打算还是想增加政府财政的税收起见。这年九月初一日（10月9日）康熙皇帝颁发的一道谕旨中说得很明白②：

> 向令开海贸易，谓于闽粤边海民生有益。若此二省，民用充阜，财货流通，各省俱有裨益。且出海贸易，非贫民所能，富商大贾，懋迁有无，薄征其税，不致累民，可充闽粤兵饷，以免腹里省分转输协济之劳。腹里省分钱粮有余，小民又获安养，故令开海贸易。

可见当时开海贸易的目的，主要是从国库的财政考虑出发。自然随着开海贸易的发展，不仅可以加强国内各个不同地区之间的经济联系，并且在这个基础上又给清朝封建主义国家权力的集中造成了经

---

① 《圣祖仁皇帝实录》卷116，第3—4页。
② 《圣祖仁皇帝实录》卷116，第18页。

济条件。因此开海贸易在当时不只是对清朝封建统治者有利，对促进中国封建社会生产力的发展也是有利的。

就在这一年内，清廷内部便热烈地展开了关于开海贸易的筹划讨论会议：

> 1. 九卿等议复："户科给事中孙蕙疏言：'海洋贸易，宜设立专官收税'，应如所请。……但创收税课，若不定例，恐为商贾累。当照关差例，差部院贤能司官前往，酌定则例。"①
> 2. "今若照奉差郎中伊尔格图所奏，给与各关定例款项，于桥道渡口等处，概行征税，何以异于原无税课之地，反增设一关科敛乎？此事恐扰害民生，尔等传谕九卿詹事科道，会议具奏。"②
> 3. 户部等衙门遵谕议复："福建广东，新设关差，止将海上出入船载贸易货物征税。其海口内桥津地方，贸易船车等物，停其抽分，并将各关征税则例，给发监督，酌量减定例。"从之。③
> 4. 九卿詹事科道遵旨会议："今海外平定，台湾、澎湖，设立官兵驻扎，直隶、山东、江南、浙江、福建、广东各省，先定海禁处分之例，应尽行停止，……"从之。④

从以上会议讨论中可以看出，清廷对建立海关制度的设官和税则办法都作出了一些决定，并取消了以前颁布的海禁处分条例，但仍禁硝磺军器等物私载出洋。这些都是筹划开海贸易前在立法程序上所做的一系列准备工作。

2. 粤海设关之年的情况　到第二年，即康熙二十四年（1685年），清朝政府乃正式宣布开海贸易，并在广东、福建、浙江和江南四省各设立一个海关⑤，管理对外贸易和征收关税的事务。

---

① 《圣祖仁皇帝实录》卷115，第21—22页，康熙二十三年四月四日谕。
② 《圣祖仁皇帝实录》卷116，第18页，康熙二十三年九月一日谕。
③ 《圣祖仁皇帝实录》卷116，第24页，康熙二十三年九月十四日谕。
④ 《圣祖仁皇帝实录》卷117，第10页，康熙二十三年十月二十五日谕。
⑤ 夏燮：《中西纪事》卷3，《互市档案》，第1页。

粤海关在这年建立之初，关务由两广总督吴兴祚兼理，吏部郎中宜尔格图改任首任粤海关监督①。首先，把在康熙十九年至二十三年五年间广东对澳门的陆路贸易停止："今开海之后，现在到粤洋船及内地商民货物，俱由海通直抵粤门，不复仍由旱路贸易。"② 其次，改变原有的关务制度："今……弛禁开洋，一切商民货物，俱由海上船运，自康熙二十四年起，商人俱赴〔粤海关〕监督纳税。今日监督征收海上出入洋船之货税，即是市舶司昔日禁海时征收在旱路界口贸易之货税"。"今粤东舶饷，……既设监督征收，则〔市舶〕提举司饷额，自应停止"③。这就是由粤海关代替旧日历代管理对外贸易税饷的市舶提举司制度，并表现为清代对外贸易在关务制度上新的改进的第一步。

在粤海关设关的当年，对贡舶贸易和私商贸易的税收办法也作出了新的规定：就是贡舶贸易，"应将外国进贡定数船三只内，船上所携带货物"，给予免税的优待；"其余私来贸易者，准其贸易"，对"贸易商人"仍由海关"照例收税"④。同时还规定粤海关征收洋船私税减去"十之二"⑤，对远人以广招徕。

　　康熙二十四年〔粤海关〕监督宜尔格图奏言："粤东向有东西二洋诸国来往交易，系市舶提举司征收货税。明隆庆五年（1571年）以夷人报货奸欺，难于查验，改定丈抽之例，按船大小以为额税。西洋船定为九等，后因夷人屡请量减抽三分，东洋船定为四等。国朝（清朝）未禁海以前，洋船诣澳，照例丈抽。但往日多载珍奇，今系杂货。今昔殊异，十船不及一船，请于原减之外，再减二分。东洋亦照例行。"

---

① 《粤海关志》卷7，《设官·职官表》，第20页。
② 李士桢：《清除市舶澳门旱路税饷银疏》，康熙二十五年二月，《抚粤政略》卷2，《奏疏》，第42页，与吴兴祚会奏。
③ 李士桢：《请豁市舶旱路税饷疏》，康熙二十六年四月，《抚粤政略》卷2，《奏疏》，第60、61页。
④ 《粤海关志》卷8，《税则一》，第4页。
⑤ 《圣祖仁皇帝实录》卷124，第12页，康熙二十五年二月十日谕。

奉旨俞允。①

在管理外国商人和商船方面，"康熙二十四年议准，番船贸易完日，外国人员一并遣还，不许久留内地"②。"或因货物未消，或有欠项未清，准在海关请照住冬，于次年催令回国。惟澳夷（指葡萄牙人）自明季听其居于濠镜，无来去期限"③。同时还规定外国商船出口不许私运人口船料之禁："康熙二十四年议准，贸易番船回国，除一应禁物外，不许搭带内地人口，及潜运造船大木铁钉油麻等物。"④

以上都是在粤海开关最初制定的一批通商制度，而这些制度多半是偏着对外国商船和外国商人管理方面的事项。由此可见，当年开关通商时对华洋货物抽税办法，即对国内商业和对外贸易征收制度，以及因开港对外通商需要建立的商业网和洋行制度，都还没有规划出来。像《广东十三行考》认为"粤海设关之年（康熙二十四年，1685年），可确定已有十三行"⑤。不难看出，这个论断是没有史事根据的。

总上所述，从顺治十年到康熙二十三年，即自1653年到1684年三十多年间，广东对外通商制度经历不同时期的变化，对外贸易的内容也不断变换，洋行制度始终没有在当时的通商关系中建立起来，就我们从上述史事中看到的，不论贡舶贸易，或陆路贸易，都是华洋货税不分，华洋贸易一体，因而商人在当时贸易中的职能也就没有加以区分。这个旧例习惯一直保持到粤海关设关通商的当年都没有改变。造成这种情况，主要是由于当时广东对外通商的规模不大，并且是在极有限的条件下进行的小量贸易，它在广东地方官吏直接管理下征收税饷，也极为方便简单。可是，自粤海关设立以后，广东对外贸易开始发生了很大的变化，就不能不促使通商关系

---

① 《粤海关志》卷22，《贡舶二》，第20页。
② 《粤海关志》卷17，《禁令一》，第9页。
③ 道光《广东通志》卷180，《经政略二三》，第24页。
④ 《粤海关志》卷17，《禁令一》，第9页。
⑤ 梁嘉彬：《广东十三行考》，国立编译馆，1937年，第58页。

中旧的制度改变和新的制度建立，不这样，就不能适应在新形势下的对外贸易发展的客观需要。在这种情况下，就有专管广东对外进出口贸易的洋行商人出现，广东的洋行制度才开始创建起来。

三 清代广东洋行制度创设的考证

（一）广东洋货行创始年代和洋行制度初建的考订

粤海关设关通商第二年的春夏之间，许多新的通商制度才开始规划建立起来，它的内容主要包括国内商业和对外贸易税收的划分，从而把广东原有经营贸易的商人分为金丝行和洋货行两类，并为新建洋行乃由官府招商承充洋商。这都是为了保证当时对外贸易的顺利开展和海关征收关税的便利。同时，这说明当年粤海设关伊始，一切新的通商制度和办法筹划不及，只是因陋就简按照以往的成例进行贸易和征收税饷。这些新的通商制度和办法是由广东督抚和粤海关监督在当年共同会商决定随即开始实施的，从康熙二十五年四月间（1686年4月23日至5月21日）由广东巡抚李士桢的名义发布《分别住行货税》的文告中可以很明确地看出来。

第一，海关开始划清货税的界限和性质，分别"住""行"两种货税征收。布告①中说：

> 省城（广州）佛山旧设税课司，征收落地住税。今设立海关，征收出洋行税，地势相连，如行、住二税不分，恐有重复影射之弊。今公议……如来广省本地兴贩，一切落地货物，分为住税，……赴税课司抽税；其外洋贩来货物，及出海贸易货物，分为行税，……赴〔粤海〕关部纳税。诚恐各省远来商人，不知分别牙、行近例，未免层叠影射，致滋重困。除关部给示通饬外，合行出示晓谕。

---

① 李士桢：《分别住行货税》，康熙二十五年四月，《抚粤政略》卷6，《文告》，第55页。原文中着重点是引者加的，以下同。

在粤海开关之初，即以粤海关代替历代所行的市舶提举司制度，现在又进一步明确地把国内商业税收和海关税收分开，即是把常关贸易和海关贸易分开，同时也是把常关和海关分开。由此可见，在粤海设关通商的当年不是这样，而是仍照以往旧的办法征税。在当时这是作为一个新的制度而开始形成并正式建立起来的。这乃是清代在管理国内外贸易的关务制度方面比历代进步的地方，并表现为它的新的特色。

第二，开始正式确立和规定参加贸易商人的业务范围和性质，即把当时参加贸易的商行分为"金丝行"和"洋货行"两大类，即简称牙、行。布告①中说：

> 今设立海关，征收出洋行税，……如行、住二税不分，恐有重复影射之弊。今公议设立金丝行、洋货行两项货店。如来广省本地兴贩，一切落地货物，分为住税，报单皆投金丝行，赴税课司纳税；其外洋贩来货物，及出海贸易货物，分为行税，报单皆投洋货行，候出海时，洋商自赴关部纳税。诚恐各省远来商人，不知分别牙、行近例，……除关部给示通饬外，合行出示晓谕。

这即是把从事国内沿海贸易的商人和从事国外贸易的商人活动范围及性质划分开来。所谓"分别牙行近例"，就是说在这以前乃至粤海设关通商的当年，广东商人经营华洋贸易，是二者不分的，把这两类商人的性质开始明确地规定下来，乃是在第二年才制定出的一个新的制度。在这里，也就是第一次真正地把广东洋货行商人从一般商人阵营内分离出来，并使洋商成为一种专门的行业，便于经营管理对外贸易的业务，即从此创始，显然它并不是作为历史上一个旧有制度的传统因袭。这也表现为清代对外贸易在组织商人经营管理

---

① 李士桢：《分别住行货税》，康熙二十五年四月，《抚粤政略》卷6，《文告》，第55页。

方面不同于历代的一个新的措施。

这个洋行制度在康熙二十五年（1686年）开始建立直到乾隆十六年（1751年）间基本没有改变。据《广东通志》记载："国朝设关之初，船只无多，税饷亦少，有行口数家，……听其自行投牙。"① 又据粤海关报告，广东对外贸易，在"乾隆十六年间，俱系'外洋行'办理，共有洋行二十余家，并无本港名目，亦无'福潮行'名，止有省城'海南行'八家"②。可见，唯一的变动就是"洋货行"又叫"外洋行"，"金丝行"后来则改名为"海南行"，但是，二者经营贸易的对象和内容都是完全相同的。

随着清代广东国内外贸易的发展，广州的商业和商人资本活动范围的分工愈益专业化，大约在乾隆二十五年（1760年）间，广东商行开始分化出三类行业。据粤海关报告说："迨乾隆二十五年，洋商潘振成（同文行商）等九家呈请设立公行，专办夷船，批司议准。嗣后外洋行商，始不兼办本港之事。其时查有集义、丰晋、达丰、文德等行，专办本港事务。……其'海南行'八家，改为'福潮行'七家。"③ 可见，外洋行在此以前兼办本港货税，至此才把贸易业务从洋行中划分出来；而"海南行"至此又改名为"福潮行"。这三类行的业务对象和内容，主要分别如下：④

1. 外洋行（即洋货行）"专办外洋各国夷人载货来粤发卖输课诸务"；

2. 本港行"专管暹罗贡使及夷客贸易纳饷之事"；

3. 福潮行"系报输本省潮州及福建民人往来买卖诸税"。

这一种因贸易的发展而引起商行分业的变化情况，正如《广东通志》记载说的："迨后船只渐多，各行口有资本稍厚者，即办外洋货税，其次者办本港船只货税，又次者办福潮船只货税。"⑤

---

① 道光《广东通志》卷180，《经政略二三》，第22页。
② 《粤海关志》卷25，《行商》，第11页。
③ 《粤海关志》卷25，《行商》，第11页。
④ 《粤海关志》卷25，《行商》，第10—11页。
⑤ 道光《广东通志》卷180，《经政略二三》，第22页。

自此以后，广东这三类行商又发生变化，首先是外洋行在这年组织的商人行会——公行①，十年后即在乾隆三十五年至三十六年间（1770—1771年）裁撤，"众商皆分行各办"。本港行在乾隆六十年（1795年）间因有几家拖欠暹罗商人账款不能维持信用，广东官府乃把本港行革除。本港行的业务仍然划归外洋行，每年由推举出来的两个外洋行商轮流值办②。所以从嘉庆五年（1800年）以后，在广东海口经营国内外商业的商行，仍然只有两类，即福潮行和外洋行。由此可见，经营国内沿海贸易的商行，最初由金丝行改名为海南行，后又由海南行改名为福潮行；经营对外进出口贸易的所谓广东洋行乃是从最初洋货行和后来又改称外洋行而得名的一种简称。

第三，在康熙二十五年（1686年）粤海设关的第二年，为适应当时对外贸易的迫切需要，广东官府开始以法令保障并大力鼓励"身家殷实之人"承充洋商。布告③中说：

> 今设立海关，……今公议设立金丝行、洋货行两项货店。……为此示仰省城佛山商民牙行人等知悉：嗣后如有身家殷实之人，愿充洋货行者，或呈明地方官承充，或改换招牌，各具呈认明给帖；即有一人愿充二行者，亦必分别二店，各立招牌，不许混乱，一处影射，朦混商课，俱有违碍。此系商行两便之事，各速认行招商，毋得观望迟延，有误生理。
>
> 其各处商人来广，务各照货投行，不得重复纳税，自失生计。倘被奸牙重收，该商即赴本院（巡抚衙门）喊禀追究。或

---

① 按公行即 Co-hong，乃洋行商人组织的行会团体即商人基尔特。广东洋行商组织公行，据外文史料记载始于康熙五十九年即1720年，但尚无中文史料可资印证。外洋行或洋行乃系每个商人经营对外贸易的商行机构，因此洋行成立在先，公行组织在后。公行尽管时组时散，而洋行仍可照旧单独存在。故洋行与公行实有分别，不可混淆。

② 《粤海关志》卷25，《行商》，第10—14页。

③ 李士桢：《分别住行货税》，康熙二十五年四月，《抚粤政略》卷6，《文告》，第55—56页。

此后行情有迟速，行价有贵贱，俱听各商从便，移行贸易。若
收税巡拦人等需索生事，多取火耗秤头，亦并禀知，查究不贷！

据此可见，以后广东洋行商人形成为一个特殊的行商制度和成为一个新兴的商业资本集团，都是由此开始发生和发展来的。并且它自始就由封建官府势力培植起来，并成为封建官僚在对外贸易上的代理人。

从上引文告来看，广东洋行制度初建时有以次几个主要的内容和特点：

1. 充当经营对外贸易的洋行商人要身家殷富，而又以自愿报官承充为条件；

2. 洋货行承商的办法，是经商人自愿呈明广东地方官府批准，并领取官府发给的行帖，然后才能开业；

3. 在广州和佛山原来经营商业的"商民牙行人等"，有愿转业承充洋商的，在当时招商时可自由选择，或改换招牌呈明官府承充亦可；

4. 为适应上述情况，一个商人可以承充经营国内商业的金丝行，也可以承充经营对外贸易的洋货行，一人愿意兼做两行生意的也可以，只是必须分别两起，各立行名招牌，不许混淆一处，两行不分；

5. 内地和外洋来到广东的商人，规定各自照货分别投行，即按商货和商业的性质分别投行买卖。所谓"行情有迟速，行价有贵贱，俱听各商从便，移行贸易"，这即是说，买卖自由，不得包揽垄断；

6. 洋货行商人对粤海关承担的义务，是负责把外洋进出口货税在洋船出口时亲自赴海关缴纳。并禁止税收人员从中勒索；

7. 最后，从官府颁布布告的对象即受文者来看，当时招商的对象主要是想从原来在"省城〔广州〕佛山商民牙行人等"中挑选"身家殷实之人"来承充。而最初一批广东洋货行商人的来源和出现，显然其中有由在广东原先经营国内商业和对澳门陆路贸易的"商民牙行人等"转化而来。据现在我们所能考知的，当时参加贸易的商人姓名有王元、李再筹等。

据康熙二十六年四月间，即洋货行建立一年后的官府报告说：

"今货物壅滞，商人稀少。"① 这反映出当时国内外运到广东海口的商货很多，洋货行家数还少，商业网还没有很好地建立起来，因而不足以适应开关后发展着的对外贸易的需要，以致形成了商货流通中的"壅滞"现象。这都说明了广东洋行制度初建时招商承充的困难和组织还不完备的情况。

据以上所述，可以得出结论：清代广东洋货行和洋行制度的产生是紧接着粤海关开关第二年的春夏之间，即从康熙二十五年四月间开始的。那时正值当年外国商船快要来到广东海口准备进行开关后第二次贸易的前夕，因而官府布告中即发出急迫的命令："各速认行招商，毋得观望迟延，有误生理。"这就是想在"夷船"于夏末秋初进口之前先把洋货行有目的地组织起来，以适应开关后对外国通商制度的新的需要，并为征收关税的便利和保证税饷的充盈。

由于发现了广东巡抚李士桢当时在广州颁发建立洋货行和招商承充洋商的一个布告，就能使我们对广东洋行和洋行制度的起源问题确切地考证出来。而当时广东官府特为此事颁发的这个文告比前述各说的研究者考证广东洋行起源所依据的任何历史记载，无疑地，具有极其直接有力的充分可靠性。因为李士桢当时在广州是亲身参与并主持其事的。他说："近本院（巡抚自称）会同督理关部（粤海关），凡系通商裕课之事，无不竭力讲求，期于至当。"② 所有文告中规定的一切办法，是用"今公议"的文句起头。可见在粤海关设关之后，广东国内外贸易制度的具体措施是由两广总督吴兴祚、广东巡抚李士桢和粤海关监督宜尔格图共同商酌定议的（而当年李士桢也被派会同督理粤海关关务）。在议定之后，随即用广东巡抚的名义以法令形式布告之，并即付诸实行。从整个文告的内容和语句看，很明显地，是为应付粤海开关后的紧急新任务和为解决当时的

---

① 当时广东巡抚李士桢和两广总督吴兴祚会奏说："今货物壅滞，商人稀少，关部二十五年所收之税，不及二十四年初开洋船之税，前奉部驳复征。随据商人王充、李再筹等为一货难以两征情由，晓晓哀控公呈前来。"（《请豁市舶旱路税饷疏》，《抚粤政略》卷2，《奏疏》，第62页）

② 李士桢：《分别住行货税》，《抚粤政略》卷6，《文告》，

具体问题而适时作出有历史意义的决定。像昭梿所记吴兴祚的事迹说："郑氏既降，又奏通商舶，立十三行，粤东赖以丰庶。"① 再结合上述文告来看，说吴兴祚②和李士桢③是康熙二十五年间广东洋行制度亲手规划的创议者和执行者，那是完全符合历史实际的。

由此可见，关于清代广东洋行起始的年代问题，决不是如过去许多中外学者所考证说的：或起始于康熙五十九年（1720年）；或起始于乾隆二十五年（1760年）以后；或起始于康熙二十四年（1685年）粤海关设关之年；或起始于康熙二十一至二十四年（1682—1685年）四年之间，这些考证显然都是不正确的，有的甚至是错误的。广东洋行建立的确切年代，不论是从立法上或从事实上看，应该是在康熙二十五年即1686年，那是粤海关开关第二年间的事。

（二）洋货行又名十三行的考释

如上所述，清代广东洋行是由最初的洋货行和后改为外洋行而得名的一种简称。为什么广东洋行又叫十三行呢？关于这个命名含义的起源问题，过去的研究者也有三种不同的意见：

一说是以广东洋行行商有十三个行数而得名，中外学者如此认为的很多。兹举一例，如日本根岸佶在《广东十三行》一文中说，"一七八二年（乾隆四七年）又复活了一个'公行'类似的制度，由十二个商人获准了做贸易居间人的特权，是称之为洋行，嗣后又有某商之加入，便成了十三人的定数，后称十三洋行为世人所周知。"此记牵强附会错误很多，暂不说它。只要看表1便可以了然，

---

① 昭梿：《啸亭杂录》卷5，《吴留村》条。

② 按吴兴祚字伯成，号留村，正红旗人。清廷发表他任两广总督是在康熙二十年十二月二十四日（1682年2月1日），他在康熙二十一年二月初八日（1682年3月16日）始卸任福建巡抚，然后到广东。他任两广总督至康熙二十八年六月二十三日（1689年8月8日），同年七月初五日（8月19日）由石琳继任。

③ 按李士桢字毅可，都昌县人。阮元等纂道光《广东通志》记载他的事迹说："康熙二十年逆藩（按指藩王尚之信）既殄……二十一年命士正（按应作士桢）以（江西巡抚）原衔移抚，盖重其选也。……在粤六载，人思其功德，俎豆于五仙门外，又崇祀名宦。"（卷255《宦迹录二五》，李士正本传，第6页）此据郝玉麟等纂雍正《广东通志·纪事》，他任广东巡抚的时期，自康熙二〇年十二月二二日（二十一年夏到任）至二十六年十月初七日（1682年1月30日至1687年12月11日）。同年十一月二十二日（1687年12月26日）由朱宏祚继任广东巡抚。

广东洋行在名义上虽称为"十三",实际上历年开业的行数并不一定完全和这个数目相符。即使在康熙五十九年(1720年)以前,据《广东通志》记载,当粤海"设关之初,船只无多,税饷亦少",那时经营对外贸易的洋货行,不过只"有行口数家"而已,也不足十三行之数,可见此说实是一种很大的误解。

表1　　历年广东洋行开业家数统计(1720—1839年)

年份	家数	年份	家数	年份	家数
1720	16	1791	6	1822	11
1727	16(17)	1792	12	1823	11
1729—1732	19	1794	10	1824	6(10)
1751	20	1795	10	1827	9
1757	26	1796	10	1828	7
1760	10(9)	1800	8	1829	7
1765	10	1801	8	1830	10
1776	8	1807	12	1835	10
1779	8	1808	11	1836	11
1781	4	1810	10	1837	13
1782	9	1811	10	1838	11
1786	7(20)	1813	13	1839	10
1790	5	1815	10	总计	404(421)

资料来源:据《广东十三行考》《东印度公司对华贸易编年史》《朱批谕旨》及清代钞档等书编成。

二说是广东洋行名曰十三行者,认为"这个名称,明时已有"[1],"或诚如《粤海关志》所云'沿明之习'耳"[2]。此说如《广东十三行考》等书主张之,所据《粤海关志》记载的一段原文,有如下云:[3]

> 国朝(清朝)设关之初,番舶入市者仅二十余柁,至则劳以牛酒,令牙行主之,沿明之习,命曰十三行。舶长曰大班,次曰二班,得停居十三行,余悉守舶,仍明代怀远驿旁建屋居

---

[1] 郭廷以:《近代中国史纲》上册,第327页。
[2] 《广东十三行考》,国立编译馆,1937年,第58页。
[3] 《粤海关志》卷25,《行商》,第1页。

番人制也。

按照《广东十三行考》等书据上引记载所作的解释，现在就明代广东对外贸易的情况对比来看吧。明万历时人周玄暐在《泾林续记》中说：①

> 广属香山（澳门）为海舶出入喉，每一舶至，常持万金，并海外珍异诸物，多有至数万者。先报本县，申达藩司，令舶提举（按即市舶提举）同县官盘验，各有长例。而额外隐漏，所得不赀，其报官纳税者，不过十之二三而已。继而三十六行领银，〔市舶司〕提举悉十而取一，盖安坐而得，无簿书刑杖之劳。

据此可见，在明代广东经营商业的行商只有"三十六行"之称，并无"十三行"之名。明代广东香山澳的对外贸易由一般牙行商人经纪，并未另设有专门的买卖机构。而这个"三十六行"是不是明代广东专管对外贸易的一种商行，还是一般牙行商人的行帮统称，还是值得研究的问题。但据这个记事看，明代三十六行向市舶提举领取税饷银两，提举抽取的十分之一数，或为陋规或为利息，这只能视为封建官府以官银发商生息的故事，而不表现为三十六行直接参与对外贸易的买卖行为②。可见说十三行名称在"明时已有"，好像到了清代，广东又把经营外洋贸易的行商仍"沿明之习"叫做十三行，这显然是缺乏历史事实根据的说法。而《广东十三行考》等书对所谓"沿明之习"所作的理解也是超出《粤海关志》记载的原意所指。

三说如吴晗在《〈广东十三行考〉书评》中提出的，他说："因

---

① 周玄暐：《泾林续记》，第47—48页。按此书成于1600年左右（《涵芬楼秘笈》本）。
② 梁嘉彬在《广东十三行考》中说："万历以后，广东有所谓'三十六行'者出，代市舶提举盘验纳税，是为'十三行'之权舆"（第22页）。此为据前引《泾林续记》附会之说。原记并无三十六行代市舶提举盘验纳税之意，此说显然不足置信。

为在粤海未设关之前，外商到粤贸易，地方政府不能不特别组织一个团体来对付，这个团体也许恰好是前明所留三十六行中之十三个行，因即称之为'十三行'。"①

这一说是因《明史》只有"三十六行"之名而并无"十三行"的记载，同时又认为"十三"是个数词，就采取折衷附会的说法，因而基本上是企图调和以上两说的。如上所述和史事的证明，这一说也是不能成立的。

那么，清代广东十三行名称的起源问题究应如何理解呢？我以为《粤海关志》的记载不能像《广东十三行考》等书中所作的理解，而只能作这样的理解。本来外国商船和商人来到中国海口进行贸易，事实上不能不有一些中国商人替他们作买卖的中介人，官府也不能不设立管理贸易和征收税饷的机构（如历代的市舶提举司制度）。中国历代和外国的海上贸易都是如此，这是很自然不难了解的。到了清代事情也不能例外。开放海禁，允许外国商船来到中国海口通商，由政府设立粤海关，在管理对外贸易的事务上，以及由官府要商人出来经营处理对外国商船的买卖和税饷，并对外国来的商人"劳以牛酒"，以示怀柔远人。所以说，这些办法都是清朝沿袭明代的传统习惯和成例。所谓"沿明之习"，即是指此。至于当时把对外贸易"令牙行主之"的广东行商称之为十三行，那是随着广东洋货行作为一个新制度而出现于当时的另一称号。这个命名乃是给它一个特有的而便于区别其他行口的行帮名称。而这个"十三行"的命名不是取决于商行的数目，也别无其他的含义，一般地说多由习俗和特以命名而定。例如清代天津担脚夫行人等也有十三行名目之称，"其称为十三行人等，谓如米布竹木等行皆是"②，可见其命

---

① 载《中国社会经济史集刊》第6卷第1期，第199页。
② 据咸丰三年十月初三日广东顺德人罗惇衍在《请招募津门十三行人等以助军威疏》中说："天津为四方辐辏之地，河海两道，俱通舟楫而利往来，是以百货云集，仰食者众。闻市镇中有十三行名目人等，皆以担荷重货营生，各具气力声威。……其称为十三行人等，谓如米布竹木等行皆是，约计其数不下二万馀名。平时因商贾麇至，货物腾涌，日从事于肩挑背负，足以自食其力。"（《罗文恪公遗集》卷上，第42页）

名既不取决于数量的规定,也并无一定的特殊含义。因此,本文对《粤海关志》记载作上述的理解是可通的,也是恰当的。

这样理解清代广东十三行名称的由来,也不是没有史事可据的。在广东洋货行开始产生40年后,据广东布政使官达在雍正五年(1727年)调查洋行贸易情况的报告中说:①

查广东旧有洋货行,名曰十三行,其实有四五十家。

这个记载即已直接指明了这样的事实,就是在粤海关设关第二年即康熙二十五年(1686年)吴兴祚和李士桢开始设立洋货行时,广东当地又把它叫做十三行。如前引昭梿记吴兴祚事说:"奏通商舶,立十三行,粤东赖以丰庶。"以此互证,则知洋货行又叫十三行其命名即始于当时。又如《广东通志》记载说:②

自康熙二十四年开南洋之禁,番舶来粤者,……牙行主之,所谓十三行也。

这显然是当时的一个特有命名,决不是什么"沿明之习"的称呼。说广东洋货行又叫十三行定名于洋行产生的当时,还可以举出当时人的记载作为证据。如屈大均所著《广东新语》一书成于康熙二十六年(1687年)左右,他在《广州竹枝词》中写道:③

洋船争出是官商,十字门开向二洋,五丝八丝广缎好,银钱堆满十三行。

---

① 雍正五年五月二十二日官达奏折,《朱批谕旨》第13册,第50页。
② 道光《广东通志》卷180,《经政略二三》,第24页。
③ 《广东新语》卷15,《货语》"纱缎"条,第28—29页。

康熙乙酉科举人（1705年）徐振在《珠江竹枝词》中写道：①

> 十三行货总堪夸（原注：十三行鬻洋货处），新到东洋漂海舶，奇货独推鹰吉利（原注：海外国名），争先挑取贡官家。

范端昂在雍正年间著的《粤中见闻》一书中记清代广东市场商货流通的情况说②：

> 其出于九郡者曰广货，出于琼州者曰琼货，出于西南诸番者曰洋货，分列十三行中。

这些记载都是反映当时的事实，可证十三行之名已经很流行于当时。并且，这些记载，都明确地指出，外国运到广东的"洋货"是"分列十三行中"，而"十三行"即是"鬻洋货处"。也就是说，十三行就是洋货行。这是从它经营贸易的对象和内容方面得到的证明。所谓洋货行或十三行是官商，也就是指它是向官府登记承充的洋商，因为洋行商人和封建官府保有极密切的联系，并作为其特具有的社会身份的商人的表征。但据此可证，洋货行又叫十三行其命名既不是"沿明之习"的称呼，其命名的含义也并无另有所指，乃是随着洋货行产生的当时而出现的一个因习俗特有的命名，用以区别于其他行口并作为一个洋行商人行帮的统称。

现在再来考察十三行的命名是否取决于洋行的数目。据前引广东布政使官达关于"广东旧有洋货行，名曰十三行，其实有四五十家"的报告，其中所说洋行"其实有四五十家"，其用意即在强调指明当时"十三行"这个名称并不是因行的数目而定，乃为一个特有的命名，这是很显然的。同时，报告中所说洋行有四五十家，乃

---

① 徐振：《四绘轩诗钞》，《珠江竹枝词》十二首之一，第8页。
② 范端昂：《粤中见闻》（封里题作《说粤新书》）卷21，《粤中物》条，第1页。按此书约成于雍正九年（1731年）稍后年间。

是包括当时广东开业的大小洋行。据同年另一调查广东洋行的报告说："询之各商，佥云：广东洋行向系十六七家。"① 这是指当时经营规模较大的广东洋行家数。因为当时广东洋货行经营贸易的范围较广，除了国内贸易而外，所有对外洋贸易的业务都归其总办（如上所述，后来设立的本港行业务，在当时还未从中划分出来），因而行数较多，也有大小之分。如据乾隆二年（1737年）广东官府的一个报告说，在雍正七年至十年（1729—1732年）间，"粤省大洋行十九家，洋货小铺七十余家"②。这是明确指出当时广东洋行中有大小家数之分。又据康熙二十五年李士桢在《分别住行货税》文告中所说，有"金丝行、洋货行两项货店"和"分别二店"等句，则是把"行""店"两字通用，而上引报告中所谓"洋货小铺"，因一向习惯铺店通用，所以当时那些"洋货小铺"实际包括小的洋货行和洋货铺商，后者在当时是专门供给"夷人水梢等所需零星什物"的日用品杂货商店，"以便就近买用，免外出滋事"③。按照当时官府的规定，这些洋货铺商可以从洋货行那里批发"夷货"，但不能和"夷商"交往。由此可见，广东洋货行又叫十三行，其命名的由来不是因洋行数目而定，那是再明显不过的事了。

综上所述，以现有史料为依据，对清代广东洋货行又曰十三行命名所作的考释，应该是恰当的，也是符合史事的。在没有发现更新更直接解释"十三行"含义的史料时，如果仍执着于"十三行之命名，究取何义"，很显然，这对研究清代广东洋行的历史也并不是一个十分必要的问题。

（原载《历史研究》1957年第1期）

---

① 雍正五年七月一九日福建巡抚常赉奏折，《朱批谕旨》第13册，第64页。
② 清代钞档：乾隆二年二月九日广东总督鄂弥达奏折。
③ 许地山编：《达衷集（鸦片战争前中英交涉史料）》下卷，第141页。

清代一口对外贸易时期中外商人之间的竞争[*]

清代自乾隆二十二年至鸦片战争限定广州为中国唯一对外通商口岸的时期，外国著作中对此有称为"广州体系"（Canton System）。如果不熟悉这段历史，对这一标新提法，可能感到迷惑不解。在这期间，云集广州直接和间接从事贸易的主要商人，除了贸易对手英国东印度公司为主的外国商人，中国商人主要是广州行商，即当时人著录中称为洋货十三行的商人。他们是官府特许设立经营外贸的经纪商人（中介贸易商），亦称官商，代替封建国家为维护本国利益和经济独立自主，而执行着对外贸易管制的各种政策法令措施。此外，还有铺商，即洋货店铺商，专门供给"夷人水梢等所需零星什物"的日用品杂货商店，"以便就近买用，免外出滋事"[①]。铺商可以在行商那里批发"夷货"，但不能和"夷商"交往。再就是内地客商，即运送内地出产的商货到广州销售和自广州贩运商货内销的商人。他们多半是安徽、湖南、江浙、福建和山西等省的商人。他们是没有被官府指定为行商的私商，即非行商商人或一般散商。由于没有行商的种种负担，出售商品的价格一般较低，但他们却不能公开地承揽对外国商人的生意。这样就引起了非行商商人和行商之间尖锐的矛盾。

为了争夺商业利润，广州市场上中外商人之间的矛盾和竞争是非常激烈的。广州市场中外商人之间的竞争，大致包括三个层次：

---

[*] 编者注：本文原题《清代"广州体系时期"中外商人之间的竞争》，现标题及文内文字据著者校正本改。

[①] 许地山编：《达衷集（鸦片战争前中英交涉史料）》下卷，第141页。

第一是外国商人之间,即享有贸易垄断权的英国东印度公司与港脚贸易的英印和英美等国自由商人之间的竞争;第二是中国商人之间,即行商与非行商之间的竞争;第三是外国商人和中国商人之间,即外商和行商与非行商之间的竞争;第四,外国商人利用对华贸易攫取厚利。下面依次分别论述。

一 外国商人之间的竞争

英国对华贸易在东印度公司垄断经营下,在广州进出口的货船有"公司船"和"港脚船"。前者是指英国东印度公司即"公班衙",直接"发船来粤贸易,名曰公司船",亦称"祖家船",向由大班管理;后者又叫"港脚贸易",经营这种贸易的港脚商,主要是做东印度同中国之间的杂货贸易,特别是两项"大宗"生意——原棉与鸦片。"港脚船"和"公司船"不同,它是由英印商人"自行办理"[1],实际上是公司的特许商人即"英国散商"。东印度公司在18世纪初期和中期几次自行从事港脚贸易的尝试之后,决定把它交给印度的英国散商去经营,希望以此作为供应广州的极其重要的茶叶投资资金的一种手段,但它们必须向公司领得营业许可证。18世纪70年代在中国出现首批"英国散商",从印度输入中国的进口货迅速地增加了。有些年份,输进中国的印度货物就完全没有公司名义下的,港脚贸易愈来愈成为散商贸易了。大约从1817年起,港脚贸易在广州提供了全部英国进口货的四分之三。到公司垄断权结束的1834年以前,英国对华贸易的半数以上已经掌握在散商手里,在广州取得了一个稳固的立足点,并且能在相当程度上不依赖于公司,不受公司大班控制。港脚散商在广州的人数和在伦敦的势力都日益增长了[2]。

---

[1] 佐佐木正哉编:《鸦片战争前中英交涉文书》,第35页。
[2] [英]格林堡:《鸦片战争前中英通商史》(M. Greenburg, *British Trade and the Opening of China*, 1800—1842),康成译,商务印书馆1961年版,第9、10、14、29、161页。

港脚贸易和英国私商的兴起，是东印度公司无法控制的。公司在东方确实享有商业特权，直到1834年在法律上一直拥有对中国贸易的垄断权。1813年特许法案结束了东印度公司对印度贸易的垄断，但在伦敦遥控该公司业务的公司董事会却精心地保持其对广州贸易的垄断权。他们坚持英国私商没有在中国居住的权利，但实际情况并非如此。各种新因素促进了港脚贸易和私商的兴起。开始时，公司允许大班们从事一定量的私人贸易，或自立账户，或为他人做代理商行。如毕古（W. H. Pigou）是一个大班，为了感谢公司对他的任命，他于1776年（或1777年）在伦敦先后向公司金库交纳了77367两和235539两白银①。

18世纪后半期，英国购买中国商货大幅度增长，必然需要更多的商品在中国销售。这成为广州首要的一个经济问题。但是中国市场对英国本土货物需求不大，它需要英国毛织品以外的其他商货来平衡贸易。与公司在对华贸易中处于逆差地位相反，公司从英国向印度输入大量商品，特别是1813年印度向英商开放以后，数百年来作为向外输出纺织品的印度，成为曼彻斯特棉货的倾销市场。

港脚贸易成为平衡英国与中国以及与印度贸易的力量，先是将原棉，后是将鸦片自印度运至广州。港脚贸易成为中国、英国、印度三角商务关系中重要的一环。在1817年至1834年公司垄断权被取消的这十七年中，据统计港脚贸易占英国输往广州货物总值的四分之三。这样，便出现了循环贸易现象，中国向英国输出丝、茶，英国向印度输出棉货，而印度向中国输出原棉和鸦片。这种循环是单向的，因为广州不需要英国棉货，英国也不想要印度的鸦片，而印度几乎不从中国购买茶叶（茶叶多为公司所经营），其他中国货在印度也很难获利②。

---

① H. B. Morse, *The Chronicles of the East India Company Trading to China*, 1635—1834 (Oxford, 1926)（以下简称 Chronicles）, Vol. 2, pp. 83 – 89.

② Yen-p'ing Hao, *The Commercial Revolution in Nineteenth Century China: The Rise of Sino-Western Mercantile Capitalism* (Berkeley and Los Angeles, 1985)（以下简称 *Commercial Revolution*）, p. 21.

英国私商是广州贸易中的一股新力量，为了避免遭受英国东印度公司的控制，有的英国人早在18世纪80年代便以其他欧洲国家代表的名义居留中国，他们在广州组成代理行（agency house），主要是作为伦敦或印度商人的代理行号。从那里领得货物而代销，并收取佣金。在中国的代理行有时也投资于航运设备（shipment），但他们主要是作为中间人，为其所代理的公司交易提供各种必要的服务，如租用船只、议定运费、选择货栈、商货保险、汇兑资金、清理债务等，从而对所提供的服务收取佣金或费用。到1800年，成立了四十多家代理行，他们开始组织船队，成立保险公司，并从事银行业务。19世纪20年代代理行得到极大的发展，其中包括1832年组建的怡和洋行。

直到18世纪中叶，英国东印度公司仍然从事着印度到中国的贸易，但港脚贸易逐渐成为一种私人交易。在理论上，私商只是公司的特许人员，但它实际成为公司"垄断网上的一个漏洞"。1813年的特许法案取消了公司的东印度贸易垄断权，为英国私商敞开了大门。他们很自然地在印度加快建立代理行，在广州的私商也变得更加活跃。他们在1827年开始印刷出版《广州通讯与时价》（*Canton Register and Price Current*），这是他们在中国的信号。港脚贸易迅速增长，到1826年，它实际上包揽了所有的贸易。1830年，他们开始向公司的权威发起挑战，强烈反对公司对中国、印度和英国三者之间交换率（the rate of exchange）的控制，要求得到比公司所能给予的更为强大的政治力量的支持。1830年12月，47位居住在中国的私商联合向英国下议院递交一份请愿书，要求更为自由的贸易。特别是在19世纪20年代以后，这一要求更为迫切。

公司的垄断权原只适于限制英国运至中国的其他非英国商人的交易。从18世纪末开始，除英国外，丹麦、葡萄牙和法国船只也来到中国。为了摆脱公司的干涉，一些英国商人在其他国家旗帜的掩护下从事贸易。个别在广州的英国私商，在1828年至1834年间将茶叶运销欧洲的里斯本、汉堡、波尔多和哥本哈根等城市。18世纪末到 19 世纪初，在广州的非英国商人中，美国商人最为重要。1784 年以后，中美贸易有了长足的发展，美国商人很快成为广州市场上的第二大势力①。荷兰商人也是英国对华贸易最强有力的竞争者，他们在远东有悠久的历史和组织良好的贸易，为广州市场提供大量商货。1764—1765 年荷兰人的输出贸易大约为 863280 银两（输入为 551940 两），此时增加到 1012490 两（输入为 356680 两）。这个水平一直保持到 1776—1777 年。在 1786—1787 年，他们的输出值达到了 1420130 两（输入为 470990 两）的最高水平。荷兰人对华贸易的最终衰亡，是由于法国大革命战争。1794—1795 年贸易季节以后，就不再有荷兰船只抵达广州了②。

二 行商与非行商之间的竞争

在公行制度的支配下，行商无论进行合法的或非法的交易，在公行之外一向存在着竞争。行商主要靠进口商品，而法律只允许非行商即商铺（俗称店主）从事外国在华居民生活必需品的买卖。广州官府经常重申对非行商竞争的限制，甚至列出只允许他们交易的商品，例如布匹、扇子、雨伞和草帽之类。但实际上，他们仍从事更重要的商品买卖，而且数量不少。有时非行商的交易额是如此之巨，以至他们不得不借用享有负责交纳关税的行商名号。有些富有的行商很少和非行商有往来，但那些经济拮据的行商却乐意将其行号和设施借给非行商使用而收取费用。对 19 世纪初在广州的英国行商来说，向非行商收购诸如大黄、桂皮和樟脑等统称为"药材"的商品，已成为"一种广泛的习惯"。1804 年英国商人还同一个"非常富有而且受人尊重"的非行商签订了棉花合同。18 世纪末，马地臣（Jame Matheson）在广州和来自福建泉州的一些非行商有密切联

---

① *Commercial Revolution*, p. 18.
② Earl H. Pritchard, *The Crucial Years: Early Anglo-Chinese Relations, 1750—1800* (Reserch Studies, State College of Washington, 1936), Vol. 4, p. 189.

系，为英商提供了一条购货的渠道。渣典（William Jardine）在19世纪20年代首次到达广州时，从非行商那里购得的货物比从行商购得的还要多①。

非行商的铺商还有从事行商交易的权利。他们非法地从事茶、丝、土布等大宗货物的买卖。由于他们比行商少纳关税和较少陋规，所以非行商可以低价售货。随着美国商人开始输入英国制造品，并与非行商铺商交换茶叶和丝绸，交易方式也发生变化。这进一步增强了非行商在市场价格方面的竞争力。

当东印度公司的代理人仍然尊重行商特权而与之交易时，美国商人和英国私商与非行商铺商做大宗货物买卖逐渐比与行商交易更能得利。如在19世纪20年代的丝绸交易中，当某些英国私商想出口比清朝政府规定的限额更多的生丝时，他们便从非行商那里购买，而经零丁洋的船只走私运出。同时美国商人与非行商也有大量的交易。从此时到30年代初，许多非行商因此积累了巨额财富②。

公行以外的非法交易兴起之后，东印度公司开始实行干预。1828年3月，大班理事会讨论，不允许与非行商铺商从事非法交易，并很快与行商达成协议。双方同意在粤海关关督的监督下，如果发现某行商用其名号庇护非行商的非法交易行为，便要给予减少行商在东印度公司贸易中所占份额的处罚。但是，商业利润的诱惑是难以抗拒的，不合法的同非行商交易对英国私商、美国商人、中国非行商商人以及一些不太富有的行商如此有利，致使这个协议很快便被打破了③。

虽然遭到广州官府的干涉，但非行商的非法交易仍然延缓下来。1817年两广总督下令关闭了200多家行商以外的非行商商家，并没

---

① *Commercial Revolution*, p. 19.
② W. G. Hunter, *The "Fan Kwae" at Canton Before Treaty Days, 1825—1844* (London, 1882), p. 35.
③ Morse, *Chronicles*, Vol. 4, pp. 68 – 109.

收了他们的存货。但据外人记载，1820 年达成了一种妥协，非行商的店主们可以从事那些行商们认为过于繁琐而不值得插手的货物交易。官府对非行商店主们的限制在 1828 年春得到进一步的放松。由于美商和英商私商的压力，清朝政府改变了原有的规定，行商仍保持其名义上对主要进出口货物的垄断，非行商店主们也可以合法地从事更多的商品买卖，包括丝织品和进口棉制品的交易①。

有人认为在此期间，广州行商没有实行对外贸易的垄断。这种说法是不确切的。当时云集广州的各类商人为了争夺商业利润，彼此竞争是相当剧烈的，目的是突破当时这种垄断。正因为这种垄断在实际生活中起着作用，所以竞争剧烈。在这种竞争的缝隙中虽然存在一些不合法的自由贸易，但这不是主流，不能因此就否定垄断的存在。如果将这种非法交易作为一种"自由贸易"主流而加以肯定，则是严重曲解了历史事实。

由上述可见，其竞争的后果，可归结为外国商人通过对中国商人的进一步利用，以逐步扩大其对中国贸易的影响和作用范围。

三 外国商人与中国商人之间的竞争

18 世纪后期，随着行商因负债而不断破产，清朝政府决定从部分进口货物中征收 30% 的佣金，作为行商公所基金，以备负债行商偿付债务等等之用。在当时保商制度下，行商要互保，一旦某行商破产，其他行商要共同代其补缴税饷，分摊行欠。此项规定起始于乾隆四十五年（1780 年）泰和行（Yengshaw）行商颜时瑛、裕源行（Kewshaw）张天球破产之时，以后便成为定例。这样每一行商破产，不仅给其他行商造成极其严重的负担，而且还因行商统一交易价格和提取公所基金，使外国商人感到对自己不利。东印度公司面临这种局面，1783 年决定采取对策，认为只有暂时停止索讨"行

---

① *Commercial Revolution*, p. 19.

欠",才能破坏行商的联合,并寄希望于新的行商的增添上,以便引起行商之间的竞争,尤其是新老行商之间的竞争。在竞争中,一定会有行商置政府限制于不顾,而乐于接受公司提出的价格①。1813年,大部分行商濒临困境,都要靠借债支持其生存。公司担心这么多行商同时破产,乃进一步对行商采取扶植的政策,决定向他们提供贷款,以应付粤海关税饷,并增强他们同殷实行商的竞争能力,从此行商同公司的关系开始建立在稳固的基础之上②。这样逐步扩大了外国商人资本对中国贸易的影响和作用范围,并由此攫取了巨额的商业利润。公司采用的几种方式如下:

一是外国商人利用进出口货价和贸易量的矛盾。这是因为行商逐渐困于外国债务之下,"迨至积久愈多,不敷挪掩,为夷商所挟制,是以评估货价,不得其平"。当时中外实际的交易方法,是外国商人把进口货物赊卖给中国商人,然后"以货物作价抵还",或"以银给价"。这在计算上就有两种不同的价格,即所谓"现金价格"和"换货价格"。外国商人就利用这种"现金价格"和"换货价格"之间的差距,使中国商人在以出口货来抵除账目时大吃其亏。这种办法是外国商人使用抬高价格出卖,贱价收买的欺骗手段。英国领事辩护说:"英国商人以换货方式出售棉布和呢绒得到高于按现金价格出售的名义价格。另一方面,中国茶商或丝商只须在茶价或丝价上加上同样额数就扯平了。"③ 事实上,中国商人因债务关系"为夷商所挟制",和外国商人进行交换时,"夷人……抬价居奇,以挟制洋行"。行商常因"评估货价,不得其平","致有亏本借贷诸弊"④。本来早在公行初建时,实施一种公行垄断,规定各货要公买公卖,共同议定商货价格。直到18世纪60年代,外商交易基本是听从行商的议价。1761年,公司大班企图利用行商之间的矛盾,

---

① Morse, *Chronicles*, Vol. 2, p. 93.
② Morse, *Chronicles*, Vol. 6, p. 183.
③ G. W. Cooke, *China: Being "The Times" Special Correspondence, From China in the Years 1857—1858* (London, 1858), pp. 201-202.
④ 梁廷枏撰:《粤海关志》卷25,《行商》,第6页。

要同个别行商议价，拒绝公行的统一规定，甚至以拒不进货相威胁，僵持了两个月，最后仍不得不削价出售毛织品，并为购得茶叶而付出高价①。随着行商破产开始增多，公行再度解散，特别是18世纪70年代以后，行商逐渐失去商品议价操纵之权。外商和行商交易临时定价、任意高下的情况不时发生。80年代初公行重建，企图恢复行商对进出口商品价格的控制，即"各行商共同照时价定价销售"，"共同照时价定价代买"②，此时已难办到。从马士所引东印度公司档案记录反映，广州行商在规定进出口商品价格方面屈从于外国商人的事例不少。如1787年和1798年，行商在进口哗叽和铅锡的价格上，不得不屈从于公司的大班。为了得到贸易份额上的保证，本来行商在贸易方面一直坚持大班须先买茶叶，否则就不买英国毛织品，采取以货易货的方式，然后在各行商之间按股均分，即按一定的比例进行分配。这种进口份额的分配，后来反而变成英国公司大班对行商的一种优惠待遇。份额多少拨一点对行商资金周转有好处，一旦停止分拨，立可陷于困境。1809年达成行（Ponqua）倪秉发陷于破产，据说就是因为得不到公司大班分给进口匹头十六分之一的份额，以资救济。所以为了保证得到这种贸易份额，行商反过来不得不在买卖价格上屈于外国商人③。

当行商处于破产的时候，东印度公司恐怕对自己不利，又竭力加以扶植。如1817年年底丽泉行（Conseequa）潘长耀、西成行（Exchin）黎颜裕、福隆行（Manhop）关成发、同泰行（Poonequa）麦观廷、东裕行（Goqua）谢嘉梧因在买卖价格上"不得其平，相继赔累"，都要靠借债支持。东印度公司设法补救他们，向这些行商提供贷款，以应付交纳粤海关税饷，并增强他们同殷实行商的竞争能力④。1815年广州行商大多数濒于破产，十一家行商中福隆行关成

---

① Morse, *Chronicles*, Vol. 5 (1834), p. 103.
② 《粤海关志》卷25，《行商》，第4—6页。
③ 《粤海关志》卷28，《夷商》，第31—32页。
④ 《鸦片战争前中英通商史》，第56页。

发等七家负债,这时"债权人总是不情愿逼倒无力还债的行商,因为这样会减少可以利用的行商,从而减弱他们对外贸易的竞争力量"。东印度公司便拒绝向中国官府宣布各行商的欠款数目,并贷给行商大量现金来维持他们的信用。同时又用银十万两贿赂广州地方官府不予追究。

二是外国商人或以"私顶行名",或以扶植洋行司事的办法,渗入行商。一方面,当行商负债濒于破产的时候,外国商人乘机选择自己的代理人,私顶行名经理。如1809年会隆行(Gnewqua)郑崇谦因负债破产之际,东印度公司大班剌佛(Q. W. Roberts)因其"欠账又多,难一时清结",遂向郑崇谦商议,情愿代出资本,邀曾在夷馆(即外国商馆)受雇之民吴士琼代管行务,仍以会隆行名收货售卖。双方议定的条件是,将行内应得佣银每年扣除给吴士琼工银三百圆,每月给郑崇谦伙食银二百五十圆,余银陆续归还拖欠。旧欠扣清后,仍将会隆行交还郑崇谦。外国商人的"私顶行名"渗入行商直接进行买卖的阴谋,事后为官府查出,给以重处。

另一方面,外国商人又利用在广州行商中受雇佣的司事伙计。他们相互利用的第一步,就是"走私漏税,勾串分肥"。因为当时"买卖事繁,[行商]料理难于周到,势不能不用行伙"①。第二步,就是外国商人向洋行司事伙计贷予资金或赊卖货物,由他们自行开设洋行铺店。早在1776年,广州官方文件就指出:"近日竟有赊欠夷人货价盈千累万者,如大宗货物,皆系该行商司事伙计,借与夷商熟悉,遂以自开洋行货铺为名,任意赊取。"② 福隆行原为邓兆祥开设,1811年因邓兆祥亏欠粤海关税饷潜逃,该行司事关成发因"在行多年,夷情熟悉,禀请接充福隆行商,遂与各国夷人交易"③。毫无疑问,这些由外国商人扶植起来的司事充当行商,必然要和外商进一步勾结起来,使外国商人在商业上更有利可图。

---

① 《粤海关志》卷25,《行商》,第19页。
② 《达衷集(鸦片战争前中英交涉史料)》下卷,第147页。
③ 《清代外交史料》,道光朝五,第14页。

还值得一提的是，英国的纺织品是东印度公司对中国输出的大宗商货。这类匹头货，并不受中国消费者的欢迎，在市场上经常处于滞销状态。17 世纪 70 年代，广州行商一向坚持公司大班须先买茶叶，否则就不买英国毛织品，采取以货易货的方式，并在各行商之间，按一定的比例进行分配，即按股均分。资力雄厚的行商，如怡和行（Howqua）伍秉鉴和广利行（Monqua）卢观恒等从来就不愿意经营这种蚀本的生意，只有资金短缺，急于想得到现金的行商才被迫承揽代为推销。

为了打开英国毛织品长期滞销的局面，1810 年公司大班开始采取代理推销、分取佣金的办法，雇用行商有关人员作为公司的代理人，把毛织品直接售予各省客商。这样推销果然使公司盈利。但行销这类匹头使不少行商亏折陷于困境，如丽泉行的潘长耀、福隆行（Inqua）的关成发、兴泰行（Hongtai）的严启祥都因在英国匹头货上大作生意，严重亏损，终致倒闭。

三是外国商人利用行商以外的商人，贷以资本，让他们深入内地，买卖商品，或去广州开设行店，以扩大外国在中国的商业网。1759 年官方文件即指出："近年狡黠夷商，多有将所余资本，盈千累万，雇请内地熟谙经营之人，立约承领，出省贩货，冀获重利，即本地开张行店之人亦有同夷商借领本银，纳息生利者。"[①] 这类阴谋勾结的事情很多，曾为官府查出的有，安徽商人汪圣仪父子领取英商洪任辉（James Flint）本银到内地贩运，刘亚匾图借资本谋利等[②]。但英国东印度公司，特别是英国散商还是不断和行商以外的商人进行买卖，并且私相借贷。

还有一种情况，广州洋货店"私与夷人交易本属违例"，它"只许向洋行转买货物销卖"。至于"一切卖给夷人货物"，向例"由洋行公价出售，不准铺户跌价私卖"。1834 年，广州地方官府风闻："近有一种射利市侩，开放洋货店附搭洋行，与夷人相交易，跌

---

① 《史料旬刊》第 9 期，第 308 页。
② 《史料旬刊》第 3 期，第 95 页。

价卖货,不顾大局。"这类洋货店"暗搭洋行"为的是"私与夷人交易"。首先因为"洋货店无自行起货报验完饷之条",必须利用"洋行(即行商)为之出名收饷",向粤海关"代报代完。其起下货物经疲行代报,七八折收饷"。其次是要利用洋行招牌经营,即"外设铺栈,挂某行栈房灯笼,作为司事伙计,从中影射。其卖货之单,则称某行某栈,其实系自买卖"。同洋货店进行这种暗中勾结的洋行,大多属于所谓"疲行"。主要是"该洋行因自己资本不裕,借此虚装体面,图得现银转轮,以致海关正杂饷银连年拖欠"。当时为官府先后查获的有福隆行(Manqua)的刘亚学、东生行(Chunqua)的罗老琨、万源行(Fatqua)的李亚就、徐亚琨等,都是"借洋行名色,巧诈图利",而蔡亚闵等则是"包揽洋货店,卖饷搭银"之人①。

这些事实反映了 18 世纪末广州行商独占对外贸易权力日益衰落和外国商人扶植的行商以外的中国商人势力日益扩大。所以到了 19 世纪 20 年代,清朝政府也不得不允许只有茶、丝等大宗商品由行商独揽经营,其余商品得由公行以外的散商自由买卖。其实这种大宗的商品也有由非行商与外国商人进行直接交换的。如茶叶买卖,"习惯上和公司订立购茶合同的自由商人仍然非常之多,还有许多比较小的茶商从公司的广州代理人处取得收购茶叶的资金"②,非行商商人已显得非常重要了。他们每年的交易规模很大。许多丝绸、地席、布匹、缎子以及其他次要物品的制造商,以此积累了巨额财富,而官府则认为他们只是限于供给在广州的外国居民个人消费的必需品。

这些方式是外国商人借直接利用控制中国商人以扩大在华商业网的办法。1834 年东印度公司专利权取消以后,外国的自由商人来到中国的日益增多,这种情况更加发展了。因为这些办法不仅可以突破封建官僚在外贸方面的各种限制,并且也可以顺利地利用中国商人从事各种非法交易。如以英国商人从事毒品——鸦片的走私买

---

① 《鸦片战争前中英交涉文书》,道光十四年,第 34、38 页。
② C. Gutzlaff, *China Opended* (2 Vols, London, 1838), Vol. 2, p. 132.

卖为例，替这一大规模非法走私贸易服务的有"贩卖之奸民，说合之行商，包买之窑口，获送之蟹艇，贿纵之兵役"①，"自广东以至各省，沿途关口，声势联络"②。英国商人运来的鸦片，其货"运在洋面，奸商不敢出洋贩卖，夷人亦不敢私带入关。于是勾通土棍，以开钱店为名，其实中包售烟土，呼为大窑口。如省城之十三行街、联兴街，多有此店，奸商到店与来人议价交券，以凭到趸交货"③。1837年广州查获永昌祥洋货铺走私一案表明，"此案铺户外假贩卖货物为名，阴实以走私为业即与窑口无异。凡纹银出洋，总由窑口包兑包送，该奸商惟利是图，罔顾法纪"④。

在当时，不仅广州的行铺商人大规模地参加毒品贩营，甚至内地商人为了争取大利也纷纷夹带偷运。1831年官方报告指出："近年以来，挑贩广货各商，大半挟带鸦片"⑤，遍行内地。至于广州行商也无例外，他们为利所驱，不得不"与外夷勾通，贩卖鸦片烟"⑥。外国商人从大规模的鸦片走私和偷运纹银出口的活动中获得了有力的支持和巨额利润。

资本主义国家的商人经过长时间的努力，用经济上的种种办法，逐步使中国商人依赖于外国。正如当时官方报告生动描写的：说行商，"尔等只知致富由于通商，遂尔巴结夷人为利薮"⑦。说行商以外的商人，"若辈既向夷商借本贸易，藉沾余润，势必献媚逢迎，无所不至，以图邀结其欢心"⑧。这正说明商人唯利是图的心态。

依据前述广州各类商人竞争的事实，其后果显然对外国商人是有利的。当然，在这种竞争的冲击下，东印度公司的专利权于1834年被取消，广州洋行制度也不断遭到破坏。此时行商尽管有

---

① 夏燮：《中西纪事》卷4，第3页。
② 道光朝《筹办夷务始末》卷2，第6页。
③ 《清代外交史料》，道光朝十，第50页。
④ 道光朝《筹办夷务始末》卷1，第21页。
⑤ 《史料旬刊》第3期，第84页。
⑥ 《清代外交史料》，道光朝一，第14页。
⑦ 《信及录》，第20页。
⑧ 《史料旬刊》第9期，第308页。

受外商利用控制的，但无论如何，不能算是买办（这不是指当时外国商馆中使用的仆役身份的买办），因为当时清朝是一个主权独立完整的国家。行商本是经营外贸的中介商，正如两个主权独立国家各自经营外贸的商人（独立的商人）经营彼此之间的外贸，都是独立的，能说甲国商人是乙国的买办，或乙国商人是甲国的买办吗？其实，买办是一个政治名词概念，有其特殊含义，它是殖民地或半殖民地社会的产物。不能因中国商人同外国商人发生关系，而不管当时的社会历史条件就作出是买办或买办制度萌芽种种不确切的论断。

广州行商是经营对外国进出口贸易的中介商，他们从内地收购出口产品和代销进口洋货，依靠对城乡广大小生产者的剥削获取商业利润。他们还按高昂的价格出售从外国进口的各式各样奢侈品和其他商品，并用这个方法来占有封建地主以地租形态剥削来的一部分农民剩余生产物。当时外国商人以一定数量的资本主义机器生产的商品（如棉毛织品等）与中国农产品和手工业品（如茶、丝等）进行不等价交换，剥削中国的直接生产者，也是经过行商来实现的。

四 外国商人利用对华贸易攫取厚利

当时广州市场上的商业利润很高，如茶叶买卖，当时的茶叶市场完全由广州行商操纵，形成了一种独占。外国商人购买茶叶出口，必须通过行商。在产茶区收购茶叶有内地茶商或由广州行商派来的代理人。在武夷山收购茶叶的商人比安徽茶商较为富裕，但大多数贩运茶叶的商人资金很少，都是"竭力从行商预借茶款"[1]，再到内地产茶地区采购。1824年和1826年间，广州怡和行行商和广利行行商各向武夷山产区茶商订购茶叶400箱，预付茶款4200两，每担茶

---

[1] C. Gutzlaff, *China Opended*, Vol. 2, p. 129.

预买价格是 18.5 两,同时在当地市场上茶的现售价格为每担 20.5 两。由于采取这种形式,等于行商先贷给内地茶商部分货款,得以每担压价 2 两。内地茶商就把这种压价负担转嫁于直接生产者。茶农从每担茶的所得价格由 11.9 两压低到 10.8 两。此外,在当时茶的买卖中还盛行各种有利于购买者的折扣(给买方 7%—20% 的折扣)。1825 年安徽茶商曾向广东南海县衙指控行商克扣茶叶。禀帖中诉说:"行商称茶的秤仍是旧的,可是称银子的秤却换了。每 100 两最少少 1.8 两,后来竟少了 2.5 两。"①

这些内地茶商因为是在广州行商控制下活动的,行商就可以利用自己对市场情况的熟悉和资本的充裕,克扣内地茶商,借以牟取暴利。而内地茶商同样又以各种方法,在各产茶区零星收购时,以长秤减短、提高品质等手段,压价向茶农收买。此外,茶商还可以使小商品生产者服从于自己,他们广泛地从事高利贷活动,即用"定购"或"预卖"等形式使茶农从他们手里借到货币,而处于债务者的地位。这样,茶农不但要付出很多利息,而且还不得不廉价出售自己的产品。

当然,在其他商品的买卖上,广州行商同样以各种欺骗手段,依靠这种不公平的交换,通过内地商人来榨取直接生产者。最足以反映当时商业实际情况的,是行商常常用讹诈掠夺的手段来盘剥内地商人和直接生产者。广州行商由于依赖外国商业高利贷信用从事商业投机而困于外国商人的债务,常因周转不灵,不能维持信用。遇到这种情况,行商就干脆以"内地商民银货诓抵",而"拖欠商贾"。当时官方报告指出:广州行商"不善经理,无处揭借,不能不欠夷人之账。既有夷账,即不能不赊客商(即内地商人)之货,以抵还夷人。迨至积欠愈多,不敷挪掩,为夷商所挟制,是以评估货价,不得其平。内地客商,转变亏折之累"②。这样一来,就加重了

---

① S. Ball, *An Account of the Cultivation and Manufacture of the Tea in China* (London, 1848) pp. 379, 381; Morse, *Chronicles*, Vol. 6, p. 112.

② 《粤海关志》卷 29,《夷商》,第 18 页;《清代外交史料》,嘉庆朝四,第 23 页。

他们对小生产者的盘剥。

这样的结果，使资本主义势力得以逐步扩大在中国的商品市场，由商业高利贷剥削所积累起来的货币财富为他们本国的工业资本提供了补充来源。就英国东印度公司对华贸易所榨取的商业利润来说，仅茶叶贸易利润就占到整个公司商业利润的 90%[①]。据统计，40 年间（1775—1815 年）东印度公司在对华贸易中攫取了 26744334 英镑的巨额利润。按简单平均计算（商业利润总数比贸易投资总额），这种商业上的利润率将近 60%，有时高达 190% 之多，实在惊人！必须指出，当时中国市场由于还没有被完全打开，英国资本主义生产的商品（例如棉毛织品等）还不能大量畅销，所以东印度公司在对中国进口贸易中获利不多，有时甚至亏损。东印度公司获得这种巨额暴利的主要来源是中国的出口贸易。英国统计资料表明，东印度公司自中国出口贸易的商业利润有时超过进出口贸易的商业利润合计数，达到 26825536 英镑（进出口贸易的商业利润总计有时低于自中国出口贸易的利润，是因为对华进口贸易有亏损）。单就自中国出口贸易的商业利润计算，平均利润率即已在 50%—60%，有时甚至高达 80% 以上（见表 1）。正如当时官方报告指出的："该夷来粤贸易，实系利市三倍，不惟以该国之货牟内地之利，并以内地之货牟各国之利。……英吉利等国夷商所带内地货物，非独本国自用，尤利于分售各国，得价倍蓰。"[②] 当时东印度公司从事这种贩运贸易的特点，就像马克思分析的那样，在这种贸易上，主要的利润不是由于本国生产物的输出，而是由于对两个生产国家的剥削。"因此，这是让渡利润"；"乍一看来，只要产品按照它们的价值出售，纯粹的独立的商业利润好像就是不可能的。贱买贵卖，是商业的规律。因此，这不是等价物的交换"[③]。

[①] Earl H. Pritchard, *The Crucial Years: Early Anglo-Chinese Relations, 1750—1800*, p. 163.
[②] 道光朝《筹办夷务始末》卷 6，第 29—30 页。
[③] 《马克思恩格斯全集》第 25 卷，人民出版社 1974 年版，第 368 页。

表1　　　　　东印度公司对华贸易历年商业利润

（1775—1815年）　　　　　　　　　单位：英镑

时间	对华贸易投资总额	进出口贸易 净利	利润率（%）	自华输出贸易 净利	利润率（%）
总计	52830844	26744334		26825536	
1775—1776年	348478	241646	69.34	234822	67.38
1776—1777年	406066	282850	69.66	291830	71.87
1777—1778年	495559	246848	49.81	251505	50.75
1778—1779年	419991	256313	61.03	254075	60.50
1779—1780年	343759	344389	100.18	330357	96.10
1780—1781年	675347	130074	19.26	122198	18.09
1781—1782年	532185	91391	17.17	78684	14.79
1782—1783年	265457	418685	157.72	418773	157.76
1783—1784年	939949	211906	22.54	197611	21.02
1784—1785年	608354	1172181	192.68	1153308	189.58
1785—1786年	980690	506714	51.67	493107	50.28
1786—1787年	1654049	363826	22.00	368495	22.28
1787—1788年	1754059	303833	17.32	300016	17.10
1788—1789年	1526283	345512	22.64	342551	22.44
1789—1790年	1480150	553954	37.43	509282	34.41
1790—1791年	1556604	573850	36.87	506791	32.56
1791—1792年	1117845	517572	46.30	475913	42.57
1792—1793年	1180275	515982	43.72	489029	41.43
1793—1794年	1282127	611614	47.70	597693	46.61
1794—1795年	1571635	715727	45.54	805143	51.23
1795—1796年	1173724	628176	53.52	622040	53.00
1796—1797年	2097919	429980	20.50	447889	21.35
1797—1798年	1852267	924818	49.93	937676	50.62
1798—1799年	988493	852528	86.25	865102	87.52
1799—1800年	1363964	753505	55.24	808367	59.27

续表

时间	对华贸易投资总额	进出口贸易 净利	利润率（%）	自华输出贸易 净利	利润率（%）
1800—1801 年	1452111	633662	43.64	831652	57.27
1801—1802 年	2057732	232129	11.28	236044	11.47
1802—1803 年	2001034	762396	38.10	851070	42.53
1803—1804 年	1802668	757090	42.00	874181	48.49
1804—1805 年	2097687	977759	46.61	1087529	51.84
1805—1806 年	1740618	974517	55.99	1063002	61.07
1806—1807 年	1845654	1086827	58.89	1099546	59.57
1807—1808 年	1285597	1247947	97.07	1170952	91.08
1808—1809 年	1372559	1262535	91.98	1200898	87.49
1809—1810 年	1296155	1318386	101.72	1280983	98.83
1810—1811 年	1427605	1112476	77.93	1022093	71.59
1811—1812 年	1836667	941608	51.27	909423	49.51
1812—1813 年	2141869	952209	44.46	914081	42.68
1813—1814 年	1880463	1495972	79.55	1456941	77.48
1814—1815 年	1977196	994947	50.32	924884	46.78

注：利润率是根据本表数字计算。进出口贸易利润统计有时低于自华输出贸易利润，是因为对华输入贸易有亏损。

资料来源：Earl H. Pritchard, *The Crucial Years: Early Anglo-Chinese Relations, 1750—1800*, Vol. 4, p. 398.

在东印度公司专利时期，英国商人在广州购买茶叶每担价格是27两，其中包括行商的商业利润25%—30%，即每担有6.8两的利润。东印度公司把茶贩运出口到英国，售价为每担60两（按每磅售3先令），获得122%的巨额利润。而中国的直接生产者实际所得约有12两，在其所创造的价值中所占的份额不过30%。如果再就当时中国一般出口商品估算，英国东印度公司通过中国商人在内地收集起来出口的农产品和手工业品在中国境内只能实现其价值的40%—50%，有时甚至低于20%。详情看表2。

表 2　　东印度公司在华购货价格占伦敦市场价格的百分比

（1776—1886 年）　　　　　单位：英镑，%

时间份	广州购货价格	伦敦售出价格	购货价格占售出价格的百分比
总计	52879339	116029581	45.57
1776—1777 年	330217	953975	34.61
1777—1778 年	404238	1262464	32.02
1778—1779 年	436102	1287304	33.88
1779—1780 年	408721	1257850	32.49
1780—1781 年	545484	1542801	35.36
1781—1782 年	471184	1411161	33.39
1782—1783 年	529211	1456646	36.33
1783—1784 年	263681	1309161	20.14
1784—1785 年	635315	1895061	33.52
1785—1786 年	605948	2375275	25.51
1786—1787 年	979647	2489126	39.36
1787—1788 年	1626235	2803552	58.01
1788—1789 年	1514881	2534702	59.77
1789—1790 年	1534700	2631959	58.31
1790—1791 年	1436311	2687571	53.44
1791—1792 年	1457977	2699538	54.01
1792—1793 年	1487339	2737918	54.32
1793—1794 年	1336739	2514594	53.16
1794—1795 年	1595493	2861422	55.75
1795—1796 年	1408087	2972664	47.37
1796—1797 年	1285765	2688346	47.83
1797—1798 年	1292803	2577890	50.15
1798—1799 年	1601606	3652283	43.85
1799—1800 年	1830569	3794982	48.24
1800—1801 年	1785254	3616381	49.37
1801—1802 年	1669103	3539404	47.16
1802—1803 年	1741007	3753520	46.39
1803—1804 年	1771947	3629677	48.28

续表

时间份	广州购货价格	伦敦售出价格	购货价格占售出价格的百分比
1804—1805 年	1559286	3307495	47.14
1805—1806 年	1706225	3740699	45.61
1806—1807 年	1677652	3709046	45.23
1807—1808 年	1688470	3846756	43.98
1808—1809 年	1722000	3988267	43.18
1809—1810 年	1487060	3723116	39.94
1810—1811 年	1564915	4015207	38.97
1811—1812 年	1569497	3700285	42.42
1812—1813 年	1889075	4005112	47.17
1813—1814 年	2195706	4439855	49.45
1814—1815 年	2082171	4822792	43.17
1815—1816 年	1751718	3793992	46.17

资料来源：Earl H. Pritchard, *The Crucial Years*: *Early Anglo-Chinese Relations*, 1750—1800, Vol. 4, p. 397.

根据上述记载来看，英国东印度公司在 1775 年到鸦片战争前的 40 年间，仅从中国茶叶贸易中攫取的商业利润就十分优厚，说明外国资本通过中国商人对中国小商品生产者的残酷剥削是何等深重，农民和手工业者在所创造的价值中所能得到的份额是如何低微。在东印度公司之外，其他美英私商对华贸易因竞争而赚取暴利。美商第一艘到中国的帆船"华后"号（Empress of China）营利即达 3 万余美元，约为投资额的 25%。当快艇（Clipper）代替帆船运丝茶时，利润更高。"东方"号（Oriental）在 1850 年往返中美一趟，即获利 48000 美元，为该艇造价的三分之二。国内论及行商或早期中外通商关系史的著作家，往往看不到这一点。有的论者只看到商人之间尔虞我诈的现象，特别是行商和外商之间相互倾轧的事实，并把它说成是封建主义剥削资本主义。这种论点是不符合历史事实的。面对这样的现实，不把事情真相客观而公正地告诉读者，反而信口雌黄，这就有意混淆了问题的是非。

（原载《历史研究》1992 年第 5 期，据著者校正本）

中国经济史研究中的计量问题

有关经济史的计量研究日渐引人关注。但是，怎样对待和处理中国经济史研究中的数量关系，这不仅仅是一个方法问题，也涉及学风问题。为了便于了解和讨论，我想就历史上的中国经济数量资料的实际状况，讲一讲它的可靠程度和可供使用的程度，以及运用经济数量资料必须注意的问题。

一　经济史计量研究的重要性

通常讲经济史的研究对象，是生产关系和生产力方面的问题。我们研究中国经济史，怎么反映生产关系和生产力的问题？当然可以通过叙述的方法来描述它。但是，经济史研究同一般的历史研究在方法上有不尽相同的地方，它的研究出发点是对社会经济过程和经济现象作历史的考察和分析。这就是说，它研究的是在一定历史条件下的物质资料的生产、交换、分配和消费等等的经济关系和经济活动，因而不能忽视数量关系和数量分析。这是经济史研究方法本身的要求决定的。

大家都知道，列宁在他的《俄国资本主义的发展》和其他一些著作中，利用了1905年革命前俄国地方自治局的统计。利用这些材料加工整理改编，重新分组统计计算，用来说明政治理论原则，或者用来作为具有重大政治经济意义理论结论出发点的统计依据。读列宁有关著作时，这方面给人的印象极深。列宁运用帝俄时代的统计，可以说提供了一个很生动的范例，证明列宁在深刻地和全面地研究统计数字时，注意揭示了数字背后的经济现象和政治现象之间最复杂的联系，以及它们之间相互的依存性，看到了经济和政治发展的辩证法。当然，列宁的这些著作如《俄国资本主义的发展》不是研究经济史，不能把它降低为经济史的著作，它是一部经典的理论著作。但是它的研究方法和理论原则是有普遍指导意义的。从这个例子里，就可以看到定量分析和定性分析相结合的重要性。

中国经济史的研究现状，总的说来是不大注意数量概念，缺少定量分析。经济史文章，一般是定性叙述和论断比较多，对问题进行具体分析得不够，通常是从经典著作或文献史料中寻章摘句，用引证以代替深入的分析。尽管是这样，不过有的文章在提法和表述里实际上包含着某种数量关系。比方在分析农业土地问题时，有什么大地主，中、小地主。所谓大、中、小者是根据什么标准来说呢？其实，这中间就包含一种数量关系。讲商品生产发展，说它发展，根据是什么呢？那就是说它有一个起点和扩大，跟原来的不同，这也就包含一种数量关系。讲资本主义萌芽，说萌芽因素增长，增长也是反映一种数量关系。诸如此类。只不过这种数量关系是一种很笼统的和概念式的罢了。正因为不大重视数量分析，即使谈到一些量的东西也很笼统，这样很容易把小的说成大的，把局部的说成一般或全体。

有人说，中国历史文献记载不注意数量概念。这话对不对呢？我看又对又不对。中国文献史料中确有缺乏明确的数量概念的一面。从前文史不分家，提倡"文以载道"，表述往往是"以辞害意"。如记数，不是数个，就是数十、数百，含糊笼统不确切。一般史料记载中确是有这个情况。但是，中国也有不少历史统计的文献资料，有些很注意数字精确，特别是像赋役全书或档案黄册资料之类，数字可以细到小数点以下好多位。如以重量和计值单位的斤和银两来说，两以下是钱、分、厘、毫等等十几位，看起来非常繁琐。同时为了防止数字出错，古代还使用了一种大写的壹到拾直至百千的数目字。与此相联系的还有一种情况，中国历代由于赋税、徭役、征兵等等的需要，很早就有户口、田土登记和统计。一直到清代，流传下来大量系统的有关这方面的记录。梁方仲先生生前据此编著《中国历代户口、田地、田赋统计》，是一本集大成的和开创性的巨著，为中国经济史的计量研究作出了贡献。所以从这两方面来看，能说中国历代文献记述中不注意数字和数量吗？自然这种对数量的注意是服从统治阶级的需要，为了财政的目的。

应当看到，现存下来的这类财政经济文献统计资料是有很大的局限性的。像户口统计内容很简单，不过分为户数、口数、男女等几项，其他很多项目是没有的。从整体来说都是财政赋税方面的统计，有关整个国民经济以及生产和流通各方面的资料不是很少而是阙如。这就是它的局限性。这些统计资料根本不足以反映各个朝代、各个历史时期的国民经济的基本面貌。不仅清代以前没有，就是解放前的旧中国也未能编制提供有关国民经济基本情势的系统的统计资料。20世纪50年代，在严中平先生主持下，经济研究所编了一部《中国近代经济史统计资料选辑》，就是考虑到旧中国基本经济资料缺乏，于是花了一些力量收集整理有关资料，目的是为提供教学和研究参考。这本经济统计虽然提供了不少有参考价值的资料，总的说来是远远不够完备的。据说后来想加以补充增订，也没有时间搞。当然，现在所能收集到的资料要多一些了。因为旧中国没有留下多少能够反映国民经济基本情势的系统资料，在利用整理有关资料过程中就会碰到许多不可克服的困难。不管哪个经济部门都有这么一些问题：有的即使有某一方面问题的资料，不是地区不全，就是年份、项目不齐，或者是计量单位不统一，如此等等，不一而足。因此不得不从多方面去搜集有关的资料参照补充，这也是不可轻视的、要切实认真花点力气去做的工作。同时，也不可走到另一偏向。如果认为反正缺乏有关基本统计数字，难以计量，为了论证某种观点的需要，便随意征引，而不考究材料的涵义、来源和准确程度，任意估算，创造数字材料，故弄玄虚，这种研究作风是不足取的，更是不能鼓励和提倡的。

二 中国历史上的经济统计资料述评

下面着重讲讲中国（清前期及近代）经济史有关基本资料的状况和存在的问题。这里指的是关于数量的统计资料。

先说农业方面。农业史的资料相当多。历代对于农业生产情况的记载，大多含糊不清，没有数量概念，因此用数量来反映生产情况的记录极少。例如农作物单位产量，有亩产多少的记述，那是极其个别的。一个地区，一种作物，不论是长期的或者是相间年份的农业生产数字都是缺乏的，甚至连个别的也难以找到。民国年间的一些调查统计数字，多半也是不可靠的。中华人民共和国成立后搞了一些历史上的产量估算，这是为便于同今后的农业生产计划统计进行比较。那么研究历史，想对某一时期的农业生产给以定量、推算可不可以呢？当然可以。但必须考虑到：首先耕地面积就不知道到底有多少，其次人口数也不精确。两个基本的依据，一个人口，一个耕地，都搞不清楚，即使加以推算，这些数字是否可信，同样成问题。因此要想了解几个世纪以前历史上（例如明清时期）每年农业生产多少粮食（乃至其他作物），粮食商品率是多少？套用一句俗话来说，"天晓得"！此外，如丝棉等农副手工业产量，也没有这样的数字，谁也无法说清楚。比如土布产量有多少，不说明清时代没有这样的数字，就是民国年间也缺乏。20世纪30年代有关全国土布产量的数字也是根据棉纱消费量等项估算出来的。几百年前这样的依据是不可能有的。

中国之有农工商统计，用数量来反映经济情况，大体上是从光绪二十九年（1903年）开始。清末农工商部于光绪三十四年（1908年）和宣统元年（1909年）编印了两次《农工商部统计表》。入民国后，北洋政府农商部继续编印《农商统计表》，从1912年至1920年刊印过九次。其中第一次和第二次统计表，虽以农商标题，其实只有工商矿业统计，并没有农业统计。第三次农商统计起，才编入农林两项。实际上有关农业统计只有七次。在这七次中没有一次算是内容完备的。这个时候（清末民初），国内虽已注意到了统计的重要，但还没有足够的受过训练的农业调查统计人员。农业生产统计资料的收集工作，基本上是由当时各地县政府和邮政局按照调查表格项目的内容填报①，其中随意估报和不实之处是无法避免的。所以这些统计数字的质量，可说都是很差的。1927年以后，国民党当局开始发行一种《农情报告》期刊。30年代，有些省份和县也短期地或不定期地做过一些农业调查工作，其成果大多在《农情报告》里发表出来。在官方所作的这些调查统计之外，当时在华的外国人和有关机构根据他们各自的需要，也对中国的农业生产作了一些调查和估计。过去有关中国农业方面的调查统计情况，简单地讲就是这样。

  讲到农业，引人关心的自然是产量问题。从清代档案里可以看到各省府地方对本地天气晴雨、农业收成和粮价涨落，都要定期奏报，几乎成为一种制度。其中农业收成一项，类似后来的农产预报指数。它由地方官任意估报，不免流为官样文章。现在所能见到有关农产量产额等等最早的记录，是1914年的统计。它分省列举各种农作物面积、收获量、每亩收获量三项，其收获量均以石计，不能以石计者即以斤计。这见于第三次《农商统计表》。以后各次统计表都载有农产调查统计。这类资料虽多，但都残缺不全，而且来源不一，计量单位也不一致，其中甚至还有明显的错误。这是有关农业产量方面的一些情况。

  中国耕地面积，因为历代清丈土地的技术落后，各地使用的计量标准并不完全一致，这是造成耕地数字不易精确的基本原因。还由于其他因素的影响，这些数字存在的问题就更为突出。

  清朝政府从顺治八年至雍正十二年（1651—1734年），每年都公布全国田、地、山、荡、畦数，乾隆朝起停止。乾隆以降至光绪

---

① 曲直生：《中国中央政府的农业统计》，《社会科学杂志》第4卷第2期，1933年6月。

年间，从其他官书记载里仍可找到各朝各直省田地数。光绪十三年（1887年），垦田面积有九亿多亩，为明清以来最大的数字。但应注意的，清代各种官书记载各年所包括的田地项目，有分民田、屯田、学田、芦田、旗田、官庄地，开垦及报垦地等项内容，都是各不相同的，数字也有出入。这在引用时是不可忽视的。

民国以来，北洋政府农商部编制全国耕地统计，分别农田园圃两项，种植五谷的为农田，种植果品菜蔬药材的为园圃。这项统计前后各次以1914年和1918年报告省份稍为齐全些，垦田数（园圃不在内）估计自十二亿亩至十八亿亩不等。这比清末光绪间垦田数增多百分之三十至百分之一百。前面说过，《农商统计表》不够完备。农田统计报告是以县为单位，各县呈报垦田亩数，据说有数年不变的，有稍加增减的，也有历年相差很多的。更为离奇的，河南省各县垦田面积数竟有大于全省面积的。如1914年和1915年的统计大十分之一，1916年的统计大十分之三四①。

1931年以后，国民党政府曾采取土地陈报进行土地整理工作。各省地方所用办法并不一致，结果也不完全相同。加以这种陈报办法弊端很多，遗漏匿报比比皆是。据有关资料透露，当时长江三角洲有四个县经过土地陈报及土地测量比较的结果，测量面积比陈报面积大百分之十二点六至百分之三十五点三，平均超过百分之二十二②。再就当时浙江、福建、江苏、陕西、湖北、湖南、河南七省土地整理资料计算，官方的估计面积都比土地整理所得的结果要小，估计数平均约当陈报数的百分之六十四③。《农情报告》中曾经发表《近六十年中国耕地面积增减趋势的指数》④，表中列了几个年份：1873年、1893年、1913年、1933年，指数是根据各个时期22省耕

---

① 刘大钧：《中国农田统计》，《中国经济问题》（中国经济学社社刊）第1卷，商务印书馆1929年版，第29—30页。

② 卜凯主编：《中国土地利用》，中译本，1941年成都出版，第192页。

③ 马黎元：《中国耕地面积之又一估计》，《经济建设季刊》第3卷第2期，1944年10月。

④ 《农情报告》第2年第12期，第117页。

地面积总数计算而得。它由各省农情报告员呈报的一千五百三十二份报告编制,不过聊备参考而已。

近代中国耕地面积之成为问题,是由于长时期来从未进行过彻底的测量和清查。各地原有册籍经久多有散失,其中所载数字不尽详确,官方发表的田亩统计数字大多据此推算而得。至于私人估计数字,其可信程度也很有限。各家估计所用的方法,有就地理形势加以推算,有就粮食消费加以估算,有就官方发表数字加以修订。这样,近代中国耕地面积就出现各种估计(有十一亿五千万市亩,或十五亿五千万市亩,乃至十七亿三千万市亩),所得结果彼此相差很大[①]。这表明中国耕地面积数字,尽管官私记载有如此之多,但众说纷纭、莫衷一是。

中国人口统计和估计的资料也较丰富。就清代而言,户籍编审有一套制度。清初(由三年改为)五年编审和按年例奏,可说是相辅而行。自康熙五十一年(1712年)定"滋生人丁,永不加赋",雍正年间摊丁入地之后,赋役册就失去它的作用。五年编审也就渐渐视同具文,乾隆三十七年(1772年)乃明令停止。当时户口的编查全靠保甲制度,它所得到的各省户籍仍由户部职掌,并根据顺治、康熙以来的成例,按年奏报。自乾隆五年(1740年)为始,直到光绪三十二年(1906年)九月改行新官制以前,这个制度一直相沿未改。因此,清朝的人口统计便有一个很长年代系列的数字。

不过,这些人口数字也有不少的问题。比如顺治八年至雍正十二年的统计叫"人丁户口",是计丁;乾隆六年起各省通计包括大小男妇,是计名口。这两个计量单位不同,前后统计数字就不完全一样。"丁"不过是一个纳税单位。一直有人想方设法按一丁或按一户的人数比例去推算当时的实际人口,肯定乾隆六年以前数字不是包括全部人口数。太平天国以后,从人口统计数字看减少一二亿人。

---

① 马黎元:《中国耕地面积之又一估计》,《经济建设季刊》第3卷第2期,1994年10月。

其实这很难说。因为有许多省份的人口数字未报上来，不能简单地根据太平天国前后官方统计数字相减的差作出结论。当时由于受战争的影响，编查户口的工作无形停顿。如同田赋奏报统计，从咸丰元年至同治七年（1851—1868年）间根本就没有数字，这在田赋档案里是一片空白。同治八年起开始恢复田赋奏报，直到19世纪70年代各省按年具报地丁正耗等银征收情况的，仍然只有直隶、山西等十一个省份①。因此，户口查报工作的情况也决不会例外。

清末改定官制，户部改为度支部，户籍的职掌移归新建立的民政部。宣统二年（1910年）民政部举办户口调查，从此结束了相沿已久的保甲制度下的户口调查方法。但这一调查工作未及完成，清朝政府便被推翻了。这次调查户数与口数采取分年查报的办法，因此就出现了有些省份有户数而没有口数，有的有口数而没有户数。由于已有口数报告的省份比已有户数报告的省份为少，所以民国元年（1912年）内务部汇造的户籍册，其内容自然不很完备，尤其是以口数为甚。最后只好将户数和口数总表切实比较，用估计的方法编制出一个修正的户口总表②。

辛亥革命后到1927年，户口查报工作在制度上仍然不健全，按年查报的只有山西一省，其他省份多的报告七八次，少的报过一二次，在这十多年中完全没有查报的也有好几个省份。后来的国民党政府，曾在1928年和1947年举办过全国户口的查报工作，各省查报的数字也很不齐全。在当时的历史条件下，在华的外国人也曾对中国人口进行过调查。那个时候的邮政、海关基本上是受外国人控制的。20世纪20年代，旧中国的邮政当局按邮政区划进行过多次人口调查。旧中国的海关也作过人口调查估计，甚至当时在华的基督教教会组织也做过中国的人口调查。

---

① 参看彭泽益《十九世纪后半期的中国财政与经济》，人民出版社1983年版，第172—173页。
② 参看王士达《民政部户口调查及各家估计》，《社会科学杂志》1932年9月至1933年3月第3卷第3期及第4卷第1期，油印合订本。

这些人口调查估计资料相互都有不少矛盾，所以就出现了用各种各样的方法进行估计的情况。中国到底有多少历史人口，这是一个直到现在仍在引起讨论的问题，但用的估算方法还不曾有新的突破。过去的讨论用了很多方法，有根据官方公布各个不同时期的人口数字相互补充修正的；有根据户数来推算口数的（方法有按一户六个人算、有按四个半人算的不等）；有根据人口增长率来推算的；有按耕地面积来推算的；有按食盐消费量来推算的，等等。这说明中国近代人口的调查方法既不完善又多缺漏，从而影响了人口统计数字的准确性。

再说贸易方面。中国近代海关编印的贸易统计和贸易报告（统称关册）为经济史研究提供了长期的系统的丰富资料，它是可供多方面参考利用的材料宝库。

中国海关有贸易统计①，以上海、广州两埠最早，是从咸丰九年（1859 年）开始，由各关自行编印，半年为一期。编制方法是进出口货不分，国外和国内埠际贸易不分，都按英文字母顺序混合编列。如果想了解 1859 年至 1863 年间中国各海关对内贸易和对外贸易的统计，是无从查考的。1864 年后才开始分别加以统计。1859 年至 1866 年期间，没有全国贸易总额统计数字。一直到 1867 年才开始有全国贸易统计。从此贸易统计分为两册，第一册是《全国贸易及税收辑要》，记载各项总数，可以上溯至 1864 年。第二册是《各关贸易统计》，其中增加各关对各国及各埠进出口贸易总额的记载，它是分析各国在华贸易情况以及国内货物流转趋向的唯一可靠资料②。

海关贸易统计是以数字为主，另有海关贸易报告以文字记述为主。后者开始于 1865 年。1875 年始有全国的贸易报告。1882 年海

---

① 参据郑友揆《我国海关贸易统计编制方法及其内容之沿革考》，《社会科学杂志》第 5 卷第 3 期，1934 年 9 月出版；张存武《中国海关出版品简介》，《"中研院"近代史研究所集刊》第 9 期，1980 年台北出版。

② 1904 年以后，关册就不再继续登载此项贸易统计。

关报告和贸易统计始行合并。1931年以后，东北各关贸易关册中缺。1932年以后，海关统计值得注意的，是进一步列出进出口货的"来源"和"去向"。这在海关统计中向为难以解决的问题，原是一大缺点。早在1864年至1866年各关统计，输出入货物都分别记明"来源"和"去向"。1868年以后，各关对外及埠际贸易进出口各货就没有"来源"和"去向"的记载。本来海关编造关册的根据，是商人呈缴的进出口报单。进口货的"输自国"，多填报该货的"起运国"而不是"原产国"，出口货的"输往国"，多填报该货的"运到国"而不是"销用国"。因此，这就无法了解进出口货的原始产地和最后销地。海关统计的这一改进，对中国进出口货的"来源"和"去向"开始有较明确的记载。

利用海关贸易资料，不可不注意前后所使用的计值计量单位。这也是比较复杂的问题。海关对进出口贸易的价值单位，最初是银两和银元并用，没法比较，必须经过换算。1868年起改用两制。1875年后开始编印全国贸易报告时，考虑到各地两制不划一，便采用海关两作为计值单位。1875年以前，海关两只用于税收和浙海关（宁波）的贸易统计；上海和华南各埠的贸易统计，都是以上海规元为计值单位；华北和长江各埠则是用本地流行的银两计值。1933年至1937年后计值单位改为国币即法币。计算商品物量的单位复杂，名目繁多。有的用"担"，有的用"条"，有的用"打"，有的用"顶"，有的用"柄"，等等。到20世纪30年代又以"公担"为单位，部分商品改以"公斤"为单位。了解这些，懂得换算比例，对关册资料利用起来就会比较方便些。

这里不能不稍为提及工业方面。近代中国没有自己独立的工业，也没有系统的工业统计。民国元年曾举办全国工业清查，可视为中国工业调查统计的一个开头。当时清查报告是否为实地调查，还是各地县政府所估报，不很清楚。就现有的统计资料来看，据认为对新式工厂工业调查较为详细。至于手工业因不易调查，内容疏漏，没有多大参考价值。这项工厂工业统计逐年编印，后来报告省份日见减少，1920年出版最后一期《农商统计表》时，查报工厂数的仅有六个省份[1]。此后政府机关和学术机构分别对某些地区（如无锡、武汉、广州、上海等）的工厂工业，或某些重要行业（如华商纱厂、纺织、面粉、火柴等）的工厂进行调查统计。40年代后期，为了解中国经过抗战究竟还有多少工厂，分布情况如何，国民党政府经济部曾于1947年9月至12月对上海、南京等二十个城市的工业加以调查，计分布各地共有一万四千零七十八厂，包括十三个行业，编印有《全国主要都市工业调查初步报告提要》。这次调查是按工厂法规定标准：凡用发动机器的工厂，平时雇用工人在三十人以上者。调查结果表明，合于工厂法的厂家占百分之二十三点五，不合于工厂法的厂家占百分之七十六点五。这使我们想起1912年至1920年的工业清查，也是以工厂使用原动力与否为标准。两者有其共同之处。把它们联系起来考察可以得出这样的认识：凡不合乎工厂法的工厂，即是不使用原动力或发动机器，雇用工人不满三十人的小厂，应视为属于手工工场和大作坊之类，殆无疑义[2]。从这前后两起工业调查统计中反映旧中国手工工场家数分布的基本情况[3]，可说是为经济史研究提供了一个有根据的数量概念。而各个时期手工工场产值及其在工业总产值中的比重数字都缺乏，却不易估计。这些工业调查统计，当然同样也存在准确性的问题，不过它调查的对象具体，厂家数量又少，比上述耕地和人口统计资料存在的误差问题可能小得多。

　　以上是对现有比较重要的经济统计资料情况的略述。还想进一步指出这些资料本身存在的问题。比方历代田地面积的亩，究竟是指耕地的面积，还是指"税亩"？这是一个历史上遗留下来没有解决的问题。近代耕地面积到底有多少也弄不清楚。人口统计只有全国

---

[1] 刘大钧：《中国之统计事业》，《统计月报》第2卷第10期，1930年10月。
[2] 彭泽益编：《中国近代手工业史资料（1840—1949）》第二卷，中华书局1984年版，第448—449、736页后附录插页表（三）；第四卷，第555页。
[3] 彭泽益：《近代中国工业资本主义经济中的工场手工业》，《近代史研究》1984年第1期。

数字，各省、府、州、县也只有一个总数，有的也仅仅注有户数和口数。世界各国的人口统计中，通常可以见到划分有城市人口和农村人口两大类，当然各个国家对此采用的划分标准并不一致。有的国家按照职业来划分，务农的居民算农业人口，城市人口就是非农业人口。有的国家按人口数超过某一水平的集居点算是城市，其人口算城市人口，没有超过这个人数的集居点则列为农村，其人口算是农村人口。中国历代人口资料中就没有关于城乡人口分别统计的记载。现有的历史人口基本是按行政区划统计的，只是一笔总数，不论是按职业标准划分，或是按集居点的人口数来划分，都没有可能办到。

不过，户口统计中有这样一些情况，也要提出来说一说。清初杭州府属仁和、钱塘等县户籍所载人丁，有乡丁、市丁之别，所以当地方志中的户口便分列为乡民和市民。因为那时"无不赋之地，无不役之丁"。这里所说乡民"乃随产之丁"，市民"即门面光丁"，外来流寓趁食者为"排门市丁"或叫"赤脚光丁"，即"无产之别名也"①。这是按赋役额编的人丁。对此，不能简单地理解为城市和乡村居民的人口划分。再有，清末光宣之际各省有些州县先后纷纷编了一批当地的乡土志，其中对本地户口虽然有按士、农、工、商等传统观念分类记数的，但是这些缺乏阶级内容而又含混不清的概念，显然是不能按照字面作为划分城乡人口的依据。尽管有的文献史料中讲到某些个别的城市集镇，说那里"廛肆居民，楹逾十万"，"商贾辐辏，烟火万家"，等等，这些笼统数字自然是无法从所在地区的人口总数中加以推算划分出来。就总体来说，过去的中国人口统计没有提供城乡人口数字，不能不说是一大缺陷。

---

① 参看赵申乔撰《赵恭毅公剩稿》卷5，《清查仁钱二邑光丁详》；张文虎等纂：光绪重修《奉贤县志》卷10，《人物志一·徐宾传》中也曾谈到"赤脚光丁"。感谢郭松义同志的帮助，这两则史料是请他代查见示的。此外关于杭州府属各县有关乡市人丁统计，见梁方仲编著《中国历代户口、田地、田赋统计》，第449页。书中所列为乾隆四十九年数，很可能是照抄旧志额数，实际早在康熙时当地一些方志中即有此项市民、乡民丁口的统计，可以上溯至明末万历三年。

外贸资料不外乎包括三个部分：一是商品，包含物量和价值；二是港口，即商埠；三是贸易对象国即输出入国家。因此所有贸易内容分类便按商品别、港别、国别罗列统计。从前杨端六先生等编《六十五年来中国国际贸易统计》一书，就是采用这个框架。一般讲旧中国外贸和外贸史的论著，内容结构无不如此。这个影响是来源于关册。过去批评海关贸易统计的缺点，大多集中于货目及分类，认为货目含糊，分类不合理。不过要知道，海关统计货目及分类的详略，主要是根据税则上所载，目的是查考现行税率与贸易的影响。有时虽作修改，仍是以税则的顺序为依据，作为编制的统计方法，力求保持系统一贯的记载以备查考[①]。为了深入了解中国对外贸易的实况，以及通过贸易来反映中国经济的变化发展情况，利用现有海关统计资料，可以按照问题的要求，另行分门别类地进行改算。从前为了解中国手工业品在外贸中的地位，曾经选择 67 种手工业品，分别计算 1912 年至 1937 年对国外输出的数量和价值，以及各年所占出口贸易总值的比重[②]。这二十五年间手工业品占出口外贸总值最多为百分之四十二点一，最少为百分之二十五点五，平均在百分之三十二左右。这就提供了一个可供参考的数据。当然，按某一问题的要求对贸易统计资料进行改算，工作量相当大，但的确很有意义，值得一试。

还要指出，现有贸易统计资料尽管是丰富的，也有它的局限性。从整体来看，现有贸易统计并不包括陆路贸易、铁路运输贸易以及某些地区的帆船运输贸易，只有把这些全考虑进去，才能反映各个时期贸易的全貌。现在只是一个不完全的局部，仅限于海上贸易。再有，从贸易资料中也看不到有关详尽的埠际贸易统计来反映国内市场的状况。本来各地海关保存有埠际贸易的"摘要簿"，对进出口各货载明"输自关"和"输往关"，甚至复出口土货也载明"输往

[①] 郑友揆：《我国海关贸易统计编制方法及其内容之沿革考》，《社会科学杂志》第 5 卷第 3 期，第 291—292 页。

[②] 彭泽益编：《中国近代手工业史资料（1840—1949）》第三卷，中华书局 1984 年版，第 816 页。并参阅（四）附录各表。

关",这就是原始的埠际贸易统计。这样的资料却被海关忽视,不曾注意整理编制,故从关册上见到的埠际贸易统计极其简略。大部分口岸(除天津、上海、汉口、广州四港外)并无出口土货的"去向",外国和国内通商口岸也并为一谈,根本无从据以研究国内贸易情况。1932年以后,关册上虽有埠际贸易统计,记载是以进出口商品为纲,以关别为目,并没有标明各关进出口货"输自国"和"输往国",仍然是无法知道土货在国内流转的情况。其实,中国国内埠际贸易相当发达,举例来说,1932年和1933年两年贸易数额之大,分别达二十二亿三千万元和十九亿七千万元,已与同期中国对外进出口贸易总值不相上下[①]。埠际贸易因其包括国内商品流转数量大,流通地区广,这项统计是研究商业经济和国内市场的重要资料。现在所能见到的埠际贸易统计,只有1936年至1940年的资料。值得指出,《中国埠际贸易统计》不是海关编印的,而是郑友揆先生于1935年向旧中国海关总署建议并设计表格,由海关按月提供这方面统计资料,然后加以综合整理而成的。1951年出版时,由章有义先生执笔写了一篇不曾署名的序言,结合全书内容对埠际贸易作了中肯的概述。要说这短短五年的数字,尽管很有参考价值,也是不能充分满足经济史研究工作的需要的。

说到这里还要提及商业。国内商业问题散见于各种记载,可说是商业资料很多。但从经济史要求的角度讲,这方面的资料虽多,也不见得有多好。因为这类记载往往是很笼统的,如"商贾辐辏,肩摩踵接"。究竟商业情况怎样,谁也说不清楚,无非是形容市况繁荣、人多而已。官方历年编印的《农商统计表》中虽有商业统计,内容和质量都很差[②]。至于文献史料里有关商业资本在农业和手工业中活动的资料稍为多一些,有关商业资本的规模和数量,以及商品流通数额等等,这样一些基本资料却极为缺乏,也无从估算。我曾

[①] 郑友揆:《我国海关贸易统计编制方法及其内容之沿革考》,《社会科学杂志》第5卷第3期,第293页。

[②] 刘大钧:《中国之统计事业》,《统计月报》第2卷第10期,第5页。

经根据关税数字推算过清前期的商品贸易量，但这只是限于局部的测算。以前按百分之五的从价税率算过，看来不一定合适，后来改正按档案资料里所说的百分之二的从价税率估算。即使对某些局部数量的推算，也需要有一个可靠的数据为基础，不能搞先验的假定，这是没有什么意思的。

前面提到的工业资料，它不同于农业和商业资料，反映的问题比较具体些。例如工厂家数、资本额、资本来源等等，大体还有可能查考。由于没有系统的工业统计，现在有关中国近代工厂工业家数和资本等等的统计数字，都是根据许多零零碎碎的资料拼凑起来的，来源各不相同。而对有关工厂内部的企业经济活动，可供分析研究的资料就比较少。那些统计中提到的资本，究竟指的是什么，也不太明确。这当然不是指资本的计值单位问题，因为原有记载中有的用两，有的用元，或其他货币单位，不可能是相同的，也不是指换算上的问题。问题是这个"资本"，指的是工厂创办时最初投资的资本而言呢？还是指以后的总资产，即包括从股东那里得到的全部投资加上现有企业内部积累？这个"资本"概念一直不太清楚。这对于研究中国工业资本乃至中国资本主义史，都是值得推敲探明的问题。

从上面讲的有关资料来看，本身存在的问题确实不少，特别是作为指标的某些项目资料的不够完整和缺漏，就要影响综合资料的准确性。而耕地、人口和资本三者乃是准确了解国民经济不可缺少的基本要素和重要指标，但因中国耕地、人口和资本的数量不确，概念不清，势必影响对中国经济史的综合研究。讲明这一点，丝毫不意味着上述那些资料没有什么用处，而是希望能够引起对中国历史上留下来经济数量资料的实际状况的重视，在利用参考时尽可能做到心中有数。

总起来说，现有的经济统计资料显然是不够的，这个不够是指资料本身存在一些不可克服的缺陷，指它不足以反映国民经济的全貌。具体地讲，如用作宏观经济分析，既缺乏某些必要的数量资料，也缺乏某些基本的动态数据。即便如此，但从经济史的研究现状看，现有的资料至今仍然并没有受到应有重视和充分利用。所以中国经济史的研究还是要注意数量概念，注意数量分析。事实上，在这方面大有可为。有不少反映国民经济某些方面和部门的问题的数量资料，值得大力挖掘。同时从现有的资料出发，只要有根有据，不是出于臆断，凡是能够计量的，就要实事求是地加以定量，把对中国经济史研究的定量和定性分析很好地结合起来。

三　运用经济历史数量资料值得注意的几个问题

在中国经济史研究中如何处理和运用有关数量资料，一般要注意哪些问题？这里谈的没有什么高深的理论，只是一些极其平常的原则，但又确是值得重视。下面讲几点意见。

第一，要注意区别虚数和实数。

所谓虚数通常是一种象征性地而非确定地使用的数字，因此，对于这些虚数不能单从字面上的意思来理解。常说的千金是用来形容一大笔财富，而不是确指有一千两金子。类似说法如千夫等等，不外乎形容其多。史载清代松江上海地区，秋后民间"家家纺织"。这是形容农家个体分散经营纺织副业的人户众多，不能理解为上海地区所有农村居民每个家庭都是从事纺织的。清代学者汪中在所著《述学》中有一篇《释三九》的文章，解释"三"和"九"在文献中用作虚数，说"三"是奇数"一"和偶数"二"的和，因而也就代表了数字的总和。当一个数目大到"十"的时候，它又要以"一"来表示。所以"九"就代表了计数的止境。汪中的结论认定，许多文献中"三"和"九"不过是用来表示"数个"或"许多"，和字面的意思没有关系。后来刘师培对此加以发挥，写了好几篇题为《古籍多虚数说》的文章。他主张三百、三千、三十六、七十二这些数字在古代文献中也都可能是虚数[①]。

[①] 参见杨联陞《中国经济史上的数词与量词》，《食货月刊》复刊第9卷第12期，1980年3月。

这些研究在思想方法上富有启发意义。它有助于克服在中国经济史研究中使用数词和量词容易出现的一些错觉。下面不妨举两个例子来谈谈。

例一，广州十三行名称由来问题。过去国外学者有一种意见，认为它代表行商十三个行数而得名①。事实不是这样。根据所能找到的中外文资料，可以证明从康熙至鸦片战争前历年广州行商开业的，只有个别年份有十三家，其余都是不足或者超过十三家。说明这十三行并不是表示一个实数。同时还有一种意见，认为其所以被称为十三行是受当时外国洋行（即商馆或夷馆）有十三家的影响。现在有的文章还在重复其说②。说是"从行商所具的职能来分析，十三行的名称是由十三个夷馆而来的"。即"把十三夷馆称为十三行，就完全可以理解了"。剩下的问题，就是当时夷馆究竟是不是十三个？然后就用咸丰六年（1856年）外国人绘制的广州商馆图等来论证，因为数目都是十三，认定这是道光二年（1822年）广州大火后按照一百多年前的旧所数字重新修建的。所有引证举例也都是用后期的记事来推断康熙年间初建时的情况，以证其说。这是没有说服力的。

十三行即洋货行，它创建于粤海开关的次年，即康熙二十五年（1686年）四月间。洋货行建立的第二年，广州外贸市场的情况，据官府报告中透露："今货物壅滞，商人稀少"③。当时外国商人还不可能在广州设有十三个商馆或夷馆。最初清代广东官府在明代怀远驿旧址之旁建造房屋临时供外国商人居住，不过作为"招纳远人"之用而已。所谓外国商馆或夷馆乃是外商分别向有房产的广州洋货行的中国商人租赁来作为办公行栈，那是以后逐渐形成起来的④。这是完全可以证实的事：英国东印度公司在广州建立商馆的时间是康

---

① 根岸佶：《广东十三行》，《支那》第21卷第5号，第11页，1930年5月出版。
② 徐新吾、张简：《"十三行"名称由来考》，《学术月刊》1981年第3期。
③ 广东巡抚李士桢和两广总督吴兴祚会奏，《抚粤政略》卷2，《奏疏》，第62页。
④ 彭泽益：《清代广东洋行制度的起源》，《历史研究》1957年第1期，《广州十三行续探》，《历史研究》1981年第4期。

熙五十四年（1715年），法国商馆是雍正六年（1728年），荷兰商馆是乾隆二十七年（1762年），美国是乾隆四十九年（1784年）才到中国来通商①。可见，那时来广州贸易的几个主要国家的商馆都是很晚才建立的。所以认为十三行的命名是由当时有十三个夷馆而来的说法，那是毫无根据的。

文章为了强调从行商职能分析立论的观点，甚至认定过去的研究者对"馆"的双重性不了解，致使对"行"与"馆"的区别与联系分不清楚。所谓"行"与"馆"的问题，本是历史常识，不存在"不了解"和"分不清楚"的问题。文章接着评论说，把行商的数字去扣十三行的"十三"，那是无论如何也扣不准的。那么人们不禁要问：现在文章作者不是也把夷馆的数字去扣十三行的"十三"，难道就能扣得准吗？

其实，十三行的"十三"这个数词，不过是个虚数而已。"命名究取何义？"这对十三行研究并不是重要问题。为此多费笔墨，似乎没有多大的必要。

例二，明清时期松江土布上市量问题，到底有多少？有的文章估计清嘉庆时期为二千五百万匹到三千万匹。明后期大约也有二千万匹。这些数字是从哪里来的呢？

原来清代孙星衍等纂的嘉庆《松江府志》卷五有这样的记载："松之为郡，售布于秋，日十五万焉。"据此，认为日出十五万匹布不可能，或指十万、五万，估计便以十万为准。并考虑土布生产有季节性，根据20世纪30年代调查资料，农家纺纱织布一年大约有一百八十天。按此计算，得布一千八百万匹。由此推算出上述全年总数。这是文章里的说明②。现在的问题是：嘉庆《松江府志》这个记述应该怎样正确理解？"日十五万焉"的话，能够理解为十五万

---

① 马士：《中华帝国对外关系史》第1卷，张汇文等译，生活·读书·新知三联书店1957年版，《大事年表》第8页，以及第55、64页。
② 吴承明：《明代国内市场和商人资本》，《中国社会科学院经济研究所集刊》第5集，1983年，第16页。

匹布吗？我看不能。这个资料说得很笼统，这"十五万"既可以把它看作商品价值即银数，也可以把它看作商品物量即匹数，因为它后面并没有说明什么单位。周建鼎等纂的康熙《松江府志》卷五说："农暇之时，所出布匹，日以万计"。谈起行、叶承同纂的乾隆《上海县志》卷一里对此照抄，也是同样记述的。实际上，应该理解上述这些数词都是虚数，它既不是指土布值也不是指土布量，仅为形容其数量很多而已。

从 20 世纪 30 年代有关各地土布调查资料中可以了解到，江苏南通手织土布平均每年的销量约二百六十七万匹；河北高阳所产土布也没有二三千万匹。从户数产量看，高阳全县织户有三百八十多家，每户平均年产量约一百七十一匹，全部布产量只有六万五千三百多匹。南通全县织户有六万三千多家，平均每户年产布九十六匹多一点，全部产量也只有六百一十多万匹①。30 年代南通和高阳手工织布的家数户数之多也相当可观，是当时南北两大重要棉手织产区，而且劳动生产率比明清时期的松江地区大概要高些，产量不过如是，销售量也没有那么多。这样一比，说嘉庆年间松江土布年上市量有二三千万匹，简直是不可思议的。松江志书中记述用的数词，显然是一个虚数，根本不能作为实数理解，更不能以此作为推算的数据。

上举两个史例，说明在经济史研究中不能把虚数看作实数，要极力克服和避免这种错觉。

但是，另一方面要考虑到，即使是实际数字，也要注意其可靠性的程度如何。只有对数量资料作过认真仔细的检验，才能确定它的可靠性有多少。前面讲的人口数和耕地数可能是最好的例子。它是实数，但不可靠。实数不实，大致有两种情况，一是以多报少，二是以少报多。大多数的情况是以多报少。例如明代万历初年张居正执政，通令举办全国土地丈量调查。有些地方丈出许多

---

① 参看彭泽益编《中国近代手工业史资料（1840—1949）》第三卷，第 757、761、785 页。

无粮地亩，比向官府登记的数量还要多。据说当时地方官为了怕朝廷因此增加赋役，乃以大亩折换成小亩，取合明初原额之数上报来对付①。以少报多的情况，最典型的是部队虚报名额吃饷。不论是清代，还是民国年间，这类吃空缺的事几乎成为公开的秘密。还有清代的人口统计，乾隆六年（1741年）查报全国人口有一亿四千多万，乾隆四十八年（1783年）全国人口有二亿八千多万，至乾隆五十七年（1792年）的时候人口已有三亿多。因此，过去有些研究中国人口问题的国外学者如萨哈诺夫（T. Sacharoff）、柔克义（W. W. Rockhill）、韦尔柯克斯（W. F. Willcox）等人，相信清朝18世纪巨大的人口增长数字有很大一部分是各省地方官故意多报，取媚朝廷，以粉饰太平②。这种推测也许可能有一定合理成分。

第二，要准确地弄清历史上的经济计量单位。

用以量度同类量大小的一个标准量，称为计量单位。而法定计量单位，则是由国家以法令形式规定允许使用的计量单位。计量单位涉及各行各业，同每个人的日常生活密切相关。世界各国对统一计量制度历来十分重视。中国历史上就有很多要求统一度量衡的法令记载。历代政府始终想在名义上把度量衡标准化，力图推行法定计量单位，但是从来没有获得多大的成功。其结果是使既得利益阶级和集团的人们，从这些不同的计量单位中获得了不少的好处。由于长期形成的习惯不容易改变，加上过去多种单位制并用，中国历史上计量单位混乱的现象是比较普遍的（1984年国务院发布《关于在我国统一实行法定计量单位的命令》，才根本改变这一现象）。这

---

① 顾炎武撰：《日知录集释》卷10，《地亩大小》，引万历《广平府志》，记述大小亩的起因。见梁方仲编著《中国历代户口、田地、田赋统计》，上海人民出版社1980年版，第528页。

② 韦尔柯克斯：《一西人对于中国人口数目及其自一六五○年以后逐期增加情形之试测》（*A Westerner's Effort to Estimate The Population to China And Its Increase Since 1650*），孙拯译，《统计月报》第2卷第9期，第9页，1930年9月；及同期所载陈长蘅《中国人口问题之几方面观察》，第19页。

种混乱，对于科学技术进步，对于经济贸易的发展，都是十分不利的。同时对于中国经济史进行计量研究，也带来许多不便。因此对有关经济生活中使用的各种计量单位，应该加以认真地掌握，准确地弄清它，尤为必要。

这里以清代为例，除了法定的度量衡制之外，主要想着重谈谈各地区农工商各业曾经使用的各种特定的计量单位，分别举例如下。

1. 盐引、盐票：清代实行盐的引岸专商制度。所谓引指引票，是销售食盐的一种特许证。岸即引地，就是引票上规定的销盐地区即销售市场。盐课是按专商的引数和票数征收的。但各个行盐区域，每引、每票行盐的数量规定并不一样，所以盐课税率也不一致。从史料记载中看到的盐引，这个引又是一个计量单位，它代表的数量多少，各个地区并不相同。例如：在长芦盐区，每引可贩运盐三百斤；山东盐区为二百五十斤；两淮盐区为三百六十四斤；河东（池盐）盐区为二百四十斤；两浙（浙东浙西）盐区为三百三十五斤。有的地方兼用盐票，山东每票可运销盐二百二十五斤；两浙是四百斤，这是盐引、盐票的情况。即便在同一盐区，盐引定数也不全是一样。例如广东每引行盐从二百三十五斤到三百二十二斤不等（包括行销广西的盐），福建西路每引行盐是六百七十五斤，东南路每引行盐只有一百斤[1]。可见，同是一引、一票，在各个盐区所代表的数量是有多有少，各不相同的。

2. 茶引、篦、圆、筒、件：清代行茶基本是用引为计量单位。不论茶叶粗细，连包照茶一百斤为一引。商人领引售卖，贩运额只能以引票数为准，不许超过。若有无引贩茶者，与贩运私盐同罪[2]。茶引以外，还有用篦的。清初陕西茶马易市，是用篦和引作为计量单位。规定每茶一篦重十斤，十篦为一引。官府招商承办运茶，同少数民族交换马匹。上马给茶十二篦，中马给九篦，下马给七篦。

---

[1] 嘉庆《大清会典事例》卷177—180，《户部·盐法》各页。
[2] 雍正《大清会典》卷53，《户部·课程五·引式》，第29页。

换来的马匹，雄的给边疆军队使用，雌的则交给当地牧养孳生。顺治七年（1650年）规定大引贩茶九千三百斤，为九百三十篦。一半交官换马，一半给茶商发卖，例不抽税。至于小引包茶，每五斤为一包，每二百包为一引，这一部分卖给民用，则要抽税①。

四川茶叶贩运，茶引以一百斤为单位，其不及一百斤者，谓之畸零。规定每引运茶一百斤，并准带附茶一百四十斤，耗茶十四斤，然后以斤为基础，按引征税②。

云南普洱茶的产销是以圆、筒、引为计量单位。七圆为一筒，一筒重四十九两。雍正十三年（1735年）规定，每茶一百斤算作一引，即茶三十二筒为一引③。

鸦片战争前，茶叶是由广州出口的重要商品。英国东印度公司买茶，是通过广州行商向茶号和内地茶商预买，主要定购福建武夷工夫茶为多。其预定数量以件计，每件重六十三斤。最近见到两张道光七年（1827年）广州茶商同福隆行定办茶叶的议单④。从议单中看到：一张立议茶单的义聚茂记，写明有六个茶号，每号承办武夷工夫大箱茶六百二十件，合计茶二十三万四千三百六十斤；另接办二五上、中、小种茶一千一百件，合茶六万九千三百斤。二共承办茶四千八百二十件，合计茶有三十万零三千六百六十斤。另一张立议茶单的张并茂苍记号，写明定购武夷大箱工夫茶六百件，合茶三万七千八百斤。每次成交额皆以件为计量单位。

3. 篓：糖的产销计量单位又不一样。例如在福建台湾广东是以篓计。闽台一篓重一百七八十斤。康熙时台湾、凤山、诸罗三县每岁出蔗糖六十余万篓⑤。每篓按一百七十五斤计算，台湾蔗糖年产

---

① 雍正《大清会典》卷53，《户部·课程五·茶课》，第22—23页。
② 《清朝文献通考》卷30，《征榷考五·榷茶》，第5127页。
③ 王文韶等纂：光绪《续云南通志稿》卷54，《食货志·杂税》，第1页。
④ 这是美国学者葛德乐博士（Dr. Robert Gardella）于1984年6月间来访会晤时，承他的好意提供的。据告，该件原见英国剑桥大学藏的怡和洋行档案中。
⑤ 黄叔璥：《台海使槎录》卷1，《赤嵌笔谈·赋饷》，第22页；余文仪等纂：乾隆《续修台湾府志》卷17，《物产》第9页参引。

量约为一万零五百万斤。若按乌糖、白糖每百斤价格还可进一步算出产值来。广东也以篓为单位。粤海关征收糖税时,黄糖、白糖两篓作一担,每篓重五十二斤至五十三斤①。这和福建一篓的重量又不同。

4. 墨:广州织布业量布的长度单位。据光绪间记载,当地所织的布,阔约一尺三寸,长只八墨,合八墨得一十丈零四尺为一匹②。这就是说,一墨的长度为一丈三尺,八墨等于一匹布。

金属矿产品产销的计量单位很多,名称不一。

5. 块、合:云南个旧产锡十分有名。锡矿产品用块和合为计量单位。商人从个旧贩锡出滇,以九十斤为一块,二十四块为一合,每合约为二千一百六十斤。每合纳税银四两五钱,税额银是三千一百八十多两(这只是规定的额数)③。按此定数计算,每年运出的锡约有七百零八合,为一百五十二万九千余斤。从这里也可算出当时的产量。

6. 块:贵州铅矿产量最大,主要运解京师和各省铸钱。黔铅铸型单位以五十斤为一块。最初没有铸重规定,经由四川重庆解运北京,沿途都有损耗,此外还有偷漏。乾隆五十七年(1792年)以后规定铅觔铸重每块五十斤,上刻厂名斤数,便于按块计数验收④。

7. 连:广东出产的铁锅以连为计量单位。每连重量为二十斤。铁锅一连大的有两个,小的四、五、六个不等⑤。雍正时洋船私贩铁锅出口至东南亚一带,如果运带铁锅一千连的话,按铁的重量计算达二万余斤,这个数量就相当可观了。

8. 亩、晌、绳、甲:亩积的计量单位更为复杂。亩是封建国家规定田土的基本计量单位,名义上是以二百四十平方步(弓)为一亩。清代官庄旗田则用晌、亩、绳计量地积。旗田初以六亩为一晌,

---

① 梁廷枏撰:《粤海关志》卷12,《税则五》,第1、16页。
② 《布工停织》,《沪报》光绪二十年六月廿三日。
③ 席裕福等纂:《皇朝政典类纂》卷132,《矿政二·厂课》,第6页。
④ 《大清高宗纯皇帝实录》卷1416,第19—20页,乾隆五十七年十一月丁未。
⑤ 雍正九年十月廿五日广东布政使杨永斌奏折,雍正《朱批谕旨》第52册,第4页。

二十四亩为一绳，园地以一百八十亩为一所。乾隆四十六年（1781年）规定，凡旗田官庄以亩计，不再用晌、绳名称①。关外东北田土不计亩而以晌计，一晌有等于六亩，也有等于十亩，谓之大晌。各地情况不一。此外在口外蒙古、山西、陕西、直隶一些州县也有用晌为田土计量单位的习惯。

台湾地亩是以甲为计量单位。荷兰殖民者侵占台湾时期，实行一种名曰"王田"的土地占有制度，令民耕田输租，供给耕牛农具种籽，以领种十亩之地名为一甲，分别上、中、下纳粮。清朝统一台湾后，田地按丈量东南西北各二十五戈为一甲，戈的长度为一丈二尺五寸，一甲约相当于内地田十一亩三分一厘②。雍正九年（1731年）规定，凡雍正七年（1729年）以后开垦的田园都以十一亩为一甲计算。光绪十一年（1885年）台湾建省。次年刘铭传奏请清赋，曾分别在台南、台北设立清税总局，丈量土地，宣布化甲为亩，但仍按十一亩为一甲折算③。

至于广西、西藏、新疆少数民族地区，计亩单位就更特别。广西有埠、伯、什、伍等计量单位。四亩为埠，二亩为伯，一亩为什，五分即半亩为伍。西藏用克，以下种多少克种籽来计算田土面积。新疆用帕特玛，也是以种籽种地计数。一帕特玛等于四石五斗至五石三斗；也有一帕特玛计重六百四十斤，约为内地一石之说④。

以上讲的田地计量单位都是见于官书中的记载。民间私人档案中也有不少这类资料。如从安徽南部屯溪流传出大量明清时期的民间文契档册，或称徽州资料，北京和南方不少学术机关都有数量不等的收藏。从其中私人置产簿和地租簿里，可以看到当地特有的一些计量问题。

---

① 吴振棫撰：《养吉斋余录》卷1，第2页；王庆云撰：《熙朝纪政》卷6，《附官庄旗地》，第20页。
② 黄叔璥：《台湾使槎录》卷1，《赤嵌笔谈·赋饷》，第20—21页。
③ 连横：《台湾通史》卷8，《田赋志》，商务印书馆1983年版，第127、129—133页。
④ 有关清代田土计量单位问题，近有篇专文讲到，请看郭松义《清代田土计量种种》，《清史研究通讯》1984年第1期。

9. 勺、砠、秤、件：这里要介绍一下，章有义先生多年来利用上述这些账册进行了大量的整理和分析工作，写了一部专书题名《明清时期徽州土地关系研究》。据他讲，徽州地区这些只计租额不计亩数的账册内容很难懂。根据反复核算，才找出其中的计量单位。租簿中的计量单位很多，谷租额单位有勺、有砠（音租）、有秤、有件等等。勺和砠往往通用，勺与秤有时也通用。秤、勺、砠一般等于二十斤，也有等于十六斤、二十五斤、三十斤或三十五斤不等。件有等于十八斤的，也有等于二十斤的。各县并不一致。由此看来，不弄清这些单位内容，就无法进行地租簿的整理，更无法统计租额和地租的收入。

所有这些例子，说明了地亩计量单位的复杂性。它的历史传袭性的影响也是深远的。所以在国务院发布关于统一实行法定计量单位命令后，国家计量局就曾明确指出，至于土地面积单位亩的计量目前暂不改变，因为它比较复杂，关系到几亿农民的大事，必须在广泛调查研究的基础上，在适当的时候进行改革①。

第三，要精心考订名称相同的计量单位，并注意可比性。

在历史资料的记载中，往往可以看到名称相同的计量单位。遇到这种情况，不能按字面理解。这是因为同样名称的量词在不同时间和地区可能代表不同的数量。官定度量衡标准在整个中国历史上不断变化增大的情况，可以说是尽人皆知。这种演变的趋势，度（长度）是由短而长，量（容量）是由小而大，衡（重量）是由轻而重。这就是说，度量衡的单位同时沿着增大的方向而发展。从秦到清末这两千多年间，常用尺由二十三点二厘米增为三十二厘米，增长百分之四十左右。每升由二百二十毫升增为一千零四十三毫升，增加四倍多。每斤由二百五十克增为五百九十八克，也增加了一倍多。增加的程度是随着朝代的变迁而有所不同。这种现象在历史上曾引起人们的关注，各自解释增长的原因，其说

---

① 《就我国统一实行法定计量单位国家计量局负责人答新华社记者问》，《人民日报》1984 年 3 月 4 日。

不一①。这里就不去讲它。

但要指出的是有时甚至旧单位和新单位也同时使用，因此必须精心地加以考订。不妨仍以地亩单位变动为例。

中国历史上的亩制向来是按平方步计算，步又是以尺计算。因此，若要计算各个朝代亩积的大小，可以推算出来。但这并不能代表地亩的实际变迁标准。各地的实际情况大多是和中央政府的规定不相符合的。就清代来说，户部规定五尺为弓，广一弓，纵二百四十弓为亩（一弓又称一步即平方步，等于五尺）。事实上，各省的亩制极为参差不齐。从官书中每见有重申弓尺盈缩之禁，也未有成效。比方论尺，有部尺、营造尺、鲁班尺等等之分；论弓，有三尺二寸的、有四尺五寸的、有七尺五寸的等等之别；论亩，有二百四十弓、二百六十弓、六百九十弓之不同②。例如河南省在历史上有以二亩或三亩为一亩的，是为大亩；陕西省有的地方以四亩为一亩的；东北奉天、吉林等省有以晌、绳为六亩或十亩的。所以亩量的大小宽狭既有一和二、三的比例，也有一和六、一和十的比例③，相当混乱。

明清以来，由于"步尺参差，大小亩规划不一"，各地州县有用大亩的数字编造黄册，上报户部，而在下面征收赋役时，仍用一亩是一亩的小亩来计算，这就益发加剧了赋役负担不均。例如江苏省扬州府所属的泰州和宝应县就是以大亩起税，而高邮、兴化两县又是以小亩起税，但在赋役全书里，大小地亩的区别并未注明。正因为历史上官府陈报的农田亩数，总是远远低于实际的面积。所以有的学者主张，历代记录的田亩数字，与其说是耕地面积，毋宁理解为税地单位的数量即税亩④。

依上所述，可见同为一亩，但代表的却是各不相同的数量。这

---

① 参看梁方仲《中国历代度量衡之变迁及其时代特征》，《中国历代户口、田地、田赋统计》附录，第523—527页；刘东瑞《我国古代度量衡的产生、标准和单位量的增长原因》，《史学月刊》1981年第3期。

② 王庆云：《熙朝纪政》卷5，《附丈量》，第9页。

③ 梁方仲编著：《中国历代户口、田地、田赋统计》，第527—528页。

④ 《中国历代户口、田地、田赋统计》，第528页。

种亩的差异，在近代某些地区表现得最为突出。由于在官定标准之外，不同的地方性的度量衡制不仅在不同的地方使用，甚至在同一地方也流行使用，造成了严重的混乱现象。20世纪20年代后期一些调查资料表明，以前农商部所定的标准亩合六点一四四公亩，后来工商部所定的标准亩合六点六六七公亩。实际上亩的大小向来并未完全遵照法定计量标准，小的在二公亩以下，大的在三十二公亩以上。就一省来讲，例如山东沾化的所谓亩合四点二八公亩，潍县的所谓亩至少合二十二点七二五公亩。两县相距不过三百里，亩积竟相差近五倍之多。就一县而论，山东潍县的所谓亩至少有五种，相差由二十二点七二五公亩至三十二点一九五公亩。尤为奇特的是，江苏省无锡县二十二个村子里流行使用的至少有一百七十三种大小不同的亩制。最小的亩合二点六八三公亩，最大的亩合八点九五七公亩。即使在同一个村子里，亩的差异最少的也有五种，多的达二十种。同一村子里亩的差异甚至常比村和村之间亩的差异更为严重。亩制既然存在着如此复杂的差异，使浮征税捐的种种苛政变本加厉。同时也使地主阶级更可恣意浮收地租。如在江苏武进县有些地方，地主对佃户常以九分一厘面积的田收取一亩的地租；二亩七分面积的田收取三亩的地租①。亩的差异造成的后果表现在多方面，它还影响了中国田亩的精确统计。

　　从徽州地区资料中反映的情况，也值得提出来谈一谈。首先是不能从一个租簿中的一"砠"等于二十斤，设想另一个租簿中的"砠"也等于二十斤，不能望文生义。再有是租簿上往往批注有所谓"加八担"，或"加六担"租××秤字样。这些批语不能从字面上理解为每百斤加八斤或八十斤，或者每百斤加六斤或六十斤。章有义先生告诉我，为此伤透了脑筋，整理计算工作很长时间没法做下去，因为没有搞懂是什么意思。后来经过反复推敲，精心考订，才弄明白，原来实为十斤的秤加八斤或六斤，就是说一秤等于十八斤或十六斤。这样对整个账册计数内容豁然开朗，才有可能进行运算。所

---

① 陈翰笙、王寅生等：《亩的差异》，《国立中央研究院社会科学研究所集刊》第一号，1929年上海出版，第1—2页。

以不要看到计量单位的数量相同，就以为它代表的数量也会一定相同。这并不见得，要很好地考订。

此外，还得强调的是要注意可比性。统计数字的可比性，实际上就是指数字计算范围和计算方法两个方面的可比性。单位不同自然不能相比，就像一斗和一秤不能相比，这是自不待言的。即便单位相同，而口径不同，也不能相比。比如甲的田租额和乙的田租额虽然同以"勺"计量，但是面积不同，不能相比。再一种情况是，单位名称相同，而实际不同者，不能相比。比如二十斤的"砠"不能同三十斤的"砠"相比，因为"砠"的量不同。注意到了统计数字的可比性，那么对历史上的有关经济计量问题就会更加慎重地对待了。

第四，估计要有可靠的基本数据。

科学的估计推算是统计工作的一个重要组成部分，统计并不排斥估计。问题的关键在于如何估计，估计应注意哪些问题，抓住哪些环节，牵涉比较复杂的方法，这确是一个复杂的问题。估计历史上的经济问题和估计当代的现实经济问题，都需要有一定的基本数据，而对于前者尤为重要。因为历史已成为过去，对有关情况和重要环节无从获悉，进行调查了解不仅困难，甚至已无可能。这就必须从历史记载中找出可靠的基本数据，作为估计的基础，不能拿"合理的假设作为出发点"。如果既没有相关的数据，也没有其他任何根据，试问这"合理的假设"又从何谈起？

举例来讲，国外有的学者曾经对中国历史上的国民所得（又称国民收入）进行过估计，表示是从以下大体上"合理的假设"做出发点：（一）在9—18世纪中，中国人力有百分之二十从事农业以外的工作。（二）农业以外的劳动力（包括手工业在内）的净产值比从事农业劳动的要高，农业所产生的国民所得约为百分之七十。（三）假定百分之八十耕地种粮食，如亩产不变，谷类产值约为国民所得的百分之六十。（四）假定平均每人生产粗谷（用现在话说可能是指毛粮）大概是五百斤到六百斤。根据这些假定估算从11世纪直到清朝不同年代的国民所得银数、历年政府税收银数，以及税收占历年国民所得的百分比。估计结果的数字表格，恕我从略不引。这个估计自然是"一家之言"，只能说它代表着一种设想的可能情况。

尽管西方经济学和马克思主义政治经济学对于国民所得（或国民收入）概念的理解和使用的计算方法怎样不同，但都得承认国民所得是国民经济的重要综合指标。在一定时期一个国家的国民所得的多少，主要取决于三个因素：从事物质资料生产的劳动者人数、劳动生产率的高低和生产资料耗费的情况。这就需要取得反映这一概念的综合经济指标有关项目的数据，可是经济历史资料中没有正式记录可查，这就使准确地（或近似地）估计中国历史上国民所得遇到了不可逾越的障碍，几乎成为不可能的事。从前巫宝三先生主持研究旧中国的国民所得[1]，只是集中选取 1933 年的中国国民所得作估计，因为考虑 1933 年的经济资料比较多一点，稍具估算的资料基础[2]。这说明，估计 20 世纪 30 年代中国国民所得尚且如此困难，在历史资料不允许从事这一研究的条件下，要估算几百年前各个朝代的国民所得，岂不更难，又何足令人置信？

估计既不能从毫无事实根据的"合理假设"出发，同时也不能用后期或当代经济生活中的某种比例关系来比附或者代替历史实际。但用后期的经济数量关系来验证以往历史发展状况的水平，应该说是合理可行的。比方在有关中国资本主义萌芽问题讨论中，有的人看到明末清初人张履祥在《补农书》里记述浙江嘉兴桐乡一带有使用雇佣劳动的话，就据此夸大地把当时的雇佣劳动说成是大量的，并具有资本主义的性质。实际情况怎样呢？根据查考历史文献和实地调查的结果表明，明末当地的农业、手工业包括家庭纺织业小规

---

[1] 巫宝三等：《中国国民所得，一九三三年》，中华书局 1947 年版；巫宝三：《中国国民新得，一九三三年修正》，《社会科学杂志》第 9 卷第 2 期，1947 年 12 月。

[2] 例如刘大中教授先后对中国国民所得的研究，主要也是以 20 世纪 30 年代为基点。参看刘大中《中国国民所得，一九三一——一九三六年》（China's National Income, 1931—1936），1946 年出版，刘大中、叶孔嘉《中国大陆的经济：国民所得和经济发展，一九三三——一九五九年》（The Economy of The Chinese Mainland, National Income And Economic Development, 1935—1959），1965 年。

模地使用雇佣劳动和小规模地使用奴婢劳动,是同时并存的。再从抗日战争前这一地区农村雇佣劳动的比例关系看,那时农村资本主义因素总比明末要多一些,但是根据抗战前的农村调查材料,农村雇工人数只占劳动力人数的百分之四点四三。如按当地总人口数来算比例,那就更少了①。这怎么能把明末当地雇佣劳动说成是一个大量的普遍现象呢?这就是以后期资料来验证前期的情况。这样一比较问题不就更清楚些吗?

类似的问题还有不少。例如估计历史上农业生产的商品率也是一个问题。前面已经讲过,历史上缺乏有关粮食和其他农作物产量的数字,民国时期有些产量数字大多出于估计,并不可信。首先是产量和自用部分都不知道,那么投入市场作为商品流通的粮食有多少呢?就更说不清楚。从贸易统计或者从个别米市的粮食流通中,虽可找出一些数字来,仍然很难据此作出全面的估计。现在有的估计说,近代中国粮食商品率的程度,从百分之十到百分之二十。这一估计,同样也是一种设想的情况。

前不久,田纪云同志发表了题为《进一步发展商品生产和商品流通》的文章,其中讲到农业生产也要有市场观点,认为"现在农村经济中自给半自给性生产占很大比重"②。看后启发我联想到这么一个问题,就是应该怎样看待和估价历史上的商品生产和商品流通问题。结合中国经济史,这是值得深入开展研究和讨论的重要课题。

为了便于鉴别,当前中国农业生产的商品率程度究竟如何?有一个材料讲商品率很低。粮食的商品率最高的 1968 年达到百分之十八点一,全部农产品的商品率 1978 年也只有百分之三十多一点。每个农业人口提供的商品农产品不过七八十元。今后二十年随着国民经济的发展和农业发展战略的转变,农业劳动生产率速度提高,粮食的商品率就有可能从百分之十五提高到百分之三十以上,全部农

---

① 陈恒力编著:《补农书研究》,中华书局 1958 年版,第 56—57 页。
② 田纪云:《进一步发展商品生产和商品流通》,《红旗》1984 年第 6 期,《人民日报》1984 年 3 月 16 日转载。

产品的商品率也将达到百分之六十以上①。这是讲现状和今后的展望。由此看来，应该如何正确地估价历史上农业生产的商品率问题呢？这个商品率是在多大范围而言呢？这是需要认真对待的。

以上是讲处理中国经济史研究中的数量关系值得注意的一些问题。至于计算方法则是另一个复杂问题，这里还不可能涉及它。最后，我想再说两点，作为结束语。

如果想用计量对中国经济史进行宏观经济分析，验证一些过去的理论或传统观点，不可能希望有像现在国家统计局发表的国民经济数字那样，从关键年代到重要项目，样样齐全。可惜在历史上是没有这样系统和整齐的数字的。首先是因为没有这样现成的概括性的统计资料。其次是现有统计资料因缺乏某些相应的项目，根本无法加以改算综合，用来直接论证某种宏观论点的。

要求对中国经济史作宏观分析，它着眼的问题一般都是带有全局性和综合性的，基本上是与政治经济学的一些术语、概念和范畴的使用相联系。而被使用的某些术语、概念和范畴乃是高度理论的抽象、概括和综合，它在现实经济生活中从来就不是以某种单纯的现象或纯粹的形式出现和存在，因而难以用某种简单的方式、方法来反映它，表现它。对此应当有清醒的认识。

我讲这个问题是由于自己在工作中深切感受到中国经济史研究中计量问题的重要性和复杂性，以及对运用和处理这个问题应该具有的科学严肃性。我们一定要实事求是，尽量避免把中国经济史的计量研究流于数字游戏，那不仅不会有多少科学价值，而且无补于揭示历史的实际。希望大家重视并正确对待中国经济史数量关系的探讨，共同努力把中国经济史研究提高到一个新的水平。

(原载《历史研究》1985 年第 3 期)

---

① 刘国光主编：《中国经济发展战略问题研究》，上海人民出版社 1984 年版，第 112—113 页。

关于洪大全的历史问题

传说中的天德王洪大全是太平天国历史研究中争论已久的一个问题。《洪大全供》说："至我本姓，实不是姓洪，因与洪秀泉认为兄弟，就改为洪大泉的。"那么，这个人究竟是谁？他的真姓真名叫什么？中华人民共和国成立后，罗尔纲先生对洪大全问题重新作了一番研究，写成《洪大全考》（载入《太平天国史事考》一书中），其中对洪大全的真姓真名进行了一些探索，最后并未作出正面肯定的结论，只是表示洪大全本人"究竟是怎样的一个人物还无法加以肯定"①。显然可见，要考察洪大全和太平天国有无关系，不能不首先究明他本人的历史，然后才有助于问题的研究和解决。现在为使洪大全的真姓真名和历史问题能够早日定案，便于作进一步的研究，有必要把这个问题提出来讨论。

洪大全问题发生在咸丰二年（1852年）间，当时官方奏报和私人记述都没有注意也没有搞清楚他的真姓名和历史。直到咸丰六年（1856年）间，在湖南地方官府的一个奏报中第一次才提及洪大全的真姓姓焦，但并未对问题进一步调查研究加以肯定。此后不久，由湖南地方官府在他的本籍才把洪大全的问题查证出来。有关这段史事的经过原委，是这样展开的：

咸丰二年太平军自广西向湖南进军，占据道州、郴州、道州②、宁远等各州县的天地会党纷纷起事响应，并有湘南大批矿工、失业

---

① 参看罗尔纲《太平天国史事考》，生活·读书·新知三联书店1955年版，第177、185页。

② 编者注：此处出现两处道州，原文如此。

农民和手工业者、城市贫民以及不少会党分子积极参加太平军的革命队伍东征。自此以后，清军就在湘南一带对太平军和起事会党分子不断地进行"围剿"，残酷地采取血腥的镇压。据当时湖南地方官府奏报指出，"广东之贼窜入湖南者，大约难民十之三，漏网剧寇十之七"。当时两广会党分子号称元帅者，有朱洪英、胡有禄等二十多股，每股有一二千人，合计不下数万人。"声言由湖北江西与金陵逆贼会合"。湖南一带本地会党著名的首领，计有郴州的王大材、桂阳州的李石保、永兴县的李华芝，兴宁县的焦姓、戴姓，还有女头目郴州的许氏等，总共也不下十多起。这个官府奏报又指出，"郴桂一带乱民本多，又自楚粤道梗以来，商贩不通，小民失业无聊，以饥寒而流为盗贼者亦复不少。故郴〔州〕宜〔章〕迭陷以后，从乱如归。官军前后擒斩，计亦不止数千之多，而贼势蔓延，剿不胜剿。"① 这反映当时社会阶级矛盾和阶级斗争的尖锐化。湘南各地会党起事响应太平军的彼伏此起，足见各阶层的广大人民群众都被卷入了这场剧烈的阶级斗争之中。

上述各地会党分子的活动，其中以兴宁焦姓和女头目郴州许氏所率领会党队伍活动的情况，值得我们注意。最初官府奏报中还不知焦姓许氏的名字，焦姓即焦三又叫焦玉晶，许氏是许月桂和许香桂二人。咸丰五年（1855年）间，广西会党发起攻打湖南，那次分几路进军。其中一股在正月间由广西乐仁攻占了桂阳州，五月大股由宜章袭击占领了郴州，七月又由郴州占领了兴宁县三日，旋即撤退。据光绪元年（1875年）修纂的《兴宁县志》记载说："初西匪大股数十万陷郴，……至七月二十七日股匪溃出，由丰都长驱入城（兴宁）。……既而溃匪西窜，而西乡土匪黄蒲崑盘踞木根桥等处，北乡土匪焦玉晶招军蓼江市，蚁聚乌合，西北两乡，半属贼垒。……及至九月，邑绅督勇进剿西乡，……十月会剿东乡，桐木

---

① 《永兴茶陵失守分路剿办情形折》咸丰五年九月十二日，《骆文忠公奏议》卷4，《湘中稿》，第55页。

一战，大获全胜，东西〔两乡〕稍安。"① 这是有关焦玉晶在当地活动的唯一记载。当时兴宁县北乡无战事，可见焦玉晶在蓼江市招军后即由兴宁出击，响应配合另一股由广西灌阳出发攻打湖南号称太平后军的镇南王朱洪英等所部。这一股会党队伍最初占领了湖南永明县，焦玉晶等所率会党分子数千人乘清军反攻郴州城时便袭击桂阳州，因未得手，乃由嘉禾县进攻宁远。到咸丰六年正月十一日至宁远路亭地方，因官军随后追击，至洪洞墟便分为两起，一由羊角坝进，两山夹水，据为险要；一由路亭后山进，山峻而险，不虞官兵猝至。会党队伍方就食顷，官军已追杀入路亭，由羊角坝进者亦相继杀入，会党队伍撤走，官军一直追至与广东交界地方而止②。焦玉晶等所率伙党即因此役战败溃散，焦玉晶和许月桂两人逃至嘉禾县为清军拿获。这事经过和处理情况，据咸丰六年二月二十四日湖南巡抚骆秉章的奏报说：

  据衡永郴桂道转据嘉禾县禀解自行报案之首逆焦三即焦玉晶，女贼许氏即许月桂到省，当即饬臬司提讯。据焦三供，即咸丰二年广西阵擒首逆洪大全之弟，许氏女即洪大全之妻。臣查焦三一犯，即臣上年所奏土匪头目之兴宁县焦姓，许月桂即前折内所指郴州女贼许氏。其是否逆首洪大全之弟与妻，固无从查诘。当广东贼窜陷郴州时，该犯等乘机倡乱，聚众数千，许氏女自称大元帅，焦三充当三省贼营军师，攻城掠野，罪大恶极。因官兵叠次痛剿，力穷势蹙，始束身归命，希图免死。与寻常盗贼乞抚者不同，当即恭请王命将该逆焦三、许氏女两犯绑赴市曹，凌迟处死，以昭炯戒。随接宁远县禀，拿获骑马女贼许香桂，即许月桂之妹，解赴郴州审讯，臣当札饬就地正法，以儆凶顽。③

---

① 黄榜元等纂：光绪《兴宁县志》卷18，《杂记》，第27—28页。
② 欧阳泽闿纂：光绪《宁远县志》卷第6，《纪事》，第5页。
③ 《永明江华克复南路肃清摺》，咸丰六年二月二十四日，《骆文忠公奏议》卷6，《湘中稿》，第39页。

据此可见，洪大全的真姓历史在他死后被揭开，是由一个自称其弟的焦三说出。这个奏报曾为罗尔纲先生引用据以考证洪大全的问题，最末一段关于许香桂被捕杀的事却省略了。实则捕获许香桂一事，为弄清洪大全真姓真名和历史问题提供了一个极其重要的线索。据上引骆秉章奏报，如无其他有力证据佐证，仅凭焦三的供词自然是很难判明洪大全的历史问题的。现在我因找到了宁远县官府办理许香桂案的直接史料，就可以相互印证了。

在焦三等被捕之后，湖南宁远县生员吉宗甫所带地主阶级的反革命武装队伍团勇在路亭地方抓到了一个可疑的妇女，当即把她押送到县衙门里去。宁远县知县刘如玉据审讯调查后，即行判决。下面是判决书的原词，可明此案处理的曲折过程。

> 审得生员吉宗甫督带团勇获送女匪头目许香桂到案，供称年二十六岁，母家郴州陈姓，嫁兴宁东乡何凌霄，见在家读书应试。自上年（按指咸丰五年）八月被贼唐贵掳去，昨到宁远路亭地方，贼俱败走，才得逃出等语。并称亦曾读书，试令写字，点画尚无错讹。本县因质证无人，饬候移知兴宁传到该氏家属前来认识，该氏亦亲自写信付差带去。宁远妇女信为良家女子，赠以衣服钗环。正在共相体恤；兹准兴宁移覆，查知该氏即许香桂，系许月桂之妹，月桂嫁焦亮即洪大全，香桂嫁焦亮之弟焦三，俱投入贼营多年，学习武艺，号称元帅，领贼迭次攻陷城池。洪大全先于咸丰二年官兵拿获解京，焦三、许月桂本年（按为咸丰六年）正月被击穷蹙，潜赴嘉禾投诚，亦经解省（按指长沙）讯明，凌迟处死。现据许香桂户族禀明，该氏实系香桂，其所供母家陈姓，夫家何姓，俱系假捏等因；当提该氏覆讯，无可掩饰，一一供认不讳。查该氏许香桂与其姊及其夫兄弟，先后从贼，狂悖嗜乱，实属罪大恶极，法无可宽！……解赴本籍，立正典刑。此判！①

---

① 刘如玉撰：《自治官书》（又题作《自治官书偶存》）卷3，《判女匪头目许香桂解赴郴州本籍正法》，第28—29页。按此判文下系年为咸丰五年，应为六年之误。

据此，关于焦三、许月桂在和清军战败后"投诚"情节，嘉禾县的报告和宁远县据兴宁县的查覆报告，是完全符合的。则知许香桂在当时参加起事战败后逃脱了，因有湘南各州县地方官随即"屡奉饬拿之郴州女匪头目许香桂"① 的通辑令可证。光绪《郴州直隶州乡土志》说"香桂遁匿兴宁境"②，应是逃至宁远县之误。为了隐蔽会党女头目身份，逃避官府追究，许香桂乃捏编自己的姓氏和历史。宁远知县刘如玉在当时也"因质证无人"，恐说不实，随即行文到兴宁县去深入调查，并传她的家属前来认证。兴宁县和宁远县相距不远，一查便有结果。这就是破案的经过。骆秉章因未曾抓到许香桂审讯，也没有对焦三的供说作进一步了解，因而表示"无从查诘"；罗尔纲先生也认为"到百年后的今天，我们对焦玉晶的话的真实性，当然更不能贸然加以肯定"③。但此事后因洪大全弟妇许香桂的被捕，便为有关洪大全的案情提供了许多有力的事实证据，问题可以弄清楚了。

先后为本案作证的证人：（一）有嘉禾、兴宁、宁远、郴州四州县的地方官府，各就与本案有关系方面就地进行了调查，并经核对证据确实；（二）此事还得到洪大全兄弟的岳家，郴州许氏的家族对事实加以证实。在当事人方面，先有洪大全弟焦三的自认，后有洪大全弟妇许香桂的自认，在不同时间不同地点，各自所说的事实竟不约而同。可见从各方面得到的证据都是一致符合实际的，这显然不是有意串通造伪的结果。正因为这是一个事实，所以在五十多年后许氏的家乡郴州把这个历史流传还记载在当地的志书上，虽在个别情节上有些出入，基本上是可信的，因而不能完全否定这个记载所反映的历史事实。

关于洪大全的历史问题，拿骆秉章的奏报和宁远县的判决书对证来看，并参以其他有关记载，可以确定以次几点：

---

① 刘如玉：《宁远被议后赴省禀文方伯》，咸丰六年九月，《自治官书》卷1，第34页。
② 查庆绥纂辑：光绪《郴州直隶州乡土志》卷上，《兵事》，第23页。
③ 《太平天国史事考》，第181页。

第一，家庭和婚姻问题：许月桂和许香桂确是姊妹关系，姊嫁给焦亮，妹嫁给焦三，而焦亮和焦三也确是兄弟。可见《郴州乡土志》记载焦许两家的婚事，"许佐昌（许氏女父）见（焦氏兄弟）而器之，以二女香桂月桂妻焉"①。这是可靠的，并可与查证的结果互证。

第二，籍贯姓氏问题：许氏姊妹是湖南郴州人，如宁远县原判决许香桂解赴本籍郴州"正法"，后因湖南巡抚骆秉章未批准这个判决，即札饬"就地正法"；焦氏兄弟是湖南兴宁县人（兴宁入民国改为资兴），这都为当时两姓本籍证实了的事。我们还可以从光绪元年修纂的《兴宁县志》中看到城厢助修志书姓氏的名单中，首名有"监生焦玉琪"其人，城厢和北乡助梓志书姓氏名单中有焦玉藻等焦姓十六人②，这些人当为焦玉晶的同族或同辈。兴宁县焦姓虽不能确定是否为大族，至少可证聚居在兴宁县城厢和北乡的焦姓家族人数众多。据前引光绪《兴宁县志》记事来看，焦亮、焦三兄弟又当为兴宁北乡人。至于《洪大全供》说本姓实不姓洪，据此可证其真姓名确是焦亮，因据在兴宁本籍查证所得，焦亮即洪大全；其弟焦三即焦玉晶，《郴州乡土志》记焦三作焦宏，如不是他的另一别名，显系有误。

第三，出身和文化程度问题：焦三兄弟原是"在家读书应试"出身。《郴州乡土志》说焦亮是廪生，"颇有文名，因应试，道经〔郴州〕永丰乡"③。按清代旧制，郴州直隶州领县五，兴宁县即为其中之一，故所记焦亮等赴郴州应试事，是合理可信的。以此互证，可见焦亮、焦三原是兴宁县廪生，读书应试出身，当无疑问④。如前述兴宁县修志书助修助梓人姓氏中，焦姓监生有十人，庠生二人，

---

① 查庆绥纂辑：光绪《郴州直隶州乡土志》卷上，《兵事》，第23页。
② 见黄榜元等纂：光绪《兴宁县志》卷首所载。
③ 查庆绥纂辑：光绪《郴州直隶州乡土志》卷上，《兵事》，第23页。
④ 按《洪大全供》说："自幼读书作文，屡次应试，考官不识我文字，屈我的才，就当和尚，还俗后，又考过一次，仍未取进，我心中忿恨，遂饱看兵书，欲图大事。"看来，这些应试不中的话也不能说是完全捕风捉影之言。

从九一人，无衔者四人。焦姓在本县人当中都没有博取较此为高的科举功名，而这些科名或多为捐纳取得，都有可能。至于洪大全弟妇许香桂既然"亦曾读书"，受审时官府曾"试令写字，点画尚无错讹"，并能"亲自写信付差带去"兴宁，由此看来，其妻许月桂想亦不会是没有读书的。

第四，参加会党的经历问题：早在道光十二年（1832年）间，湖南地方官府查办湘南一带会党案件的时候，就查明湖南、广东、广西等省会党相联一气，会名"三合会，本系添弟会改名"。会内有《结会歌诀》一本，"歌本传习相沿，系结会旧套，不知始自何时"。歌本内载有会党分子分布在各省的情况：长房蔡德忠在福建，二房方大洪在广东，三房马起兴在广西，四房李色开在江南，五房胡德地在山东，后五房是吴天成、洪太岁、李色悌、桃必达、林永昭。歌本并有"红旗飘飘，英雄尽招，海外天子，来复明朝"的诗句，揭橥了反清复明的政治纲领。入会后，"同会来人，遇有事故，均有帮助，并可恃众抢劫"。会众联系的暗号之一是"逢人问姓，则答以本姓某，改姓洪"[①]。据这一历史情况来看，照《洪大全供》说的，"至我本姓，实不姓洪"，只是后来才"改为洪大泉的"，正与上述湖南等省三合会入会的历史习惯完全相符。显而易见，焦亮之改姓名为洪大全，不是充分证明他是三合会（或天地会）中人还有疑问吗？既然湘南一带地方会党早就和广西、广东的会党有联系，到太平天国起义前后，这种历史关系一直是没有中断的。正如我们所看到的，洪大全兄弟夫妇率领的湘南会党活动始终是和两广的会党分子有着紧密的联系。据兴宁县查证，焦氏兄弟夫妇"俱投入贼营多年，学习武艺，号称元帅"。洪大全死后其弟焦三曾"充当三省贼营军师"。这即已直接证明他们一家很早就参加了当地会党的活动，并且还是当地会党的首领人物，组织武装不断起事响应太平军，和配合两广会党的抗清斗争。终因起事失败，洪大全兄弟夫妇四人先后

---

① 均见吴荣光《拿办会匪张摒等折》，道光十二年六月，《石云山人奏议》卷3，第8—9页。

被清朝官府杀害了。

　　据上所述，可以得出结论：在有关太平天国历史中传说很久的所谓洪大全问题，是确有其人。洪大全的真姓真名叫焦亮，湖南兴宁县人，廪生出身。焦亮改姓名为洪大全是因为他参加了三合会（或天地会）的关系。他是湘南地方三合会（或天地会）会党的首领，咸丰二年在广西从事起事活动被捕①。《洪大全供》虽是清朝封建官吏为了邀功而有造伪渲染，依据本文对洪大全历史事迹的探索，看来其中不是毫无可信的事实成分，有关洪大全和太平天国的关系也不是完全没有蛛丝马迹可寻。至于洪大全和太平天国早期历史究有什么样的关系，显然还不容易一下作出肯定和否定的确切结论。我以为，一方面有待继续发掘更直接的史料作进一步的研究，另一方面还要对现有的所谓伪造史料结合客观史事采取去伪存真的科学态度来分析，这样，才有可能使这桩历史公案还复它的本来面貌。

（原载《历史研究》1957 年第 9 期）

---

① 罗尔纲先生说洪大全被捕获时，"是太平天国的一个犯人"（详见《太平天国史考》，第 177—178 页）。这个论证是难以令人信服的。第一，试问洪大全为什么会成为太平天国的一个俘虏犯人呢？第二，既然不相信赛尚阿、姚莹和丁守存一系列的记述，认为都是造伪文件，那么又怎能据此得出这一论断？我以为洪大全被捕的详细情节，正如他与太平天国历史有无关系相联系，还有待于探索。

编选者手记

彭泽益先生是国内外著名的中国经济史学家。在中国社会科学院经济研究所九十年的历史中，如果以汤象龙、梁方仲等先生为第一代经济史学者，那么彭先生当为第二代经济史学者。第二代经济史学者还有严中平、吴承明、李文治、汪敬虞、章有义、宓汝成、聂宝璋、张国辉等先生。他们又可以称为新中国的第一代经济史学者。在他们的辛勤耕耘下，经济所的经济史学科得以蓬勃发展，成为国内外中国经济史研究的重镇。当我1989年6月底进入经济所中国经济史研究室工作时，彭先生已经退休，基本上不到所里。但因我的恩师郑克晟先生之介绍，1990年我去彭先生府上拜见过两次，第一次为何事已经不记得了，第二次则是郑先生命我给彭先生送去次年南开大学召开的"第二届明清史国际学术讨论会"的邀请函，要我务必当面呈送彭先生。印象中彭先生极为平易近人。当时我在经济史领域可以说是尚未入门，甚至提不出请益的问题，现在想来十分遗憾。在经济所中国经济史研究室现在在职的研究人员中，我大概是唯一见过彭先生的了。十余年来，我与彭先生之子彭弘兄有不少交往，尤其2017年以来，我参与经济所建所九十周年所庆一些事务，包括经济所档案馆建设，商请彭弘兄提供不少彭先生珍贵照片和资料，彭弘兄的慷慨令人感佩。由于这两层缘故，当2019年4月经济所安排《经济所人文库》第二辑的选编出版工作时，我便自荐承担《彭泽益集》的编辑工作。

选编彭先生文集颇感困难。一则彭先生一生发表九十余篇论文，涉及的领域颇为广泛；二则彭先生论文以内容丰赡、论证严密、资料丰富著称,以故文章篇幅大多较长。但《经济所人文库》规定的篇幅有限,经过反复考虑,在保持编选"最具代表性的论著"前提下,尽量在有限的篇幅中展示彭先生的研究领域。彭先生在经济史领域以财政、手工业和行会问题、以十三行为中心的对外经济关系几个方面比较集中,因此本书选编财政经济论文3篇;手工业和行会问题论文7篇,在这组论文中,尽量选编彭先生有关不同手工业行业的论文;十三行和对外经济关系方面的论文3篇;另外收入彭先生晚年重要论文《中国经济史研究中的计量问题》,在这篇论文中,彭先生根据长期积累的研究经验,对于经济史中的计量研究提出了值得重视的意见。彭先生曾致力于太平天国史研究,被视为太平天国史研究的重要学者,本书收入《关于洪大全的历史问题》,以反映彭先生太平天国史研究成果之一斑。彭先生不少佳作代表作如《中英五口通商沿革考1842—1844》《十九世纪后期中国城市手工业商业行会的重建和作用》等等,由于篇幅太长,不得不割爱,实在令人遗憾。

　　本书所收文章大部分选自原发表期刊。20世纪80年代初彭泽益先生自编《十九世纪后半期的中国财政与经济》一书时,对《鸦片战后十年间银贵钱贱波动下的中国经济与阶级关系》《十九世纪五十至七十年代清朝财政危机和财政搜刮的加剧》两文有所增补,其他各文也有文字校改[1]。彭先生收到该书样书后又作了一些文字和数字的校正,扉页上有彭先生亲笔"一九八三年十一月廿九日收到""自存校正本"字样。承彭弘兄提供彭先生的"自存校正本"。本书所选《鸦片战后十年间银贵钱贱波动下的中国经济与阶级关系》《十九世纪五十至七十年代清朝财政危机和财政搜刮的加剧》《一八五三——一八六八年的中国通货膨胀》三文即选自《十九世纪后半期

---

[1] 见《十九世纪后半期的中国财政与经济》,人民出版社1983年版,前言第2页。2010年1月中国人民大学出版社将此书收入"当代中国人文大系"出版。笔者对照两个版本,发现中国人民大学出版社新版对该书除了做一些技术性编辑外,还对一些文字做了若干删改。因此种删改并非彭泽益先生所做,故本书选编仍以人民出版社1983年版为准。

的中国财政与经济》,文字以彭先生的"自存校正本"为准。《鸦片战争前广州新兴的轻纺工业》《清初四榷关地点和贸易量的考察》《清代"广州体系时期"中外商人之间的竞争》发表后彭先生亦有校正补充,此三文即以彭先生校补本为准。《清代"广州体系时期"中外商人之间的竞争》一文,彭先生校补时将文题改为《清代一口对外贸易时期中外商人之间的竞争》,文字有少量改动,文章由三节改为四节。2020年广东人民出版社出版彭先生《广州洋货十三行》一书,第八章为本文,文字据彭先生校补本改动,但文题未改,文章亦保持原有三节,不分四节。《自贡盐业的发展及井灶经营的特点》一文在《历史研究》1984年第5期发表时,有注释说明"此文系作者为《自贡盐业契约档案选辑》一书所写的序言,本刊发表时略有删节"。经本书编者与《自贡盐业契约档案选辑》一书彭先生"代序：自贡盐业的发展及井灶经营的特点"对比,仅有少量文字删节,故本书仍按《历史研究》文本编入,同时删去该条注释。编者在选编过程中,除明显错别字径予改正外,对文章内容不做任何改动。编者添加少量注释,标以"编者注",以示区别。个别文章表格较多,而原文表格并未编号,排版时易滋混淆,故加以编号。原论文发表时间不一,注释格式不同,本书略加统一。每篇文章之末注明选编出处。

感谢彭弘兄对本书选编的支持和帮助,并提供彭先生校补本。本书《作者小传》参考了彭弘兄所写《彭泽益传略》(载《十九世纪后半期的中国财政与经济》,中国人民大学出版社2010年版),谨此致谢。由于水平有限,选编中不当之处,敬请批评指正。

编选者　封越健
2019年12月2日

《经济所人文库》第二辑总目(25种)

(按作者出生年月排序)

《汤象龙集》　　《李伯重集》
《张培刚集》　　《陈其广集》
《彭泽益集》　　《朱荫贵集》
《方　行集》　　《徐建青集》
《朱家桢集》　　《陈争平集》
《唐宗焜集》　　《左大培集》
《李成勋集》　　《刘小玄集》
《刘克祥集》　　《王　诚集》
《张曙光集》　　《魏明孔集》
《江太新集》　　《叶　坦集》
《李根蟠集》　　《胡家勇集》
《林　刚集》　　《杨春学集》
《史志宏集》